政府管理与改革研究系列丛书编委会名单

主　任、总主编：王澜明
委　员（按姓氏笔画为序）：
王义华　王浦劬　石亚军　朱维究　李　琪　李兴山
李宝荣　吴　江　吴知论　辛铁樑　沈荣华　张学栋
贾凌民　唐铁汉　董克用　靳江好　鲍　静　薛　澜

政府管理与改革研究系列丛书

中国行政管理学会 编

Service-oriented
Government
Building

服务型政府建设

主编 靳江好 副主编 赫郑飞

社会科学文献出版社
SOCIAL SCIENCES ACADEMIC PRESS (CHINA)

政府管理与改革研究
系列丛书总序

王澜明

2011年初,温家宝总理为中国行政管理学会题词:"加强行政管理研究,推动政府体制改革。"在温总理题词精神的指引下,政府管理与改革研究系列丛书出版了。这套系列丛书,收集了近些年来中国行政管理学会研究行政管理和政府体制改革的部分成果,为进一步落实温总理题词的精神,研究政府体制改革与管理创新提供了参考和借鉴。

政府体制改革与管理创新是政府适应经济社会发展需要进行的自我调整和完善,它贯穿于我国改革开放和社会主义现代化建设的全过程。主要包括职能转变、机构调整、法制建设、政务公开、绩效评估、行政问责、危机应对等内容。改革开放以来,伴随着我国政治体制、经济体制、文化体制、社会体制及其他各方面体制改革的不断深化,政府体制改革与管理创新协调一致地同步推进,从而使政府体制及时适应了经济社会发展的客观需要,逐步形成了符合当代中国国情、充满生机活力的政府体制。改革开放以来我国政府进行的六次集中的政府体制改革,就是政府适应新形势新任务的与时俱进。改革把转变政府职能作为核心,在职能配置、机构设置和人员编制方面按照"精简、统一、效能"的原则进行了符合实际、卓有成效的创新;每一次集中改革既是上一次改革的延续和发展,又都紧紧抓住影响当时经济社会发展的主要矛盾和问题,在体制机制方面进行重点突破。与六次集中的政府体制改革相衔接,还适时对影响经济社会发展的新矛盾、新问题背后的体制机制进行随机调整,把集中改革和经常性调整相结合,推动经济社会不断取得新的成就。既抓总体改革,又抓某一行业或某一系统的改革,并且把这些改革有机地衔接在一起,使之成为一个集中改革与专项改革、整体改革与局部改革、综合改革与行业改革有机衔接的链条,这就是我国政府改革和创新的历史轨迹。而在这些改革中,始终配套进行政府体制改革与管理创新,每一项改革都有政府体制改革相伴随,并贯穿于整个改革和各方面改革的全过程,既将其作为各项改革的重要内容,又使它为各项改革提供有力的组织保障。通过不断深化政府体制改革和管理创新,有效地改善了政府管理,推动了政治建设、经济建设、文化建设、社会建设和生态文明建设的科学协调发展。政府职能不断转变,机构设置日趋合理,工作责任更加明确,工作作风日益改进,工作效率不断提高,政府的各项工作更加适应经济社会发展需要和人民群众的要求。

政府体制改革与管理创新的根本原则是坚持以人为本、执政为民,把实现好、维护好、发展好最广大人民群众的根本利益作为出发点和落脚点,以实现政府职能向创造良好发展环境、提供优质公共服务、维护社会公平正义的方向转变,使政府的各项行为体现人民意志,符合人民要求,维护人民利益,让广大人民群众都能在改革中享受发展成果。在价值取向上,政府体制改革与管理创新紧紧围绕实现人民群众的根本利益去考虑改革方向、改革目标、改革内容、改革方式和改革具体步骤以及与其配套的各项措施。在方案设计上,把实现人民群众的根本利益作为基本内容和工作重点,改革创新思路向群众问计,改革创新内容听群众意见,改革创新措施向群众请教,改革创新难题由群众破解,改革创新任务靠群众落实,最大限度地集中群众智慧,群策群力,上下一致,共同推动从而实现改革的目标。在节奏把握上,把发展速度、改革力度和人民群众的承受程度统一起来,群众能够承受的积极推动,部分能够承受的部分推动,一时承受不了的等待时机。在成果评判上,把人民群众满意不满意、高兴不高兴作为衡量的唯一标准,群众评判的结果对于已经完成的改革是一个结论,对于准备延伸和深化的改革是一个要求。因为每一项改革创新总是在以前改革的基础上进行的，每一项改革创新所解决的问题和重点虽然不同，但都是对前一次改革创新的深化、补充和在此基础上的发展。经过群众评判，政府才能知道下一步的改革创新有哪些问题要解决，重点往哪里放。另外，群众对改革创新的满意和高兴，还使我们对深化改革创新增添了信心、受到了鼓舞。

政府体制改革与机制优化相结合，通过创新政府管理方式、优化行政运行机制巩固改革成果，促进新体制优势的最大限度发挥。机制包括政府的运行机制、协调机制、动力机制、考评机制、约束机制、监督机制等。不断优化政府的运行机制，是政府正确履行职能、提高工作效率的内在要求。在改革开放和社会主义现代化建设的进程中，老的机制需要不断赋予新的内涵和形式，新的机制需要伴随着政府体制改革的深化不断建立和完善，并且在发展中继续探索创新适应新形势、新任务要求的最佳机制。实现行政运行机制和政府管理方式规范有序、公开透明、便民高效，不断对政府运行机制进行优化和完善，其中包括明确和细化部门所承担的责任，加快建立以行政首长为重点的行政问责制；坚持决策权、执行权、监督权既相互制约又相互协调，明确政府之间及政府部门之间的职责权限，权责统一，责随权走，从根本上克服多头管理、政出多门的弊端，促进政府机构高效、协调、规范运转。合理界定政府及其部门的决策权限，完善科学民主决策机制，健全重大事项调查研究与集体决策、专家咨询、社会公示与听证、决策评估等制度，不断提高政府决策水平。按照权责统一、依法有序、民主公开、客观公正的原则，规定行政问责的主体、客体、方式和内容，规范行政问责程序；完善行政监督和政务公开制度，确保权力在阳光下运行，切实增强政府执行力和公信力；健全社会信息反馈机制，切实保障公民的参与权和知情权，实现政府管理的公开、公正和透明；规范政府工作程序，科学的程序设置加上层次少、环节少、手续少和衔接紧密、快速高效的流程，使政府始终保持快节奏、高效率；降低政府行政成本，用较少的人力成本、较低的财政成本和高效的工作方法，实现政府确定的工作目标；科学合理地确定绩效管理的内容和评估的指标体系，完善绩效管理的机制和方法，重视绩效评估结果的运用，建立健全政府绩效管理的配套制度；推进直接面向企业、基层和社会公众的"窗口机构"的管理创新，规范"窗口"机构的办事制度，公开有关政策、办事内容、依据、程序及办事人员的责任，规定办事时限，优化工作和业务流程，创新管理方式。进一步规范政府立法行为，坚持科学立法、民主立法，提高立法质量。规范行政执法，严格按照法定权限和程序履行职责，建立健全权责明确、行为规范、监督有效、保障有力的执法体制，规范行政自由裁量权，全面落实行政执法责任制。进一步完善健全行政复议制度，加强行政应诉，完善行政补偿和行政赔偿机制。以强化责任为核心，建立健全政府运行和管理的各项制度，坚持用制度管权、管事、管人。加强公务员队伍建设，强化对公务员的教育、管理和监督，努力建设一支善于治国理政的高素质公务员队伍。

（作者系中国行政管理学会会长）
2012 年 9 月 16 日

目　录

第一章　社会管理与公共服务 … 1
加快我国政府社会管理和公共服务改革 … 1
政府社会管理研究 … 12
政府公共服务研究 … 67
理顺政事关系　健全政府公共服务体系 … 80

第二章　政务平台建设 … 89
我国政务服务中心的建设和运行 … 89
深化政务公开　推进乡镇行政体制改革 … 103
体现行政规律的善治创举 … 114
畅通行政首长公开电话　打造服务型政府 … 121
当前中国社会组织发展状况研究 … 127

第三章　事业单位改革 … 142
关于政府所属事业单位体制改革的思路和对策建议 … 142
推进政事分开的对策研究 … 154
事业单位改革中转企改制单位的政府政策支持研究 … 161
政府服务类事业单位财政供养和财务管理制度改革 … 170
政府服务类事业单位人事制度改革 … 187
政府服务类事业单位的治理机制改革 … 204
公共服务中政府与事业单位关系研究 … 215

第四章　地方政府创新 … 239
政府职能转变视角下的社会服务创新 … 239

南京市公共服务供给创新机制研究 ………………………… 252
广东镇域社会管理创新与农村公共服务 …………………… 260
成都市城乡公共服务均衡发展评价体系研究与设计 ……… 271

第五章　国外借鉴 ………………………………………… 330
澳大利亚公共服务改革及启示 ……………………………… 330
美国政府改革与公共服务的创新与启示 …………………… 338
韩国的政府改革与公共服务创新研究 ……………………… 375
日本行政改革研究的热点问题 ……………………………… 388
国外水资源管理制度改革和发展的趋势 …………………… 392

后　记 ……………………………………………………… 396

第一章
社会管理与公共服务

加快我国政府社会管理和公共服务改革

一 社会管理和公共服务的基本内涵

1. 政府社会管理的内涵

所谓社会管理，就是政府通过制定专门的、系统的、规范的社会政策和法规，管理和规范社会组织、社会事务，培育合理的现代社会结构，调整社会利益关系、回应社会诉求、化解社会矛盾，维护社会公正、社会秩序和社会稳定，孕育理性、宽容、和谐、文明的社会氛围，建设经济、社会和自然协调发展的社会环境。在任何国家，稳定、和谐与发展的社会都离不开有效的社会管理。通常情况下，社会管理包括两类：一类是政府对有关社会事务进行规范和制约，即政府社会管理。政府社会管理是政府通过整合社会资源，动员社会力量，为增进公共利益，依法对社会事务实施的组织化活动。另一类是社会（即自治组织、非营利组织和公民）依据一定的规章制度和道德约束，规范和制约自身的行为，即社会自我管理和社会自治管理。现代社会管理是政府干预与协调、非营利组织为中介、基层自治为基础、公众广泛参与的互动过程。

政府社会管理主要有三层涵义：第一，政府社会管理是对家庭、社会团体与社会自治所不能解决的社会事务的管理，这些社会事务涉及社会整体的公共利益，需要依靠国家权力与政府权威加以解决；第二，必须由政府管理的社会事务构成政府社会管理的主要内容，比如保障公民权利、维护社会秩序、协调社会利益、实施社会政策、管理社会组织、提供社会安全网、解决社会危机等；第三，政府社会管理的核心是社会政策，社会政策是政府干预社会的主要手段和基本措施，它决定了政府的其他社会管理手段。社会政策的核心是福利国家或福利社会政策。

2. 政府公共服务的内涵

所谓公共服务，就是提供公共产品和服务，包括加强城乡公共设施建设，发展社会就业、社会保障服务和教育、科技、文化、卫生、体育等公共事业，发布公共信息等，为社会公众生活和参与社会经济、政治、文化活动提供保障和创造条件。按照公共支出的领域来划分，政府公共服务主要包括经济性公共服务和社会性公共服务。经济性公共服务是政府为促进经济发展而直接进行各种经济投资的服务，如投资经营国有企业与公共事业、投资公共基础设施建设、对企业经营活动进行补贴等；社会性公共服务是指政府通过转移支付和财政支持对教育、社会保障、公共医疗卫生、科技、环境保护等社会发展项目提供的公共服务。从市场经济发展史来看，发达国家政府职能演变的规律是：政府职能从以经济性服务为主，逐步扩展到以社会性公共服务为主。当前，政府要明晰自己应该提供的公共服务内容：一是宪法明文规定，属于政府职责范围同时没有其他竞争者的服务项目，即具有非选择性和非竞争性的公共服务项目，比如国防、民政、民族事务等；二是依宪法规定，属于政府的职责，但同时具有合法竞争者的服务项目，如文化教育、医疗卫生、城乡建设等；三是宪法没有明文规定属于政府职责，实际是广泛存在着许多市场竞争者的服务项目，如旅游、通讯等。在这个领域内，政府所提供服务的地位与市场所提供服务的地位基本上是一样的，属于完全竞争；四是宪法没有明文规定属于政府职责，而社会上又缺乏竞争者，如高等教育、基础性科研事业，这两者的投入非常大，而且产出周期长，市场效益不直接，这些领域虽然可以开放，也允许竞争，但愿意参与的竞争者太少。

3. 社会管理和公共服务的特点比较

政府社会管理和公共服务是统一的，但相互又有所区别。首先，从基本特点看，社会管理主要体现现代行政管理整合性的特点，而公共服务则主要体现现代行政管理公众性的特点；其次，从核心内容看，社会管理主要体现在规范性上，主要管理和规范各种社会事务，包括社会公众、社会稳定、社会治理，而公共服务主要是提供和满足公共需求的服务，包括公共设施、公共事业、公共信息等；再次，从行为模式看，社会管理主要是以行政强制为基础，以法律、法规为保障对社会进行调整和约束，强调政府履行义务，突出政府主导、主动作用，而公共服务以合作为基础，强调公民权利。因此，我国各级政府要深入研究社会管理和公共服务的发展规律，把财力物力等公共资源更多地向社会管理和公共服务倾斜，各级领导干部要把更多精力放在推进社会发展和解决民生问题上。

4. 现阶段社会管理和公共服务的重点领域

由于我国正处在从传统社会向现代社会转型的历史时期，政府的社会管理和公共服务职能绝不可能覆盖到所有领域，必然要在一定时期内进行战略选择，并且选择的领域将主要集中到那些"正外部性最大，公共性最强，政府最具有比较优势，社会福利效益最大化，同时有可能将效率与公平有效地结合起来"的领域。

为此，现阶段政府社会管理职能大致包括如下重点领域：①规范社会组织或团体，培育社会治理的多元主体；②创设完整的社会规制体系，推行社会安全系统工程；③实施配套的社会政策，维护社会公正；④提高公民素养，培育健康的市民社会；⑤调整社会管理执行机构，健全政府社会管理体制。

同样，政府公共服务应集中选择在如下重点领域：①提高政府公共教育服务的水平，普及12年制的义务教育；②提高政府社会保障公共服务水平；③提升政府公共医疗服务水平；④提高政府科技服务的公共服务水平；⑤投资战略性的公共基础设施等。

二　发达国家社会管理和公共服务的发展趋势

发达国家社会管理主要是指政府力量对独立于政治、经济领域之外的那部分社会公共事务的管理。这种管理一方面提供其成为国家所必需的基本秩序，另一方面，是为经济发展和人民生活提供一个稳定良好的社会环境。在中国具体国情基础上，我们可以适度借鉴发达国家在社会管理和公共服务方面已经取得的成功经验和共同做法，特别要认真研究、汲取近年来西方发达国家在"政府再造""新公共管理运动""新公共服务"方面所取得的理论创新与制度创新的新成果，如：重视社会管理对外部环境变化的适应性；把社会管理的政治取向和管理取向合二为一；把市场竞争机制引入政府的公共管理和公共服务领域，强调在政府行政机关开展"为质量而竞争"；采用更多的市场化手段来改造执行机构，提高公共服务和公共管理的效率；建立少花钱多办事的政府；坚持顾客导向、结果控制、简化程序的原则；要求政府官员由"管制者"转为"服务者"，增强服务意识、公共责任感；提倡公民至上原则，满足公众的要求和愿望，政府提供回应性服务，提高服务质量，重塑政府与社会的关系，等等。

发达国家政府社会管理和公共服务实践大致呈现如下发展趋势。

一是政府社会管理职能不断强化。主要表现为政府对社会管理的范围的扩大。二战后，政府的政治统治职能相对弱化，社会管理职能不断加强，维护了社会秩序的稳定，解决了各种社会问题，给公众带来了实际利益，起到了维护政治统治的作用。近几十年，"福利国家"政策在工业发达国家盛行，政府的社会管理范围扩大，职能增强。

二是多元化趋势。由政府单独直接管理变为市场、社会中介组织、其他社团共同参与社会事务管理，直至社会组织进行自我约束、自我激励和自我管理。西方一些国家政府推出了"混合经济的福利国家""福利多元主义""福利国家私有化"等。"混合经济的福利国家"主要靠公、私部门直接投资社会福利。"福利多元主义"是社会福利服务由法定的部门、志愿的部门、商业部门、非正式部门等直接提供，政府不再唱独角戏。"福利国家私有化"是指私人营利部门平行或替代部分公共部门参与社会管理活动。

三是法制化与规范化。各国政府都非常重视涉及社会管理和公共服务的各类法律和法规，并力图形成相互联系和相互衔接的法律体系。政府力图形成法律基础上的权利与义务相统一的机制。政府确定具有超前性、系统性、协调性的社会管理和公共服务指标，并力图做到细化和量化，同时做到规范化，以确保他们的合法性，提高管理效率。

四是科技化和信息化。各国政府都积极利用现代科技成果，特别是计算机和电信技术的最新成果，来推进公共服务项目的技术创新，改善公共服务的供给方式和提供手段，不断提高公共服务的质量和水平。西方发达国家大都把发展电子政务作为加强社会管理，改善公共服务的根本手段。

五是公共服务市场化。在公共服务供给领域引进市场机制，将政府权威与市场交换的优势进行互补，从而提高政府功能输出能力。

三 目前我国履行政府社会管理和公共服务职能的现状与进展

1978年以来，我国在控制人口增长、减少贫困、普及教育、环境保护、卫生保健、扩大就业、社会福利、居民住房、妇女儿童权益保护、民族平等团结和繁荣发展等社会管理与公共服务方面取得了显著成就。主要表现在：我国许多重要的社会指标都从低收入国家的行列跃升到了中下等收入国家的行列，表明我国政府的社会管理水平处于中下等收入国家水平；我国政府社会支出不断增加；我国社会救助水平近年来有飞速发展；以养老保险、失业保险、医疗保险为主要内容的我国社会保险制度基本确立，并已覆盖大部分城镇职工；我国政府扶贫政策的成就显著；我国在改革政府与社会关系方面，如推进社会事业社会化、加强城市社区建设、加强农村基层自治组织建设、培育发展民间组织等迈出了较大步伐；危机管理得到加强。近些年，我国各级政府还加快了对社会管理与公共服务的改革步伐，在社会实践中创新了许多有益的做法，以满足日益增长的复杂化、多样化的公共服务需求。从1994年始，山东烟台市就推行了社会服务承诺制，后来在我国十大窗口行业陆续铺开；2002年，浙江省在探索公共服务监管方面，坚持人民满意为最高追求，提出以"树优良作风，创优质服务，做优秀公仆"为导向；2003年，南京市和广州市各自出台了对国家行政机关及其公务员公共服务行为的规范，进一步明确了公务员的行为准则；与此同时，深圳市也对部分公共服务领域进行了开放，利用公开招投标方式打破城市基础设施垄断的状态；成都市全面推进"创建规范化服务型政府"试点工作；近几年各地政府先后提出打造服务型政府目标，对政府全面转型产生了重要的作用。

但是，从总体上看，政府的社会管理和公共服务职能表现还比较薄弱，存在着许多亟待解决的突出问题。长期以来，传统社会管理模式集中体现为我国政府对社会采取的集中化社会管理体制。这种政府与社会高度合一的管理模式使社会缺乏自我管理和自我发展能力，最终影响到社会的协调、快速、健康发展。突出表现在：①社会建设与社会发展滞后于经济增长。当前，我国政府仍然带有浓厚的生产投资型政府的特征，政府长期充当了经济建设主体和投资主体的角色，在实践中造成了政企不分、忽视社会公共事业发展、发展失衡、金融风险与社会风险累积等问题。尤其是我国社会结构如人口结构、就业结构、城乡结构、地区结构、阶级阶层结构的调整落后于经济结构的调整，我国教育、科技、文化、医疗卫生、环境保护等社会公共事业的发展滞后于经济的发展，造成了社会发展与经济发展的失衡。②我国社会发展与政府社会服务滞后于经济市场化和国际化的进程，突出体现在我国社会安全网的建设十分缓慢，社会保障覆盖面和公共卫生覆盖面较低，不足以抵御经济市场化与国际化的风险。③中国经济发展与社会发展的过程中，出现了某些"拉美化"的现象，如贫富差距加大、社会保障覆盖面过低、就业形势恶化、社会事业发展缓慢、政府债务风险与财政风险加大等。④我国社会组织形态发生了重大变化，但政府社会管理方式尚不能适应社会组织形态变迁的要求。我国的社会管理面临着"一变五增"的新情况，即老体制下的职工逐步弱化对单位的过分依赖，由"单位人"向"社会人"转变；新兴的多种所有制成分的"无主管"企业增多；外来人员、流动人员的比例增加；下岗、失业人员增多；老龄人口增多；贫困人群增多。⑤我国社会结构的重大变化，迫切要求政府加大对社会利益结构的协调力度，建立有利于社会持续稳定发展的利益结构和利益关系。⑥我国政府与社会关系的重大变化，要求尽快改变以政府为唯一中心的"单中心"治理结构，建立政府与其他公共管理主体共同管理社会事务的"多中心"治理结构。但是，我国社会中介组织或第三部门还未真正成为政府职能转移的载体，社会团体等民间组织的作用尚未得到充分发挥，公民社会的发育仍显迟缓，社会资本的开发利用不足，社会的自主性及自我组织能力不够强，各级官员新的治理观念还未树立，等等。⑦作为社会稳定与社会风险重要指标的联名信增加率、集体上访增加率等指标不断上升，标志着我国进入了社会风险加剧的时期。

目前，我国公共服务领域存在三大矛盾。首先，公共服务产品总量不足，日益扩大的公共服务需求与严重不足的公共服务供给形成矛盾。在实物产品大量过剩的同时，我国公共服务供给却严重不足，在农村公共医疗等领域甚至出现了倒退。其次，公共服务的投入严重不足，国家对各类事业机构的投入与公共服务产品的产出严重不对称。在我国改革发展的新阶段，国家继续包揽公共服务既是不可能的，又是没有必要的。现在，国内外有大量的资金正在寻找新的发展机会，而目前的公共事业体制却限制了各种社会资金的进入。事实上，在公共服务领域已经形成了两种不合理的局面：一方面，国家对现有事业机构大量资金的投入，在相当程度上是用来养人，事业机构应当给社会提供的公共服务严重不足；另一方面，在公共卫生、农村义务教育等基本的公共产品供给和公共服务方面，国家投入的又太少，严重制约了社会事业的发展。再次，公共服务产品分配严重不均衡。面对总量不足的公共服务，我们的分配也存在失衡问题。广大的弱势群体得到的公共服务严重不足,远不能满足他们对公共服务的基本需求,与强势群体享受的公共服务存在着相当大的反差。部分农村地区由于公共服务严重短缺,出现了因教育返贫和因生病返贫的问题。

目前,我国政府对履行社会管理和公共服务职能的重视程度,可以说是超过了以往任何时期。从中央到地方都强调要以科学发展观为指导来推动社会管理与公共服务的改革。这种改革趋向主要体现为五个方面的要求。

一要建立健全一套社会管理与公共服务的运作标准、运作原则、运作程序。

二要正确认识当前社会管理和公共服务的关系,社会管理是公共服务的保证,公共服务是社会管理的基础。两者互为前提,相互补充。

三要使社会管理和公共服务职能模式多元化,如采用网格化管理模式和"社会矫治"模式等。

四要将政府从公共权力的行使主体转变为对公共服务的责任主体。

五要建立责任追究制度和民众参与机制,作为推动和保障服务型政府的动力和力量。

四 加快我国政府社会管理和公共服务改革的若干建议

(一)明确我国政府社会管理和公共服务改革的目标

当前我国要以科学发展观为指导,更加重视社会管理与公共服务。这就要求各级政府必须紧紧围绕全面建设小康社会的目标,切实转变政府职能,大力推进政府社会管理创新,提高公共服务水平,努力建设成为以和谐发展为主题的公共服务型政府。

(二)坚持我国政府社会管理和公共服务改革的指导原则

1. 坚持以人为本的原则

确立全面、协调、可持续的科学发展观,要求各级政府必须全面履行职能,科学把握社会管理和公共服务的本质和核心。这个本质和核心就是要坚持以人为本。以人为本是以实现人的全面发展为目标,从人民群众的根本利益出发谋发展、促发展,不断满足人民群众日益增长的物质文化需要，切实保障人民群众的经济、政治和文化权益，让改革发展的成果惠及全体人民。

2. 坚持社会目标优先原则

在经济转轨、社会转型时期，各种社会利益关系和社会结构发生改变，这就要求各级政府切实转变自身职能，大力推进政府社会管理创新，提高公共服务水平。在继续搞好经济调节、市场监管的同时，更加注重履行社会管理和公共服务职能；更加重视就业、教育、文化、体育、公共卫生、环境保护、社会保障和社会救助等方面的工作；更加重视政府应对公共危机的能力建设，建立健全与社会主义市场经济体制相适应的、具有中国特色的公共服务体系。

3. 坚持循序渐进原则

建设公共服务型政府是一个复杂的系统性工程，需要各级政府处理好当前和长远、局部与全局、重点与一般之间的关系，要从中国的现实国情出发，根据目前我国经济和社会发展的真实水平，摸索出一条符合自身实际的社会管理和公共服务模式，既不能急于求成，又不能超越现实。

（三）创新我国政府社会管理和公共服务改革的基本思路和对策

1. 加强社会建设和管理，推进社会管理体制创新

（1）更新管理观念，树立科学发展观。要使政府从经济建设型向社会管理型转变，从行政管制型向公共服务型转变，从旧式发展观、片面政绩观向科学发展观、正确政绩观转变，从集中管理型向依靠市场调控型转变，从提供经济物品向提供制度物品转变；同时要积极营造全社会重视社会发展的氛围。

（2）调整组织结构，再造管理流程。要优化组织设计；合理划分中央与地方的事权责任，理顺社会管理中的条块关系，实行合理分权；借鉴国外的经验，设置独立管制机构；再造社会管理流程，实现社会管理和服务的"简便、透明和高效"。

（3）强化关键的管理职能，落实政府的社会目标。当前，迫切需要政府加强以下几个关键的社会管理职能：健全社会治安综合治理机制，强化社会安全管理，维护社会秩序和稳定；强化劳动就业服务职能，创造良好的劳动就业政策环境；完善社会保障制度，构筑社会稳定的"安全网"；强化卫生服务职能尤其是食品药品监管职能，确保人民群众的生活和生命安全；强化收入分配职能，调节收入分配，维护社会公正；强化人口与环境管理职能，保障经济和社会的可持续发展；构筑有效的公共帮助机制，维护与保障弱势群体合法权益。

(4) 推动"多中心主体"社会治理，提高社会自治与自我服务能力。推动"多中心主体"社会治理，建立政府与社会的平等合作伙伴关系，提高社会自治与自我服务能力，已成为当代社会管理发展变化的一个基本趋势。为此，要建立健全党委领导、政府负责、社会协同、公众参与的社会管理治理格局，大力培育和发展社会中介组织；积极拓展公民参与社会治理的渠道；推进社区建设；重视政府公共关系建设。

(5) 引入现代化的管理技术，改进政府的社会管理方式。一要重视"社会政策"管理；二要使政府社会管理方法从"重管制、轻服务"向"管制"与"服务"并重转变，从以行政干预手段为主向以法律手段为主转变，从政府生产向政府提供转变，同时采用现代化管理技术。

(6) 建立社会运行状况的监测体系，创造一个"有预见性"的政府。在组织保障方面，构建正式的体制内的社会监测机构，辅之以社会第三方的独立评估机构，逐渐形成纵横交叉式、立体网状型的监测体系；重构社会信息的采集、整理和披露渠道，开拓广泛的社会信息收集源；研制并运行社会发展的监测（指标）体系，将社会发展综合评价指标体系纳入政府决策和绩效评估过程中；构建社会稳定的预警、预控管理系统；加快建立健全各种突发事件应急管理机制，提高政府公共危机的管理能力。

2. 推进公共服务创新，建立与社会主义市场经济体制相适应的公共服务体系

(1) 要推进公共服务观念的创新，坚持以人为本，树立公共服务的成本意识、效率观念、公平意识和多样化观念，切实把公共服务作为政府的一项基本职责，努力建设好公共服务型政府。

(2) 要推进公共服务体制的创新，努力实现政府公共服务的制度化、公共化和社会化。要建立适合中国国情的公共服务制度，就必须要实现政府公共服务的三个转向：从"运动型服务"转向"制度型服务"，从"歧视性服务"转向"平等无差别服务"，从"单中心治理服务模式"转向"政府与社会合作的多中心治理模式"等。

（3）要推进公共服务的技术创新，综合运用多种手段提供公共服务。当前，积极推进电子化政府建设，是改善政府公共服务的有效途径，拓展现代公共服务型政府的发展空间，促进政府职能转变、提高政府公共服务的效率和能力。

（4）要加大公共服务的管理创新，强化政府公共服务职能。为此，应采取如下战略措施：一是制定政府公共服务的长远规划与发展战略，使之成为与国民经济、社会发展相协调的国家规划与国家战略；二是以科技教育公共服务为导向，提升中国的核心国际竞争力；三是以人力资本投资的公共服务为核心，实现持续、稳定、公平的增长；四是以完善基础型公共服务为重点，实现人人享有基本公共服务的目标；五是以建立公共财政体制为保障，为全面建设小康社会提供充足优质的公共服务动力；等等。

（课题组名单：组长：唐铁汉、高小平；成员：高小平、陈振明、李琪、吴江、刘建平、靳江好、王郅强、李军鹏、贾凌民、张学栋、顾建光、夏镇平、李晓燕、商弘；主要执笔人：王郅强、靳江好）

政府社会管理研究

本报告具体阐述政府社会管理的概念内涵和主要领域，系统分析我国政府社会管理理论与实践发展的历程、现状和存在的主要问题，综合归纳当代发达国家社会管理的主要经验，进而提出全面提升我国社会管理水平的对策建议。

一 政府社会管理的概念和主要领域

（一）政府社会管理的概念内涵

作为一个新兴的领域，国内学者对"社会管理"概念的界定并没有形成一致的看法。广义的社会管理是指对整个社会活动、社会生活、社会关系的管理；而狭义的社会管理，是指对社会保险、社会福利、社会自治、人口发展、婚姻家庭等社会生活、社会服务的管理。本课题以十六届四中全会精神和温家宝总理近期的有关论述为依据，具体阐述对政府社会管理的理解。

政府社会管理概念：政府通过制定专门的、系统的、规范的社会政策和法规，管理和规范社会组织，培育合理的现代社会结构，调整社会利益关系，回应社会诉求，化解社会矛盾，维护社会公正、社会秩序和社会稳定，孕育理性、宽容、和谐、文明的社会氛围，建设经济、社会和自然协调发展的社会环境。

西方国家普遍把社会管理（规制）作为预防危害、提供公共福利的一项基本的政府职能。政府通过培育多元的社会治理主体，利用灵活多样的社会规制工具，编织社会良好运行的"无形之网"，它是国家为提高经济效率和实现社会公平最大化而干预社会生活的系统化、全面性社会管理机制与管理技术的总和。

社会管理是一个动态的复合概念，随着社会现代化变迁过程而不断调整。改革开放初期，根据国内外发展的历史经验和西方社会现代化的理论，国内一些学者开始提出经济、政治、社会、文化和科技等各方面协调发展的问题。但相当多的人实际关注的仍只是经济体制改革和经济的发展，对非经济因素的发展研究和认识明显滞后。20世纪90年代后，我国社会步入快速转型时期，以产权多元化和经济运作市场化为基本内涵的经济体制改革使得社会结构产生激烈、深刻和持续的分化，社会矛盾与社会冲突增多。在这种处境下，如何通过有效的社会管理，调节纷繁复杂的社会经济生活，就成为转变政府职能的一个战略性课题。

（二）政府社会管理的主要领域

1. 规范社会组织或团体，培育社会治理的多元主体

民间非营利性组织（NGO）是政府行政权能向社会延伸、细化的关键，也是缩减执行公共政策的契约和交易成本的重要因素。因此，一方面，政府应厘清与社会的职能分工问题，把相当部分的行政业务从行政执行领域中撤离并让渡给社会，健全激励体制，激发公民、社会组织参与社会治理，在政府与社会、公民之间形成一种以理性协商、互惠互利、责任共承为特征的伙伴关系；另一方面，通过创设配套的制度安排和实施有效的监管，使社会组织的运转实现制度化与规范化，在财政核算、绩效评估方面发挥政府的公信力和强制力，以保证它们的公益性。

2. 创设完整的社会规制体系，推行社会安全系统工程

规制行政大致可以分为社会规制和经济规制两种类型。社会规制是指以保障人民的生命安全和身体健康，确保人民的生活秩序为目的而进行的规制。它对涉及生产、消费和交易过程中的安全、健康、卫生、环保、信息等社会行为进行规制，以协调社会成员的利益，增进社会福利，维护社会正常秩序。

社会规制是一个复杂的系统工程，包括食品药品安全体系、公共卫生防疫体系、社会治安综合治理体系、生产交易消费安全体系、生态环境保护体系、人口管理体系、公共交通安全体系等。由于社会复杂程度的不断提高，现代社会规制应该从被动性、强制性、离散性逐渐向预防性、诱致性、系统性转变，着力于建立一个健全、长效的社会调控机制来化解社会风险，维护社

会的良性运行和协调发展状态。这包括社会转型期对人口、劳资、安全的监控机制，消释融解社会矛盾的机制，利益调整过程的缓冲机制，使社会成员与社会规范、社会变迁相适应的调节机制；使用注重诱因的激励性规制和经济手段，如产权、收费和税收、绩效合作等，减少强制遵从所耗费的执行成本和"搭便车"行为，提高规制的绩效。

3. 实施配套的社会政策，维护社会公正

社会政策，是指以公正为理念依据，以解决社会问题、保证社会成员的基本权利、改善社会环境、增进社会的整体福利为主要目的，以国家的立法和行政干预为主要途径而制定和实施的一系列行为准则、法令和条例的总称。社会政策的内容主要包括两个层面：①社会保障和社会福利方面，社会保障通过社会保险来解决人们面临的生存权问题，社会福利则是通过提供社会福利服务和社会救助来解决人们面临的生活权的问题。两者是社会安全稳定机制中两个相互平行又相互制约的体系。②社会关系方面，包括社会成员基本社会权利和社会地位方面的内容，如资源分配权、工作权、医疗权、迁徙权、教育权、被赡养权以及平等的性别权等。随着现代社会市场经济竞争的加剧，弱势群体边缘化程度上升，社会冲突的张力不断蓄积，这就需要政府运用社会政策维护社会成员的基本生活状态和权利。

从社会发展的长远战略看，社会政策应努力扶植一个中等阶级，设法使之发育起来，将整个社会结构从两极结构推向三极结构：最贫困阶层和最富裕阶层都减至绝对的少数，中等阶层占有绝对优势的格局。

从社会政策的制度模式看，政府应针对各种社会问题建立程序化的、稳定的、配套的制度安排：①基本的社会保障和福利制度（包括社会救助、失业保险、扶贫项目、社区服务等正式与非正式混合的制度体系），建立以政府为主体的多元社会支持系统，构筑社会运行的安全网；②调节收入过分悬殊的制度，通过公共政策调节、调整税收结构，控制个人收入差距的拉大；③利益表达与社会协商制度，建立一套公正、合法的利益表达机制，使得不同地位的社会群体，特别是弱势群体的社会权利能够通过多层次、多渠道的协商路径得以实现；④社会冲突回应、化解机制，把社会运动、社会舆论纳入制度化、法治化的渠道，提高抵御社会震荡和化解各种突发性事件的能力。

4. 提高公民素养，培育健康的公民社会

衡量社会充分发展的一个重要尺度，就是以多元互动、理性协商为基本特征的公民社会的形成。现代政府的一个重要职责就是推动社会价值观念的更新。培养公民民主的生活方式和公共精神，能够有效填补政府权力的合法性空白，减轻政府的行政负担。因此，基本形成和谐的公民社会是政府社会管理工作的主要目标，也是充分履行社会管理职责的主要标志。在一个健康的公民社会里，社会管理的核心主题就是维护人的尊严和满足人的需要，社会秩序与社会整合只是其工具性目标，它的终极价值和最终目的是改善人民生活质量与提高社会福利，增进社会最大多数人的最大幸福。

5. 调整社会管理执行机构，健全政府社会管理体制

社会管理过程往往是利益关系的冲突与平衡的过程，涉及既得利益格局的重新调整。这就需要政府以国家权力为保证，甚至借助主流政治文化的力量，采取各种强制性或非强制性的、直接或间接的手段，发挥其在整合社会资源、调节社会平衡方面的核心与主导作用。美国社会管理的实践表明，社会调节政策的执行通常取决于各州和地方官员的配合，也取决于私营部门的决策者。因此，政府必须有效精简、合并社会管理部门，明确、合理划分各级政府的责任，强化社会管理的执行机构，完善社会治理的网络体系。尤其需要注意建构新的社会管理组织和管理力量，平衡政府管理权能和社会管理权能的关系，以切实推动政府职能结构的转变，同时，根据社会变迁的趋向强化社会管理的体制设计和制度安排，并对社会管理的机构、工作方式和管理流程进行动态的调整，以促进经济和社会的平衡发展。

二 我国政府社会管理职能的演变和探讨

（一）我国政府社会管理职能的演进

我国在改革开放以前，中央集权的计划经济体制将社会管理纳入经济管理范畴，通过计划手段管理纷繁复杂与千变万化的社会经济生活。其实现方式主要是管制，这种管理方式在一定的时期内是合理且有效的，但同时也僵化了社会的思想、活力，抑制了经济、文化、社会领域的分化与平衡发展，导致社会消极依赖政府，缺乏自我管理、自我发展的能力。

改革开放之后，我国政府的工作重心转变到经济建设上来，确立了建立社会主义市场经济体制的目标。长期以来，政府的社会管理职能未受到足够的重视，我国的年度计划与五年计划主要是经济计划，社会管理主要是社会的经济管理。在市场经济体制逐步确立的过程中，我国政府进行了四次行政体制改革和机构改革，每一次都是按照经济体制改革的需要来规定和设计改革的内容，使我国对经济事务的管理日益成熟，但同时，也导致了社会管理部门改革的相对滞后。

随着我国体制转轨的进一步深入，隐含的各种社会问题越来越凸显出来。在我国现阶段，传统类型的社会问题如传染病、自然灾害等依然对人民生活和社会安全构成威胁，而在以工业化、城镇化为标志的现代化进程中，失业、贫富分化、生产事故、劳资冲突和刑事犯罪等社会问题也正不断涌现和加剧。同时，在我国的社会转型还没有结束之时，旧的社会资源分配体系、控制机制、整合机制正在趋于解体，而新的体系与机制尚未完善并充分发挥作用，从而诱发和加剧了一些特殊类型的风险，如贫富差距过大、社会越轨乃至犯罪激增、传染病控制难度加大、族群冲突加剧、道德失范、信任危机和控制失灵等，这些社会问题和社会矛盾给政府的社会管理职能提出了新的挑战和更高的要求。

面对这些新的问题和挑战，政府开始日益重视社会管理方面的改革。社会管理明确定义为政府的主要职能之一，表明防范和治理社会问题，确保社会安全、协调发展，已经逐步上升成为具有十分重要的经济意义和政治意义的战略选择。然而，我们应该看到，转型期的政府自身在社会管理方面表现出明显的脆弱性。对传统管理体制的路径依赖、改革前期对社会管理观念上的忽视以及转型过程中传统解构与现代建构之间的断裂，使得我国政府在面临各种多元性、复合性的社会问题时，存在着结构性、制度性以及政策性的失效。

（二）我国关于社会管理理论与实践的探讨

从总体上看，20世纪90年代以来国内关于社会管理理论与实践的探讨发生了以下几个方面的转变。

在管理理念上，从社会控制转向社会服务。通过促进社会机体的发育和发展，逐步削弱政府对社会强制干预的职能，并强化为社会发展协调服务的功能；政府的注意力应该转移到为社会和市场组织服务及创造良好发展环境上来，充分发挥公共政策在调节社会公平和维护社会秩序方面的作用。

在管理内容上，从泛化结构转向分化结构。随着社会事务复杂性程度的提高，社会管理的概念内涵开始扩张并逐渐分化，侧重定位于公共事务管理而非提供"公共物品"，成为一个区别于经济调节、市场监控和公共服务，具有协调性、回应性、层次性和多元性的复合式概念。具体地说，社会管理的内容包括：创设必要的制度与规则，建立抑制利益独占性的平衡机制，协调和整合多元复杂的利益冲突；在政府与公众之间架起沟通的桥梁，促进政府与公众间的信息交流，矫正政府行为与公共选择之间的偏差；明确中央与地方政府的职责，在宏观指导和微观管理之间取得适当的平衡；加强民间组织在社会管理中的作用，形成政府、社会、市场组织的多元治理结构及网络化的互动管理格局。

在管理模式上，从残补模式转向制度模式。改革开放初期，我国政府社会管理职能主要定位于通过公权力梳理社会事务、化解社会冲突，缺乏规范化、系统化和制度化的观念。它具有两个显著的特点：一是短期性，政府在短期内最大限度地动员权力资源，对某些"久治不愈"的管理顽症集中清理整顿；二是被动性，政府往往在社会问题产生后，运用强制性的行政权力调控社会行为，维护社会秩序，填补管理漏洞。这种缺乏规范性和系统性的管理方式往往造成社会管理的总体成本加大和效率低下。同时，随着社会现代化的进程，人民群众的社会公共需求发生了重大的变化，要求政府的社会规制具有可预期性、透明性和回应性，要求提供系统性、制度性的公共服务，而不是临时性、非经常性、非规范性、运动性的公共服务。这就要求政府社会管理从

"行政—控制型"转变为"规则—服务型",通过相应的体制设计和制度安排来化解社会矛盾,调节社会利益,反映社会诉求,为经济社会全面协调发展提供深层次的组织基础。因此,政府社会管理的重要内涵在于:建立起能够处理和解决各种复杂社会问题的制度系统,构建社会利益表达与协调机制、社会回应机制、危机事件应急机制;以现代公正理念为基本立足点,形成整体化、体系化和规范化的社会政策;建立一套激励性制度框架(如社会公示制度、社会听证制度、专家咨询制度等),以制约行政管制的滥用,形成良好的社会预期和社会信任。同时,政府也开始把民间组织或团体纳入社会管理的主体范畴,将之作为调节社会利益关系、表达社会利益诉求的重要制度形式,以此调动社会资源,减轻政府负担,推动社会管理方式的多元化发展。

三 目前我国社会管理面临的突出问题

在过去的 20 多年中,我国在确立经济建设这个工作重心的同时,有意无意地将社会的协调发展放在了次要位置。在改革开放和体制转轨带来巨大的经济发展的同时,社会的发展却相对滞后,并积累了许多的社会问题和矛盾。随着目前体制转轨和社会转型的加剧,以往隐含的各种社会问题和矛盾凸显出来,有的矛盾还相当尖锐。

作为社会稳定与社会风险重要指标的联名信增加率、集体上访增加率等指标不断上升,标志着我国进入了社会风险加剧的时期。据统计,2003 年北京市信访办受理群众联名信 2000 余件,签名人数 17 万余人次,同比分别增加了 8% 和 18%;集体上访 1059 批 4 万余人次,同比分别增加了 11% 和 46%。北京市各区县、局总公司受理群众联名信 2800 余件,签名人数 21 万余人次;集体上访 4600 余批 9 万余人次,均比 2002 年有一定幅度的增长。

具体说来,当前我国的社会管理面临的一系列棘手问题,突出表现在以下几个方面。

(1) 社会治安问题。社会治安问题呈现出突发性、隐蔽性、复杂性等新的特点,跨区域犯罪、高科技犯罪以及集团化犯罪现象层出不穷,潜在的危害性加大。

(2) 劳动就业问题。农村剩余劳动力的转移、下岗职工再就业以及大中专毕业生的就业问题日益严峻，已经成为影响经济可持续发展和社会稳定的瓶颈。

(3) 公共安全问题。近几年，公共安全问题突出表现在生产安全领域和公共卫生安全领域。重大、特大的安全事故接连发生，食品、药品安全事故的频发，公众对吃、住、行等日常生活的恐惧感与日俱增。适应社会主义市场经济体制要求的公共安全保障体系和支撑环境尚未形成，在一定程度上制约着经济发展。

(4) 社会公平问题。突出体现在收入分配领域。我国居民收入差距目前已经进入绝对不平均区间，主要表现在城乡居民收入差距呈扩大趋势，贫富收入差距、地区收入差距以及行业收入差距进一步扩大。适当的收入差距能够促进经济发展，而目前我国这些收入差距相互交叉，在很大程度上是由分配不公所致。制度保护、权力滥用等特权造成的社会不公极易导致社会仇视和阶层对立，加剧社会矛盾，弱化政府权威，影响社会稳定。

(5) 弱势群体问题。由于城乡关系尚未理顺、权力异化以及相关领域的制度真空等原因，目前我国弱势群体的境况堪忧：大量工人、农民工合法权益得不到保障，农民缺少公民待遇，公民受到不法侵害事件激增。

(6) 人口和环境问题。由于我国人口生育率急剧地、长期地非意愿下降，人口结构出现了性别结构和养老结构失调。而原有的以户籍制度为代表的人口管理政策已经严重制约了人的全面平等的发展，给市场经济下的人口管理带来了很多弊端和阻碍。同时，我们正承受着前所未有的生态环境问题，面临着有史以来最严峻的生态破坏和环境污染的双重挑战。有资料表明，我国动植物物种已有20%受到严重威胁，高于世界10%的水平，在国际公认的640个濒危野生动物中，我国占了156个。我国有近1/3的国土笼罩在荒漠化和水土流失的严重威胁中。

这些社会问题和社会矛盾给我们国家今后巩固经济发展的成果，实现经济、社会的可持续发展带来了挑战，也对政府的社会管理职能提出了更高的要求。

四 我国政府社会管理职能定位、体制机制、管理方式存在的缺陷

(一) 政府职能界定不清，政府越位和缺位现象突出

1. 社会管理的职能界定不清

一方面，在计划经济体制下，我国形成了所谓全能型政府管理模式，政府包揽了社会生活各个方面的事务，政府的触角几乎伸到了公权领域和私权领域的方方面面。政府的社会管理部门权力高度集中，机构膨胀，许多本应由市场和社会承担、按照市场规则来运行的社会事务却由政府部门凭借行政权力来管理，造成政府负担沉重，社会管理效率低下，并创造了腐败滋生的土壤。这是政府社会管理职能的"越位"。另一方面，随着改革开放的不断深入和社会主义市场经济的建立与完善，新的社会问题和社会矛盾不断涌现。由于政府长期以来对社会发展的忽视，加上传统政府社会管理体制和管理方式越来越不适应新情况的要求，许多原本应由政府重点管理的领域和环节却因措施不到位、政策执行不得力甚至被政府机关漠视而问题重重。这是政府的职能"缺位"。

在社会管理中，政府的职能"缺位"问题更值得我们关注。一些事关社会长远持续发展的相关重要领域以及转型期各种问题和矛盾突出存在的领域，如维护社会稳定和社会公平、治理环境问题、人口和就业管理、公共安全管理、对弱势群体的保护等，政府的社会管理表现出明显的滞后和弱化。突出的领域有以下几个。

(1) 人口和就业管理。我国人口生育率急剧地、长期地非意愿下降，导致人口结构出现了性别结构和养老结构失调。同时，原有的以户籍制度为代表的人口管理政策已经严重制约了人的全面平等的发展，与市场经济的自由平等的原则相违背，亟待改革。在市场经济发展的同时，就业问题却越来越突出，就业形势的严峻已经严重影响了经济的可持续发展以及社会的稳定。

(2) 环境资源管理。经济的发展、地方利益的保护加上观念上对环境治理的漠视，使得目前我国的环境污染以及对不可再生

资源的过度开发状况严重，导致经济与社会、人与自然发展的严重失衡。对环境资源管理的不重视与管理方式的落后，在一些地区特别是经济落后地区表现得更加突出。

（3）食品药品管理。近年来，食品、药品安全问题已经成为公共安全领域的重大问题之一，而食品、药品安全事故的频发导致公众对吃的恐惧感与日俱增，暴露出政府在该领域的职能欠缺。

（4）公共安全管理。近年来，我国重大、特大的安全事故接连发生，说明这一领域的管理亟待加强。我国现阶段适应社会主义市场经济体制要求的公共安全保障体系和支撑环境远未形成，这无疑影响并制约了我国的经济发展。

（5）收入分配调节。调节收入分配，缩小贫富分化，实现社会公正，是政府社会管理的一项基本目标。目前我国贫富差距加大、各方面的利益矛盾加剧，反映出政府在履行调节收入分配职能上的不足。

2. 政府的角色定位存在误区

这表现在两个方面：一是作为社会管理的管制者而非服务者。在全能型政府模式下，政府运用行政强制力对各种社会组织和社会成员进行全面而严格的管制。社会管理在很大程度上变成政府对社会的控制和管制，表现为一种管制行政而不是服务行政。以对城市外来民工的管理为例，迄今为止，一些城市对外来民工的管理，实行行政控制、政府部门审批发证、人为限制式的管理，视进城农民工为危害治安群体，对其合法利益疏于保护，管制有余而服务不足。

二是作为社会管理生产者的角色过重，而作为安排者和监管者的角色弱化。在公共领域，公共物品或服务的提供与生产之间是存在着差异的。提供是指通过集体机制对公共物品或服务的提供者、数量与质量、生产与融资方式、管制方式等问题作出决策，即对公共物品或服务的安排和监管；生产则是指将投入变成产出的更加技术化的过程。政府必然是绝大多数公共物品或服务的提供者，但不一定非是公共物品或服务的生产者。目前，政府必须尽量减少其生产者的角色，而有效地实现其安排者和监管者的角色。政府的有效性很大程度上体现在其对社会的有效安排和有力的监管上。如政府对食品、药品领域进行管理，确保食品、药品领域的安全和有序，并不代表政府必须为社会直接提供食品和药品，政府的真正作用应体现在为该领域安排有效的制度和机制，创造有序、高效的食品药品的提供环境，同时进行有力的监管，严厉惩处违规者。在我国传统的社会管理模式下，政府过多地从事直接生产本应由企业和社会来生产的物品或服务，如政府直接生产食品和药品、直接进行垃圾处理、污水处理等，而对社会管理各个领域的制度安排和协调以及监督却比较薄弱，造成社会管理的许多领域缺乏统一的制度供给和有效的秩序，这是今后政府在社会管理中必须加强的一个方面。

（二）社会管理体制不顺

我国现有的社会管理体制仍为计划经济体制下形成的"强政府，弱社会"的静态的社会管理体制。一方面，这种体制仍深深影响着现有政府社会管理的观念、结构、制度等方方面面；另一方面，以分化、多元化和复杂化为标志的体制转型，又对这种传统的社会管理体制提出了严峻的挑战，使其为适应社会的转型而逐步转变和解构。在新的社会管理机制尚未建立健全之时，现有的社会管理体制处于"传统依赖－解构－体制转换"这三重张力之中，呈现出一定的混乱和失效。现阶段我国的社会管理体制表现出如下主要特征。

1. "强政府，弱社会"

在传统社会管理体制中，政府与社会的关系完全由政府主导，政府对社会有着绝对的控制和干预权力，社会完全置于政府权力之下。

一方面，政府将几乎所有的社会组织包括企业、事业单位、社会团体等置于自己的行政权力的控制之下，特别是企业和事业单位，在社会管理方面作为政府的衍生物或准政府组织，除了履行其相应的专业职能外，还承担了许多政府的社会管理职能，如提供社会保障、失业救济、计划生育、社会治安等。政府可以利用全国性的严密组织系统，对全国的人力、物力、财力资源统一分配、安排和管理，以实现政府的社会管理目标，表现出浓厚的强政府色彩。

另一方面，社会成员以及社会各组织极大地依赖政府，社会的自治和自组织能力差。社会管理相对来说是与民众利益更为密切相关的领域，民众和非政府组织自治管理的成熟程度对社会管理具有重要的作用。而在传统体制下，由于政府严格而全面的控制，民众的利益表达和利益聚合缺乏必要的组织形式和组织通道，非政府组织的生长和发展受到政府权力的阻碍，导致社会管理中社会力量的薄弱。而这些社会力量在缺乏自治能力的同时也缺乏对政府社会管理的主动回应。

"强政府，弱社会"的管理体制曾起到过巨大的历史作用，但随着市场经济的建立和不断完善，社会的多元化、市场化、非集中化和流动性趋势加强，这种管理体制所产生的直接后果是社会治理效果的"弱政府，弱社会"。因此，面对转型期的各种社会问题，一方面需要转变"强政府"的内涵意义，使政府的"强"真正体现在政府应该发挥作用的领域和角色上；另一方面，积极扶持社会力量，提高社会的自治能力。而相对于我国的国情和现状来说，前者更具有现实有效性和紧迫感，后者是社会管理发展的必然方向，需要较长时间的酝酿和培养。

2. 封闭性和保守性的管理

我国社会管理体制的封闭性和保守性首先体现在计划经济体制下形成的"单位制"的管理体制。在计划经济体制下，不管是行政的、经济的、事业的或政治的组织，都被称为"单位"，由党和政府统一控制和管理。单位在政府的统一领导下，集政治、经济、安全、福利等各种职能于一身，承担了政府相当多的社会管理职能。在"单位制"之下，个人归属单位，而单位成为国家对社会进行直接行政管理的组织手段和基本环节。同时，单位与单位之间存在着严重的职能交叉、分工不明确的现象，每个单位都是一个自给自足的小社会，各种单位之间相互分离和相互隔离，各自为政，缺乏相互之间的交流与联系，形成了整个国家社会管理的封闭性和保守性。

这种特殊的"单位制"的管理体制在我国传统社会中具有独特性，在以往剧烈的政治变革和动荡中，在高速的经济发展中，它曾经较为成功地抵御了变迁所带来的各种风险。但是，随着社会主义市场经济的建立和发展，这种"单位制"的管理体制所形成的封闭保守性，导致我国社会长期以来缺乏社会变迁的动力，社会分化程度极低，进而造成整个社会的停滞不前。而随着我国体制改革的深入，传统的单位制度已在很大程度上被体制的多元化弱化，各种组织特别是非国有组织对国家的依赖性已经大大减弱，越来越多的社会成员脱离了单位体制的束缚，国家通过单位体制对社会组织以及社会成员的控制范围已经大大缩小，导致国家对整个社会的控制管理能力大大降低。"非典"防治中对流动人口的控制很明显地体现了这一点，对于一些分散的、非国有的、社区体制相对薄弱的地方，国家意志和命令的效力大为减弱。因此，在促进这种封闭性的单位体制解构的同时，必须加快建立新的有效的社会管理体制。

此外，社会管理的封闭性和保守性还表现在源于行政区划及其内在的利益因素的固守僵化的分割管理体制。该体制缺少有效的区域间信息沟通及灵活的跨区域的社会管理和治理。现阶段在环境治理、食品和药物管理、公共安全等迫切需要有效区域管理的重点领域，区域间相互配合和协作进行共同治理的局面难以形成。以环境治理为例，基于地方保护主义，由于污染的企业能给当地提供 GDP 和税收，制造污染的地方往往将污染的后果转移到相邻的行政区域，从而逃避治理成本。而根据我国现有的基于行政区划的环境管理体制，相邻的行政区域没法对不属于自己行政管辖范围内的污染企业给予处罚，这样就容易出现地区间互相损害的恶性循环，这就需要国家在社会管理的相关领域，寻找一种开放的、地区间能够形成共同治理以达至良性循环的管理体制。

3. 差异性待遇与区别性对待

通过一定的制度安排赋予不同区域及不同的社会群体以不同的国民待遇，这集中体现在我国社会管理中的户籍制度和由此形成的城乡二元社会结构。在现有的户籍制度下，社会成员被区分为城镇人口和农村人口，户籍制度在城镇居民和农村居民之间设置刚性的约束，有效地制止社会的自由流动。同时，在就业身份上，社会成员按就业性质被划分为干部、工人、农民，在"单位制"的管理框架下，不同身份群体之间在职业、就业、工资、社会地位等方面具有较强的这种基于"身份制"的管理制度，是形成我国城乡二元社会结构的重要因素之一。异质性和不平等，且不同身份等级之间界限分明，彼此流动十分困难。在这种二元结构下，城乡之间出现了结构性的分化——城市经济以现代化的大工业生产为主，而农村经济以典型的小农经济为主；城市的道路、通信、卫生和教育等基础设施建设和管理发达，而农村的基础设施和管理落后；城市的人均消费水平远远高于农村；相对于城市，农村人口众多；等等。随着我国市场经济体制的建立和逐步完善，这种差异性的社会管理体制的弊端越来越突出。主要表现在以下几方面。

（1）人为地限制了劳动力的地域转移和产业转移，阻碍了统一劳动力市场的形成，与市场化、工业化、城市化的内在要求背道而驰。

（2）人为地制造了社会的不平等因素，影响社会的稳定。它在维护局部地区短期稳定的同时，却使整个社会面临因城乡对立等区域对立而带来的长期不稳定的隐患。城市管理中对流动人口特别是农村打工群体的歧视，带来了政府与民众以及城市群体与农村群体之间长期的矛盾冲突，2003年的"孙志刚事件"可以说是这种矛盾的突出表现。

（3）加大了城乡之间的发展不平衡，政府在农村社会管理方面明显弱化和滞后，农村的社会治安、生产安全、食品药品管理、环境治理、社会保障等方面的问题层出不穷。而没有农村的发展就不可能有整个社会的发展，仅仅关注城市的社会发展是短视和片面的。

（4）排斥了个体的自主性，削弱了社会自我发展和自我协调的能力，增大了社会不确定性因素，从而增加了政府管理的负担和制度执行与建设的成本，造成社会运行成本的加大，而有区别管理必然带来管理上的混乱。

（三）社会管理运行机制的不完善

1. **主体的单一性**

传统的社会管理体制下，政府作为社会管理的唯一主体，既是社会管理的第一负责人，又是社会风险的最后承担者，社会矛盾没有缓冲地带，市场力量和社会力量对政府依赖性过强，参与社会管理的空间很少，自治能力差。我国虽有成千上万的社会团体，但大都带有准官方性质，附属在政府的业务主管部门之下，这就抑制了对社会意志的独立体现和表达，不利于社会力量在社会管理中发挥自我管理的作用。

随着转型社会的多元化、市场化、非集中化和流动性的增强，这种单一主体的管理机制已不能满足社会发展的需要；不能对社会进行有效的管理。有效的社会管理，必须依赖于有效的社会自我管理机制，必须以市场的自律、社会的自我完善和自我管理为基础。因此，社会管理的主体应该由单一走向多元，由封闭走向开放，政府在定位好自身的社会管理角色的同时，应充分发挥各种市场组织和社会中介组织的作用，尤其是要注意社会中介组织参与管理的实质性和独立性问题。以往部分社会团体积极参与社会管理，在很大程度上依赖于政府，参与的范围仅限于对政府政策的执行，缺乏自身独立意识的表达机制。一些可以由社会中介组织履行的社会管理职能（如审计、资产评估、质量检测、环境影响分析、就业服务、人口普查等）仍然基本上掌握在政府手里，政府未能把可以下放的社会管理职能从自身中剥离，还给社会。因此，社会管理主体多元化的培育，仍需下大功夫。

2. 部门分割，多头管理

在社会管理的实践中，部门分割、多头管理是制约政府对社会各领域进行有效管理的一个因素。造成部门分割的主要原因：一是在以往社会管理机构设置上，按社会事务的行业门类、外在形式或公共产品种类配置、组建管理部门，总的趋势是职能越分越细，机构也相应越设越多。这就使得本可以由一个部门统一管理的同种性质的行业，却被分管于不同的部门之下，相互之间很难进行协调，管理成本自然增大。二是地方政府管理的一个主要特征是条块结合，同一领域的社会事业分属于相应层级的政府，并分属于上级主管部门，这种双重从属制带来了低水平重复和条块之间的矛盾冲突等弊端。三是在运行机制上，在政府机构之下设立对应的事业单位进行对口管理，这种多层级的管理造成机构之间的职能交叉、部门之间的关系难以处理。

社会管理的部门分割、多头管理还造成了社会管理机构膨胀，成本巨大，效率低下，严重地削弱了政府的社会管理能力。如轰动全国的阜阳奶粉案，明明根本不能达标或不符合规范的企业，却证照齐全，反映了多部门监管下的低成效。同一领域的各管理部门职责交叉，职能不清，虽然各部门都可以执法，但界限和责任不明确，易造成执法真空、职责模糊或相互推诿的情况，给不法行为者以可乘之机。

3. 习惯于事后弥补而疏于事前预防，缺乏有效的社会发展与社会问题的监测体系及危机预警系统

由于过去片面理解"发展"，将之等同于经济发展而不重视社会发展，政府对一些社会问题放而置之，直到出现较严重问题才被动进行治理，加上新的社会问题不断出现，从而使社会问题越积越多，以至于政府难以控制和治理。同时，我国原有社会管理中社会监测体系及危机预警系统建设滞后，难以及时、全面而准确地了解社会发展及问题，更遑论把问题消灭在萌芽状态或及早提出防范、应对措施。因此，社会管理的关口应提前，注重事前预防，建立健全社会监测体系及危机预警系统，实现由以事后弥补为主的管理方式向事前预防和事后弥补并重的管理方式的转变。

例如，公共安全是政府社会管理的一个重要领域。对公共安全的监管和保障有赖于政府的主动作为，也只有将对公共安全的监管提前到危险的起始阶段，才能更有效地保护人民的生命与财产。而在近几年来时有发生的重大安全事故、严重的环境污染、食品中毒等事件中，政府往往习惯于事故之后对责任的"秋后算账"，而疏于在事故之前的防范和预防。对于可能造成重大责任事故的潜在性危险，政府常常因为"不作为"而导致人民生命财产处于重大危险之中。在安全保障和风险控制层面，现行的管理方式往往是一种无可奈何的"反应型"管理，而不是未雨绸缪的"预防型"管理，强调的是解决方案上的对策性，而不是监测的预见性和监管的程序化。较之于以善后为主要内容的事故预案，事前监管（包括风险的预测和评估、安全的控制和预警等诸多措施）更应成为社会管理体系的首要内容。

(四) 社会管理手段的单一、落后

在现阶段，我国政府社会管理手段单一、落后，突出表现在以下几个方面：

首先，管理手段的单一性。迄今为止，我国政府仍主要以行政手段为主来管理日趋多元化和复杂化的社会问题，这使得社会管理大多呈现出运动性、突击性、简单化特征，而缺乏有效性、规范性、系统性和统一性。随着社会结构的转型和多元化利益的出现，社会成员由"单位人"向"社区人""社会人"的转变，以及各种社会问题的共生性和复杂化，单纯地依靠行政手段进行管理在导致管理失效的同时，更易造成各种社会矛盾的激化。在现实的管理实践中，以单一行政手段为导向的管理机制，极易导致行政人员的执法失范，以强制性手段侵犯相对人利益的情况时有发生，从而造成管理过程中政府与公民关系的紧张，降低了社会对政府的信任度。因此，多元化的社会，需要政府及时采用新的多样化的管理手段，包括经济手段、法律手段和思想教育手段等。

其次，对政府社会管理部门自身的改革，缺乏现代化的管理方法和技术，如市场化工具（特许经营、补助、凭单制、用户付费）、工商管理技术（全面质量管理、绩效管理、流程再造、顾客导向技术）和社会化手段（家庭、社区和志愿者服务等）等。

再次，社会管理技术的落后，尤其是信息技术和检测、评估技术的相对落后。一方面，信息系统的建设和信息技术的运用在社会管理中具有很大的发挥空间，社会管理的各个部门之间，部门与企业、公民间需要及时有效的信息传递机制，以便对社会管理各个事项进行有效沟通和互动，及时处理突发事件等。然而，我国目前的社会管理相关信息网络的建设还不够完备，信息收集处理技术落后，这使得企业、公民无法及时获取与自身利益相关的社会管理信息，无法对社会管理活动进行有效的回应，也不利于社会各个方面对管理部门进行及时、全面的监督；此外，面对一些突发性的社会事件，管理部门也不能通过有效的社会管理信息系统来了解情况，应对突发性事件。

另一方面，我国目前在社会管理相关领域特别是高风险领域如食品安全、生产安全等领域，对其存在风险的检测和评估技术及设备落后。现阶段我国对各种社会风险进行检测和评估的难度在于：难以形成具普遍共识的检测指标体系；现行统计系统很难提供必需的规范化的时间序列数据；评估风险的严重程度很难达成一致意见等。这些技术、设备的落后在很大程度上制约了我国对相关领域的有效管理和治理。

（五）配套的制度建设滞后

1. 法治建设滞后

首先，立法工作滞后。主要表现在以下几方面。

（1）法规零散，不成体系。近年来，虽然国家加快了社会管理领域的法制工作步伐，制定了许多相关的法律法规，但这些法律法规比较分散，有些内容重复甚至相互矛盾抵触，难以形成一套有效的系统的法律体系，给执法与司法工作带来诸多不便，使违法行为易于逃脱惩罚，公众在维护自身合法权益时则无所适从。

（2）法律规范的空白点较多。与亟待解决的社会问题相关的、适应市场经济体制要求的许多法律法规尚未出台。如在市场经济秩序不完善的条件下，由于社会管理方面严重的信息不对称问题的存在，需要借助法律强制力来保证与公众有关的各种信息能够尽可能对利益相对人公开，但现实是我国目前还没有一部关于信息自由或者信息公开方面的法律。

（3）法律法规往往重结果而轻程序。这是我国法制建设中一个通病。法律法规只作出原则性的规定，缺乏严密的可操作的程序，不仅不利于法律法规的实施，反而赋予执法者大量自由裁量的空间，给腐败行为创造制度上的漏洞。

其次，执法队伍亟待改善。现阶段我国社会性规制的行政执法效果不尽如人意，大量危害社会公众身体健康和生命安全的假冒伪劣食品、药品屡屡出现在市场，重大恶性安全事故频频发生，这些现象的存在固然有立法滞后方面的原因，但更重要的是执法部门有法不依、执法不严方面的原因。因此，通过完善制度激励，加强执法队伍建设，加强法律监督和约束，成为完善社会管理的当务之急。

2. 财政体制不合理

一是现有的以投资性财政支出体系为主的财政体制制约了公共财政目标的实现。为了追求经济快速增长，我国财政投资大量用于基础产业甚至竞争性领域，财政支出中经济建设费用比重过高，基本建设支出规模庞大，而一些本应由财政供给资金的社会发展和社会管理项目却不能完全得到应有的资金保障。比如，一些与百姓生活休戚相关的社会保障、环境治理、就业服务、公共安全等方面的支出满足不了日益增长的需求，这样日积月累便造成了社会发展与经济发展的严重脱节。

二是承担社会管理职责的上下级政府和上下级部门之间事权划分不清，事权与财权不对等。突出的表现是，财权往往高度集中于上级部门，而事权却层层下移，作为政策最终执行者的基层部门承担了大量的社会管理事务，却缺乏足够的财力做保障。

三是中央财政对落后地区和农村的社会管理方面的财政支持严重不足。落后地区政府和农村在社会管理方面面临着更大的困难和压力，仅靠自身财力难以进行有效的管理，需要中央政府加强对其社会管理领域的财政转移支付。

四是政府财政支出的公开性和透明度较低，政府的预算约束软化。中央的资金经过众多的管理层级，落实到地方和基层的社会管理项目时，存在着时滞和"资金灰箱"现象。政府财政预算亦缺乏规范、透明度。

3. 干部考核制度不科学

干部考核制度对于政府及官员的工作具有较强的导向作用。长期以来，由于市场经济发展的需要和对发展观理解的片面性，经济发展往往被等同于全面发展，经济增长也成为干部考核制度中衡量干部政绩的最基本的指标。在这种导向下，大量官员都将追求 GDP 的高速增长作为自己工作的目标和动力，上一级对下一级的考核也主要依据经济增长或者 GDP。这种政绩观在客观上造成了各级政府及其官员对经济指标的关注和对社会发展指标的忽视，并造成了社会发展所需资源的投入不足，包括就业和失业、人口增长、收入分配平等程度、社会养老、医疗保障、贫困救助以及危机应急能力、自然与环境指标（环保、绿化面积、空气和水的质量、可持续发展能力）等在内的社会发展指标体系长期处于弱势地位。

（六）现有的改革措施不到位

面对日益增多的社会问题，我国各级政府开始反思社会管理体制和机制，并进行了一系列的改革探索，取得了明显成效。但是，在改革过程中也还存在着改革措施不到位或配套改革滞后的问题。

1. 关于设立新的社会管理部门的问题

为了改变我国社会管理部门分割、多头管理现象，一个常见的措施，就是新设立一个综合监督和协调的机构，对原各职能部门进行协调，以避免原来运行机制下的种种弊端。然而，这一做法却忽视了职位和权责相统一的原则（所谓职位和权责统一，即根据社会管理部门相应的职能，必须被赋予相应的职权和责任，承担多少职能，就要有多大的权力，也就意味着必须承担多大的责任）。这往往造成了新设立的管理部门与原有各职能部门之间新的矛盾，无法从根本上改变政出多门、多头管理且管理交叉重复的状况，有时甚至加剧了多头管理的局面。例如，国务院于2003年在原国家药品监督管理局基础上新组建的食品药品监督管理局，就是一个为避免多头管理的协调机构。根据"三定"方案，其职能除负责食品、保健品、化妆品安全管理的综合监督和组织协调、依法组织查处重大事故之外，还承担保健食品的管理职能，为此还新设立了两个司——食品安全协调司和食品安全监察司。但问题在于，新成立的食品药品监管局是一个副部级单位，而其协调的却是几个部级单位，这样药监局由于缺乏相应的行政职权，必然会妨碍其管理职能的实现，不能有效解决该领域长期存在的一些问题。

2. 关于社会管理的放权问题

管理的权力集于政府一身是导致目前我国社会管理效率不高的一个重要原因。因此，向下分权以及向社会让权已经成为我国社会管理改革的必由之路。然而，社会管理的各个领域有其不同的特点和规律，放权与否，如何放权，情况复杂。对有些机构、有些活动可以放权，但在放权的同时，必须形成有效的约束。在以往的改革中，这方面的问题并未得到有效的解决。例如在创收问题上，诸如基础教育、卫生防疫等承担政府法定责任的机构乃至承担监督执法职能的机构也被允许创收，对于创收活动的内容、收入比例以及用途也几乎没有应有的限制，导致在某些公益性较强的领域或环节上，有些部门或机构唯利是图、扭曲社会管理的公益性质，极大地妨碍了政府的公共职能以及社会管理目标的实现。向下分权及自主权的扩大也存在放权过度和约束不足的问题，一些机构的业务活动内容及活动方式过分自由，过分突出机构和小群体利益，其目标和行为容易偏离社会管理发展的基本要求和规范。由于放权过度、约束不足，社会管理改革中往往"破"而不"立"，导致了改革的某些方面或环节出现断层和真空，极大地影响了公共利益的实现。因此，改革中的放权必须同时考虑到管理效率和公益实现两个方面，在放权的同时还要形成有力的约束。

3. 关于社会管理改革的统筹规划问题

从社会管理改革的实施方式上看，改革大部分都是基于社会管理条块分割的行政管理体制，主要依靠部门和地方政府来实施，鲜见中央政府的统一部署和规划。这种依靠地方和部门来实施改革的方式，可以调动部门和地方的积极性和创造性，各地区、各部门在以往的改革探索中，也确实取得了一定的成效。但由于不同地区、不同领域的改革进程很不平衡，改革方式、内容、目标等存在差异，在原有体制和机制不变的框架内实施的这些改革，一方面无法确保各个部门和地方的改革都能够按照合理的轨道进行，难以避免部门和地方突出局部利益而忽视整体利益的问题；另一方面也难以进行资源的整合和布局调整，无法解决长期以来形成的社会管理布局不合理的问题。此外，原有的全国性的社会管理框架也为地方和部门的深入改革设置了根本性障碍，在一定程度上又会挫伤地方和部门的改革积极性。从整个社会管理领域来说，无法实施统一、规范的制度建设。因此，我国现有的社会管理改革，在倡导地方改革创新的同时，中央必须加快统一规划，使地方的创新举措能够突破旧的管理体制和机制，从而在一种新的社会管理体制和机制的框架内顺利进行。

五　西方发达国家政府社会管理的理论与实践

(一) 西方发达国家"社会管理"的内涵

在西方发达国家的历史上，"社会管理"是一个有丰富含义而论说不一的复杂概念。在英语中，"society administration"和"society management"之间也有显著不同。而且社会管理概念随着各国不同的文化传统、政治体制、经济社会发展状况也具有各自的特点。如美国等盎格鲁—萨迪逊文化圈的国家奉行较为温和、较少干预的社会管理传统；而欧洲大陆的法国、德国，其社会管理相形之下则更为严密，行政主义的色彩更为浓厚。新西兰作为社会管理"行政传统"最为典型的国家，经过 20 世纪 80 年代以来的激进改革，对社会生活的规制则明显减弱。

从历史上看，西方发达国家（地处东亚文化圈的日本除外）资本原始积累和资本主义制度确立以后很长一个时期，受古典自由主义思想的影响，普遍奉行小政府的理念。在西方早期自由主义思想家看来，政府只是一种必要的恶，只有市场这只"看不见的手"无法规范和调整的极少领域才需要政府的介入，例如国防、外交、公共安全、消防等。而其中社会管理的内容更是少之又少。绝大多数社会公共事务的管理完全依靠市民社会的内生机制来实现。家族、行会乃至宗教组织都担负着社会管理的职能，而政府的社会管理职能相对较少。以美国为例，罗斯福新政之前，美国政府的职能仅限于"保护自然市场秩序免受强制和欺压之害；政府做与个人权利相协调的事，消除市场障碍；保护人们免受犯罪之害；公平分配；维护国家安全；执行个人合同；对公共工程、公共福利和教育提高给予有限支持。政府要做的就是确保一个独立的个体能够在自由市场上竞争获利的框架。资源配置、社会财富分配职能基本上都是通过市场交换制度的运作来实现的。"

随着市场万灵论的破灭和社会事务日益庞杂繁复，政府开始更多地介入社会管理。到 20 世纪 30 年代的大萧条，以凯恩斯主义为标志，政府力量对社会事务的干预达到了近现代史上的第一次高峰。20 世纪 70 年代新古典经济学崛起，其倡导解制

(deregulation) 和放权的市场经济,国家力量在经济发展中的主导地位逐步下降。但是发达国家政府社会管理的发展却并未与经济管理职能的弱化同步,以福利国家为标志的积极社会政策仍旧大行其道。

应该承认,从公共管理和政治学的角度给社会管理界定内涵是相当困难的,这源于公共服务和社会管理两个概念的重合性。现代政府提供的公共物品中,除了完全体现国家暴力特征的那部分职能,已经很难区分公共服务和社会管理的准确边界。而西方发达国家各具特点的政府管理实践和文化背景也使得给"发达国家政府社会管理"作出界定变得更加困难。

当然,仔细梳理西方发达国家社会事务管理的理论和实践,还是可以看出:第一,发达国家的社会管理主要意指政府力量对独立于政治、经济领域之外的那部分社会公共事务的管理。这种管理一方面提供其成为国家所必需的基本秩序,另一方面,现代政府社会管理的主要方向是为经济发展和人民生活提供一个稳定良好的社会环境。第二,与公共服务有所区别的是,发达国家的社会管理相比较而言带有更重的"规制"色彩。这在发达国家整体"服务型政府"的背景下构成了其刚性职能。第三,这里所说的社会管理职能主要由政府力量来行使,但是越来越多的私营部门和第三部门在获得许可后参与部分社会管理过程。

(二) 西方发达国家近百年的社会管理历程

要综合考察发达国家近百年的社会管理历程,必然要对"福利国家"(welfare state)的实践有所认识。历史地看,普鲁士(德国)首相俾斯麦于1883~1889年制定的疾病、工伤和养老、残疾、死亡四项社会保险法,被认为是现代福利国家产生的主要源头。

发达国家实行大规模的社会福利政策始于19世纪末,强大的民意和资产阶级出于"抵消共产主义影响"的考虑使得主要资本主义国家纷纷开始实行以医疗保险和社会保障为主干的社会福利政策。20世纪30年代的经济危机背景下,以美国的罗斯福新政为标志,发达国家大都开始更多介入社会福利事务,也就是从这个时候开始,产生了现代意义上的福利国家。"二战"后福利国家大规模膨胀，发达国家奉行涵盖社会保障、医疗健康保险、收入保险、住房补贴在内的全面的社会福利政策，公民"从摇篮到坟墓"几乎都在福利网络的保护下进行。六七十年代肯尼迪政府的"向贫困宣战"和约翰逊政府的"伟大社会"运动更是将福利国家实践推向了高潮。

20世纪30年代以来，发达国家社会福利政策对于确保全体公民的最基本的生活需要、保证经济长时间良性运行和社会稳定起到了至关重要的作用。但是80年代以后，各国普遍感受到社会高福利带来的沉重压力，纷纷开始改革。福利国家政策带来的最大负面影响就是经济发展动力减退，美国社会福利开支占其财政支出的40%以上，德国的福利支出在其GDP中的比重甚至高达34.4%。高福利积累使得政府和企业背上了沉重的包袱，企业家投资的积极性下降，企业创新和竞争能力受到影响，经济的持续增长受阻。

从英国撒切尔政府和美国里根政府开始，发达国家社会福利政策都开始改革调整，通过提高接受福利者的资格、福利项目市场化、适当加重个人负担等措施减轻政府的负担，增强社会自身的福利运作能力。直至目前，发达国家福利政策的调整仍在进行当中，其国家职能弱化、社会市场职能强化的趋势仍在延续。

（三）西方发达国家政府社会管理的具体领域

从实践上看，西方发达国家政府社会管理的具体领域各不相同。在具有悠久自治传统的美国，政府社会管理的范围较窄；而法国政府则施行更多的社会干预和管制政策；新兴的发达国家如新加坡在社会管理中甚至奉行严酷的"家长制"。虽然各国情况差异明显，但是综合梳理发达国家的政府管理实践，可以总结出一些共通的主要社会管理领域：社会公共安全管理、生态环境管理、就业管理、食品药品管理、人口管理、社会保障体系管理、社会组织管理、公共交通管理等。

1. *社会公共安全管理*

在发达国家的公共安全管理中，除了治安，消防和犯罪控制也是重要的职能。各国都有一套比较细密高效的消防指挥控制系统和犯罪控制系统。

2. 生态环境管理

西方发达国家的工业化大多走了"先污染后治理"的弯路。治理环境付出的高昂代价使政府和国民更加珍视生态环境，普遍具有较强的生态环境意识。在机构设置、立法和公众宣传方面，他们都有一套成形的经验。其中最为著名的就是垃圾处理，以美国、新西兰和澳大利亚为代表的几个国家率先在垃圾处理上引入民营化，大大提高了垃圾处理质量和效率，并被作为重塑政府运动实践的一个招牌。

3. 就业管理

在议会内阁制国家，就业率几乎成为反映政党走势的晴雨表。即使是在行政权力较强的总统制国家，行政当局也要受到就业率波动带来的沉重政治压力。由于就业政策牵涉到住房政策、医疗政策、保险政策、财政政策乃至货币政策，牵一发而动全身，因而就业管理也是社会管理中对政府宏观调控能力要求最高的领域。

4. 食品药品管理

发达国家在为数不多的政府机构中大多有与食品药品相关的管理机构。最典型的就是美国国家食品药品管理局（FDA）。其除了常规的药品生产安全监督，还有麻醉品使用监督、药品副作用披露、技术标准制定等职能。

5. 人口管理

发达国家大多不存在因人口增长过快而需加以控制的问题（有的国家甚至出现了人口负增长），因而人口总量控制基本不属于其社会管理的内容。在实践中，发达国家政府人口管理主要任务是对人口流动尤其是跨国移民进行监控。"9·11"事件以后，各国更是强化这个领域的规制职能，美国移民规划局并入国土安全部就是一个例证。

6. 社会保障体系管理

社会保障是典型意义上的公共服务，而作为社会管理的社会保障职能主要是指政府对社会保障体系的管理职能，如社会保障政策法规的制定、社会保障金使用的监管、社会保障市场的准入以及对社会保障机构的监督。

7. 社会组织管理

发达国家在政府与社会关系上基本是一种"小政府、大社会"的格局，虽然政府的社会职能一再强化，但是比起社会组织自身的运转，政府履行的社会职能只是较小的一部分。尤其是第三部门理论（the third sector theory）形成之后，各国普遍更加重视社会组织所承担的作用。除了较为宽松的社团注册管理以外，政府开始重视促进社会组织的发展，日本甚至在税收政策上支持社会团体的经营性活动。

8. 公共交通管理

公共交通管理是西方发达国家工业化初期以来就承担的重要职能，随着交通的日益发达和城市群的出现，公共交通的管理任务更加繁重。除了一般性的交通法规执行、交通秩序维护、机动车牌号注册以外，政府还需要制定一系列的政策规范海陆空的交通。越来越多的交通事务需要更加专业化的部门来管理，西方发达国家交通管理部门的分化也就此开始。如英国，就先后增设了车辆检查局、航空局、铁路管制局等执行局。

（四）西方发达国家政府社会管理的若干经验

1. 合理的组织设计

由于发达国家大多有自治传统，因而"中央—地方"和"联邦—州—地方"之间基本不存在严格统属的条块关系，它们在法定职责范围内各司其职。政府社会管理职能的组织设计较为注重因地制宜和因时制宜。如美国政府的社会管理在联邦层面上是通过 50 多个独立的管制机构（independent regulatory agencies）来实现的，这 50 多个社会管理机构的内部设置和下属分支机构的设置就充分考虑到了管理领域的实际情况和资源预算约束，几乎没有统一的组织设计模式。美国环保局（EPA）在全国设有 10 个大区，一个区负责若干个州，每个区都根据本区的实际情况制定政策和标准，这种适中的管理幅度既照顾到了各个区域不同的历史文化背景，又不至于因管理重心过低而使管理任务过于繁重。

西方发达国家也很重视社会管理机构的整合和权责一致的问题。如针对环境管理领域存在的多头管理、权责不明等问题，1970 年成立的美国联邦环境保护局就对社会的环境管理领域进行了整合,将分散在不同部门的环境管理权由该局统一行使。

当然,社会管理牵涉面极广,很多时候管理机构设置很难归整到一个部门。对此,美国政府按照管理对象的性质特征,根据组织流程再造思想,对几个管理部门之间的管辖程序和前后衔接作出了清晰的设计,如肉制品的生产销售管理涉及几个部门:联邦食品安全和检查署(FSIS)负责检查食品制品的加工、操作和包装;美国农业局(USDA)负责生产厂家卫生、设备、操作的技术标准制定等。相关管理部门之间都有法定的或管理实践中约定俗成的协同规范,很少出现多头管理、管理真空、扯皮或者"争管理"等现象,管理效率较高。

近十几年来,发达国家为进一步提高社会管理绩效,纷纷在政府组织内推行"执行局化",在特定的管理领域内设置了很多执行局,加拿大的特别运作局(special operating agency)和丹麦的管理局(administrative agency)均属此类。由于执行局使政府部门效率明显提高,英国执行局数量从 1989 年的 3 个猛增到1995 年的 97 个,相关公务员也从 5800 人增加到 227000 人,英国的经验也迅速发展到其他国家。

2. 分权化的管理取向

权力下放是发达国家政府社会管理的一个显著趋势。实践表明,中央政府由于管理重心高、管理幅度大,过多地掌握社会事务管理权,管理绩效肯定不如意,并会使地方缺乏积极性,影响对基层一般性社会事务的有效治理。从 20 世纪 80 年代,西方主要国家都开始了放权运动。西班牙政府 1981 年颁布了自治区条例,明确划分了中央与自治区的权限,扩大了地方的社会管理权。同时,发达国家政府在向地方下放社会管理权的同时,比较注重用中央和地方政府间协议的方式对放权后双方的职责权限作出明确规定。日本自 20 世纪 90 年代以来也加快了分权化的步伐,明确了国家和地方公共团体的职能分担,居民身边的公共事务尽可能交由地方处理。高度中央集权的法国,也在 20 世纪 80 年代明确规定了市镇、省、大区和中央政府的职责范围,取消了中央政府对地方政府的监管,授予地方民选机构较大的权力,将地方社会事务的管理权更多地赋予地方民选官员。分权化浪潮使地方政府在社会管理上有了更多自主权，有利于地区内利益格局的调整，地方经济社会更具活力，政府管理绩效得到提高。

3. 社会管理的市场化

20世纪80年代以后，以英国撒切尔政府为首，新西兰迅速跟进，发达国家大多进行了社会管理的市场化改革，这其中最为引人注目的就是民营化。这种民营化最早开始于垄断行业，如邮政、电信、铁路等部门，而后扩展到一般公共服务部门。目前民营化已进入主要以规制为管理方式的政府活动领域，一些国家政府开始谨慎地将诸如监狱管理、就业指导、消防服务等职能授权给私营部门和第三部门来行使。

社会管理市场化也包括在社会管理中注入市场运作意识。从里根开始，美国政府就要求所有新制定的政府规章都要符合成本—效益分析的标准，并大规模地放松甚至废除政府管制。英国梅杰政府在1992年发起的"市场检验"运动，就是要求地方政府将更多的政府管理活动推向市场，接受市场的检验。

4. 强大的社会自主管理能力

西方发达国家社会自治自理能力很强，行业自律组织、社会中介组织、社区乃至其他形形色色的社会组织承担着相当可观的属于本文所论及的社会管理职能。

一些非营利的第三部门组织以互助友爱为宗旨，参与政府部分社会管理，成为连接政府与社会、政府与市场、政府与企业的桥梁。与公共服务不同，政府社会管理所涉及的领域主要是以规制为主，具有一定的政治性，传统上都由政府来行使。但是，在分权化的导向下，政府开始将一些具体的工作交给第三部门来做，社区犯罪预防、职业介绍等活动在第三部门中已经做得有声有色。

5. 管理工具多样化

除强制和许可证两个最基本的管理工具以外，当代西方国家大量使用了一些人性化政府管理工具，如类市场机制、协商式管理和绩效合同等。

类市场机制首先发端于美国，典型方式是排污交易计划，即政府与排污企业事先订立协议，企业排放污水、废气和固体污染物的数量等与政府的税收待遇、财政补偿直接挂钩，如果企业的排污状况在特定的量化指标下达到政府的要求，政府可以通过减免税收或者直接的财政补偿来进行奖励。反之，企业将被课以重税乃至罚款。这种管理非常有效。

协商式管理被丹麦和新西兰用于环境管理。新西兰政府1991年开始和企业进行经常性的沟通，与之平等讨论环境管理问题，取得了非常好的效果。在丹麦和新西兰，协商式管理显示出比政府间协议更高的效率。

绩效合同主要用于政府发放许可证的领域，申领许可证的企业和个人需要事先与政府签订协议，承诺在生产、经营或特定活动中实现政府相关政策法规和技术标准框架内设定的绩效指标。如果在限定的时间内企业或个人实现预定绩效，政府将核发许可证，反之，企业将被拒绝或剥夺许可证。

可以说，西方发达国家的政府社会管理已经发展到有效使用激励机制进行管理的新阶段。美国国家环保局的"能源之星"活动就是一个成功案例。它通过这一活动评选出美国生产商中节约能源的标兵，而后授予其"能源之星"称号。对于重视企业公众形象的厂家来说，大多会为了取得这个称号而逐步改进生产工艺和技术流程。更何况背后还有强制性的技术标准规制作为制约，因而多数企业会选择接受诱导而达到政府所期望的效果。

6. 重视社会发展与社会问题的监测体系及危机预警系统构建

西方发达国家采用了一些行之有效的方法，社会指标体系及社会系统核算就是其中的典型。社会指标是分析社会现象或社会发展的一种量化工具，是衡量社会发展中社会变迁的一种时间序列的统计。从20世纪70年代初开始，不少世界性和区域性的国际组织（如联合国、经合组织、欧洲共同体、世界银行）也积极从事社会指标的研究应用以及社会指标体系的建立、改进和推广工作。社会指标既可以用于监测如城市化程度等客观状况，又可以用于监测对市政服务的满意程度等主观状况，还可以用于监测社会变化的特殊领域，如污染、医疗保健及工作生活的质量等方面。社会系统核算则是允许分析人员对主观和客观社会状况变化进行监测的一种方式和一套方法。

危机管理在西方发达国家不仅限于公共安全和公共卫生等特定领域，几乎全部的政府社会管理领域，都有危机管理的机制。突发的气象或生态变化、人口的异常流动、社会突发的大规模人口流动等都被定义为公共危机。发达国家处理社会危机主要有制度设计和群众动员两方面的经验。在制度设计上，着重危机报警、危机处理启动、危机处理、善后等几个阶段的衔接，各政府部门的角色和职责也被明确界定；而群众动员方面则主要是危机信息通报和群众组织。

六 完善政府社会管理职能的基本思路

（一）新形势下强化政府社会管理职能的重要性

1. 强化政府社会管理职能是落实科学发展观、全面建设小康社会的需要

（1）实行有效的政府社会管理是弥补市场失灵的必然要求。市场并非万能，存在盲目性等缺陷，同时市场也会失灵。为此，政府需要加强经济调节和社会管理，对市场缺陷及失灵进行全面的纠正和补充。在经济、政治、文化以及科技、教育、人口、环境、社会治安等社会发展的所有方面和所有领域，进行全方位的功能补偿，抑制市场机制的负面效应，保证经济社会稳定、和谐、健康地发展。

（2）协调和处理日益复杂化的利益矛盾与冲突，需要强而有效的政府社会管理。当前，我国经济社会正处于一种前所未有的大变革大变动中，经济市场化、政治民主化、技术信息化、农村城镇化、社会多元化已经构成当今我国社会变迁的基本特征，传统的社会管理体制如何适应业已出现的从单位管理向社区管理，从城市管理向农村管理，从身份管理向岗位管理，从静态管理向动态管理，从单纯的行政管理向经济、行政和法律管理，从侧重事后管理向事前、事中管理，从强调惩治、处罚向预防、控制等方面的深刻变化，已成为我国政府社会管理亟须回答和认真解决的重大课题。

2. 强化政府社会管理职能是当前我国政府职能转变的一个基本取向

政府职能转变是我国公共行政管理体制改革的一个重要目标，而社会管理职能的强化是政府职能转变的重要方面。党的十六大报告及温家宝总理的讲话中明确指出了新时期深化我国行政管理体制的基本要求。因此，政府应该更加注重履行社会管理和社会服务职能，把更多的力量放在发展社会事业和解决人民生活问题上，推进经济社会与人的全面发展。总之，新时代的新挑战要求我们积极推进政府社会管理职能的转变，不断强化政府社会管理职能，推进政府社会管理职能走向合理、走向规范、走向完善。

(二) 完善我国政府社会管理职能的基本思路及对策

1. 更新管理观念，树立科学发展观

作为一个现代政府，我国政府职能定位应树立如下理念：全面实现从"全能政府"向"有限政府"转变，从"管制政府"向"服务政府"转变，从"细职能、大政府"向"宽职能、小政府"转变，从"权力政府"向"责任政府"转变，从"强政府、大社会"向"好政府、强社会"转变，推动政府转型。

（1）从生产建设型向公共服务与社会管理型转变。以建设公共服务和社会管理型政府为目标，政府职能应该从以前重经济GDP、重生产建设、重经济干预，转向提供公共产品与公共服务，转向重视教育、卫生、生态环境、城市基础设施建设和功能方面，转向重视社会管理，即完善市场运行规则，强化监督管理，通过规范各类经济主体的行为，限制各种不正当的经济行为，创造公平竞争的市场秩序，维护社会治安等方面。

（2）从行政管制型向公共服务型转变。我国基本上是一个行政管制型的政府，其典型表现是事事需要审批和政府许可。从行政审批向公共服务转变，政府必须做到：一是提供公共产品（包括教育、文化、娱乐、公共卫生、交通、通讯、能源、道路、照明、水电等），服务于社会；二是寓服务于监督管理之中，全心全意为人民服务。

（3）从旧式发展观、片面政绩观向科学发展观、全面政绩观

转变。必须坚持以人为本的科学发展观，走全面协调可持续发展之路，促进经济社会和人的全面发展。在这种发展观的指导下，政府应该转变片面发展观指导下的"重经济目标、轻社会目标""重经济调节职能、轻社会管理职能""重经济发展、轻社会进步"的施政理念，坚持"经济目标"与"社会目标"的统一，树立综合 GDP 理念，即经济 GDP 与社会 GDP 的结合，坚持经济管理职能与社会管理职能的配合，坚持经济发展与社会发展的协调。

（4）从集中管理型向依靠市场调控型转变。社会主义市场经济的建立，意味着我国在组织社会生产方式上的根本转变。政府要把经济生活"总指挥"的角色让位给市场机制，通过市场机制的作用实现资源的最优配置，通过自由竞争机制激发市场主体发展经济的动力。政府对经济主体的管理是一种间接管理，不能直接干预企业的生产和资源的分配，只能以法律和政策来表明国家对经济的期望和态度。企业生产什么，怎样生产，用什么原料、技术、人才和怎样使用，均由企业自己决定。

（5）从提供经济产品向提供制度产品转变。政府向社会提供的最主要的公共产品是制度和服务，尤其是要提供一个稳定、统一、公开、可预期的制度环境，保证各种创新机制有效运转，保证市场的公平竞争秩序。服务型政府的主要职能是为各类投资者、消费者提供有效率的市场制度。政府的职责在于：一是维护市场竞争的公平性；二是通过提供有效的规则和制度来维持市场秩序和提供城市信用度；三是提供和经营市场无法供给的公共产品。这几方面中最重要的就是制度。如果没有政府提供完善的制度环境，正当的竞争就无法得到保护，市场就会扭曲。因此，政府应该改变过去直接配置人力、物力、财力资源，主要为社会提供经济物品的做法，转向由市场发挥自组织功能和资源配置的基础性作用，政府集中精力营造良好的市场环境和制度环境，制定规则、执行规则和充当裁判。

（6）积极营造全社会重视社会发展的氛围。改变社会发展是经济发展附庸的观念，把社会发展提高到与经济发展同等重要的位置上。一方面要充分宣传，使全体公民特别是国家工作人员真正理解经济发展与社会发展之间的相互关系，真正理解人的发展、社会的发展而不是经济发展是人类生存的最终目的；另一方面建立健全相应的制度，通过在各种制度建设中保证社会问题与经济问题同等甚至更加重要的地位，突出社会发展的意义和地位，保证所有的社会问题能够及时发现和解决。

2. 调整组织结构，再造管理流程

（1）优化组织设计。社会管理职能的组织设计要充分注意因地制宜和因时制宜。管理机构的内部设置和下属分支机构的设置要充分考虑到管理领域的实际情况和资源预算约束，使管理幅度既能照顾到不同地区的历史文化背景，又不至于出现因管理重心过低而导致管理任务繁重的问题。社会管理机构的设置还要考虑到组织整合和权责一致的问题。

（2）合理划分中央与地方的事权关系，理顺社会管理中的条块关系，实行合理的分权。要按照党的十六大精神，坚持权利、义务和责任相统一的原则，依法规范政府内部和政府纵向间的职能和权限，形成行为规范、运转协调、公正透明、廉洁高效的政府社会管理体制。处理好中央和地方的职能权限，科学规范部门职能、地方职能，切实解决层次过多、职能交叉、机构臃肿、权责脱节和多重多头执法等问题。同时，要处理好社会管理与经济调节、市场监管和公共服务这三方面的职能关系，避免把经济职能与社会管理职能甚至某些政治职能混同起来。

例如，在中央和地方的职能权限方面，如果中央政府管理重心太高、管理幅度太大，对一般性社会事务的管理绩效就会大打折扣，同时中央政府过多地掌握社会事务管理权也会使地方缺乏积极性，很难保证对基层一般性社会事务的有效治理。因此，在社会管理职能方面，应该让地方政府成为主要承担者，使地方政府在社会管理上拥有更多的自主权，更有可能对地区内的利益格局进行调整。而中央政府则主要起指导、监督作用，规定应达到的标准，监督地方政府具体实施，但不代为决策。在向地方下放社会管理权的过程中，要注意用中央和地方政府间协议的方式对放权后双方的职责权限作出明确规定。

（3）借鉴国外的经验，设置独立管制机构。西方发达国家政府社会管理之所以高效，很大程度上源于其合理的组织设计及流程安排，而其基础乃是 20 世纪 80 年代后大力推广的独立管制机构（independent regulatory agencies）。许多中央（联邦）层面上的流程安排就是在这些独立管制机构之间实现的。在实践上，这类机构有的叫特别运作局（special operating agency），有的叫管理局（administrative agency），有的则叫执行局（operating agency）。按照我国的政府组织级别，这类介于"部"和"司"之间的机构具有各自领域内几乎全部的行政管理权，在它们之下有的设置了地方执行或派出机构，有的则直接与地方政府发生业务关系，基本避免了我国所遇到的"条块"问题。与负责政治或大政方针制定的部（主要是指 ministry，也包括一些 department）相比，独立管制机构的主要任务就是执行，或者说就是行政。

这些独立管制机构管理的幅度远小于我国的部，有的甚至小于国家局，但在各自的管理范围内，它们拥有绝对的权威。政府组织间的流程再造主要是在这些独立管制机构之间实现的。在特定的管理领域内，它们之间有的制定行业标准，有的负责监管，有的进行少量行政审批，分工比较明确，与"无缝隙"的流程理念比较接近，整体效率很高。

在设置独立管制机构的过程中，要把握几个原则：一是要归口管理而管理幅度不宜过大。欧美国家设置的此类机构中既保持了相当的分工专业化，又不追求过大的管理幅度。如美国的印第安事务管理局、监狱管理局、退伍老兵事务管理局等。这样做的好处是既保证执行局可以在不大的管理幅度内集中精力做好本职，又可以避免设置过多的下属或派出机构，防止形成"条块"，从而提高了效率。二是独立管制机构的横向职能部门和纵向分支机构的设置要因地制宜。欧美国家的执行局中，横向职能机构的设置非常精简，一般在 5 个左右，如美国监狱管理局只有四个职能机构，分别是华盛顿特区中央办公室（Central Office, Washington D.C.）、区域办公室（Regional Office）、培训中心（Training Center）和国家自新研究所（National Institute of Corrections）。而在纵向机构的设置上，几乎所有已经执行局化的发达国家都实行了"大区制"，管理大区的范围视情况而定，很少将二级机构设在州（省）。如英国的食品标准局（Food standards Agency）的下属机构有苏格兰办公室、威尔士办公室和北爱尔兰办公室，而美国的联邦监狱设施管理局则有中大西洋区、中北区、东南区等六个大区。三是独立管制机构之间在特定社会事务管理中的流程衔接比较清晰，通过部门间协议乃至行政立法的方式将社会链条运行中各自机构负有的责任和管理领域确定下来，并与其他机构及时有效衔接。在这方面，美国和新西兰的经验值得我们研究。例如在预防青少年犯罪工作上，设有儿童专员办公室、国家自新局、少年儿童与家庭办公室、家庭与社区服务部等独立管制机构，它们各司其职又相互配合，组成了一个比较严密的行政流程，行政绩效可观。

（4）优化社会管理流程，实现社会管理和服务的"简便、透明和高效"。组织的各个流程是否合理是决定其绩效的重要因素。流程再造（process re-engineering）是借用私营部门的一个概念，它通过对组织流程损耗的细密分析，再一次将对组织行为的分析转回到组织内部。因此，只有对不尽合理的流程进行重组和再造，才能稳步提高组织绩效。该理念自 20 世纪七八十年代从理论界引入政府部门以后，西方发达国家政府进行了一些改革努力并大多取得成功，而创建一个"无缝隙的政府"也成为许多政府首要的目标。在我国，一些政府部门也在进行类似的尝试，国家税务总局在税收征管体制上采用流程再造理念所进行的改革就取得了积极的效果。

综观我国多数政府部门社会管理存在的问题，有时候并不完全是党政不分、官僚作风、社会发育程度低等问题，政府社会管理体制内在的不合理也是其问题之一，但这一问题并未引起足够的重视。当代西方政府社会管理体制改革给我们的最大启示之一，就是重视政府社会管理流程再造。政府社会管理是一个相当复杂的系统。在许多社会规制领域，一两个政府部门很难达到有效管理，这就需要以一种纵向的视角重新认识这些领域。比如，食品的原料—生产—包装—销售，机动车的制造—销售—牌照管理—交通管理等一系列的链条都与人们的生活密切相关，而且都有相应的政府部门进行管理。但是许多问题就出在这些流程的交叉地带，要么是流程无法衔接造成的管理真空，要么是流程交叉引起的"扯皮"和行政资源浪费。前者给违法犯罪活动以可乘之机，而后者带来的问题更多，在湖北就曾发生过药监和工商为了"争罚款"而大打出手的恶性事件。

在一些发达国家，政府组织间的行政流程再造已取得显著成果。有的国家通过立法的方式将所谓的"交界地带"的关系理顺，这使得一个个社会链条的运行，都能够处于政府有效、合理、低耗的管理下。当然，政府社会管理流程再造要想在中国成功实践，首先需要面对的就是"条块分割"和中央—地方事权划分问题，虽然经过几轮的政府机构改革和行政管理体制改革，这些问题已经有所改观，但整体上距离建立一个高效的服务型政府还有很大差距。从长远看，通过导入独立管制机构突破条块分割、进行社会管理流程再造应该是一条可行的路径选择。

3. 强化关键的管理职能，落实政府的社会目标

当前，迫切需要政府强化几个关键的社会管理职能。

（1）健全社会治安综合治理机制，强化社会安全管理，维护社会秩序和稳定。传统上我国的社会公共安全体系的特征表现为权力高度集中，通过行政手段和国家动员等体制内的路径将整个社会的公共安全纳入政府的职能范围。在这种封闭的、大一统的体系内，"稳定压倒一切"成为单纯的政治目的和考核官员的重要指标，为了稳定的目的而压制、隐瞒社会的不稳定因素，造成平安无事的表面假象。事实上，这种假象之下的不稳定因素是危害社会安全的最大隐患，如不及时加以疏导和解决，其后果将十分严重。因此，政府履行维护社会安全的职能要从被动的、消极的、"救火式"的、强制的方式向主动的、积极的、预防的、引导的方式转变。

公共安全涉及一系列复杂的社会问题，社会事务的繁杂性决定了公共安全的不可预见性，所以维护社会公共安全已不仅仅是公安、消防、民政等部门的职责，而必须动员全社会的力量。为适应社会转型对公共安全多样化的需求，政府在社会公共安全事务上应趋向于多元化的治理主体和方式。具体说来，就是要打破由政府包揽的单一公共安全体系，建立国家、社会、公民共同参与的公共安全体系。可借鉴西方发达国家的两种做法：一是建立依市场机制运作的保安公司。一方面，保安公司的出现是弥补警察资源不足的有效途径，工作中两者可以相互配合，互补有无；另一方面，保安公司是有偿提供公共服务的市场主体，在实践中往往比警察更有效率。我国虽然已建立起一些保安公司，但是在运作中还缺乏相应的深度和广度。二是建立公民参与的社区公共安全治理模式。这种模式是建立在一定区域的人群基础上，是一个相对较为封闭但又联系紧密的社会区域。在西方发达国家，社区治安是公共安全体系的基础，形成了自我管理、自我组织和自我服务的"社区警务模式"，这种基于社区的公共安全治理模式充分发挥了警察的主动性和社区组织、公民的积极性，他们为共同的目标建立起一种互助合作关系。

（2）强化劳动就业服务职能，创造良好的劳动就业政策环境。坚持劳动者自主择业、市场调节就业和政府促进就业的方针；发展合理的社会人才流动机制，制定和落实就业优惠政策；加强劳动力市场建设，发展人才服务中心，开拓国际劳务输出，完善就业服务体系；依法加强劳动用工管理和劳资关系管理，保障劳动者的合法权益。

首先，要制定并执行好一系列相关公共政策，提供有利于扩大就业的政策环境。

——需求管理政策，即通过刺激和扩大总需求来增加就业，主要的政策手段为财政和货币政策。财政政策具体又分为减税和增加政府支出两项，减税有助于刺激民间的消费与投资需求，增加政府支出则直接扩大总需求；货币政策主要是通过降低利率，松动银根来刺激民间投资需求。

——人力开发政策，主要是通过改善和提高现有人力资源的素质，增强其职业适宜性来扩大就业机会。主要有两个具体措施，即教育与培训、人力迁移与流动。

——产业政策，这也是一种供给管理政策，其具体内容是指宏观当局通过有效地运用税收和补贴、利率与信贷条件等经济杠杆和手段，调节整个社会的产业结构、产品结构、技术结构等，使其符合既定的宏观经济目标。

——市场培育政策。实施再就业工程是以政府为主导的，但同时也需要完善的市场环境与之配合，这就在客观上引出了政府加强与完善市场建设的要求。加强与完善市场建设，主要是建立与完善市场的信息服务系统，保证要素市场特别是劳动市场信息的畅通与充分流动。藉此，一方面可以为消除摩擦性失业创造良好环境，另一方面又能够为宏观决策者建立完备的失业监控体系提供信息基础。

　　——财税政策。为促进下岗分流人员再就业提供税收优惠政策；加强财政对下岗职工生活费的支出管理，使财政支出真正落实到下岗职工手上，杜绝各种截留、挪用甚至贪污的违法行为。

　　其次，在创新政策的同时，完善就业服务的相应机制。要建立完善的市场机制，保证开放的市场和自由交易的权利。在城镇就业中，采取针对性扩张政策，加快形成市场导向就业机制的步伐。针对有望增加就业机会的产业、行业领域和中小企业、外资和其他个体等生产组织形式，采取放开经营、资金技术支持、鼓励扶持等措施促其大力发展，其间，尤其要注意减少政府的管制，鼓励民间创业。同时，可以进一步放开国家垄断产业，创造新的就业机会，实现就业的真正增加，引导下岗失业人员向这方面转移。政府要建立健全规避就业风险的主导机制，拓展筹集失业保险金的渠道。其中，征税是比目前国家、企业、个人多方征费办法更加制度化、更透明、更有效的措施，应减费增税。

　　(3) 完善社会保障制度，构筑社会稳定的"安全网"。完善城乡养老保险、用工保险和医疗保险制度；发展和完善其他保险事业，包括社会福利、社会救济、社会优抚、社会互动和社会慈善等社会保险事业，推进社会福利的社会化进程；提高社会保障资金的管理水平，加强社会保障行政监督和社会监督，推进社会保障管理和服务的社会化；加快社会保障立法。

　　——对现有的社会保障制度进行结构性调整和弥补。要尽快理顺社会救助、社会保险和社会福利制度之间的关系，大力加强社会救助体系建设，积极稳妥地、大幅度地提高社会保险保障水平，建立农村最低生活保障制度、护理保险制度、补充社会保险和家庭福利制度。

——调整现行财政支出结构,加大财政支持力度。从调整增量财力和存量财力入手,实行预算内外财力并举,政府、企业、个人合理负担的原则,筹足社会保障资金。

　　——构建新的社会保障服务平台,将社区建设成为承载我国社会保障纵向制度系统的横向操作层面。社区作为一个较小的单位,可以在自身运作建设的同时,不断发现新的社会保障需求和创造更适应自身的社会保障范式。政府可以给予社区根据自身需要构建补充保障项目和选择操作方式的权力,推动社区自行调集配置各种资源,形成由政府、企业和非营利组织共同参与的社区合作机制,提供社会保障补充项目的供给。

　　——完善社会保障体系,并使之法治化。第一,逐步扩大养老保险、失业保险和医疗社会保险的覆盖面。社会保险有一个"大数法则"、即参加社会保险的人数越多,互助功能就越大,抗风险的能力就越强。目前社会保障一般只覆盖到全民企事业单位的职工和干部,所以,政府应创造条件,将社会保险的范围扩展到不同所有制、不同经济单位、不同劳动者身份差别的全体劳动者,从而把社会保障覆盖到全社会,让社会成员人人都平等享有社会保障的权利,以实现社会安全和社会公平。第二,保险基金要实行社会统筹,保险费用要尽可能地公平负担。在保险基金的来源上,实行政府、企业、个人多渠道筹措,并根据社会保险项目差别对待,体现社会互济与自我保障相结合的原则,变企业保障为社会保障。第三,加强监督,健全社会保障的管理体制。建立社会保障基金监督体系,由劳动保障、财政、审计等政府部门和用人单位、工会组织、专家共同成立社会保障监督委员会,并依法加强社会监督;依法征收社会保险金,严格依法管理各项社会保障基金,完善省级统筹制,扩大调剂范围,增强基金调剂能力等,使社会保障进入规范化和法治化轨道。第四,建立社会保障信息网络。建设计算机网络化管理,加快资源数据库建设,建立覆盖劳动和社会保障行政管理部门及就业服务机构、社会保障经办机构等在内的信息网络,做好社会保障资料统计,充分利用统计信息,监测劳动保障法律法规政策的贯彻实施情况,为科学决策提供全面、准确及时的统计信息支持。

(4) 强化卫生服务职能尤其是食品药品监管职能,确保人民群众的生活和生命安全。针对当前我国突出的公共卫生体制薄弱的问题,必须加强公共卫生体系建设。为全体人口提供基本卫生服务是加强公共卫生体系建设的目标。从这个目标出发,必须建立健全公共卫生四大体系,即疫情信息网络体系、疾病预防控制体系、疾病医疗救治体系和卫生执法监督体系。

——建立健全疫情信息网络体系。各级医疗卫生机构必须利用现代化的通讯信息手段,建立统一、高效、快速、准确的疫情报告系统,同时完善疫情报告程序和要求,完善公共卫生信息网络建设和功能,建立基本满足现代疾病预防控制需要的信息管理系统,特别应该重视公共卫生信息网络的基础设施建设。

——健全疾病预防控制体系。通过多形式、多渠道争取各方面支持来谋求疾病预防控制机构的发展,深化疾控中心机构体制改革,实行政事分开,改变政事合一的状况;增强疾控中心对疾病预警与处置、疫情收集与报告、监测检验与评价、健康教育与促进、应用研究与指导、技术管理与服务等六个方面的疾病预防和控制能力。

——完善医疗救治体系。创新体制、转换机制、面向市场、鼓励竞争,鼓励城市卫生资源向农村转移,提高卫生资源的配置效率和使用效率;健全各级紧急医疗救治中心建设,组建应急救治队伍,提高救治能力和救治水平。

——完善卫生执法监督体系。深化卫生监督体制改革,强化卫生监督执法职能,逐步完善"依法监督、科学公正、廉洁高效、行为规范"的监管机制,进一步加强食品、药品和医疗卫生执法监督力度;坚持"以监督为中心,监、帮、促相结合"的工作方针,深化改革,加强队伍建设,提高监管水平,整顿和规范食品药品市场秩序,巩固和扩大食品药品放心工程的成果,让人民群众用上放心药、吃上安全食品。

——完善监管体系。有重点地加强各个环节的监督,防止监管环节的脱节;完善相关检验标准和法规,加大惩罚的力度;食品药品法规以及食品药品安全监督体系应该和国际规范接轨,建立起统一、权威的质量安全标准和检验检测体系;严格资格认定，把好生产加工主体准入关。要建立资格强制认定或认证制度，制定相应的卫生标准和安全技术标准；加快建立食品药品安全信用体系和保障食品药品安全的行业自律机制，强化食品药品经营法人、市场主办者、大型超市经营者的食品药品安全第一责任人的意识，实施上市销售食品药品安全市场责任制。建立具有保障食品药品安全质量、符合环保要求的销售网络体系。最后，建立食品药品的召回制度，根据危害程度的不同，将召回制度分成不同的等级，政府相关部门督促不合格产品的厂家和销售部门召回产品，并清退消费者已付款项。

——提高监管水平。一是要增加投入，改善食品药品检验检测检疫的装备和条件。二是要建立健全信息体系。以信息化推进食品药品放心工程体系的建设，搭建一个食品药品安全信息网络服务平台，系统记载食品药品流通过程中各个环节的情况，实时监控食品药品流通动态，为政府监管和企业决策提供依据。三是要按照食品药品安全监督工作实行地方政府负责和部门负责双重责任制的要求，切实加强对食品药品安全监督工作的领导，在理顺各部门的关系、协调各部门的工作等方面发挥更大的作用，使各部门在食品药品安全监管工作中能够协同作战，步调一致，形成合力，加大监管力度，提高监管水平。四是实现监管人员的专业化，对监管人员的权限作出明确的规定。

（5）强化收入分配职能，调节收入分配，维护社会公正。收入分配问题说到底就是公平问题。现行的收入分配原则是"效率优先，兼顾公平"，但事实上，无论是初次分配还是再分配，都未能很好地体现"兼顾公平"的原则。经济发展是否促进了收入分配问题的改善，对于维护和促进社会稳定是一个极其重要的条件，这在一个国家经济发展的起步阶段表现尤为突出。20 世纪后半期的东南亚和拉丁美洲经济体曾共同面临这一问题，但是其不同的政策选择直接导致了两种不同的结果。因而，让人民分享到经济发展的直接成果是维护社会公正和稳定的必要条件，这里体现的也是一个公平问题。目前，造成我国收入分配差距的主要原因主要有以下几点：一是地区差距；二是城乡差距；三是行业差距；四是职业差距。此外，"灰色收入"和"腐败收入"也是值得关注的社会现象。现在要解决的核心问题是如何创造一个公平、合理的竞争环境，进一步改革分配制度，取消行业壁垒、城乡壁垒，解决同工不同酬的问题，建立通过诚实劳动获得大体相同收入的机制。

目前，政府必须解决最低收入阶层的居民收入问题，最低收入阶层的主要人群包括城市下岗工人、农民，这种做法并不一定和经济增长的目标相冲突。因为尽可能兼顾机会公平并不一定损害效率，效率与公平并不一定是截然相反的两难选择。这里，新加坡政府所推行的"让人民分享蛋糕"的政策值得借鉴。另外，要建立符合我国经济社会结构、国情和发展阶段的税收框架设计，这种制度的设计甚至比抽象意义上的"劫富济贫"方式更加能够获得社会和大众的拥护。

（6）强化人口与环境管理职能，保障经济和社会的可持续发展。人口管理的一个重要目标是保证社会的稳定、协调、有序和健康发展。正因为这样，任何政府都十分重视对人口的管理。提高人口质量，增强国民素质，加强流动人口的控制都是政府强化人口管理职能的重心。人口问题关系到社会的方方面面，其包括劳动人口数量的增长所导致的就业压力、农村剩余劳动力的出路问题、流动人口的管理问题、人口老龄化与老年人口问题、性别失衡问题等，这些都是事关全局的大问题，所以一定要尽早妥善解决。总的来看，人口、资源、环境关系在短期内还难以协调，人口增长带来的经济、社会压力还会较长期存在。

在强化人口管理方面，首先，要取消户籍制度造成的人为分割，以"居住地人口互动治理"模式取代"户籍属地管理"模式。流动人口的这种因出生地不同、户口种类不同而使公民受到不同待遇的歧视性政策，有违国人一致待遇，从宪法上看，也不符合"我国公民一律平等"这一基本的立国宗旨。其次，人口管理权尤其是流动人口的管理权也应相应地由公安机关向基层政府及社区组织回归。以往政府对人口的管理主要目的是控制人口数量，减少人口迁徙，对流动人口进行管理，消除由此给社会带来的不稳定因素。而如今在人口已在城乡、区域之间频繁流动的情况下，通过单纯的行政手段已不可能对人口实施有效的管理。

政府承担着促进人与自然协调发展、保障经济和社会可持续发展的责任，必须强化环境保护职能。首先，建立环境与发展综合决策机制，实现决策科学化、民主化、规范化、制度化，降低政府决策的环境风险，要实行建设项目环境保护预审制度和环境影响评价制度，依法采取环保评价一票否决制，确立环保在经济活动中的根本地位和权威，促进社会经济的可持续发展。建立有效的环境治理运行机制，遵循"谁污染，谁治理；谁治理，谁受益"的原则。"谁污染，谁治理"，反映环境法规的约束；"谁治理，谁受益"则将治理行动变为一个具有商业价值的市场安排。其次，在经济政策领域，要拓宽环保资金筹措渠道，切实增加环保资金的财政投入；改革现有的环境收费制度，将环境治理与污染控制放在同等重要的位置，改变目前重治理、轻控制的局面；适时开征环境税，加重污染者的税收负担，使其外部成本内部化，促其减轻或停止对环境的污染和破坏，并为环境保护事业筹资；通过各种财政激励手段，扶植环境保护事业的发展。在财政上大力扶持环保产业的发展，通过财政贴息、财政补助、税收支出等手段，促进环保产业的发展。再次，要加强环境保护的宣传教育，促进环境产品需求的升级，倡导文明生产和生活。同时，制定相应的政策，做好环境保护基础设施管理工作，保护生态环境和公共资源，有效地提供优质的公共产品和服务；监督对生态环境有影响的社会活动。

(7) 构筑有效的公共帮助机制，维护与保障弱势群体合法权益。改革开放后我国经济迅速增长，随着收入差距的逐步扩大，贫富阶层分化已相当明显，个人、组织、群体的独立利益意识迅速强化，形成了明显的社会分层，弱势群体的社会地位边缘化趋势在加剧。弱势群体概括为五部分人：一是下岗和失业职工，二是鳏寡孤独残、无劳动能力、无收入来源、无法定赡养人的社会接济对象，三是进城打工无法保护自身权益的农民，四是一些较早退休的人员（不包括离休人员），五是遭受水旱灾害和各种意外灾祸无力自救的人群。社会弱势群体既包括生理性弱势群体，如老弱病残等，也包括社会性弱势群体，如产业结构调整中的下岗职工、失业人员等，也就是人们通常理解的贫困者阶层。

在以"以公平为基础,以效率为导向"的基本价值导向下,本着社会保护与社会促进并重的价值原则,构筑有效的公共帮助机制,维护与保障弱势群体合法权益,减少社会排斥,扩大社会包容,减少社会冲突,增进社会和谐。公共帮助就是指政府、公共部门以及社会力量,通过社会救助或收入支持的方式对社会上最困难的群体提供最低生活保障。公共帮助的对象是所有实际生活水平低于基本生活水平的特困家庭,以保障这些弱势群体基本生活为目的。

——协调城乡差距,调谐"城市—农村二元结构"。协调城乡差距,统筹城乡发展,必须突破就"三农"论"三农"的传统思路,站在国民经济发展全局的高度,研究解决"三农"问题,实行以城带乡、以工促农、城乡互动、协调发展,推动城市二元经济结构向现代社会经济结构转变。一是合理调整国民收入分配结构和政策,加大对农业的支持和保护力度。二是农业和农村自身要加快发展,推进城镇化。三是城市发展要和农村发展相协调,充分发挥城市对农村的带动作用。四是统筹推进城乡改革,消除体制性障碍。逐步建立城乡统一的劳动就业制度、户籍管理制度、义务教育制度和税收制度等,逐步形成有利于城乡相互促进、共同发展的体制和机制。

——着重加强对贫困群体的直接救济与援助力度。在城镇要进一步完善城市居民最低生活保障制度,加大多级政府财物投入,将失业保险、下岗人员的生活保障以及城市居民最低生活保障并轨,以实际生活水平为依据建立一体化社会救济体系,确保弱势群体的基本生活、基本医疗及教育援助。在农村应逐步建立和推广农村居民最低生活保障制度,使农村扶贫工作制度化和规范化。

——特别关注弱势群体的就业问题。一要大力开展职业教育和培训,提高主体意识和劳动技能,大力发展高新技术和新兴产业,提倡非正规就业,尤其是要扫清不同所有制企业之间劳动力流动的体制障碍,妥善处置旧体制下形成的劳动关系,避免国企老职工等弱势群体的基本利益在改革中遭受损失。二要大力开展以工代赈项目,针对弱势群体,应积极采取政府投入为主,开辟第二劳动力市场的办法，大力兴办公共工程，兴办生产性工程项目，使失业者有工可做，保护和调动失业者自力更生，促进社会经济的可持续发展。三要建立规范的就业调查和监测体系，以动态方式监测劳动力供给与需求总量及结构方面变化的规律，切实做到就业市场化，失业公开化，劳动有保护，失业有保障，增强政府、社区、组织、团体与弱势群体之间的沟通，为决策及政策调整提供准确的依据。四要清除劳动力流动壁垒。为实现就业保障政策的目标，各职能部门应加强配合，加快户籍制度以及由此派生出来的各种歧视性政策的改革，逐步在就业、生活等方面给进城的农民以"市民待遇"；加快养老、医疗等社会保障制度改革，将非公有制企业纳入社会保障的范围等，清除影响劳动力流动的制度障碍。

——健全合理的税收制度与财政补助制度。根据国际经验，建立健全合理的税收制度并予以严格执行，是能够有效地控制贫富差距的，通过所得税、遗产税等税种的征收，可以缓解过于悬殊的贫富差距，为社会积累财富。我国基础税收制度薄弱，政府不能精确掌握居民的收入和财产情况，如建造经济适用房的初衷是为住房困难的中低收入者提供廉价的住房，但结果是政府给予优惠和补贴，房子却往往被高收入者买去了。为此，要全面实施个人（首先是公务员）收入与财产申报公开制度，规范各种收入方式，规范完整的簿记体系，将各种收入货币化，使经济活动及居民收入能够纳入政府有效的管理体系内。加强对公务员的种种监督，约束公务员行为，加大对非法收入的打击力度。德国征高额的遗产税，税率达50%。英国遗产税最高的税率是55%，一个人不论在世拥有多少财产，三代之后这些财产最终大部分归社会所有，人们形象地称之为"富不过三代"。如果富人出资设立基金，捐助慈善、福利及教育事业，国家对这部分资产可以不予征税。

——加强对工人合法权益的保护，注重建立"政府、工会、企业"三方协调机制。促进就业，加大安全防护投入，监督安全生产，落实劳动法规，改善劳动者的工作条件与生活环境，保障工人的健康权和休息权；进行工会改革，改变工会受行政制约、同一个人既当总经理又当工会主席的局面，使工会真正成为工人的利益代表；解决国企的内部人控制问题，保证工人当家作主的权利，实行民主管理；惩治行政违法，严格治警；建立政府与居民的对等谈判机制，完善司法救济；修改拆迁条例，拆迁的计划要提前告知，在法院未裁决前，不得先行拆房；进行教育、医疗体制改革，加大政府投入，鼓励多元竞争。

——积极加强对各阶层公民权利的保护，特别是对边缘人权益的保护。着力改革上访机制，不能让信访局成为收发室，告状的信最终还是回到被告手中；应当建立统一、独立、有效的国家信访局，垂直管理，赋予其侦察调查、督察督办的全权；建立申述专员制度，申述专员对人大负责，听取群众心声，督促信访局的工作；制定《信访法》，追究徇私枉法、打击报复、冷漠敷衍者的责任；官员应直接听案，不得拒接上访材料；完善司法救济，尽量避免问题集中到中央，但各级政府不得干涉越级上访；保证媒体独立、自由地反映民意、民情、民怨；对于不听中央号令、阻碍国家信访局工作的地方官员依法查处；改变行政复议缺乏独立性、程序不公开的问题，修改《行政诉讼法》，将抽象行政行为、内部行政行为、国家行为纳入受理范围。

4. 推动"多中心主体"社会治理，提高社会自治与自我服务能力

在竞争与选择的市场经济时代，有效的社会管理必须依赖于有效的社会自我管理机制的完善。行政管理、政治动员以及法律约束，均应以市场的自律、社会的自我完善和自我管理为基础。事实上，在当代，社会管理涉及社会生活（市民社会或公民社会）的各个方面，关系到社会各个不同层次、不同阶层、不同团体的利益；而社会管理的主体构成也从传统的国家或政府（立法、司法和行政机关）扩展到了所有的公共部门（国家或政府、第三部门、非营利组织或中介组织等）以及公民个人，社会管理变成一种包括政府管理在内的全社会的开放式的管理。推动"多中心主体"社会治理，建立政府与社会的平等合作伙伴关系，提高社会自治与自我服务能力，已成为当代社会管理发展变化的一个基本趋势。

（1）大力培育和发展社会中介组织。社会中介组织是社会管理中不可或缺的重要角色，作为政府与社会之间的联系桥梁，其在政府与社会之间发挥组织、沟通、协调、参与决策等作用。在西方发达国家，数量众多、形式多样、功能发达且覆盖面广、渗透性强的社会中介组织，已经成为成熟的社会管理机制的重要组成部分。因此，要积极调动各种非政府、非营利性的民间组织、社区组织、公共组织以及利益团体等介于政府和营利性私人企业之间的所谓"第三部门"参与社会管理的积极性和主动性，从而增强整个社会的自组织性，重新理解、定位政府的社会管理职能。

——从法律上肯定社会中介组织的地位，确保其权益不受侵犯。同时，也要用法律来约束社会中介组织，保证其行为的合法性和防止其"过度赢利"。

——通过制度建设，改变现实中存在的政府与社会中介组织之间的从属关系，政府不依靠权力施加控制，保证社会中介组织的独立性。同时，也通过相应的评估和监督机制来规范社会中介组织。

——加强中介组织专业人才的培养，全面提高中介组织从业人员的能力和素质。

——给予中介组织充分的支持，帮助其获得民众的认同，并通过相应的政策引导其发展，促进其壮大。

（2）拓展公民参与社会治理的渠道。政府社会管理应该面向社会、面向公众，着力加强社区建设和服务。社区是政府社会管理的最基层组织，也是政府社会管理的落脚点。公民是积极主动的参与者，是目前具有参与公共事务管理的最大动力和能力的人群。不能大幅度地提高公民的社会参与程度，政府的社会管理就无从谈起。

——在精神层面上，大力开展公民教育，尽快提高公民素质。公民不是被动接受管理和服务的消极参与者，是具有前所未有的参与公共事务管理的动力和能力的人群。

——在组织层面上，放手发展民间组织，创造公民社会载体。没有巨大的民间组织网络，公民社会就无所依托。只有使广大公民在受制于庞大的行政系统的同时，建构起自我管理、自我服务、自我教育的社会参与机制和民间组织网络，才能为每个公民提供参与社会的必要机会。

——在政策层面上，切实保障舆论自由，确保公民意愿的自由表达。舆论自由是公民积极参与公共生活的基本动力，是提高公民社会参与程度的根本所在。

（3）推进社区建设。社区是政府与市场、社会与民众之间沟通与联系的桥梁，是公民参与社会管理的组织载体。推进社区建设，还权于社区，社区能办的事情由自己办，提高社区自治与自我服务能力，这是完善政府社会管理职能的一项重要工作。

——将社区服务中的商业服务、福利服务与公益服务区分清楚，将商业服务从社区服务中分离出去，抓好福利服务与公益服务。

——分清社区服务的投入主体与操作主体，要研究如何从政府直接提供服务过渡到购买服务（这种"购买"一是给予相应的政策，二是给予适当的经费补贴，三是建立相应的信息渠道）。在社区组织发展成熟后，可以考虑由政府外的社团机构营运这一新的方式。尤其是在社团营运中创建一套度量社区服务中心设施利用率的指标体系，提高社区公共设施的利用率。

——科学指导社区依法自治。可以通过法律支持社区工作，也可以通过相应的财政政策，引导社区重点发展某些层面和方向。建立健全社区建设的财力支撑体系。

——鼓励社区居民参与。通过建立社区论坛等措施，组织公民参与社区公共事务的讨论，使公民在社区公共政策和公共服务供给方面发挥相应的作用。

——重新配置管理权力。将原本属于政府的部分权力下放给社区，赋予社区内部事务决策权、社区财务自主权等，改变权力配置单级化的状态。

——政府转移工作重心。从通过控制和分配所有资源的方式管理社区转变为通过提供有效的公共产品服务社区。在此过程中，可以开展公共服务质量监督评价，鼓励公民对政府所提供的公共物品和公共服务进行监督和评价，提升政府对公众需求的回应性和公众的满意度。

（4）重视政府公共关系建设，改善政民关系和政府形象。政府公共关系，是政府为了塑造公共组织形象，通过传播、沟通手段来影响社会公众的一种管理思想和实践活动。政府公共关系的主要内容包括：政府公务员形象建设，政务信息公开制度、重大事项的社会公示制度和社会听证制度，便民政务超市建设，政府与新闻舆论的对话制度，政府与民众的沟通协商制度。有效的政府公共关系发挥以下功能：监测社会环境，掌握社情民意；帮助政府社会管理决策；宣传引导社会公众舆论；沟通协调社会集体行动；增强政府的公共服务意识，塑造政府的公众形象。

5. 引入现代化的管理技术，改进政府的社会管理方式

可以借鉴西方发达国家的社会管理尤其是"新公共管理"改革的经验，引入现代化的管理方法和技术，改进我国政府的社会管理方式。这些经验包括：重视社会管理对外部环境变化的适应性；把社会管理的政治取向和管理取向合二为一，即在关心行政的民主性、合法性和公正性等问题的同时，重视管理的效率、效能和效益等问题；把市场竞争机制引入政府的社会管理及公共服务领域，倡导政府机构"为质量而竞争"；采用更多的商业管理手段来改造执行机构，提高管理的效率；打造一个少花钱多办事的政府；坚持顾客导向、结果控制、简化程序的原则；增强政府公务员的管理和服务意识，要求政府官员由官僚转为管理者，确立服务意识、公共责任感；提倡公民至上原则，满足公众（顾客）的要求和愿望，政府提供回应性服务等。

（1）重视"社会政策"管理。"社会政策"是政府公共政策的重要内容，也是政府社会管理的基本工具。必须完善社会政策的规则和程序，做到决策的科学化、民主化和法治化；社会政策应该体现社会性、公平性、同一性与协调性，兼顾效率与公平。

（2）政府社会管理方法应该从"重管制、轻服务"向"管制"与"服务"并重转变，从以行政干预手段为主向以法律手段为主转变。政府社会管理应该法制化、规范化和程序化，加强政府社会管理的制度建设；重视行政执法，提高政府执法队伍的法律素质、法治观念和执法能力，用法律方法管理社会公共事务，用制度约束政府管理行为，实现政府社会管理的行为规范、运转协调、公正透明、廉洁高效。

要为"社会管制"立法。政府进行社会管制是为每一个公民提供综合性的保护，在存在重大的外部性的条件下，不能依靠个人的选择来恰当地评估资源的价值和决定它的配置。因而管制的基本内容是制定政府条例和设计市场激励机制，以控制厂商的价格、销售或生产等决策。

——加强职业健康与社会公共安全管制。借鉴美国经验，通过立法，创建职业安全与健康委员会，对工作场所的健康和产品安全标准实施指令性标准。

——环境保护立法管制。首先，对污染源进行区分。在污染区里，生产者有权排放某些污染物质；在其他的任何地方，居民的快乐权得到政府的保护。其次，对污染源发放许可证。推行许可制度，使污染者遵守那些控制其行为的法规，这样确保整个社会环境的质量不损害人类的健康和福利，而不仅仅是把"干净"的地方和"肮脏"的地方区分开来。

——消费者权益保护管制。立法制定和实施指令性的产品安全标准，包括对危险品的管制。加强对食品药品质量的监察。实行产品召回制度和申诉制度。

（3）从政府生产向政府提供转变。按照传统的方式，凡是由政府提供给社会的公共产品和公共服务，都必须由政府生产。但实际上，凡是由政府直接经营的事务或工作，都存在一个效率问题，由此，改革提出的一个公认原则就是——"凡是能让社会干的事情，就不要政府来干"。这就要求我们改变思路，即公共物品和公共服务，只要政府能提供给社会就行，而不一定要政府直接生产。公共物品及服务的生产完全可以实行社会化，政府通过合同出租、承包、委托经营等形式，把生产的任务转移给社会，而自己只承担组织工作，负"提供者"的责任。

（4）采用现代化管理技术。通过在政府社会管理部门引入市场化、企业化、社会化的手段及信息技术，提高政府管理及公共服务的供给效率与质量。

——引入竞争机制。取消公共服务供给的垄断性，让更多的私营部门参与公共服务的供给，提高政府公共服务的供给效率与质量。

——适当的授权。政府可以将部分社会管理职能如就业指导、消防服务等授权给私营部门和第三部门行使。

——引入类市场机制。政府可以将一些社会事务的管理交由企业负责。政府与企业事先订立协议，要求其达到政府所确定的量化指标，并视管理情况进行相应的奖惩。

——采用协商式管理。即将政府与企业放在平等的位置上讨论相关的管理问题，进行经常性的沟通。

——使用绩效合同。政府出让部分公共产品或服务的提供权，改变传统管理链条中行政命令的单向运行，实现绩效管理中绩效合同的双向约束，提高公共管理等服务的绩效水平。

——充分运用激励机制。通过使用肯定性的奖励来诱致企业达到政府所期望的效果，具体措施包括宣传已有的遵守状况、奖励最佳者和为受规制者提供更大的灵活性。

——推广现代信息技术。现代信息技术尤其是网络技术的发展为政府社会管理的现代化奠定了坚实的技术基础。要适应政府信息化的要求，建设合理的网络布局，建立起诸如公务网、公众网、信息网和各类专业网等。通过网络的支撑，改造和优化工作流程，建立网上信访、民政救助等工作模块，加快工作信息的流转和处理速度，以电子化为办公手段，以共享的基本数据库为办事依据，提高事务处理的效率和管理的智能化水平，实现社会管理主体（政府）与客体（公众）之间更为广泛全面的信息交流。

6. 建立社会运行状况的监测体系，打造一个"有预见性"的政府

在我国，政府的社会管理要有预见性，可以借鉴西方发达国家的有效做法，建立健全社会运行状况的监测体系及危机预警系统，对可能出现的问题及危机作出预测，将问题及危机消灭在萌芽状态，或及早制定出应对措施。

西方国家社会发展的经验表明，依据完备的社会监测体系和预警装置，捕捉社会现代化进程中由于政治变迁、经济调整、观念革新以及环境影响等因素引起的社会运行偏轨或病变信号，科学、定量地测定或预报社会各领域的发展程度和协同性程度，是有效地评估、调整、修正和强化社会公共政策的重要依据，也是降低社会风险成本和震荡成本的重要途径。对于我国而言，应当借鉴西方行之有效的管理经验，形成完备的社会发展和社会问题监控体系，切实提高政府社会管理的科学性、有效性和针对性。

（1）在组织保障方面，构建正式的体制内的社会监测机构，辅之以社会第三方的独立评估机构，逐渐形成纵横交叉式、立体网状型的监测体系。一方面，整合政府架构内的咨询机构、调研机构和统计机构，组建正式的社会发展和社会问题监测机构，将测量社会发展协调程度的指标体系活动纳入制度化、常规化的轨道；另一方面，应该重视社会第三方独立评估机构的弥补作用，发展营利性和非营利性的社会监测机构，充分发挥民间机构的灵活性和快捷性。

（2）重构社会信息的采集、整理和披露渠道，开拓广泛的社会信息收集源。拓宽社会信息采集渠道应成为提高政府反应能力，及时化解社会危机的基本保障。目前，政府首先应加强对上访活动的监测，在尝试把信访逐步纳入国家正常法治轨道的同时，及时整理、统计上访活动背后的社会信息。此外，应注重社会监测信息的披露，利用现代化信息传播手段，及时公开重大社会问题的统计数据，以疏导民意，引导舆论，防止谣言引起的社会恐慌或动荡。

（3）研制并运行社会发展的监测（指标）体系，将社会发展综合评价指标体系纳入政府决策和绩效评估过程中。社会指标体系能够反映一个国家或地区在一定历史条件下的社会发展状况和进程，从而为协调经济发展和社会发展的关系、促进社会经济的可持续发展提供科学依据。通过社会发展或波动的评价指标体系，可以定量、实时地诊断社会运行的总体态势，预测社会发展的演化趋势，预警社会稳定的临界值。社会发展评价指标体系应涵盖生态环境、社会结构、个体状况、人文环境和社会风险等指标，以及主客观指标等，下表就是社会发展评价指标体系的一个参考框架。

社会发展评价指标体系表

社会发展指标子系统	社会发展指标亚类	具体描述
生态环境指标	单位能耗指标	每万元GDP能源消耗（进而包括各行业的单位能耗）
	单位原材料消耗指标	每万元GDP的水泥、钢材、煤炭、各种金属材料及其他主要原材料的消耗指标
	土地资源占用效益指标	每万元GDP的土地资源占用量
	环境治理达标指标	含达标率、投入额、投入效果等
社会运行指标	社会分配状况指标	基尼系数描述的社会分配公平程度
	社会稳定性指标	市民满意度、恶性案件发生率、重大社会事件发生件数等指标
个人状况指标	公民意识指标	人大建议数、政协提案数、社区志愿者人数、无偿献血人数等
	教育状况指标	教育投入、适龄儿童入学率、升学率等
	信息化指标	信息产业研发经费占全部研发经费支出比例、百户拥有计算机数、宽带接入的家庭普及率等
	生活质量指标	居住水平、文化生活状况等
人文环境指标	社会人文环境指标	人均图书拥有量、社会氛围等
社会风险指标	社会危机指标	公共安全、环境灾害等
	灾难性损失指标	战争、流行性疾病、自然灾害等引发的损失
	信访统计指标	各级政府部门处理人民群众来信来访的上访事件数、回复数及相关的满意度

（4）构建社会稳定的预警预控管理系统。根据有关学者的研究，社会预警预控管理系统是以现代社会预警的理论和方法进行开发，并且在计算机系统软件支持下实现的一种对社会运行的安全质量和后果进行监测、评估、预防、测警和对策选择的一整套人机智能化的高效能现代化管理系统。由于社会稳定（监测）的指标体系是一种人为构造的计量社会稳定性的"软尺"，它需要一个运行载体来进入管理决策流程并发挥其应有的功能，即"社

会预警预防管理系统"。这套管理系统，可以通过预测和仿真技术对社会运行态势进行有效监测，作出前瞻性判断和预警，并给出参考性对策建议，为决策者提供正确决策的依据，是政府进行社会安全管理的重要手段，可以极大地提高社会安全管理的效率和科学性。

（5）加快建立健全各种突发事件应急管理机制（包括危机事件的"预防机制—筹备机制—应对机制—修复机制"），提高政府对公共危机的管理能力。

——建立健全危机应急预警机制。培养危机意识，建立具有分权性质的危机管理体系。随着公民对公共政策需求回应性的提高，迫切需要中心治理多元化，政府建立分权性质的危机管理体系成为可能。政府危机预防的目的除了对未发生的危机进行预警之外，还要预测危机解决后的未来可能情势，给政府危机管理提供类似雷达的平台，构建危机预警体系。政府危机管理的最理想状态是将危机消灭在潜伏时期或萌芽时期。这有赖于政府部门对危机发生的程度、趋势和结果的预测、预报能力。

——建立健全危机应急筹备机制。确立危机应急法律制度，及时处理好突发公共危机，是现代责任政府的应然选择。但是，要让政府责无旁贷的应然选择变成积极负责的必然行动，尚需以法律的形式将这一职责确定下来，建立危机应急专门机构。在危机应急机制建设的系统工程尚未基本建成之前，该机构可针对所需，负责某些优先事项和全局事项。在突发事件到来之际，就迅速转成危机应急指挥中心。做好危机应急物资保障工作。保障应急处理所需的各种物资和器材；保证平时应急演练所需的装备器材；确保应急物资的及时运送；对应急物资的购买、储备和更新作出财政安排；明确应急用品的定点生产企业，并对其产品质量进行监督，严防假冒伪劣产品用于应急处理工作。

——建立健全危机应急救治机制。从政府角度看，政府必须运用所有政府资源开展危机救治，尽力恢复社会稳定。这些措施包括：强制干预，探索危机产生的根源，进一步评估可能产生的后果，理性选择救治危机的目标，稳定社会，动员社会的参与等。

总之，从一个国家或地区实现现代化的全过程看，经济发展和社会发展的关系是随着生产力水平变化而变化的。大致可以分为三个阶段：一是以经济发展为主的阶段。这个阶段生产力水平低，劳动产品少，只能初步解决人们的温饱问题，满足人们的基本物质生活需求。二是经济发展和社会发展并重，即协调发展的阶段。这个阶段生产力水平已有了较大的提高，温饱问题已经满足，社会剩余产品增多，人们对物质生活以外的精神文化需求、全面发展的需求越来越迫切。经济发展既对科技、教育、社会环境提出了要求，又为社会发展提供了物质条件，经济社会协调发展成为这个阶段的主旋律。三是经济高速发展阶段。在这一阶段，社会发展的内容日益丰富，人们对全面发展提出了越来越高的需求，经济发展将服从、服务于社会发展，实现社会全面进步。因此，在整个现代化建设过程中，我们应该更加关注社会发展，更加重视政府社会管理，积极推动经济与社会的协调发展，促进经济社会与人的全面发展。

（课题组名单：陈振明、卢霞、吕志奎、张娜、胡薇薇、何经纬、李德国、蔡晶晶、田永贤）

政府公共服务研究

本报告力图对政府公共服务的概念和重点领域、西方国家公共服务改革的理论和实践及其对我们的启示进行系统分析，并结合国情，提出完善我国公共服务的对策建议。

一 政府公共服务概述

1. 公共服务的定义

目前国内学术界尚未形成"公共服务"统一的定义，总体来说，大致有四种表述：①社会公共服务一般是指依托社会公共设施或公共部门、公共资源的服务。②公共服务就是为消费者提供公共物品的服务。③公共服务是政府职能的重要内容，为公众提供优质高效的公共服务是政府的责任。④公共服务是指用以解决公共问题、维护社会经济秩序的主要手段，同时也是一种资源配置，其基本目的是为解决每一独立的市场主体所不能单独解决的公共问题。

公共服务与社会管理的区别在于：社会管理主要体现整合性的特点，以行政强制为主导；而公共服务主要体现公众性的特点，以满足公共需求、合作协调为主体，突出政府与公众、第三部门的合作。

2. 公共服务的定位

（1）公共服务与政府职能存在本质的、内在的联系。

政府职能，是行政体系在整个社会系统中所扮演的角色和所发挥的功能，其实质是国家职能的具体化和延伸。提供公共物品、满足公共需要是政府得以存在的主要依据之一。公众（消费者）以税收或其他渠道将购买公共服务的费用交给作为社会管理组织的政府，由政府负责公共服务的供应。因此，政府有责任保障公众得到满意的公共服务，这也是政府干预公共服务的最充分的理由。现代社会，政府的统治职能减弱，社会职能日趋增强，公共物品的规模性和低经济回报率的特点也决定了公共服务一般只有掌握了国家财政大权的政府有能力并愿意提供。政府履行公共服务职能是保证公共服务的效率，实现资源的优化配置，满足社会的共同需要，保障社会公平，促进社会全面、协调和可持续发展的必然要求。

(2) NGO（非政府公共组织）的公共服务职能。

不同国家、不同地区在不同时期对 NGO 的称谓有所不同，如免税组织、民间组织、志愿组织、慈善组织、第三部门，我国一般称为社会中介组织（为方便起见，本文统称 NGO）。NGO 在社会发展中发挥着重要作用，如：解决就业；弥补政府用于社会发展资金方面的不足；为企业市场经济活动提供支持和服务；增加资源运用的透明度和合理性；促使公民发挥潜力，促进社会发展的多样性；推动社会关注与帮助弱势群体；等等。近年来，世界各国的 NGO 包括数以千计的社区私人团体、医疗诊所、日托中心、环境组织、民间结社、发展组织、文化机构、职业协会、消费团体以及其他类似的组织，成为一股非常重要的力量。

3. 政府公共服务与非政府组织公共服务的边界

首先，从市场与政府失灵的角度进行划分。在市场与政府失灵的情况下，可以考虑由 NGO 提供公共服务。在西方民主社会，市场与社会是并行发展的，只有市场与社会都难以解决的问题和领域，政府才介入。这体现了公民社会的经济自治与社会自治两大特征，同时也体现了政府权力的民本之源，除非公民授权，否则政府不能随意扩大自己的职能。但中国与公民社会还存在很大差距，NGO 发育还很不完善，要求中国像西方那样把大量公共服务职能交给本身还很不完善的中介组织还需审慎。

其次，从公共问题公共性的层级进行划分。公共服务的基本目的是为解决每一独立的市场主体所不能单独解决的公共问题。由于公共问题的多样化和多层次性，公共问题可分为全局性的公共问题与局部性的公共问题。全局主要是从地域与领域两个方面定义的。针对涉及单一领域的公共问题，不论是全国性的还是地方性的，应考虑在这一领域内的 NGO 能否提供相应的公共服务，这是由于 NGO 一般都是由该领域内的精英组成，相对于政府而言拥有技术专长优势。针对涉及多重领域的系统性公共问题，不论是全国性的还是地方性的，都应该由政府来提供公共服务，因为绝大多数 NGO 都是非综合性的公共组织，对于系统性的公共问题，不如组织化和协调能力强的政府更有优势。

再次，从公共问题的社会影响角度进行划分。凡是关涉国计民生和国家全面、协调、可持续发展的重大问题，如国防、基础教育、基础研究、计划生育、基本医疗等，应该由政府来提供公共服务，其他的可以由 NGO 来提供。由于 NGO 的利益群体的有限性，往往缺乏全局观，在重大问题上缺乏必要的政治严肃性，同时对这些问题的解决也缺乏必要的保障手段。因此，由政府来提供这些领域的公共服务安全性更高。

最后，从公共服务的性质进行划分。凡是具有完全的非排他性和完全的非竞争性、高规模性和高风险性、低经济回报率或远期回报性的纯公共服务，如基础研究、国防建设、高成本的基础设施等，一般由政府来提供；大量的兼有公共物品和私人物品性质的准公共服务可以通过引入民营资本，由 NGO 来提供。公共行政应从传统的政府"一股独大"发展为"政府＋NGO＋企业"的多元参与公共服务的格局。

二　发达国家政府公共服务理论与实践

20 世纪 80 年代以来，在新管理主义和新公共服务理论的指导下，西方国家普遍实施了公共服务的市场化、社会化改革。这一改革打破了政府对公共服务的垄断，引进了私人部门和非政府组织参与提供公共服务。各国普遍采用以下形式将政府职能以外的公共服务交给社会和市场。

1. 政府业务合同出租

政府将某些公共服务以合同的形式承包给私人部门，私人部门必须在合同规定的框架内行使权利和履行义务。以这一方式相继走向市场的政府业务工作包括环境保护、公共项目的论证与规划、政策效力评价、公共组织绩效评估等领域和方面。

2. 建立政府部门与私营企业的伙伴关系

大多数西方国家将政府投资兴建的基础设施和公共设施工程，通过招投标的形式交给私营企业，从而大大提高了效率，节约了资金。这样可以发挥公私两种部门在管理、技术、资金等方面的优势，在各自目标中寻找共识，彼此合作，从而更好地满足社会对公共物品及服务的要求。

3. 公共服务社区化

从政府的公共管理职能向社会转移来看，主要是将政府过去承担的一些职能从政府中剥离出来，交由 NGO 来承担。因为政府不可能无限度地增加机构、人员和财政投入，因此，西方许多国家在行政改革中把许多原来由政府承担的职能转移给 NGO，在调整政府与社会的关系方面，取得了显著成效。

4. 有选择地实行公共服务使用者付费制度

部分地取消了"拨款"，其主要目的是想通过付费把价格机制引入到公共服务中来。这样能够克服免费提供公共服务所导致的对资源的不合理配置和浪费。

各个国家由于国情不同，所采取的公共服务改革的具体措施是有区别的。英国政府推出致力于改进地方政府公共服务的最佳价值模式，在公共部门和公共服务中引入竞争机制，采取了非垄断化与竞争、管制推动竞争、公与私的竞争等形式。而新加坡在生产力委员会的建议下，新加坡公共服务系统于1981年10月成立了中央生产率指导委员会，实施生产率委员会提出的关于生产率的六项建议，新加坡公共服务中的生产率运动由此正式开始。现在，生产率竞赛每年都举行，其中公共服务系统中公务员参与的生产率改进活动主要有工作改进小组和职工建议活动两大类。通过这样的方式，新加坡在改善公共服务方面不断取得进步。德国尽管具有国家主义的深厚传统，但是在很长一段时间内，市场也在向公民提供公共利益的服务中扮演着重要的角色。德国的公共行政有一套完善的公共采购体制，然而，采购也严格限制在那些被认为"可市场化的"物品和服务中，例如道路的养护、建筑服务、办公用品的供应等。在德国，许多公共服务已经被从中央政府或者地方政府转移到 NGO，如许多传统上依赖于地方当局或者志愿组织以及福利事业协会提供的儿童看护、老人看护、保健以及针对个人的社会服务等。因此，社会服务部门已经不存在国家垄断的问题。但是，作为转包者的国家或者地方政府，与作为服务提供者的大量非营利组织之间还存在着一种特殊关系。近年来，澳大利亚不断加强公共服务的力度，出台较为全面、不断完善的服务法规，确立较为明确、规范的服务基准；高层领导着力弘扬服务理念，完善专职推进的服务管理机构，建立较为规范的服务管理机制，逐渐形成网络管理系统，不断推出管理服务方略等。20 世纪 80 年代以来，美国、日本、英国、法国等国已经通过企业改制，成功地将竞争机制引入电信、电力、铁路、民航等具有天然垄断性质的行业，并且取得了良好经济效益和社会效益。

西方国家在推进公共服务改革的同时，将建设电子政府、推进电子政务作为改善政府公共服务的根本手段。

三 发达国家政府公共服务改革的主要经验

对于发达国家上述改革的利弊影响，国外评价并不一致，争论将会继续下去。从成效上看，新公共管理和新公共服务改革有助于改变传统公共服务模式的弊端，提高政府公共服务能力，同时有利于发挥社会和市场的作用，改善政府和社会、市场的关系，这一点人们已形成广泛的共识。从这些改革实践中，我们总结出几点经验以资参考、借鉴。第一，强调政府公共服务职能，政府必须起好促进者、合作者和管理者的作用，协调好政府、社会和市场的关系。第二，公共产品和公共服务的提供现在已不再被认为是无法分解、无法收费、无法排除他人享用的，公共服务可以有不同的分类。换句话说，公共服务并非只能由政府提供，恰恰相反，大量公共服务应该交由非政府公共组织来提供，让私人部门也参与到公共服务中来。在具体组织形式上，其中许多是可以用市场方法加以替代的，许多是可以通过公民自己组织提供的。如公共选择理论提出交易价值概念、排他性概念和消费概念，为人们重新理解公共服务，通过引入市场竞争机制来提高公共服务能力提供了新的理论依据。第三，打破了企业管理和政府管理的隔阂，使成本效益分析、战略管理、目标管理、人力资源开发、合同雇佣制、绩效工资制等企业行之有效的管理经验，在政府实践中得到证明，因而在某些政府服务领域也是可以参考借鉴的。第四，西方 NGO 承担大量的公共服务职能，其所取得的成功经验，为发展我国社会中介组织，完善中介组织服务职能提供了重要的借鉴作用。

四　我国政府公共服务的现状

改革开放以来，我国各级政府越来越重视人民群众的公共需求，通过深化行政管理体制改革来努力增加公共产品的数量，提高公共服务的水平，初步形成了文化、教育、科技、卫生、社会保障、农村公共服务等全方位的公共服务体系，公共服务总量有了较大增长。不论是各级政府还是社会各界，在积极探索公共服务改革的路子上都作出了可贵的尝试，社会中介组织得到发展，公共服务改革正在逐步深入。但总体来看，与发达国家公共服务的水平相比，我国政府公共服务职能比较薄弱，还存在许多亟待解决的突出问题。

1. 我国政府公共服务面临沉重压力

目前我国政府面临公共服务的压力，主要表现在以下几个方面。

（1）规模方面。与个体服务相比，公共服务的数量巨大，任务的类别也更多样化，在原有集权式的管理结构内难以解决。

（2）复杂性方面。公共服务的责任不再限于法律、秩序、基础设施开发等核心功能，社会、经济和技术的发展要求公共服务更趋于多样化、精细化。

（3）动态性方面。经济的日益复杂，要求政府部门必须顺应技术和政策持续加速的变化。因而，灵活性和回应性，在这一环境中显得尤为重要。

（4）期望值方面。在服务标准、成本—效率、公平和透明度、服务绩效评估等方面，公众期望值越来越高。

（5）劳动力方面。社会变化、流动性的增强和私营部门的发展，促进了一个越来越具有流动性的劳动力市场的形成。这就向公共服务提出了一个问题：如何吸引并留住合格的职员。日益增加的复杂性也意味着许多部门对专业人员的需求越来越大。

2. 政府公共服务缺位、错位

目前我国政府公共服务面临的最大问题是在向市场经济转轨过程中，对公共服务所应承载的内容界定不清，致使政府公共服务缺位、错位现象严重，整体呈现低效状态。

（1）该由国家财政配置的公共物品，因为国家财政的缺口而不得不"自筹解决"，如国防、公安、路灯和气象台等；

（2）该由国家财政机制部分配置的准公共品（又称混合品）如教育、卫生、文艺、体育、公共交通、邮政等，因社会中介组织的不发育和其他机制的障碍，造成财政筋疲力尽、市场机制又不能正常发挥作用的局面；

（3）本不该由国家财政配置或部分配置的私人品或集体用品（产权角度），却冠之以制度优越性由国家财政施舍和分配，造成当今体制下最大的分配不公，如住房。

（4）中央和地方在提供公共产品的权限和责任上划分不明确，供给错位，是我国公共产品得不到有效供给，供需不平衡的主要制约瓶颈之一。如中小学基础教育、计划生育、基本医疗等关系到国家的长治久安和可持续发展，本应该由中央政府融资的全国性公共产品，却转嫁给了地方政府，而中央政府承担了不应由自己管的一些内容。就教育而论，目前的基本情况是，大学教育中央管，中学教育省市管，小学教育县乡管，发生了严重的错位。

（5）供需失衡，过剩与短缺并存。目前在我国，一方面，行政支出急剧膨胀，政府机构过大，人员冗杂，政府对公民需求回应慢，公共服务滞后，以致造成"非典"发生和蔓延的严重恶果；另一方面，基础设施、基础教育、农村卫生、社会保障等支出严重不足，尤其是非物质形态的软性公共产品供给严重缺位。全部的经济史都在证明，公共产品从来不是某一时代、某一政府的专有，但特定的时代、特定的政府一定有特定的公共产品的供给。诚实守信的价值观、良好的法制与政策环境在现代社会是最为基本、最为有效的公共产品。可我国政府在不遗余力地为社会改善和丰富物质形态公共产品的时候，却往往对这些特殊公共产品的提供和改善缺乏应有的重视，造成这些方面的公共服务短缺。

（6）农村公共产品供给缺位、城乡失衡，集中表现在农村公共服务不到位，农村的公共服务水平大大低于城市居民的公共服务水平。城市公共产品一直由国家负担，而农村短缺的公共产品却是农村自己解决，由各种收费来弥补，因而农村公共服务的供应受到很大约束。城市的公共服务，就为农民工提供的公共服务这点而言，亦存在严重不足的现象。表现在：公共部门没有能够及时提供有效的就业信息，职业培训不足，就业受到诸多限制而且不稳定，合法权益得不到保护，居住、医疗、文化娱乐难，子女上学困难等。

（7）人与自然环境的不协调。长期以来，政府充当了经济建设主体和投资主体的角色，在实践中造成一些发展失衡的问题。一些地方政府在发展经济的过程中，忽视环境保护，对企业超标排污、破坏环境资源的行为监管不力，存在地方保护主义行为。

（8）我国政府公共服务从整体上缺乏良好的环境。法制不完善，市场经济发育不完全，资本、人员等方面整体发展水平不高，社会中介组织不完善，政府职能转变没有到位，公共服务体制单一、手段落后等。

五　加强和完善我国公共服务的对策建议

在全面建设小康社会的新阶段，政府职能转变的重点是强化公共服务职能，促进经济社会全面协调发展。政府公共服务职能转变的根本目标是要建立符合中国国情的公共服务制度和模式，实现公共服务的制度化、公共化、公正化和社会化。服务型政府成为我国现阶段政府的目标模式。要实现这一目标，当务之急是转变理念、完善体制、培育主体、创新机制和手段。

1. 树立政府公共服务理念

要按照科学发展观的要求，树立公共服务理念，建设服务型政府。即要建立在民主政治框架下，以公民、社会为本位，通过法定程序、按照公民意志提供服务、承担责任的政府。

2. 明确政府公共服务的战略重点

目前我国在推进市场经济体制的进程中，服务型政府存在的首要目标是服务于市场经济，主要包括维护市场经济秩序、保护财产权利和公民权利、保卫国家安全和社会安全。维护性公共服务的基本原则是市场第一的原则，政府维护性公共服务的目的是维护公平竞争的市场秩序，而不能破坏市场秩序。政府对经济增长与社会发展的最大贡献就是为市场经济和社会提供恰当的制度基础，而最大的损害则是对市场和社会以及公民权利的任意干预和干预不适当。因此，当前我国政府必须改革传统的政府公共服务职能定位和公共政策导向，将政府公共服务职能范围确定在以下几个方面：①加快国有经济的战略性调整，政府基本退出对企业经营活动的直接行政干预，基本退出对竞争性经营领域的投资；②改进宏观经济调控职能，主要以经济和法律手段实施宏观调控，增强对国际经济环境变动的应对能力；③健全市场规则职能，打破地方和部门保护主义，建立统一、开放、公平、竞争的市场秩序；④完善市场服务职能，促进基础设施建设，注重教育和人力资本投资，推动技术创新和传播，加强信息服务；⑤改进收入分配和社会保障职能，通过有效的税收和转移支付制度，调节国民收入分配，促进社会公正与和谐；⑥增强社会冲突管理职能，为弱势群体提供必要援助，形成多渠道、多层次的社会利益协调机制，促进社会稳定和进步；⑦加强经济与社会可持续发展的协调职能，正确处理人口、资源、环境和经济发展的关系。

目前我国政府公共服务的战略重点体现在以下 5 个方面。

（1）提高政府公共教育服务水平，普及 12 年制义务教育。当前，我国人力资源开发和教育正处于通过普及高中阶段教育驱动人力资本迅速提升的历史阶段，要求我国政府的公共教育服务从 9 年制义务教育提升到 12 年制义务教育。国际经验表明，重点发展 12 年制义务教育对经济增长与社会发展具有首要的基础作用。

（2）提高政府社会保障公共服务水平，完善基本社会保险与最低生活保障制度。目前，我国社会保障制度还很不完善，社会保障覆盖面偏低，贫困人口比例过大，失业率过高。我国要不断提高政府社会保险公共服务的水平，就必须稳步扩大社会保障的覆盖面，将各种所有制职工逐步纳入基本社会保障范围，全面落实城市居民最低生活保障，使最低生活保障覆盖率提高到95%以上；在全国城镇进行职工医疗保险制度改革，逐步将基本医疗保险覆盖至城镇大多数从业人员；探索建立农村和小城镇养老、医疗保险和最低生活保障制度，尽快研究制定进城务工农民、被征用土地的农民以及农转非人口的养老保险制度，然后再逐步过渡到其他农村人口。

（3）提高政府公共医疗服务水平，使人人都享有基本医疗保障。目前我国政府公共医疗服务水平偏低，根据1998年全国卫生服务调查数据，87.44%的农村居民没有任何社会医疗保障。随着下岗职工的增多以及大量农民涌入城市，城镇居民中完全自费医疗的比例达到了44.13%，也就是说，大约有2亿城镇居民没有任何社会医疗保障。如果将二者加起来，全国城乡共有9.5亿人没有任何社会医疗保障，约占全国总人口的3/4。因此，实现全体公民基本公共服务的平等化，使人人享有初级卫生保健，是政府改进公共医疗服务的重要内容。政府在卫生领域应该提供的公共产品和公共服务包括：公共卫生计划，包括防疫，大规模防治传染病，普通性的疾病检查，改善健康与营养指导等；重大疾病的控制；母婴保健，计划生育服务；公共卫生健康保健营养知识与信息的传播；卫生专业人力资源的开发与人才培养；等等。

（4）提高政府公共科技服务水平，加强对基础科学研究与中高技术领域的补贴。政府资助的研究项目应当是公共性强、外部效益大、边际社会效益高、对于国家发展具有战略意义的研究项目。首先，政府应该投资基础研究领域。基础研究创造成本巨大，但成果使用边际成本几乎为零，企业或个人通常没有能力也不愿意投资进行基础性研究。其次，政府财政资金要支持那些可利用面广，能够提高国家整体竞争力的应用技术的研究开发和推广，如节能技术、农业技术、卫生健康技术等。最后，国家要运用科技补贴手段促进那些具有重大技术外溢效应的高技术产业的发展。为扶持中高技术产业发展、促进产业结构调整，我国的经济建设费用或基本建设费用要转变投入的方向，要朝符合WTO

补贴规则的企业研究与开发补贴方向投入。

（5）投资于战略性公共基础设施领域，为全面建设小康社会提供公共设施平台。随着对各种战略资源如石油、水、信息等的依赖程度不断提高，我国对战略性公共基础设施的需求将不断上升，政府公共服务必须及时跟上。战略性公共基础设施领域包括石油储备基础设施、南水北调工程、三峡工程、信息基础设施、科技基础设施等涉及国家全局的战略性公共基础设施建设。

3. 创新公共服务机制

服务型政府是注重提高公共服务质量的政府，是具有较强的公共服务能力的政府。公共服务体制和机制创新是公共服务创新的核心内容。要根据不同公共服务项目的性质和特点，采取不同的供给模式，实行公共服务主体的多元化和手段的多样化，即市场化和民营化。如对那些不具规模经济特征、进入门槛比较低的公共服务项目，逐步向民营企业和民间组织开放，鼓励和支持民营企业和民间组织参与公共服务。对那些规模经济特征明显、进入门槛比较高的公共服务项目，主要引入市场机制，加强公共部门内部的竞争；对仍需公共部门来提供的公共服务，如国防、教育、卫生防疫等重大项目，要加强监管，保障公正，努力降低成本，提高效率。

（1）政事分开。事业单位是公共服务的主要力量。实现政事分开，是打破政府垄断，引进竞争机制，提高公共服务质量的关键性一步。

（2）公共服务市场化。一是政府内部的竞争。把政府部门内部的一些事务，如后勤服务、数据处理、调查研究等交给专门企业，签订合同，对完成任务并达到合同规定标准的企业支付报酬。二是政府与企业之间的竞争。把一些政府垄断的服务部门，如交通、电信、邮政、水电等推向市场，打破垄断格局，形成多家竞争的局面，政府通过扶持行业协会，制定市场准入、竞争规则等方式，维护竞争环境。三是企业之间的竞争。政府将一些业务，如环卫清扫、医疗卫生、消防救护、职业培训等通过招标的方式出租或承包给不同企业，形成不同企业之间的竞争，不断提高服务质量。

(3) 政府的市场监管。政府要在建立和协调市场体系、创造平等的竞争条件和环境、制定标准、统一规划、调节价格等方面发挥作用。政府对市场的监管可以运用多种方式，有些方式可兼而并用。具体包括：①资格认定；②建立公平公开的准入制度；③监督与调查，经常检查公共产品的质量，调查各种投诉与问题；④订立合同，政府与承包单位作为合同的平等双方，围绕标的、数量、质量和权利义务，规范各自的权限，政府依合同关注公共服务产品的质量与效果，将如何操作经营的自主权留给承包单位；⑤创立公私合伙企业，政府可与私人组织合作组建企业，以弥补自己资金不足、市场反应迟钝等缺陷；⑥拨款、补助、贷款、借款担保，政府对学校、科研单位、低收入家庭住房的开发商、非营利公司等公共服务组织进行不同的经济资助，以支持它们的运转，鼓励它们的积极性；⑦奖赏、奖励和赠予，政府设奖鼓励，可使个人、社会组织更有效地投入公共服务领域。此外，政府要针对不同的社会组织和不同的公共服务项目，采用不同的管理方式：①政府通过市场准入、法律保护、监督检查等手段，准许私人部门参与竞争，政府只负责监督、间接调控。这类公共服务产品主要是指具有规模经济性的自然垄断产品，如供水、供电、电话、交通、公园管理。②政府通过签订合同、授予经营权、进行经济资助等手段，委托社会组织生产，规定服务产品的目标与要求。这类公共服务产品主要指微利或无利产品，如垃圾收集与处理、医疗保健等；投资风险大、回收周期长的部分基础设施建设。③政府直接投资兴建，直接管理经营。这类公共服务产品是投资规模和投资风险巨大、私人组织不愿介入的特大公共工程，政府可用招投标的形式分解项目，鼓励私营部门经营。另一类是强烈体现公共权力、政治目标的领域，如公立学校、国防设施等，政府可不断引进先进的管理制度，运用重视激励、重视业绩测评等方法，减少财政投入，提高服务质量与效率。

(4) 公共服务的绩效评估。政府公共服务如何，应当以社会的评价为主，以服务对象的评价为主，加大公众影响比重。对直接提供公共服务的公务员，在考核上也应当加上公众评价这项内容，并根据评估结果进行奖惩，这是公共服务提供从政府本位、官本位向社会本位、民本位转变的一个根本思路选择,也是政府与社会之间正确关系的体现。

(5)大力推进电子政务建设。电子政务不仅符合行政改革的要求,而且还为政府创新提供了思路、模式和机制。我国电子政务尚处在起步阶段,因而要增加电子政务建设的制度供给,完善运行机制,端正价值取向,扩大电子政府服务对象的覆盖面,培育电子政务的支持性文化,促进政府、社会、公民三者通力合作,构建一个结构合理、经济、有效的电子政府服务系统。

(6)完善公务员制度。建议把从事公共服务的事业单位的人员纳入公务员队伍,统一进行管理。同时,进一步完善公共部门人员能进能出、职务能上能下、薪酬能高能低的制度。

(7)加强制度建设,依法规范公共服务行为。建议抓紧制定行政程序法、社会福利法、社会救济法、信息公开法、公共服务法等法律,对公共服务主体、对象的权利和义务作出规定,明确公共服务标准,为公共服务提供有效的法制保证。

(课题组名单:成员:刘建平、王昕、张桦;主要执笔人:刘建平)

理顺政事关系　健全政府公共服务体系

理顺政事关系、推进事业单位管理体制改革，是行政管理体制改革的重要组成部分，是强化政府公共服务职能、完善公共服务体系的关键。本报告分析了当前我国政事关系存在的突出问题，提出了理顺政事关系，健全政府公共服务体系的对策建议。

一　目前我国政事关系存在的突出问题

我国传统的事业单位体制是计划经济体制下国家包办事业的产物，政事不分、政事一体化是其突出特征。改革开放以来，政府通过向事业单位放权，鼓励"社会事业社会办"，搞活内部分配等改革，初步理顺了政事关系，激发了事业单位活力。但从总体上看，事业单位改革滞后于政府改革与企业改革，传统事业单位管理体制的深层次问题尤其是政事不分问题并未解决；与此同时，由于受市场经济等因素影响而引发的"过度市场化"、企事不分、政府调控乏力等问题却日益凸显，使得政事关系更加复杂。目前我国政事关系仍存在较为突出的问题。

（一）传统体制形成的政事不分问题依然突出

1. 政事职能不分

政府与事业单位之间职能划分不够清晰。一方面，政府既是事业单位所有者，又在很大程度上经营社会事业、管理事业单位，集资源提供、行政管理、财务拨款等多种职能于一体，政府机关可以通过多种权力管理、控制事业单位，包揽许多应由事业单位行使的权力、承担的职能。另一方面，许多事业单位承担了本属于政府机关行使的监督管理、行政执法等职能，如我国事业单位从事行政执法的人员就有300万左右。

2. 政事机构不分

第一，事业单位范围内存在大量主要从事监督执法、行政执行等非事业性工作的机构，此外还有部分行政事业混编机构。第二，许多事业单位套用行政级别，按行政机关的方式运行，形成行政化组织模式与运行方式。第三，由于事业单位法人制度尚处于形成过程中，事业单位在总体上还不是真正具有独立法人地位的社会实体。由于事业单位分别隶属于各个部门、各个地区，全民所有实际成为部门所有、地区所有，形成"事"出多门、各自为"事"、条块分割等问题，进而导致重复建设，如仅青岛一地就有20余家分别隶属于不同政府部门的海洋研究机构。

3. 政事人事管理不分

我国长期以来实行行政事业一体化的人事管理制度（机关事业单位人事制度），1993年推行国家公务员制度，2002年事业单位全面推行聘用制，逐步将机关人事制度与事业单位人事制度分离开来，但行政事业一体化问题尚未解决。第一，以聘用制为基础的用人制度在性质上究竟属于国家公职制度还是属于一般意义上的劳动人事制度，聘用关系究竟属于国家公职关系还是属于劳动雇佣关系，有关法律与政策未给出明确说明，因而机关与事业单位人事制度分离的法律基础不够坚实。第二，套用行政级别对事业单位人员特别是管理人员进行管理相当普遍，目前事业单位管理岗位基本根据行政级别确定岗位等级。第三，由于出口问题没有解决，"全员聘用"的聘用制实际运作基本是"全部聘用"，能上不能下，特别是能进不能出问题未能随聘用制的推行而解决，事业单位工作人员身份定位模糊。其四，事业单位用人权并未落实，事业单位常常成为行政机关人员的"分流口"和"蓄水池"。

4. 政事产权不分

第一，许多事业单位缺乏独立的财产权，尽管随着"搞活"、"创收"等政策被事业单位积极采用，事业单位经济方面的自主权开始扩大，但政府主管部门非规范性调用事业单位财产情况仍经常发生，许多事业单位甚至充当主管部门的"小金库"角色。第二，部分事业单位依托行政权力进行创收，如许多事业单位拥有"政策性收费"权力，"政策性收费"实质是"行政权力收费"，由此形成的收入明显属于政事不分的产物。第三，很长一段时间内，机关与事业单位资产在资产分类上均属于非经营性的"行政事业单位国有资产"，按照一种体制进行管理，相对独立的事业单位资产管理体制尚未形成。第四，政府作为事业单位的出资人，无偿提供事业单位建设资金与运营资金，目前我国事业单位约60%财政全额拨款，约20%财政差额拨款，各项事业经费支出占政府财政支出的30%以上，事业单位日常运营及基本建设高度依赖政府财政，这在一定程度上影响了事业单位财产的独立性。

（二）伴随市场经济发展、事业单位改革，政事关系产生许多新问题

1. "市场化过度"

过去20年的事业单位大体按照"推向市场"的市场化方向进行改革，改革使得事业单位越来越像企业，由此引发了"市场化过度"问题。"市场化过度"是改革中弱化事业单位社会属性而过于强调事业单位经济属性、不适当引入经济激励机制而产生的问题。其实质是企事不分，而且往往是政事企三者不分：事业单位利用公益地位及公共权力进行市场化运作，追求单位（包括单位中的个人）利益最大化。"市场化过度"侵蚀了社会事业的公益性，特别是严重损害了公共服务的公平性。一是造成基本公共服务的个人承担费用上涨过快，大大超过中低收入家庭可支配收入的增长速度，致使相当多的社会成员难以得到教育、医疗卫生、社会保障等基本公共服务。二是公共服务地区、城乡差距拉大，以教育为例，1990年到2001年我国各地区人均教育经费最高与最低的差距由8.45倍扩大到13.03倍，义务教育阶段乡村学校学生占总数的75%，而分割的经费仅占财政性教育经费的50%。

2. 政府公共服务职能弱化

由于没有正确领会政事分开精神甚至错误地将政事分开作为推卸政府职责的借口，一些地方对事业单位实行"一推了之""一卖了之"等改革策略，弱化了政府公共服务职能；同时，许多伴随市场经济发展、必须由政府承担的诸如社会保障、环境保护等公共服务职能，一些政府部门未能很好承担起来。

3. 人浮于事问题突出

改革开放以来,事业单位膨胀速度明显加快,几乎每隔十年人员膨胀 1000 万。20 世纪 90 年代末,快速膨胀问题虽然得以缓解,但人浮于事问题依然相当突出,据估算,事业单位"闲人"占 30%~40%,资产闲置率达 15%~20%,事业单位经费 70% 用于"人头费",致使许多"事业单位无事业"。

4. 政府监管体制不健全

第一,目前的事业单位监督管理体制基本属于"管办不分的部门监管体制"。事业单位主管部门集公共管理者与出资者职能于一身,既是政策制定者又是服务提供者,主管部门与所属事业单位存在千丝万缕的利益关系,一定程度影响主管部门客观公正地对所属事业单位进行监管。第二,财务监督乏力。一些事业单位利用职权或公益地位,随意增加管理环节、增设收费项目、提高收费标准,其中部分资金脱离财政监管而在体外循环;一些事业单位的房屋、重要办公设备等资产没有入账,致使部分国有资产游离账外,难以监控。第三,缺乏有效的问责机制。在多数情况下政府与事业单位没有订立制度化的绩效合约,对事业单位的服务数量、服务质量、资源占用使用情况缺乏明确、合理的要求,也没有对其定期评估并依据评估进行奖惩。

二 理顺政事关系,完善政府公共服务体系的对策建议

(一) 调整政事职能关系

1. 合理界定政府公共服务职能

第一,依据公共服务与产品的性质,政府集中力量行使纯公共服务与产品的供给职能,组织好准公共服务与产品的多元化供给,退出竞争性服务与产品的经营活动和直接干预;第二,依据公共服务所属行业,应把和民生关系密切、经济发展不可或缺的劳动就业、社会保障、义务教育、基本医疗、基础科学与前沿技术以及社会公益性技术研究作为政府优先保障的核心公共服务。

2. 明确政府与事业单位职能关系的性质

政事职能关系问题的实质是政府如何履行公共服务职能问题。政府承担向社会提供公共服务职能,是通过多种形式(购

买、生产、规制等）实现的，设立事业单位以直接生产形式向社会提供公共服务是其中的基本方式之一。事业单位是政府设立的直接生产、提供公共服务进而实现政府公共服务职能的公共机构。因此，事业单位职能是政府公共服务职能的延伸、是政府公共服务职能的组成部分。两者关系的基本点是：政府机关负责向社会提供公共服务，事业单位负责生产公共服务；政府机关以行政方式（组织与管理）向社会提供公共服务，事业单位以直接生产、直接服务的方式履行政府向社会提供公共服务的职能。

3. 以公共服务为基础确定政事职能关系

必须通过合理界定现有事业单位职能，并依据职能对现有事业单位及其职能科学分类，逐步剥离非事业性职能、非事业性单位，以公共服务为基础重新构建政事职能关系。

（二）重组事业部门

1. 发挥社会三大部门作用

经过 20 多年的体制转轨、社会转型，我国逐步由国家计划一切、管理一切的"总体性社会"向国家、市场、社会三元社会转化，事业资源逐步由单一计划分配转向国家、市场、社会共同配置，公共服务也由国家包办转向由公共部门（事业单位等）、市场部门（企业）、社会部门（非营利组织）共同提供。三大部门并存、三种机制协调运行，是我国公共服务发展的趋势，也是国外市场经济国家公共服务的基本模式。适应上述趋势，健全公共服务体系，应坚持以公有制为主体，多种所有制共同发展，在保证公共部门承担主要职能特别是基本公共服务职能的基础上，积极发挥市场部门（企业）、社会部门（非营利组织）的作用，形成举办主体多元化、组织形式多样化、多种所有制共同发展的局面。

2. 明确公共服务的组织形式

在多元机制作用下，公共服务由多种方式生产与提供，因此应建立健全多样化的公共服务的组织形式。依据不同组织的属性（公立还是民办、营利还是非营利、核心政府部门还是其他公共部门）、不同服务的特性（如服务性质、服务产出和效果的可度量性、市场的竞争程度、对服务提供者的控制程度等），可以将我国参与公共服务生产与提供的组织主要划分为六种，以健全相应的组织制度并明确各类组织在公共服务中的作用。其中属于公共部门的包括政府机关、事业单位、公共企业、非营利组织（民办非企业单位）；属于私人部门的包括独资或合伙形式的中小企业、公司形式的大企业。

3. 健全事业单位组织制度

事业单位是我国生产公共服务最主要的组织形式，因此健全事业单位组织制度是重组事业部门的关键。当前，健全事业单位组织制度亟待解决三个问题：第一，为事业单位创立两类组织形式，即在法律上区分为法人型事业单位和非法人型事业单位。法人型事业单位（可称为"公立事业法人"）是具有独立法人地位、独立核算的事业单位，包括教育、卫生、科学、文化等在内的绝大多数事业单位应成为法人型事业单位；非法人型事业单位是直接附属于政府机关、没有独立的法人地位、主要为政府机关服务、一般不独立核算的事业单位。第二，健全事业单位法人制度，赋予法人型事业单位独立法人地位，使之保持机构的独立性并在业务运作方面获得较大自主权。第三，完善法人治理结构。法人型事业单位应建立理事会（或管理委员会）制度，由行使所有者权利或行使政策制定者职能的政府部门所任命的理事会进行管理，理事会应由政府代表及职工、消费者等利益相关方代表组成；理事会作为事业单位的战略决策机构，对事业单位重大事项进行决策，包括决定管理者的任命和解职等，政府一般通过理事会政府代表、通过任命理事会成员等方式影响理事会的决策，而不再干涉事业单位具体运作；同时明确理事会和管理层责权划分，形成良好的内部治理体系。

（三）实施分类改革

1. 以清理现有事业单位职能为基础，明确分类改革方向

在事业单位的庞大组织体系中包含类型复杂、性质各异的形形色色的组织，政事不分、事企不分、官民不分现象较突出，不同组织所包含的公共性、社会性，不同组织与市场、政府结合程度，均有很大差别。当前理顺政事关系的一个重要任务是通过对现有事业单位范围内不同活动、不同组织的性质与特点进行界定，理清现有事业单位职能，区分不同职能的性质并依据职能对现有事业单位科学分类，通过分类改革逐步剥离非事业性单位、非事业性职能，进而纯化事业单位职能与机构，从而使事业单位真正成为公共服务组织。监督管理类事业单位改革的长期目标是回归政府。营利性事业单位改革的基本目标是转制为企业。公共服务类事业单位是承担国家交办或鼓励支持的公益事业职能，面向社会提供公益性服务的事业单位。公共服务类事业单位改革可以设定双重目标：多数单位将保留在事业单位内并成为"公立事业法人"，少数单位可以转为非营利组织（民办非企业单位）。对保留下来的事业单位应通过深化改革，完善管理体制与运行机制，建立现代事业制度，实现政事分开、事企分开、管办分离；转为非营利组织的单位则回归社会，脱离公共部门，成为独立、非营利的民间组织。

2. 科学设计改革战略，分类分步实施改革

分类改革将是我国事业单位管理体制改革的基本战略，由于事业单位存量巨大、类型多样与社会转型期较长，加之各种职能关系复杂，精细化、普适性的分类标准制定困难，分类改革难以一步到位。因此，具体实施过程既可采取一步到位的改革方式，又可以采取分类分步的渐进式改革方式，即明确分类改革方向，初步实现机制转换，最终实现机构改制。

具体而言，事业单位的分类分步改革可采用以下模式：

①营利性事业单位—实行企业化管理—转制为企业；

②监督管理类事业单位—依照政府机关管理—转为政府机构；

③多数公共服务类事业单位—建立现代事业制度—转为"公立事业法人"；

④部分公共服务类事业单位—按照非营利机构管理和运行—转为非营利组织。

（四）健全监督管理机制

1. 实施多元监管，发挥各方力量监督管理作用

第一，按照管办分离原则，将政府公共管理者职能与出资者职能适度分离，分别从不同角度对事业单位进行监管，在某些情况下可以借鉴北京市海淀区组建公共服务委员会的做法,探索将公共管理者职能与出资者职能分别交由不同部门行使。公共服务委员会作为出资人代表,代表政府行使公共服务类事业单位人、财、物管理的所有者职能,原主管部门的职能转变到"管宏观、定政策、做规划、抓监管"等公共管理方面,从而通过"管"(公共管理职能)"办"(所有者职能)分开,解决管办不分、政事不分问题,构建新型的事业单位监督管理体制。第二,探索建立独立监督机制,借鉴美国各州独立管制机构"公共事业管理委员会"、英国及北欧的"行政监察专员"等做法,建立主要由专业人士组成的独立监管机构,对公共服务实施监督。第三,引入"顾客导向"的监督与评估机制,发挥消费者(服务对象)对事业单位行为目标、服务数量与质量等的监督、控制作用,特别是在绩效目标制订与绩效考核中强化服务对象的参与。第四,强化社会监督,一方面积极发挥社会舆论的监督作用,另一方面加强社会中介组织的监督,通过同业自律、社会审计、专业评估等方式对事业单位及政府的各类事业活动实施监督控制。

2. 健全事业单位国有资产监管与运营体制

第一,建立区别于行政单位的事业单位国有资产管理体制。按照事业单位国有资产国家统一所有,政府分级监管,单位占有、使用的管理体制,理顺各相关部门职责权限。各级财政部门是政府负责事业单位国有资产管理的职能部门,对事业单位国有资产实行综合管理;主管部门负责对本部门所属事业单位的国有资产实施监督管理;事业单位对本单位占有、使用的国有资产实施具体管理。第二,允许、鼓励各地从实际出发,探索完善事业单位国有资产运作模式。如南宁、合肥等地建立事业单位国有资产出资人制度的做法,构造新的国有资产产权运营主体,由专司事业单位国有资产管理的机构委托国有资产经营公司行使法人财产权利,对接管的事业单位国有资产进行整合、管理和经营,在保证资产安全、公共服务职能不受损害的前提下,通过市场化运作实现事业单位国有资产的保值增值。

3. 强化财务监督

第一,严格预算管理,管好用好预算内外资金。各单位的财政预算必须根据《预算法》和《事业单位财务规则》做好预算编制工作；要加强收费管理，清理单位"小金库"，严格执行"收支两条线"，各种行政事业性收费收取与使用必须取得财政等部门批准。第二，对"非转经"资产（非经营性资产转为经营性资产）实行有偿使用并监督其实现保值增值，对"非转经"严格实行报批手续，足额征收"非转经"占用费，"非转经"资产属于实物形态的应经资产评估后才能批准投资，防止国家财产受损失。

4. 完善绩效管理机制

建立由编制、财政与主管部门等组成的绩效管理机构，抓紧研究制定事业单位绩效管理制度与评估办法，在公共性、独立性较强的法人型事业单位普遍推行绩效合同管理和绩效评估制度，在政府与事业单位之间形成法定的绩效责任关系，通过双方平等协商，以公共服务目标实现、服务质量提高为中心，在绩效任务和预算方面签订具有法律效力的绩效协议，各自做出公开透明的服务承诺和监管承诺，以绩效合同严格约束事业单位以及政府的行为。

（课题组名单：顾问：郭济、龚禄根；组长：高小平；副组长：沈荣华；成员：赵立波、潘小娟、史和平、靳江好、贾凌民、鲍静、李程伟、左然、余兴安、董礼胜、唐钧、吴爱明、赵鹏、谢亚红、赫郑飞、刘杰、妥艳洁、刘颢；主要执笔人：沈荣华、赵立波）

第二章
政务平台建设

我国政务服务中心的建设和运行

王澜明[*]

2011年8月中共中央办公厅、国务院办公厅印发的《关于深化政务公开加强政务服务的意见》（以下简称《意见》），对我国地方政府政务服务中心已经取得的进展给予了充分肯定，分析了存在的不足，指出了政务服务中心今后的发展方向，明确了工作任务，提出了工作要求，是指导政务服务中心进一步建设和运行的依据。政务服务中心，有的地方叫行政服务中心、政务大厅，它是伴随着我国行政审批制度改革和服务型政府建设出现的一种新型政府行政运作体系和政务服务机构。从20世纪90年代初一出现，它就显示了强大的活力和生命力，受到社会和群众的普遍欢迎，被公认为政府转变职能、创新管理、改进作风的重大创举。近20年来，政务服务中心由少到多，由不规范到规范，由局部服务到全方位服务，已经在全国各地普遍建立。据不完全统计，目前县以上设立的政务服务中心近3000个，乡镇（街道）

---

[*] 作者为中国行政管理学会会长，本文系作者在"第四届全国政务（行政）服务中心创新论坛"的主旨报告。

还建立了几万个便民服务中心（所）。政务服务中心的设立和发展，推动了行政审批制度的改革，改善了行政权力的运行方式，规范了政府的行政行为，提高了政府的行政管理效能，强化了对行政权力的监督制约，推进了服务型政府建设。实践证明，它是建设服务政府、责任政府、法治政府、效能政府、廉洁政府的成功尝试和有效形式。认真学习和领会中办、国办《意见》，系统回顾和总结政务服务中心十多年来的发展历程和实践经验，研究新形势、新阶段进一步加强政务服务中心建设和运行的新思路、新途径，对于做好政务服务中心工作，发挥政务服务中心作用，不断推进政务服务中心发展，是十分必要的。

一　政务服务中心的性质和定位

政务服务中心是在政府领导下由政府有关部门共同组成，行使行政审批和公共服务职能的行政机构。中办、国办《意见》指出："服务中心是实施政务公开、加强政务服务的重要平台"。"政务公开""政务服务"八个字，指出了政务服务中心的性质；"重要平台"，则明确了政务服务中心的定位。

政务服务中心是政府部门集中服务的平台。政府就是服务，政府的每一项工作都是从群众的利益出发、为群众服务的。服务群众不仅是政府工作的出发点，也是政府工作的落脚点。政府的服务，是由政府各部门和各部门内设机构共同承担的。政务服务中心把各部门和各部门内设机构的为民服务集中到一起，共同为群众进行面对面、个体化、人性化、全天候、无缝隙、可持续的全方位服务，就使得政府部门为群众服务更加具有统一性、集群性和协同性。政务服务中心将本级政府分散在各部门的行政许可、公共服务事项纳入一起办理，使群众办事更方便、更快捷，政府为群众的服务就更具有针对性、个体性和时效性。政务服务中心还将政府的其他服务项目、公共资源交易和相关社会中介服务等面向群众的服务事项，如社保、医保、就业、住房公积金、房产登记、土地登记、建设工程招投标、国有产权转让、国有土地矿产资源转让、政府采购、法律援助等事项也纳入其中，让企业、投资者和群众"进一道门，办所有事"。政务服务中心是集政府各部门于一体、集行政许可于一体、集公共服务与公共资源交易于一体的多功能、全方位综合服务平台，充分体现了服务型政府的工作宗旨和服务性质。

政务服务中心是政府部门协同服务的平台。在政府总体职能下，政府的具体职能由政府各部门及其内设机构履行；政府的为民服务，由政府各部门及其内设机构分别进行。政府部门在履职和服务过程中，经常会有一些需要几个部门共同办理、协作办理或衔接办理的事情。政务服务中心把各部门集中到一起，使各部门在履行职责和为群众服务中目标一致，行动一致，步调一致，工作环环相扣，有问题共同商量，有矛盾协商解决，避免了各自为政、推诿扯皮、办事拖拉等情况的发生。各部门的服务整合和工作协同到政务服务中心后，实现了"1＋1＞2"的政府服务效果。

政务服务中心是规范政府服务的平台。政府的服务不仅要全面热心，而且要规范有序。各部门的工作集中到政务服务中心后，目标统一、标准统一、规矩统一、评价统一，使政务服务进入规范化、程序化、高效化的轨道。政务服务中心一切服务依照法律法规和规章办事，严格按照法定的权限、范围和程序进行，使各部门的行政行为得到了规范和制约。政务服务中心实行联合办理、流水作业，进入政务服务中心的部门的任何懈怠、违规、不作为甚至乱作为，都能被及时发现和尽快纠正。由于政务服务中心整合了服务资源，拓展了服务渠道，改善了服务手段，提升了服务能力，创新了服务方式，这样就为政府规范服务打开了更大的空间，确保政府服务做到权责明确、行为规范、监督有效、保障有力。

政务服务中心是政府政务公开的平台。政务公开是实现政府为人民服务的宗旨，加强政府与群众的联系，把政府工作置于群众和社会监督之下的重要方面和必然要求。建设服务型政府，首先要政务公开，使政府的一切工作都在群众的视野下进行，在阳光下操作。政务服务中心将政府行政运行的依据、内容、过程和结果全面向社会公开，使社会了解政府在做什么、依照什么来做、怎么做、做的结果怎样。了解了政府工作，群众就会信任政府、理解政府、支持政府；就能积极参与政府的决策，为政府工作建言献策，协助政府履行职能。政务服务中心把政府涉及群众的事项全部放在群众眼皮底下办理，使政府工作真正做到了公开透明，在阳光下运行。

政务服务中心是政府接受群众监督的平台。群众监督政府，是群众对政府工作的关心和参与；政府接受群众监督，是政府的职责宗旨提出的要求。监督什么，怎么监督，政务服务中心提供了方便的条件和很好的平台。政务服务中心把直接关系群众利益、与群众打交道的办事项目和服务内容集中到一起办理，这样就把政府所有与群众有关的行政行为置于群众的监督之下，使政府权力运作的每一个环节和过程都让群众看得清清楚楚，群众的监督就有目的、有内容、有途径。政务服务中心一切工作向群众公开，保证了群众对政府工作的知情权、参与权、表达权和监督权。

政务服务中心是政府公益形象展示的平台。政务服务中心作为政府的前台和窗口，通过工作人员优质高效的服务，塑造亲民为民的政府形象，真心实意为群众办事，体现了政府的执政理念，密切了政府与群众的血肉联系。政务服务中心及时把社会的反应、群众的需求传递到政府各部门，促使政府各部门改进工作，更好地为群众服务。政务服务中心新型的运作机制，还使之成为转变机关工作作风，密切联系群众，提高行政效能，提升工作服务水平，建设服务型政府的示范和标杆。

二 政务服务中心的职能和责任

政务服务中心自诞生之日起，就在实践中不断地探索服务职能的界定和服务责任的确定。随着服务型政府建设的推进和民众对公共服务需求的扩大，政务服务中心的功能在实践中不断地增加和拓展。目前，各政务服务中心的工作范围已经由开始集中进行行政审批延伸到政务公开、公共服务、社会管理、参政议政、行政投诉和公共资源交易等诸多方面。政务服务中心的职能和责任是政府行使服务职能的有机统一，主要包括以下方面。

1. 服务群众职能

政务服务中心最基本的职能是方便群众，服务群众。方便群众，主要是方便群众了解政策、了解政府工作情况；方便群众了解自己需要办理的事项的规定和程序，快捷地办理自己需要政府审批的事项；方便群众对政府工作建言献策。服务群众，包括信息服务，向群众和社会提供政策信息、投资信息、办事信息；咨询服务，回答群众的提问，为群众提供帮助，为群众排忧解难；办事服务，使群众需要办的事情，在这里得到便捷的办理，简化程序、压缩时间、精简环节、高效优质。

2. 行政许可职能

按照《行政许可法》，政府部门承担着对一些审批事项的行政管理。这些行政审批分散在政府各个部门，政务服务中心按照"应进必进"的原则把精简后保留下来分散在各部门的行政审批事项集中到一起统一行使职权，使政府的行政许可严格限定在法律法规允许的范围内，使各项行政审批依法依规进行，形成相互衔接、相互监督的链条。进入政务服务中心的各部门"代表"，由于具有派出部门授予的受理决定权、许可批准权、审批上报权、组织协调权、行政审批专用章使用权，就能大胆地把"窗口"收到的许可事项从管理、审批、办结（制证）、送达等一系列环节连续办理。还由于政务服务中心把与企业和群众密切相关的行政管理事项，包括行政许可、非行政许可和公共服务事项都集中到了一起，使政府履行行政审批的职能得到了规范、有效、综合、整体的行使。企业和群众到政务服务中心，可以一次性地办理审批事项，不用再像过去那样一个部门一个部门地跑，一个图章一个图章地盖。

3. 联系协调职能

政务服务中心把政府有审批权的部门集中到一起，统一开展行政许可、非行政许可和公共服务，这实际上就是在做政府履行职能中的沟通和协调工作。政务服务中心在工作中，组织各部门齐心协力，有问题及时解决，有矛盾协商处理，使政府的服务协调一致地开展。由于政务服务中心履行了各部门之间为民服务职能的协调职能，政府不再为各部门的职责不清和相互扯皮去协调，而将更多的时间和人员留出来研究宏观、研究政策、研究标准，全面履行好政府"经济调节、市场监管、社会管理、公共服务"的职能。

政务服务中心是政府的前台和窗口,以优质高效的服务,塑造亲民为民的政府形象,寓管理于服务之中,真心实意为群众办事,为民排忧解难,促使各部门齐心协力,共同建设服务型政府。

4. 政务公开职能

政府的政务公开,包括决策公开、权力运行公开、行政审批公开、信息公开、基层政务公开、机关内部事务公开等。这些公开,坚持方便群众知情、便于群众监督的原则,公布于民,公告于民,公开于民,从而问政于民,问需于民,问计于民,组织群众了解、参与、支持政府工作。政府除了拓宽公开领域、拓展公开内容、丰富公开形式、创新公开机制,还将政务服务中心作为政府政务公开的主要载体和平台。这里不仅集中了政府涉及群众利益的大部分事项,还履行着政府政务公开和办理的重要职责。

5. 监督制约职能

政府工作除严格置于群众和社会的监督之下外,还要受制于政府部门之间的相互监督。政务服务中心集中了政府各个部门的人员,履行着政府各个部门的审批和服务,这就使政务服务中心成为监督政府各个部门、各部门之间相互监督的机构。在这里,一切都要依法进行,按程序办理,各部门你盯着我,我看着你,任何违法违规行为都会被及时发现和纠正。各部门的相互监督,制止了不规范行为,提高了工作效率,同时在不断改进和创新政府服务的模式。

三 政务服务中心的运行和流程

政务服务中心的运行,是按照政务服务中心的职能确定的;政务服务中心的工作流程,也要按照有利于政务服务中心职能的履行来确定。经过多年的实践,《意见》将政务服务中心的运行和流程概括为四句话:"一个窗口受理、一站式审批、一条龙服务、一个窗口收费"。

一个窗口受理 入驻政务服务中心的各部门设立一个综合受理窗口,统一负责接受申请人的申报,登录有关申请信息,作出受理与否的决定。受理的,立即进入办理流程;不予受理的,告知理由,并提出申请人补救办法意见,如材料不齐可请申请人补充材料，材料有误可请申请人更正。申请材料受理分送、流转到各审批部门后，由各审批部门协同审批、限时办结，再由这个综合受理窗口送达申请人。也就是说，进从这个窗口进，出从这个窗口出，申请人办事原则上只与这个综合窗口接触，由这个窗口全程代办，不用办事人在大厅窗口和各部门之间来回跑。

一站式审批 综合窗口受理后，就进入一站式审批，在政务服务中心内完成所有审批环节。各个部门对派驻中心的窗口进行充分授权，确保不需要现场勘察、集体讨论、专家论证、开会听证的一般性审批事项都能在窗口受理后现场办结，不必再由窗口送回单位审批。为此，所有进驻中心的单位都专门刻制行政审批（许可）专用章供窗口办理审批（许可）事项使用。除非重大事项，各窗口一般就在中心内完成审批。对登记备案类、年检年审类、资格认证类等条件、程序简单的行政许可事项，服务对象按要求提供了完整材料后，政务服务中心"窗口"即收即办，当场或当天办结；对程序、条件相对复杂而不能及时办理的事项，按不同事项设置不同的办结时限和流程；对特殊事项，特事特办，必要时设"绿色通道"；对涉及多个部门的联合审批，实行"首办责任制"，该事项的第一个受理窗口为"首办窗口"，由"首办窗口"联合、协调各部门办理并负责最后送达办结件。一站式审批要明确牵头部门，使部门之间、部门内部各处（科）室之间相互的业务沟通和协调畅通便捷，申报的材料信息中相同部分通过信息系统实现传递共享，从而实现申办材料一口受理、现场核查一同前往、事项审核一家协调、办理结果一口反馈。一站式审批使群众在中心办理跨部门联办事项过程中，只面对一个牵头部门，提交一套必需材料，接受一次现场核查，杜绝审批事项"多头办理""体外循环"问题。

一条龙服务 审批业务从窗口受理到科室办理、交接登记、分级审核审批各个环节实行流水线、一条龙，责任明确、时限清晰、节点透明、督办到位、按时办结。"一条龙服务"要求窗口与单位前后联动、部门与部门相互衔接、跨部门间统筹协调、现场办理中的智慧导引和一系列配套服务形成不可分拆的链条，使得各项服务从入门咨询开始就方便、快捷、智慧、温馨。"一条龙服务"要求凡进驻服务中心办理的事项都要公开办理主体、办理依据、办理条件、办理程序、办理时限、办事结果、收费依据、收费标准和监督渠道，使办事人员避免盲目性，节省办事时间，提高办事效率。"一条龙服务"建立首问负责制，首先接到来访、咨询或办事请求的工作人员为第一责任人，负责给予办事人指引、介绍或答疑等服务。"一条龙服务"结合群众办事场景实施导引服务，引领办事人到相关窗口办理业务，指导协助办事人填写相关表格。"一条龙服务"创造温馨服务环境，努力为办事人提供人性化服务，帮助老弱病残办事人优先办理，做到主动热情，微笑服务，使办事人进入大厅在第一时间就能得到主动、优质的服务。"一条龙服务"还要充分利用各种信息技术，进行智慧导引，把整个办事流程链起来、动起来。"一条龙服务"实现进一家门、办万千事、缴各项费、解万千难。

一个窗口收费 政务服务中心集中了各个部门，涉及各种收费，群众非常关心，也直接影响着中心、各部门和政府形象。政务服务中心实行的是一个窗口的"阳光收费"。对所有收取费用的行政审批事项，通过适当方式将收费项目名称、收费依据、收费范围、收费标准和收费程序予以公开。除法律、行政法规有明确规定的以外，行政机关实施行政审批不得收取任何费用。依照法律、行政法规规定可以收取费用的，应当按照法定的项目、标准收费。凡是涉及行政审批过程中产生的服务性税费，均纳入政务服务中心收费窗口集中办理，不再搞额外收费。收费实行一票式，在收费窗口一次性收缴，并探索网络缴费方式。

四 政务服务中心的便民和为民

便民和为民，是政务服务中心的两大核心职能。促进政务服务的集成化、规范化、高效化，方便基层群众办事，提供让群众满意的高质量政务服务，是政务服务中心工作的出发点和落脚点。如何更好地便民、为民，需要政务服务中心在运行和建设中不断地探索和拓展。

便民，就是方便群众办事。政务服务中心专门设置为企业法人提供水电气热市政报装、银行等事业性公共服务的窗口，为企业进行多方面服务。政务服务中心在做好与群众密切相关的专业办事大厅基础上，为群众提供"最终服务窗口"，实现与各部门开放的同类窗口所办理业务的全覆盖，为群众提供"无休息日"服务。与其他为民服务网站相联结，实现信息查询、政策解答、诉求办理、信息报道、回访全覆盖。开展便民热线，提供查询求助、受理和咨询。近几年各地政务服务中心摸索总结了许多便民措施，仍在继续扩大便民范围和办法。主要有：①"一表制"审批。通过中心的网络系统把多项资料整合，自动生成一个表格，整个审批过程中办事群众和窗口都使用这个表格。②"政务服务卡"。将办理群众的资料转化为电子信息并储存于政务服务卡，"一卡"通用，办事群众和行政办理人员只需刷卡，无需重复填表。③"跨部门全程代办"。对需要多个部门联合办理的事项，划分办理责任、理清办理程序、明确牵头全程代理部门，实施跨部门办理全程代理，"一口进，一口出"，并联审批。④"超时默许"。行政许可审批部门受理申请人的申请后，在公开承诺的时限内，如果既不批准也不驳回，又无法定事由准许延长时限，则由事先授权的信息化管理系统自动生成并引发不危及安全、健康的许可决定。⑤"客户服务中心"。以行政服务大厅、行政服务网站和24小时自助行政服务站为主渠道，以固定电话、手机、数字电视等载体为辅渠道，采取多渠道、多途径、多样化的便民方式，开展限时服务、延时服务、承诺服务、上门服务、预约服务，扩大便民范围，提高便民质量。建立咨询服务热线，对行政服务问题实行统一咨询答复。⑥"智慧中心"。构建"智慧中心"的环境，将政务服务中心的信息化纳入当地电子政务建设总体规划，充分利用现有电子政务资源，推广电信网、广电网、互联网等现代科技手段在政务服务中的应用，提高政务服务智能化水平。

为民，就是为群众服务。信息服务是政务服务中心为民服务的主要内容。政务服务中心要重视政府门户网站在工作中的作用，全面、准确地发布政府门户网站的信息，使政务服务中心成为提供法律、政策、重要决定、重大事项等政务信息的窗口。政务服务中心建立完善的信息网，国家的法律法规、政策、规定等信息，群众只要在这里用手一按，都能查到，政务服务中心是群众查询政府信息的全库。政务服务中心除为来这里办事的群众提供信息服务外,还为来这里咨询问题的群众提供释疑答难,群众只要到政务服务中心的有关窗口咨询,都能得到耐心的满意的回答。政务服务中心设立温馨的服务区,包括智慧服务体验大厅、休闲大厅、公益服务广场、图书阅览室、小型洽谈区、休息聊天区,并有专门人员为来这里办事咨询的群众服务,使群众来政务服务中心有"宾至如归"的温暖。同时,还建立24小时自助政务机、电子问询柱、公众信息屏、缴费易、网络自助、电子书写台、打印复印传真以及包括告知单、服务指南、服务手册、各种杂志在内的服务资料。政务服务中心将涉及本社区的重要问题公开征集群众意见和建议,汇集民智民意,建立群众诉求表达机制,把群众的智慧和力量吸引到当地实际问题的解决进程中,融入到科学发展和构建和谐社会的实践中。

五 政务服务中心的体制和机制

《意见》对政务服务中心的体制和机制进行了明确规定,政务服务中心纳入行政机构进行管理,政府各部门派驻窗口人员接受政务服务中心管理层的组织协调、监督管理和服务指导。

政务服务中心作为本级政府领导下行使行政审批和政务服务职能的行政机构,是开展政务服务、采集民智民意的前台和窗口。政府主要负责对行政许可和面向公众服务的重大问题进行统筹、协调、组织、实施,对政务服务中心建设发展等有关问题进行研究、协调和决策。政务服务中心作为集中办公、集成职能、集聚服务的综合行政服务机构,法定职能仍属政府相关部门,政务中心履行各部门"后台"的授权和流程整合的授权。各部门可把行政审批业务集中到一个处(科、室),这个处(科、室)成建制进入政务服务中心,作为部门全权授权的"前台"行使受理权、即办权、协调权(或分办权),使其职、权、责相统一。通过依法科学分权和建立前后台协调机制,使政务服务中心与政府部门形成分工协作、相辅相成、相互制约、相互监督的工作格局。政务服务中心既有综合服务中心大厅与各专业大厅并存发展,又有与上级政府政务服务中心和下级政府服务中心的沟通、承接和联动。省、市、县和市辖区的政务服务中心，分别受本级政府领导，根据本级政府的职责权限履行职能，不同层级政务服务中心之间的关系是联系、协调和相互借鉴、学习的关系，不存在领导关系。政务服务中心要加强研究、统筹协调、指导引导、科学规划、制定标准、规范流程、强化考核，实现政务服务一体化、网络化以及各个政务中心的协调发展。特别是通过向基层延伸，不断完善政务服务中心的便民服务体系。依托城乡社区综合服务设施，设立便民服务中心，建立"上下联动、层级清晰、运行顺畅、就近覆盖"的行政服务网络。加强政务服务机构和场所的连接与融合、联通联办、就近便民、规范管理、集中服务、全程监督，形成条块配合，层级联动的一体化、网点式服务，逐步实现"横向到边、纵向到底"的长效服务体制。在基层社区，将劳动就业、社会保险、社会救助、社会福利、计划生育、农用地审批、新型农村合作医疗及涉农补贴等纳入其中公开规范办理。在城乡社区（村）设立便民代办点，将便民服务向城乡社区（村）延伸，推行便民服务免费代办制度。

政务服务中心内部通过组织协调、监督管理和指导服务，通过对进驻窗口工作人员进行管理培训和日常考核，把原来各自为政的部门统一到服务中心的运行轨道上来。政务服务中心建立行政服务协调工作机制，打破部门界限和壁垒，加强部门间的协调配合，促进交流沟通，推进政府部门的资源共享与业务协同。政务服务中心实行"协同会审、限时办结"的并联审批，采用部门间"主协办"的工作方式，主办部门牵头和协调并联审批各环节的工作，协办部门积极配合协调，认真履行协办职能。政务服务中心以业务流程再造为重点，通过合理配置部门之间的业务，将涉及联审联办、并联审批的前置、后置环节连接起来，经由流程再造之后形成高效、完整的审批服务链条，最终实现无缝隙服务，压缩审批环节，节省审批时间。在政务服务中心发展进程中，各级政府及部门积极开拓创新，形成了一系列行之有效的运作机制，比如准入退出制、首席代表制、首问负责制、责任追究制、考核评议制、超时默许制、全程代理制、信息一表制等，不断突破体制和制度障碍和缺陷，以机制创新提高行政审批效率，提升政务服务水平，优化发展环境。

政务服务中心推行网上办事大厅。实行网上信息公开、电子（包括网络、一号呼入电话）咨询、网上申请、网上预审、在线审批、在线评议、电子监察，实现各个审批服务职能一号呼入、一网办理。进行网上公示、网上咨询、网上受理、网上办理和网上监管，不断扩大网上服务范围，增强网上服务功能。在网上向社会公众提供行政审批和其他办事服务事项的告知、指南信息，使群众能够直接在网上下载全部相关表格资料，一些事项可以进行网上预受理和状态查询乃至网上办理。通过后台业务系统的整合和异构交换，实现行政审批事项"一办到底"。政务服务中心采取窗口集中办理方式，统一名称标识、服务时间、机构性质、办理事项、运行机制，提供人性化、面对面的服务；网上平台则采取网站自助办理方式，统一网址、支撑服务后台、办理事项、运行机制，实现个性化、全天候、可持续的便捷服务。加强两个平台的有机融合，优势互补，相互促进，满足公众多层次、多元化的服务需求。

政务服务中心与各系统、各层级联动协同开展工作。综合政务服务中心集中本级行政许可、非行政许可和其他服务事项；专业大厅集中受理不能纳入综合政务服务中心的部门的审批事项；基层公共服务大厅最大限度地为公众提供便捷的服务。各级政务服务中心（大厅）要业务联网、信息共通、衔接有序、配合密切，多级联动、联通联办，横向到边、纵向到底，通过信息化手段规范技术标准，推动不同层次服务中心之间网络互联互通、信息共享和业务协同。各级政务服务中心实行联网联动，对多部门协同办理的行政服务事项，受理部门及时向协同部门提供有关的信息资源。使用垂直专业办理系统受理行政服务事项的部门，应当将有关信息、材料传输到本地行政服务信息系统。共享信息资源应当按照"谁提供，谁负责"的原则，由提供信息的行政机关负责数据的维护更新，保证数据的及时、准确。行政机关提供的共享信息，应当在政务服务系统中记录信息传输情况，保证信息来源和使用的可追溯性，共享信息提供方有权监督和检查共享信息的使用情况。

六 政务服务中心的管理和监督

政务服务中心的管理和监督主要分为三个方面，一是政府对中心的管理和监督，二是中心管理层对派驻窗口的管理和监督，三是人民群众对中心的监督。只有加强对政务服务中心的管理和监督，才能为人民群众提供规范、便捷、优质、高效的服务。

《意见》明确指出，政务服务中心管理机构是本级政府的行政机构，规格由本级政府决定，其运行经费和人员办公经费列入本级财政预算。这里有三层意思：第一，政务服务中心是本级政府的行政机构，受本级政府领导，使用行政编制，人员身份为公务员。第二，政务服务中心的规格可由本级政府决定，它可以同本级政府的组成部门同一个规格，也可以稍高于组成部门。必要时，政务服务中心的主要责任人可以由政府负责人兼任，也可以高配。第三，由于政务服务中心是行政机构，其运行经费和人员办公经费由本级财政负担。本级政府对政务服务中心的领导，主要是研究政务服务中心发展和运行中的重大问题，及时作出决策；规范政务服务中心的审批和服务行为，及时解决政务服务中心遇到的困难和问题；选好配强政务服务中心的领导班子，特别要选配政策水平高、业务能力强、组织领导有方、事业心强的干部担任中心一把手，并要求各部门选派素质高、能力强、业务精的最优秀的干部到政务服务中心工作。各部门对派驻政务服务中心人员的领导和指导，主要是四个方面，一是充分信任、充分授权，以保证他们在政务服务中心独立自主地履行职责；二是及时研究和解决他们工作中遇到的政策性和程序性问题；三是关心他们的思想、工作和生活，解决好他们的实际困难；四是抓好对派驻中心干部的培养、培训和提高。

服务中心管理层要切实履行职责，负起责任，对政府各部门进驻中心的人员和承办事项进行统一管理、协调和监督。凡进入中心的业务和审批事项，凡便民为民的各项措施，中心管理层要统一规划、统一组织、统一指导。不仅要管好审批事项，而且要督促各部门从转变政府职能、精简审批事项、简化审批程序出发，对不该审批的事项及时取消，对不该有的程序下决心减少。

建立横向协调机制，加强部门间的协调配合，促进交流沟通。实行公共服务标准化，将涉及审批和服务的内容、流程、行为、评价等标准化，通过规范标准理顺部门关系。实施效能监察，利用现场监察与电子监察相结合的监督手段加强对行政权力运行的全程监督和规范，建立行之有效的行政服务效能监察制度。通过专项检查、重点协查、重点抽查、暗访、效能评估、现场查阅资料、民主评议、召开座谈会等形式，督促进驻单位和人员高效履职。中心管理层和各窗口对进驻窗口工作人员要加强日常考核和效能监督，做好日常考勤、考核、考评，督促窗口人员进一步强化服务意识、创新服务方式、改进服务内容、规范服务行为、落实服务责任、提高服务质量。中心要注重培育新型的机关文化和作风，建设以服务价值观为核心、以办事人满意为目标、以形成共同的价值认知和行为规范为内容的政务服务文化。通过发行内部刊物、开展各种活动和宣传先进事迹，塑造健康的行政人格。运用参观学习、读书演讲、岗位技能竞赛等科学教育方法，采取渐进的、融入的、持续的方式，构建符合服务型政府要求的服务价值观体系。综合运用各种方法和手段，加强管理培训，提高人员素质，强化以人为本、为民服务的行政服务理念，培养"一人多能"的办事素质，形成具有服务中心特色的政务服务文化品牌。

政务服务中心要采取政府监察与公众参与相结合的监督方式，自觉接受政府监督、群众监督、舆论监督。政务服务中心要经常向政府汇报工作，接受政府的领导和指导。畅通办事公众的投诉渠道，健全群众评议制度，适时开展政务服务明星评选等以群众评价为主要形式的各类活动。建立公众网络参与机制，征集公众意见，接受公众评价，反馈公众需求，组织公众论坛。政务服务中心通过设置"便民服务台""服务质量投诉窗口"，开展公众满意度调查，让公众参与监督与评估。

改革在深入，创新无止境。政务服务中心的建设和运行要进一步适应经济社会的发展需要，精简行政审批事项，改革行政审批方式，增加为民服务功能，完善服务体系机制，建设定位准确、功能齐全、机制优化、服务周到、运行高效、管理有序的新型服务机构。

深化政务公开 推进乡镇行政体制改革

——关于北京市怀柔区乡镇综合服务中心
建设情况的调研

乡镇政府是我国行政体系中的最基础层级,担负管理农村事务和服务农民的职责。这个层级履行职责的能力如何,运行效率和成本如何,影响整个行政体制,制约其他层级政府功能的发挥。2006年9月,中国行政管理学会一行四人到北京市怀柔区进行调研,采取座谈与实地走访形式,深入怀柔区下辖的北房镇、怀北镇、桥梓镇、渤海镇等14个乡镇,2个街道办事处,进行了"深化政务公开、推进乡镇行政体制改革"的专题调研。

以乡镇综合服务中心为载体的乡镇政务公开的不断深化和完善,为乡镇政府转变职能、精简机构提供了一个支撑的平台,成为乡镇行政体制改革的重要突破口。特别是怀柔乡镇政务公开的最新进展表明,乡镇政府在精简、合并现有政府机构、职能的同时,也使乡镇政务公开更加规范化、科学化,从而更加有效地为农民群众提供政务服务,有力提高了乡镇政府的行政执行力和提供公共服务能力,为我们探索取消农业税后,乡镇政府体制和管理创新提供了有益经验。

一 北京市怀柔区乡镇政务公开的探索和主要做法

北京市怀柔区乡镇政务公开工作由浅入深逐渐拓展完善,这一历程大体经过了三个阶段。

(一)起步阶段:(1998~2002年)领导主抓、突出重点、建章立制、保障落实

党的十五届三中全会作出的《中共中央关于农业和农村工作

若干重大问题的决定》及 2000 年中共中央办公厅、国务院办公厅联合下发的《关于在全国乡镇机关全面推行政务公开制度的通知》都提出乡镇政府应实行政务公开制度。怀柔区各乡镇积极贯彻文件精神,成立以党委书记或乡镇长为组长,组织、财政等部门共同参加的政务公开领导小组,成立以人大主席或党委、纪委负责同志为组长的政务公开监督小组,确定了具体承办单位和人员,落实政务公开的各项工作。针对群众关心的重要问题和热点问题进行公开,包括:乡镇政府年度工作目标及执行情况,年度财政预算及执行情况,上级政府或政府部门专项经费及使用情况,乡镇债权债务情况,乡镇集体企业和经济实体的承包、租赁、拍卖等情况;与村务公开相对应的事项,如计划生育、征用土地及土地补偿费、安置补助费的发放、各村宅基地审批、救灾救济款物发放、优抚优恤等情况。另外,公开办事的依据、条件、程序、期限和结果等,通过下发文件、在方便群众阅览的地方设立固定的政务公开栏、入户走访、广播等多种形式向农民群众公开信息,力求"群众想知道什么,就公开什么"。各乡镇通过制定政务公开工作制度、廉政建设制度、民主评议制度、定期审计制度、接待工作制度、机关财务管理制度、政务财务公开制度、设立群众举报电话等一整套监督制度,确保政务公开、公正、真实,取得了实效。

同时,以怀北镇为试点,于 2002 年 3 月成立怀北镇全程办事代理领导小组,合并科室集体办公,在镇政府办公楼一层设置全程办事代理受理室,抽调综合素质高、业务精通的专职人员负责接待工作,受理群众办事业务。业务科长为具体承办人,负责本部门相关业务办理;需多科室联办的事项,由镇长指定具体代办人牵头全程负责。制定《怀北镇关于实施全程办事代理制意见》《怀北镇全程办事代理制流程图》《怀北镇全程办事代理制村级代理办法》等,规范代理行为。

(二)发展阶段:(2003~2004 年)全程代办、向村辐射、内容拓展、形式多样

2003 年,怀柔区结合本地实际,在全区 14 个镇乡、2 个街道办事处、44 家政府部门全面推行了全程办事代理制,250 个行政村、20个社区居委会建立了代办点。2004年9月,在整合区政府投资服务中心和全程办事代理制工作基础上,正式组建怀柔区综合行政服务中心并成功运行,形成以政务中心为龙头,村、社区全程办事代办点与乡镇、街道,乡镇、街道与驻厅(政务中心)部门之间上下三级联动的"全程办事代理制服务网络"。将全程办事代理与政务公开相结合,继续推进乡镇政务公开工作。

进一步拓展政务公开的内容,乡镇内涉及群众利益,全局性的重大改革事项,涉及群众利益的重大救灾、扶贫、社会保障事项等,重大的基本建设项目和财产的处置等,干部的录用和任免情况,水、电、气、热、通信、邮政等公共行业,均参照政务公开有关规定公开与群众密切相关的事项。通过在受理室摆放告知卡、公开栏、设置触摸屏等多种方式将各职能部门的承办事项、办事手续、办事程序、完成时限、收费标准等全部公开。

狠抓了乡镇政务公开向村级延伸和村务公开制度的落实。实行"村政事务管理工作'一箱一卡'制度":全区各村统一在村务公开栏旁或村内显著位置设置"意见箱",广泛征求群众对村政事务管理工作的意见和建议;统一印制《村政事务管理工作征求群众意见卡》,由村民(社员)代表持卡定期到自己所联系的户征求群众对村政事务管理工作的建议和意见。出台《北京市怀柔区试行村级财务乡镇审核工作》,通过镇党委、政府对村级财务实行账款双代管。实行"六统一":统一制度、统一审核、统一记账、统一公开、统一审计、统一建档。全面公开乡村税费的收缴使用、计划生育指标、宅基地审批、救灾救济款物的发放情况等,接受群众监督。实行"群众电话约见领导制度",各乡镇在政务公开栏上公开约见电话号码、副职以上领导姓名及分管工作等,并责成专人负责约见电话的接听、登记与联系工作。被约见领导必须在一周之内安排约见时间。群众反映的问题,由被约见领导亲自处理,并做回访等。这些措施有力地促进了村级政务公开工作制度化、规范化。

(三)深化阶段:(2005年至今)职能转变、通透办公、三级联动、高效稳定

2005年,在《关于进一步推进政务公开的意见》的指导下,怀柔区进一步深化乡镇政务公开，在积极推动和做实乡镇全程办事代理制工作，加强对村级代办点的检查与管理的同时，成立乡镇综合服务中心。截至我们调研结束，已有8个乡镇挂牌成立综合服务中心，在建的有3个乡镇，其余5个乡镇和街道也正在不同程度地积极推进综合服务中心的建设，怀柔乡镇政务公开进入推进依法行政、加快政府职能转变和强化对行政权力监督的全新时期。

1. 以"服务专区"取代"科室"，全面梳理机构职能

为适应农村综合改革的需要，打破服务事项条块分割于各职能科室的旧模式和机关内部所有行政科室、事业单位界限，全面梳理机构职能，对原有科室职能及人员进行重新整合，实现政府机构的彻底调整和合并，将整个乡镇政府机关从职能上分为政务决策、政务执行、政务监督和社会服务四部分。从原来的方便自己、方便管理为原则设置机构和业务流程转变为按照方便农民群众为原则设置服务专区和业务流程。在综合服务中心设立社保民政服务区、教育卫生婚育服务区、村镇建设管理服务区、农村经济管理服务区等，税务、工商等这些垂直管理单位也在大厅设有服务专区，遇需要跨部门联办事项，直接在大厅就能实现联合办理。通过告知卡、公示栏等形式将社农经济项目的财务管理、重大工程招投标等重大情况全部公开，形成了扁平化、协调型的服务管理工作机制，政府服务渐成一体。

2. 政府机关整体进厅，全部实行通透式办公

怀柔区多数乡镇将原来的全程办事代理、"一门式"服务进行拓展，将机关中除乡镇主要领导、机关内部财务部门以及后勤工作人员之外的其他科室工作人员全部集中在一个服务大厅。以发展较成熟的北房镇为例，机关14个科室中有11个全部入厅办公，整个大厅实行通透式集中办公。原来的全程办事代理点只进行收发、传达，然后回到机关后台进行办理。现在新模式实现了从"一站式受理"到"一站式办理"的转变，服务大厅也就是政府机关办公场所，两者合为一体，实现了基层政府行政方式的重大革新。这种模式完全取消中间环节，简化办事程序，有效提高了行政效率和服务质量。

3. 建立健全管理制度，确保服务中心科学高效运行

怀柔乡镇综合服务中心的顺利推进，主要得益于建立健全一整套运行机制、管理制度和工作人员行为规范。例如：北房镇按照"高效、透明、精简、服务"的工作原则，制定了《北房镇综合服务中心管理制度》《北房镇综合服务中心受理事项办理规则》《北房镇综合服务中心工作人员行为规范》《北房镇综合服务中心工作人员管理考核办法》等，明确各服务专区的职责范围和工作人员的行为准则。同时建立健全岗位责任制、服务承诺制、首问责任制等制度，推行引导服务、限时服务等措施，建立自我监督、专人监督和农民群众监督相结合的监督体系，通过完善的管理制度，改进办事流程、缩短办事周期，保障综合服务中心科学高效运行。

4. 实行三级联动运行机制，强化服务中心的领导与协调

为加强对乡镇、街道办事处全程代办工作的监督和管理，区综合行政服务中心在充分调研的基础上，与电子政务相结合，将各乡镇、街道办事处办公系统与中心办公系统并轨，实现一个平台运行，一个系统监督，使基层全程办事代理制工作得到进一步规范。形成以区为领导，立足于乡镇，村、社区全程办事代办点与乡镇、街道之间的纵向、横向上下三级互联互通的运行机制，实现政务互通，资源共享。

5. 成立社会矛盾调处中心，营造和谐社会发展环境

为畅通群众反映问题的渠道，进一步提高各乡镇、街道、有关部门和组织应对处置社会矛盾的能力，及时发现、及时化解社会矛盾和社会纠纷，维护社会稳定，怀柔区于 2006 年 2 月底前，在全部乡镇、街道均毗邻综合服务中心设立了社会矛盾调处中心。同时，建立农村、居民社会、企事业单位调解工作站，农村、社区基层调解工作小组，设立调解信息员，形成以党委、政府统一领导，社会矛盾调处中心具体运作，职能部门共同参与，社会各界整体联动的五级社会矛盾调处工作体系。

社会矛盾调处中心均毗邻综合服务中心办公，向社会公布通信地址、电子信箱、服务电话、领导接待日等便民事项，便于群众反映问题。按照"属地管理、分级负责，谁主管，谁负责"的

原则，对各种社会矛盾纠纷实行统一受理、归口办理、依法调处、限期办结。涉及哪个职能部门，直接请该部门负责人员进行面对面解答，"让百姓明白，还政府清白"；既整合了各方资源、方便农民群众来访，又可迅速对矛盾进行化解，避免事态恶化。

自矛盾调处中心成立以来，围绕"小纠纷不出村（社区），一般纠纷不出镇（乡、街道），大纠纷不出区"的工作目标，大幅降低了越级访、群体访等的发生比例。信访总量下降38%；集体访批次下降50%，人次下降67%；进京集体访批次下降70%，人次下降83%；没有发生到国家级单位或地点集体访事件；围堵区委政府集体访下降70%。区级调处成功率83%，镇级调处成功率75%，妥善化解了社会矛盾纠纷，营造了稳定和谐的社会环境。

二 怀柔区乡镇政务公开创新成效显著

怀柔区各乡镇政府通过政务公开，整合资源，强化服务，既促进了经济社会发展，又转变了政府职能，实现"小政府、大服务"的新格局，取得了很好的社会反响。

1. 转变行政理念——树立亲民的服务型政府新形象

乡镇政府的工作对象是村级组织和广大农民群众，经常处理的是与农民群众生产生活密切相关的具体事务，通过乡镇综合服务中心这种新的平台和载体，乡镇政府行政理念实现了根本转变。把方便农民群众办事、为农民提供生产生活服务作为一条重要纽带，把群众所想所盼、急需急用作为政务公开和提供服务的重点，实现从管农民的角色向服务农民的角色转换，从要钱的角色向给服务的角色转换；承担起促进经济发展，搞好公共服务，加强社会管理，维护社会稳定的乡镇政府职能；将过去"群众围着政府转、政府围着部门转、部门围着权力转"的情况，变成"政府围着中心转、中心围着服务转、服务围着群众转"，真正树立以农民为本的服务型政府新形象。以调查问卷、事后回访、网络系统等方式统计的农民群众的满意度高达99%以上。

2. 规范政府运作——实现公开方式的合理化

乡镇政府通过重新梳理政府职能，根据服务事项科学划分服务专区，在彻底打破旧有的行政职能条块分割的基础上，对原有科室职能及人员进行重新整合，变原来的纵向多重领导为纵横交织的网络化管理，形成了扁平化、协调型、联动式的服务管理工作新机制。根据《怀柔区行政系统重大工作事项报告制度》《怀柔区政府投资项目前期工作费使用管理暂行办法》《怀柔区财政资金使用和监督办法》等制度和办法，建立健全一整套与乡镇相关的合理规范的制度和规定，使政务公开有章可循，有法可依。以完善的工作制度和运行程序为支撑，实现了乡镇政务公开的规范化、程序化和制度化。对多年来形成的政府权力部门化、部门权力个人化、个人权力利益化现象形成强大冲击。

3. 遏制政府腐败——保证治理过程的廉洁化

采取通透式办公，政府机关与人民群众直接接触，科室及工作人员整体入厅，通过"大办公室制""电子眼"以及网络系统程序设定的事后评价环节等监督措施，形成农民群众外部监督与内部上下、左右纵横监督相结合的网络监督体系。此外，用电子显示屏、告知卡等形式向农民群众公开各服务专区的服务内容、办事程序、申报材料、承诺时限、收费标准及依据等事项，以物理手段的限制，客观上抑制乡镇政府工作人员"吃、拿、卡、要"等不正之风的滋生，压缩了个人利用政府权力为自己谋利的物理空间，此外，通过《怀柔区公务员警示训诫暂行规定》《怀柔区政府部门行政首长问责办法》《怀柔区行政过错责任追究办法》《北京市怀柔区人民政府政务督查暂行办法》等制度配套，保证乡镇政府工作人员的责任性、自律性和公开内容的真实，实现乡镇政府的廉洁、公正。

4. 改善工作作风——密切干群关系，提升政府公信力

通过公开、透明的开放式办公环境，厅内工作人员平级之间上下级之间，以及入厅办事农民群众等的多方监督，有效杜绝了工作人员上班散漫、做事拖沓、聚众闲聊等不良行为的出现。农民群众进入大厅看到的是统一的着装、微笑的服务，听到的是规范的文明用语，感受到的是平等和被尊重，拉进了百姓与政府的距离。切实解决了机关一定程度上存在的"门难进、脸难看、话难听"现象，密切了干群关系，使老百姓从心里认可政府，改善了政府新形象，提升了政府公信力。

5. 降低行政成本——实现运行成本的最小化

在全盘考虑行政管理机构的总体布局，全面梳理政府职能，优化组织结构和强化内部管控的基础上，将原有职能交叉、重叠、相近的科室归并、精简。打破了部门间行政权限的分割和部门之内行政权限的重叠。同时，精简办事环节，简化办事程序，压缩办结时限，提高服务实效。对服务大厅实行网络化办公，整合打印机、复印机等硬件设备的配备和使用，降低由于重复作业等造成的办公耗材严重浪费现象。解决了办事环节多、程序复杂、推诿扯皮、效率不高等问题，在增强服务针对性、提高行政效率的同时，大幅降低了行政运行成本。

怀柔区各乡镇政府通过政务公开，有力推动了行政体制改革，促进了经济社会的共同发展。2006年上半年，实现地区生产总值46亿元，同比增长15.2%；地方财政收入4.9亿元，增长17.3%；城镇居民人均可支配收入8738元，增长7%；农民人均现金收入4261元，增长9.1%；全区实现农业总产值4.05亿元，增长12.3%；培训城乡劳动力7000余人次，安置就业3901人，同比增长17.9%。教育教学质量稳步提升，高考本科上线率达47.6%，比上一年提高4个百分点。

三　深入推进政务公开，为乡镇体制改革提供全新思路

乡镇一级综合服务中心作为为民办事的新型办公场所，将与农民群众密切相关的各政府职能部门整合起来统一办公，是乡镇政务公开多种形式集中体现的重要载体。它是政府信息公开与办事公开的有机结合，具有深化政务公开、推进依法行政、加快政府职能转变、提高行政效能、方便群众办事等多项功能。怀柔乡镇的经验在一定程度上揭示了未来乡镇政府行政体制改革的方向。

但是，在看到试点成绩的同时，我们也应清楚认识到乡镇政务公开是一项系统工程，包括工作方法、工作作风和工作机制的改进和转变，不可能一蹴而就。

1. 切实加强组织领导，有序推进

怀柔经验表明，领导的重视和支持是搞好政务公开、深化行

政改革最有力的保障。各级党委、政府要把在乡镇推行政务公开制度作为农村的一件大事来抓，将之列入重要工作日程，成立以乡镇长为第一责任人的政务公开领导小组，按照"谁主管，谁负责"的原则，明确牵头部门，认真落实责任制。在抓好本级政务公开工作的同时，必须将村一级和各派驻站、所政务公开纳入所在乡镇政务公开工作全局之中，要对基层站、所的政务公开工作提出要求，制定有关规范，加强督促、指导和检查，确保上下联动、有序推进。

2. 必须坚持从实际出发，稳步推进

乡镇综合服务大厅的建设必须立足当前，着眼长远。要坚持从实际出发，因地制宜，分类指导，不搞一刀切。经济条件好的乡镇服务大厅可引入信息网络技术，硬件配备可较完备。经济条件差的地方应量力而行，要充分考虑当地财力和群众的承受能力，不能盲目攀比、急于求成，搞形式主义，更不能通过加重农民负担和增加乡村负债搞建设，不能急于搞大而全。必须坚持尊重实际、尊重群众，使服务大厅建设真正成为一项民心工程，让农民得到实实在在的便利。如果乡镇政府整体进入大厅经验代表政府未来办公方向——通透式大厅办公模式，那么，各乡镇就应在最初设计大厅时有长远考虑，当然前提是在当地财力允许的范围内。同时，今后乡镇一级改建办公楼均应杜绝封闭式小办公室制。

3. 建立健全法规制度，依法推进

尽快制定乡镇公务公开方面的专门法律、法规，进一步严格规范政务公开内容和形式。特别要对财务公开、涉农事项等的公开程度、原则作出明确规定，促进乡镇政务公开内容规范、形式完善、程序严密、工作机制健全。同时，制定规范乡镇政府的职能、部门机构及管理活动的决策、执行、监督等环节的地方性法规及实施细则，使乡镇政府的政务公开和职能转变切实做到有法可依、有章可循。

4. 提高乡镇干部依法行政为民服务能力，科学推进

目前，农村乡镇干部队伍的整体素质同形势新任务的要求还有较大差距，因此，要重视乡镇干部队伍的建设，进行定期培

训，提高他们的法治意识和执法水平，增强技术服务、驾驭市场、化解纠纷的本领，帮助乡镇干部尽快实现角色转变。切实转变乡镇干部工作作风，使其能热爱农村、热爱农民，善于用说服教育、示范引导的办法同农民打交道。

5. 要与农村综合改革相结合，整体推进

要把推进乡镇政务公开、转变政府职能与农村的综合改革密切结合，充分发挥政务公开综合效应。首先，要与农村义务教育改革相结合。必须将财政划拨的农村义务教育经费支出情况全部向农民公开，杜绝挪用公用经费发放教师津贴，或随意减少本级政府对农村义务教育应承担的经费投入，应促进教育公平，加快农村义务教育发展。其次，要与推进县乡财政管理体制改革相结合。要向农民群众公开乡镇财政的年度收支，特别是涉及本乡镇经济和社会发展的重大项目经费使用情况，切实保障财政分配的公平性和有效性。再次，还要同乡镇党的建设、政权建设以及村务公开相结合，同各项基础管理工作相结合，综合治理，整体推进。

6. 以政务公开为抓手，转变乡镇政府职能，推进机构改革

在调研过程中，我们也发现，虽然乡镇综合服务中心在整合职能、精简机构、重新梳理政府职能方面发挥积极作用，但对入厅人员编制的压缩和控制并没有相应跟进。这说明人员编制管理和控制仍是乡镇机构改革的重点和难点。当前，在确保乡镇综合服务中心编制不新增的前提下，对入厅人员编制的控制和压缩有很大的潜力和空间。可通过精简领导干部职数，提倡交叉任职等途径，在撤销、合并政府部门和机构的同时，分流冗余人员。这就要求各级政府积极做好乡镇分流人员的妥善安置和政策待遇等相关工作，在提高政府服务水平和公信力、执行力的同时，确保社会稳定。

同时，乡镇政府也对综合服务中心有盲目建设问题。虽然乡镇综合服务中心对转变政府职能、提高行政效能、深化政务公开具有十分重要的意义。但是，不能将乡镇综合服务中心建设简单等同于乡镇政务公开，综合服务中心只是推行政务公开的一个载体和平台，不能仅仅侧重综合服务中心本身的建设，而忽视了更

加重要的政务公开的实质性内容。因此，各级政府要持客观的态度，合理界定综合服务中心的地位和作用，以乡镇政务公开推动综合服务中心的建设和发展，同时，通过综合服务中心建设促进乡镇政务公开内容和形式的规范、科学。

目前，我国已经开始进入以乡镇改革、农村义务教育和县乡财政管理体制改革为主要内容的农村综合改革阶段，而乡镇机构改革是关键环节，通过政务公开加快乡镇政府职能转变和管理方式创新，建立行为规范、运转协调、公正透明、廉洁高效的乡镇行政管理体制和运行机制，解放和发展农村生产力，巩固农村税费改革成果，增强农村发展的活力，为社会主义新农村建设提供体制保障、财力支持和动力源泉，为深刻落实科学发展观和构建社会主义和谐社会提供最坚强后盾。

（课题组名单：组长：靳江好；成员：赫郑飞、胡仙芝、刘杰；执笔人：赫郑飞）

体现行政规律的善治创举

——充分发挥"行政服务机构"在政府改革中的作用

建设服务型政府是公共管理的发展趋势,理清政府职能,改善管理方式,是加快建立和完善社会主义市场经济体制的应然要求,是逐步完善我国各项社会事业管理体制的需要,也是建设服务型政府、构建和谐社会的必然选择。实践表明,近年来全国各地纷纷建立的行政服务机构正是顺应我国经济社会发展改革和人民群众需求,积极转变政府职能,主动推进行政管理改革的有益之举、成功尝试。

认真总结行政服务机构建立、发展的经验,不仅有助于我们进一步完善行政服务机构,更好地为人民服务,而且也将有利于我们探寻行政改革的规律,充分发挥行政服务机构的有益经验在行政改革中的辐射作用,实现上层建筑与经济基础改革的良性互动。

一 顺应需求、体现宗旨的成功改革模式

行政服务机构的建立是我国行政改革历史经验的一个缩影,也是我国行政改革的成功试验田,它的不断发展壮大有力地证明了这一模式的成功性和生命力,为政府改革提供了有益的经验,它的迅速发展对推进政府改革起到了催化作用。

(一)顺应发展和改革的破题之举

行政服务机构模式首先出现在中国改革的前沿阵地——沿海地区。党的十一届三中全会上提出了改革开放的伟大举措,并相继开放沿海地区,进行招商引资,发展外向型经济。但在实际的运行过程中,由于长期受计划经济体制的影响,地方政府部门争

相增设审批项目，膨胀机构，造成政府权力部门化，部门权力个人化，个人权力利益化，行政审批过多过滥、手续琐碎繁杂、审批周期过长等问题突出，市场经济进程因此严重受阻，改革行政审批制度、简化政府办事程序、提高行政效率的呼声日渐高涨，实质性改革亟待破题。

在这一背景下，行政服务机构首先在沿海地区诞生。与群众办事密切相关的政府职能部门统一设立行政服务大厅，一个窗口对外，实行"一条龙"式服务、"一站式"办公，使群众过去要跑几个月甚至更长时间、要盖几十甚至上百个公章才能办成的事，缩减到几小时或几天就能办成。这一模式极大方便了办事群众，提高了行政效率，促进了经济发展，收到了很好的效果。

党的十五大报告明确指出："要深化改革，完善监督制度，建立健全依法行使权力的制约机制。坚持公平、公开、公正的原则，直接涉及群众切身利益的部门要实行公开办事制度。"随着市场经济的发展和政务公开的不断展开，基层行政服务机构模式发展壮大，遍地开花，全国各地陆续成立了各种形式的行政服务机构，在一定程度上切实解决了群众办事难的问题。

（二）以民为本的模式选择

社会主义市场经济客观上需要政府建立一种有序、可控、协调、开放和稳定的管理机制，积极回应社会的要求，来减少冲突、消除矛盾、反映民意。党的十六大报告提出要把社会更加和谐作为全面建设更高水平小康社会的重要目标，党的十六届四中全会进一步提出将构建社会主义和谐社会能力作为加强党的执政能力建设的主要任务。行政服务机构体现了党和政府践行这一目标和任务的有益之举。这一模式真正体现以人为本的为民服务理念，改进了政权机关的施政方式和工作作风，建立了适应社会主义市场经济要求的务实高效的行政管理体系，提高了政务活动的科学性。

我们的国家是人民民主的社会主义国家，人民是国家的主人，所有国家政权机关及其工作人员都是人民的公仆，都要忠实地为人民服务，接受人民的监督。行政服务机构这一模式，为地方和基层政府正确处理与群众切身利益息息相关的各种难点、热点问题提供了良好平台，有效遏制和减少了由于政府机关及其工作人员的官僚主义给人民群众的利益带来的损害。这对于建立安定团结的社会环境，加快改革开放和现代化建设是十分必要的。同时，也为人民群众了解和参与政府的政务活动提供了机会条件，有助于加强人民群众对各级政府机关和公务员的监督，搞好廉政建设，防止和避免贪污腐败现象产生。行政服务机构这一模式，在密切党和政府同人民群众的关系、促进改革开放和现代化建设方面的作用得到公认，从而在实践中显示了旺盛的生命力。

二 汲取可贵经验，推进政府改革

目前，行政服务机构这种模式已取得一些成绩，其优势也得到社会的普遍认可。我们应充分重视和发挥这一模式在转变政府职能、改善行政服务质量、提高党和政府执政能力建设方面的重要作用。

（一）行政服务机构对政府机关管理具有示范作用

政府管理的本质是维护公共利益，为公众提供良好的服务。在建设和完善社会主义市场经济体制过程中，公共权力随着政府管理的社会化而社会化，公共权力的社会化实际上就是管理的服务化，即政府管理成为一种公共服务。党的十六大明确将创建服务型政府作为我国深化行政体制改革的重要目标，要实现这一目标，就必须实现两个转变：逐步实现政府角色的根本转变，即由"管制政府"向"服务政府"转变；实现政府管理模式由政府本位、官本位向社会本位、民本位、服务本位的转变。

基层政府直接为广大群众提供公共服务，其服务质量如何与群众利益息息相关。行政服务机构模式把政府行政管理与服务民众紧密结合起来，着眼于服务，融"发展"与"为民"于一体，把立党为公、执政为民落实在具体工作制度上，着眼于提高基层政权机关的领导水平和执政水平，改进机关作风，提高办事效率。行政服务机构用"一口受理、全程代办、内部运作、按时办结"等新方式，根本扭转了群众办事难的局面。行政服务机构将服务置于中心位置，以公民利益为中心，以公众的满意度来衡量自身的行为，切实把自己看做社会公共利益的代表，以服务定位，一切行为以提供服务为准则，增强政府行为的透明度，打破了传统的官本位及特权意识。

同时，行政服务机构靠工作方式的转变，有效推动了政府职能的转变，也使得人们看到了建立有序、顺畅的行政运行机制和科学、合理的办事制度的方向。因此，行政服务机构这种模式应该成为基层政府改革的趋势。

（二）行政服务机构对行政效能监察具有创新作用

在现阶段，官本位行政文化对政府的效能监察产生了制约，主要表现为政府官员心中根深蒂固的"愚民"、"治民"和"牧民"的理念，以及长期潜在影响公众的"畏官"、"敬官"的心态，这两点导致了官员在政府管理过程中不愿意引入效能评估体系这种公民参与机制，也不可能心平气和地接受下属和公众的监督和评价。公众和下属在推行效能评估过程中往往出于自身利益和成本的考虑，也不愿意得罪政府官员和上级，使得效能评估和监察流于形式。

改变传统的监管方式，适应"电子化"政府的需要，成为行政监察的主要课题。随着网络科技的快速发展，电子政务已经成为全球政府行政改革的必然趋势。网上规范的工作流程，简化的管理程序，减去了不必要的中间环节，提高了工作的时效性，保证了工作的质量，有效地推动了行政管理组织、方式和行为的改进。

行政服务机构充分运用了网络技术的科技优势，改进了行政监管的方式。通过建立"三位一体"的效能监察系统，实现了三级监察的有机结合，充分调动公众参与。监察机关、行政领导、监察人员以及办事群众通过网络对行政效能进行实时监察，运用科技手段对办事人员的工作给予评价。评价与考核相结合，加强了行政监察的有效度，解决了以往行政监察过程中工作评议考核缺乏实际工作指标的问题。公众根据自己的需要提出一项业务请求，在网上查询了解相关法律法规后，根据要求或表格填写材料，提交给一个"虚拟政府"，由它自动分发用户材料到各相关部门，并组织各相关部门在规定的时间内对其进行审批。公众不必知道政府部门如何设置，职能如何分工，申请需要哪些部门批,由谁批,但随时都可以了解审批或核准的状态和反馈的意见。这将意味着,不是企业和公众围着政府转,而是政府围着企业和公众转,政府成为了一个以客户为中心的政府,它通过快捷优质的服务来赢得民众的支持和拥戴。这一模式实现了政务管理的直接化,为加强政府与公众的联系,为人民行使民主权利和参政议政开辟了有效途径。同时,政府也能够直接了解群众意见和建议,及时找出工作差距,修正管理失误,承担失职责任。

(三)行政服务机构对提高公务员素质具有促进作用

由于我国曾长期实行计划经济体制,导致许多公务员不仅没有"服务行政"意识,也没有"科学管理"理念,相反,"行政管制""官本位"的理念在部分公务员的头脑里根深蒂固。他们认为官帽是上级领导给的,所以只对机关领导人负责,他们奉行"不求无功,但求无过""位高权重责任轻"的潜规则,在需要承担责任的时候,不敢承担责任,往往以集体负责作为挡箭牌,以交学费为借口,互相扯皮、推诿,行政效能低下。另外,现实政治生活中,行政人员具有政治人与社会人的双重身份,由于部分人员自律意识差,在自我利益与公共利益发生冲突时,常置公共责任于不顾,把实现公共利益而赋予的职位变成实现个人利益的工具,严重地损害了政府的形象。

行政服务机构提倡以民为本,实行公开的集中办公方式,这就要求公务员不仅要熟悉本单位的全部业务,而且要掌握业务相关部门的业务情况。同时,每天与广大百姓直接接触,解决与老百姓生活休戚相关的事务,对公务员的素质也提出了更高的要求:必须改变以往不良的办事方法和处事习惯,消除本位主义和官僚作风,公务员在进入行政服务中心前,必须系统学习和灌输公仆意识、服务意识,一切从公众需要出发,一切以公众的需求为转移,树立公务员以民为本、公众至上的价值观;熟练掌握电子和网络政务信息处理技术和工作流程,规范服务标准等。因此,行政服务机构也应成为政府培训和锻炼干部队伍的基地和平台,定期安排没有进入服务机构工作的后台公务员到服务机构轮岗,体验民情民意,提升服务意识和服务能力,改进工作作风,促进理论联系实践，重塑公务员的服务精神。

（四）行政服务机构对有效遏制腐败具有决定作用

行政服务机构对服务的目的、目标、方式、内容和范围等均向公众公开，符合服务型政府要求办事公开、透明的原则。这不但有利于充分发挥政府以外的个人和社会组织的作用，而且有利于提高政府地位，增强公民对政府行为的信任感，有利于政府推进行政目标的实现。此外，还有利于建立公开、透明的行政体制，实现社会对政府行政行为的有效监督，消除腐败源头。

公共服务的对象是社会、老百姓，政府的公共服务应当得到全社会的监督。只有建立公开、透明的行政制度，才能把政府的公共服务置于社会和老百姓的监督之中。建立公开、透明的行政体制，既有利于发挥政府的主要公共服务职能，又有利于各类社会组织参与行政活动和发挥作用。所以，公开、透明是对政府履行公共服务职能的基本要求，公开政务、公开政情也是政府有效履行公共服务职能的重要保障。

行政服务机构推行的大办公室制与窗口服务制，使前来办事的公民可以看见政府部门工作的情况，这是推进行政公开化的一种极为有效的手段。政府工作人员实行阳光下办公，直接密切了政府和公民的关系，有助于消除外界对政府工作的神秘感，增强公民对政府的信任。行政服务机构规范工作人员的行政行为，提高权力运行的透明度，既能强化政府及其工作人员的公仆意识，从根本上解决为谁服务、怎么服务的问题，又能及时发现和纠正滥用权力的行为，是从源头上治理腐败的重要举措。同时，也有助于政府及其各部门内部的行政管理和行政监督。公开的办公环境和办事程序，有助于形成职能部门之间的互相监督和良性竞争，使内部的管理和监督与社会的监督相衔接，有效地推进行政管理的民主化、科学化，改善行政环境，提高行政效率，真正实现行政管理的社会效益和终极价值。

三 找准问题，完善行政服务机构建设

目前，全国各地规模不等的行政服务机构已有2000多家。但其发展很不平衡，凡是行政服务机构建设得比较好的地方，往

往是经济蓬勃发展、社会秩序良好、人民生活富裕的省市和地区；越是投诉问题不断、经济发展缓慢的地方，行政服务机构建设往往相对滞后。这一现象也从一个侧面反映出基层政府对改革所持的态度、实施改革的力度和所倾注的决心。行政服务机构建设得如何，也在某种程度上反映了所在地政府真改革还是只作表面文章。

同时，行政服务机构的建设也是一个系统工程，需要政府从程序设计、制度安排、人员配备和后勤保障等多个方面进行精心设计和推进，有些地方虽然成立了行政服务机构，但对其的功能定位无异于"收发室"，有名无实。

尽管行政服务机构模式对推动行政管理体制改革，促进政府职能转变发挥着重要的作用，但其本身存在着归口不统一、名称不统一、管理模式不统一等弊端，职能、体制、管理等机制问题尚待规范。

总之，我们应在加强和完善行政服务机构的建设，努力为社会经济和文化的发展创造条件，使行政社会环境向降低行政管理压力、减少行政管理障碍的健康方向发展，使政策更加利民，行政更加便民，社会欣欣向荣，和谐理念深入人心。

（赫郑飞　靳江好）

畅通行政首长公开电话　打造服务型政府

——关于吉林省行政首长公开电话建设情况的调研

2008年11月11日至14日，中国行政管理学会课题组赴吉林省，采取座谈与实地走访方式，深入吉林省省长电话办公室、长春市市长公开电话办公室、白城市市长公开电话办公室、白城市洮北区青山镇镇长公开电话办公室、白城市洮北区长庆街道办事处白鹤社区公开电话办公室等行政首长公开电话办公室，进行"行政首长公开电话建设"的专题调研。

吉林省政府于2000年前后，从省到县开始设立行政首长公开电话，目前，全省市县一级均设立了行政首长公开电话，并且已开始向乡镇、村屯和社区一级深入推广。8年左右的工作运行，行政首长公开电话在回应百姓诉求、解决民生问题、疏解群众情绪、促进社会和谐、处理苗头问题、维护社会稳定等方面发挥了重要作用，得到了人民群众的认同和好评，已成为吉林省学习实践科学发展观、构建服务型政府的一个有力抓手和突破口。

一　吉林省行政首长公开电话的探索和主要做法

吉林省各级行政首长公开电话办公室的职能基本都确定在协调解决群众利益受损后的合理投诉及因政府职能管理空白产生的问题上，解决各职能部门不作为或解决不好的涉及群众利益的问题，接受并办理社会各界人士就政府工作提出的意见和建议，汇集社情民意，为领导提供决策参考等方面，但层级不同，各有侧重。

（一）省一级行政首长公开电话

1999年12月，吉林省政府下发《吉林省人民政府办公厅关于设立省长公开电话的通知》，开设"12345"省长公开电话。省政府办公厅设立省长公开电话办公室，专职接听受理群众来电。其后又增加了电子邮件、直接面谈、信函等多种受理途径。

省长公开电话办公室紧紧围绕省政府中心工作，注意从群众反映的问题中发现、捕捉敏感信息，并在第一时间上报省政府领导，让领导随时掌握动态情况；针对群众反映的热点难点问题进行调查了解，综合整理和初步分析后上报省政府领导，为领导决策提供参考。同时，与新闻媒体合作，借助省政府门户网站，设置"省长热线"专题网页，开设"热线互通"专栏，就群众咨询较多和反映较集中的问题，制作专题节目，答疑解惑，推动问题解决。

（二）市（县）一级行政首长公开电话

目前，吉林省辖各市均设立"12345"市长公开电话，除个别市市长公开电话办公室挂靠信访部门外，绝大多数设在政府办公厅。

以长春市为例。长春市政府市长公开电话办公室自1999年重建以来一直与市政府总值班室合署办公，两块牌子一套人马，构成市政府面对全市公众值班的总窗口。市长公开电话办公室受市长授权，可直接调度政府有关部门和县（市）、区有关负责同志处理、解决属其职权范围内的问题。

2007年，长春市市长公开电话办公室在全国率先筹建了市长公开电话智能化综合服务平台，实现来件自动分类交办、数据统计分析、信息支撑、预警预测和督办管理的有机结合。接话员只需录入来件内容，系统自动识别分类，交办相关网络单位；系统随时自动统计到每年、每月、每天，各单位、各行业的投诉量以及横向、纵向对比及百分比，趋势走向图等；系统支持历史数据查询，建立相应数字模型，预测下月趋势，同时可自动警告和催办。市长公开电话为领导进行科学决策提供数据支持和提前干预，发挥了重要的参谋助手作用。

（三）乡镇、社区、村屯一级行政首长公开电话

在省市级行政首长公开电话取得很好效果的基础上，吉林省大力推动行政首长公开电话向最基层的乡镇、社区、村屯延伸。以白城市为试点，实行以乡带村、以村带社、以社带屯的办法，

着力解决事关群众利益的各类矛盾和问题，确保问题发现得早、化解得了、控制得住、处理得好。例如，白城市洮北区青山镇以责任推进为核心，落实领导包保责任制和工作责任制，主要负责领导亲自抓、亲自讲、亲自听；大安市安铁社区借鉴应急管理工作模式，建立了常见投诉问题预案库，沟通协调相关服务部门开展联动服务，形成了社区主动、街道推动、部门互动的良好局面；白城市通榆县边昭镇建立乡村公开电话例会制，定期召开包片干部与村书记会议，沟通情况，解决问题，确保大事不出镇、小事不出村。

二　行政首长公开电话发挥作用效果显著

通过调研我们认识到，政府行政首长公开电话在增强政府回应性、提高政府公信力和执行力、提升政府形象、维护社会稳定方面切实发挥了重要作用。

（一）渠道作用：有利于群众表达诉求，进行有序政治参与

行政首长公开电话使群众在受到委屈和遇到困难时投诉有门，得到来自政府的帮助。同时，群众参政议政，有序进行政治参与的愿望通过此种途径得以表达和实现。行政首长公开电话在关注民生、了解民意、化解民怨等方面优势突出，已成为连接政府与群众的桥梁和纽带。

（二）窗口作用：有助于政府了解社情民意，倾听民生疾苦

各级政府领导在正常听取工作汇报时，了解到的只是基层部门站在管理者的角度所反映的情况，对实际情况了解不多或不全面。通过行政首长公开电话这个窗口，能够听到来自社会底层的群众呼声，知道老百姓都在想什么、正在做什么，看到基层部门更为全面、更为真实的情况。群众也能通过这个窗口，看到他们所需要的政策解答和政府某方面工作的进展情况。

（三）助手作用：协助领导解决问题，方便领导科学决策

行政首长公开电话部门针对反映的问题，能自行解决的，主动沟通有关部门或基层政府予以解决，使主要领导集中精力抓大事和全局问题；没有能力解决的问题，及时向领导汇报，并在领导作出明确指示后，跟踪催办和督办，促进问题解决。此外，对群众电话内容进行梳理分析，就公开电话掌握的各种具有共性的问题，通过调研，向领导提出"预警"或对策建议，为领导决策提供参考，起到了参谋咨询作用。

（四）纠偏作用：规范政府行为，督促政府职能的履行

行政首长公开电话部门掌握的信息，反映了一些基层政府和部门的工作职能履行的情况，包括工作中存在的不作为、乱作为问题。通过向职能部门反映群众的相关诉求，使他们及早发现工作偏差，并及时加以纠正。此外，通过群众提出的有关问题，也能够查找到政府及有关部门的职能缺陷，认真地研究这些问题，对于转变政府职能，使政府职能更符合科学发展观的需要，有着重要的作用。

（五）维稳作用：化解矛盾纠纷，促进社会和谐

行政首长公开电话部门的工作性质决定着他们能够最早最快地掌握社会上存在的与群众切身利益相关的各类苗头性社会问题，及时发现和处理好这些苗头性问题，疏导缓冲部分群众的过激情绪，避免发生在个别群众身上的个体危机演变成为公共危机，很好地发挥了社会的"减震器""降压阀"作用。

三　对行政首长公开电话建设发展的几点思考

行政首长公开电话是地方各级政府学习实践科学发展观、构建服务型政府过程中，对政府管理方式和服务方式的积极探索和创新，显示出蓬勃的生命力。但其发展中也暴露出一些不足和问题，值得思考和加以改进。

（一）行政首长公开电话是服务型政府建设的有力抓手

行政首长公开电话就是政府公开电话、政务公开电话。在调研过程中，我们了解到，目前吉林省和黑龙江省已设置省长公开电话，全国各大中城市已基本普及市县级行政首长公开电话，而且公开电话正在向乡镇、社区、村屯深入推进。行政首长公开电话已成为政府与群众联系的热线，是政府听取和了解民生的重要平台和渠道，在维护群众切身利益、缓和社会矛盾方面发挥着必要作用。中国现在的公共服务体系还不完善，对于很多事情，老百姓找不到相应的部门或找到了部门也没有得到很好的解决，这种情况下，行政首长公开电话实质上就是"不管部"，已成为基层政府打造服务型政府的一面旗帜，是对公共服务的一种修补性措施，其存在具有合理性和必要性。

（二）行政首长公开电话与人民信访有别

我们较关心的一个问题是，行政首长公开电话与人民信访是否相同。通过调研认识到，二者存在区别。人民信访解决的一般都是重大问题、多年堆积形成的"老大难"问题。而行政首长公开电话与信访相比，具有更大的灵活性。一是范围更广。行政首长公开电话直接面向老百姓，"12345，有事找政府"已深入民心。目前，行政首长公开电话正在变成具有预警、咨询、突发事件协调、非紧急救助等功能的综合性的政府管理工具，其范围从政府职能范围扩大到社会的整体功能服务范围。二是权威性更强。行政首长公开电话办公室直接代表行政首长接听、受理百姓诉求，直接会同相关部门限时解决问题，更加方便、快捷、高效。三是公允性更高。行政首长公开电话能始终站在全局角度解决问题，超脱部门利益束缚和干扰，有助于问题的公正、公平解决。

（三）行政首长公开电话应整合资源，统一管理

调研中我们也发现，目前各地行政首长公开电话机构设置和管理不够规范。名称五花八门，有"市民投诉中心""市长专线""政府值班室"等；有的设在政府办公厅，有的设在信访局；有的按公务员建制，有的按公务员和事业混岗或纯事业编制。一些行政首长公开电话办公室人员反映，行政首长公开电话机构设置存在随意性，仍属于"一把手工程"，政府主要领导重视的，机构规格就高一些，运行就顺畅，机构发挥作用就好，主要领导不重视，机构基本属于摆设，作用发挥很弱。此外，我们还发现，各地除设立有行政首长公开电话外，部分部门为方便工作，也开通了自己的便民热线：如"12319"（建委热线）、"12369"（环保热线）、"12366"（税务热线）等，种类繁多，号码相近难记，各自为政，相互推诿，造成群众多头反映，部门重复工作的被动局面。更为重要的是，各类热线电话均为地域或行业内设置，系统的软硬件建设及日常维护都是各自建设，各自维护，造成了人力、物力和财力的极大浪费。

我们认为，有必要总结基层政府行政首长公开电话多年发展的成功经验，对全国的行政首长公开电话在机构设置上作出必要的统一规范和提出一些约束性要求，在编制设置、人员配备、办公流程、硬件设施等方面提出基本要求，指导、协调和规范全国范围内行政首长公开电话工作，拓展其广度和深度，促进其健康合理发展。

（赫郑飞　靳江好）

当前中国社会组织发展状况研究

党的十七大报告指出："要按照中国特色社会主义事业总体布局，全面推进经济建设、政治建设、文化建设、社会建设，促进现代化建设各个环节、各个方面相协调，促进生产关系与生产力、上层建筑与经济基础相协调"。从而将社会组织发展的问题纳入"四位一体"的国家建设系统工程和战略大格局中，并提出要"重视社会组织建设和管理"的新任务。党的十七届二中全会则进一步明确要"更好地发挥公民和社会组织在社会公共事务管理中的作用，更加有效地提供公共产品"。在 2007 年 11 月召开的全国社会组织建设与管理工作经验交流会上，对社会组织的建设和管理提出了"发展是前提，建设是核心，培育与监管是基本手段，发挥社会组织的积极作用是根本目标"的指导性政策主张。由此表明，社会组织的发展已经是关乎构建中国特色社会主义和谐社会的主要切入点之一，推进社会组织健康发展成为时代进步的历史要求。

正是在这样的社会背景下，本文基于对当前中国社会组织发展状况的分析，着重对发展中存在的各类问题进行深入剖析，在探究其深层原因的基础上，尝试提出有针对性地应对这些问题的战略选择和具体措施，以期为推进中国社会组织发展提供参考。

一 当前中国社会组织发展中存在的问题

改革开放以来，中国国家与社会关系的重构引导政治、经济、社会、文化等各个具体领域也发生了前所未有的大变革，使之前政治统治一切的板块结构呈现出新的格局：以政府组织为主体的政治系统，以企业组织为主体的经济系统和以社会组织为主体的社会系统。社会系统中最显著的变革就是各类社会组织的蓬勃发展。截至2009年底，登记注册的社会组织总量接近42.5万个，主要分布在教育（25.7%）、社会服务（12.6%）、卫生（10.4%）以及农业及农村发展、科技与研究、文化、工商业服务等方面，社会组织的密度为2.94（每万人拥有登记注册的社会组织数量为2.94个）。与历史相比较，这一发展状况是巨大的进步，但是与世界经济发达国家相比较，我国社会组织的发展尚处于起步阶段，在数量、种类、分布、结构、机制、功用等方面都存在着不小的差距。

1. 总体实力不强，地区发展不平衡

从我国社会组织发展历史来看，我国的社会组织发育先天不良，这不仅体现在改革开放前计划经济时代社会组织的单一化和政治化倾向上，也体现为我国社会组织的绝对数量和组织规模在国民经济比重上，与国际上发达国家的水平相比严重不足。这些年虽然一些地方开始重视社会组织的发展和培育工作，但由于传统管理体制的束缚和经费资源方面的限制，其发展还受到多种因素的制约。据2006年的统计数据，法国的社会组织密度为110.45，美国为51.79，巴西为12.66，印度为10.21，均高于我国公民社会的结社水平。从相对数看，我国社会组织的就业量占整个经济活跃人口的比例仅仅为0.53%，不仅低于发达国家，也低于大多数发展中国家。与经济发达国家的平均水平4%相比，我国社会组织就业量占经济活动人口的比例是较低的。

与我国经济发展的地区不平衡相一致，社会组织的发展在不同地区不同省份的发展也体现出严重的不平衡。从我国法人单位的地区分布情况也可以看出这一点，全国半数以上法人单位和产业活动单位集中于东部地区，单位拥有量自东向西呈递减趋势。截至2004年年底，东部10省市文化产业法人单位数量合计达到全国文化产业法人单位总数的62.65%；东北3省和中部6省文化产业法人单位数量合计仅为全国文化产业法人单位总数的19.59%；西部12省区市文化产业法人单位数量合计仅为全国文化产业法人单位总数的17.76%。

2. 从业人员素质偏低，知识结构不合理

社会组织作为时代变革的新生事物，由于其脱胎于政治本位的社会政治环境，在当前的发展中尚未理顺与企业、政府之间的关系，特别是在利益配置和激励机制上尚不完善，因此我国社会组织的人员结构普遍不尽合理，人员素质参差不齐，学历结构普遍偏低，知识结构、年龄结构难以适应工作需要。传统的社会团体和行政类转化来的行业协会等，很多是政府部门的领导退居二线后担任的，一些专业性的社会组织人员也是"半路出家"，缺乏专业训练；人员专业结构不合理，专业人员所占比例过低，高素质的人才都不愿选择在社会组织就职。据调查，有些社会组织多聘用离退休人员及一些临时工，缺乏专业人才，人员的流动性很大、不稳定，缺乏工作的连续性，进而影响到社会组织担负社会职责的能力。政府对发展各类社会组织还没有一个统一规划，缺乏引导和宏观调控。在人事管理方面，社会组织跨行政、事业、企业及社团等各种法人结构，管理方式各异，福利待遇相差很大，这些都决定了很多社会组织用人用工非常不规范。同时由于志愿者队伍的管理还不是很普遍，一些小型的社会组织在志愿者的组织和使用方面也有着较大难度，这些都直接影响了社会功能的发挥和承担。

3. 职能定位不清，治理机制不规范

社会组织的职能定位是依据其工作性质及在市场经济、社会管理和公共服务中所处的地位和作用决定的。但现实中，许多社会组织的职能定位不够准确，没有很好地确立自身在社会大格局中的独立位置。由于我国的社会组织多数是从之前的全能型政府中逐渐分化出来的，政府部门在简政放权的机构改革中，本应转移给社会组织的职能尚未完成彻底转移，这就造成社会组织在履行自己的职能时不能到位，受政府行政行为制约比较多。分离出来的社会组织也由于习惯了之前依靠权力来处理问题的工作方式，而不是以非行政权力的方式来解决公共事务和经济交往中出现的问题，使自身陷入缺乏独立性的困境。一些社会组织与政府职能部门关系过于密切，社会组织很难有自主的人事权、财务权，而且容易出现行政干预的现象，影响社会组织贯彻独立、公

开、公平执业的原则。在社会组织内部管理上，很多社会组织的成立不是很正规，工作开展不规范，缺乏科学的治理机制。有的缺乏工作目标计划和基本的规范制度，工作中"摸着石头过河"，随意性很大；有的缺乏民主管理机制，缺乏自我决策自我管理能力，在财务、人事管理等方面都极不规范，基本上无法可循，无章可依；而对自己的工作进行监督管理则更是普遍缺位。

4. 经费来源有限，缺乏持续发展的资源

经费来源单一而且有限是制约我国社会组织发展的重要因素。从清华大学分别于1999年、2001年、2004年做的三次大规模调查结果来看，几乎所有的社会组织反映最突出的问题都是资金不足。多数社会组织经费状况拮据，构成制约我国社会组织吸纳就业人数、提升从业人员素质、优化组织结构、拓展组织活动、履行组织职能的瓶颈。我国大多数社会组织资金来源不足的现状已经限制了其参与社会管理和提供服务的能力，直接表现为社会组织不但整体上提供社会服务较少，而且人员规模也比较小，无法吸纳新的人员扩充自身队伍。从世界普遍情况来看，社会组织主要的经费来源主要有三种，首先是来自政府部门的财政支持，其次是慈善捐赠收入，最后是提供社会服务的收费收入。我国社会组织经费来源目前主要依靠来自政府部门的财政拨款和补贴，这种财政拨款及补贴并没有实现制度化，受政府相关社会发展政策影响较大，往往不能及时到位，甚至附着一定的人事安排要求等，对社会组织的独立发展构成影响。在国际上，社会组织则依靠提供社会服务来获得收入，如美国1993年慈善性社会组织的来源中，服务收入的比重占71.3%。在当前，我国的社会组织还处于起步阶段，所占比重还不大，这在很大程度上是由于我国的社会组织目前还没有实现完全社会化经营模式。我国社会组织的慈善捐赠收入也很缺乏，这是由于存在大量因注册登记而造成的身份模糊性组织，难以取得信任和认同，同时限于我国居民平均收入水平、捐赠的减免税措施以及遗产税尚未落实等原因，个人或企业捐赠的数量很少而且不稳定。

5. 国家监管不到位，规范管理混乱

社会组织作为社会管理的一种组织，对其监管的关键在于加强自律规范和法制建设。但实际监管中,却存在监管不到位、管理混乱的问题。

政府各部门没有很好形成合力,有效地加以规范和取缔。法律政策环境尚未健全起来。历史遗留的双重管理体制、监管体制(行政部门与业务主管部门),已经不大能适应现实生活发展的要求,并引起一定的管理混乱。如行业协会与业务主管部门,本来规定是监管与被监管的关系,但在实践中变成了一种隶属关系,包括经费使用、领导人选的任命等全都由其来管。社会组织的业务主管部门过多过滥,导致社会组织难以横向交流,难以进行横向评估,难以自主自立开展工作,难以发展壮大,加剧了政社不分的弊病:既妨碍政府职能的转变,又使得社会组织多对政府负责,难以真正发挥社会组织服务公众、服务社会的作用,扭曲了社会组织的社会性、公众性的基本性质。又如当前的基金会评估制度,尽管"促进建设、规范发展、提升能力和增强公信力"是对基金会进行评估的根本目的,但是基金会评估标准中有些指标,诸如公益项目的品牌、向社会公开接受捐赠数额等,是切合公募基金会的特征设置的,没有考虑到公募基金会和非公募基金会的区分,因而在运用这些指标对非公募基金会进行评估时难免有"削足适履"之嫌。

当前我国对社会组织的管理存在政策法规混乱的状况,往往出现"九龙治水"的困局:一方面各部委和各级地方政府都有"细则"和"规定",造成法规的重复、交叉和繁琐;另一方面又存在管理真空,缺乏管理社会组织的一般法律,缺乏针对行业协会、专业团体、学术团体等分门别类的管理法规,导致很多社会组织处于"三不管"境地。

二 影响我国社会组织发展的体制原因

社会组织的健康发展既需要组织自身的不断完善,同时也需要良好的社会环境。当前我国社会组织在发展中呈现的各种问题,与组织自身人员素质、体制结构、资源获取等有着直接的关系,但同时我们必须注意到:社会组织自身的这些问题是与大环境有着密切关系的。以政府为中心的社会制度环境对社会组织自身各方面的发展构成了重要影响,有些影响是深层次的,决定着社会组织能否健康顺利地发展壮大。

1. 社会组织立法滞后,缺少良好的制度环境

良好的法治环境是社会组织健康发展的制度前提。我国虽然在宪法上保证了社会组织存在的合法性,如现行宪法第35条明确规定,"中华人民共和国公民有言论、出版、集会、结社、游行、示威的自由"。1998年签署的《公民权利和政治权利国际公约》规定:"人人有权享受与他人结社的自由,包括组织和参加工会以保护他的利益的权利。"与公民社会组织相关的法律还有1998年颁布的《中华人民共和国村民委员会组织法》,1989年颁布的《中华人民共和国城市居民委员会组织法》,1992年颁布的《中华人民共和国工会法》等多部专门针对社会组织以及部分条款涉及社会组织的一般性法律。行政法规和部门规章也为社会组织的性质、地位、责任、权利和作用等作出了规定,如中央政府先后颁布了《社会团体登记管理条例》《民办非企业单位登记管理条例》《基金会管理条例》以及《外国商会管理暂行规定》等。但相对于绝大多数的社会组织发展来说,这些法律规定往往停留在宏观层面,并不具有可操作性。无论在立法层面还是在执行层面上都是有缺陷的,在社会组织的发展问题上还留有空白,这主要表现在以下几个方面:一是在立法层面上,目前所有的涉及社会组织的法律法规主要以低阶位法律为主,而其中更多的是行政法规,缺乏世界上其他国家所拥有的一般性法律。二是在管理体制上,现存法律法规是建立在计划经济的社会基础之上的,重政府管理轻权利保障,重事前审批轻事后监督,重视行政手段轻视规范制约,主要以行政控制为主,特别是登记注册前的严格审查,这就导致公民结社自由受到过多的限制,许多社会组织难以取得合法外衣,而不得不转向其他渠道,如工商登记注册,而大部分则选择不登记。三是在实体内容上,我国现行的涉及社会组织方面的法律法规大多数是行政管理的规定,如《社会团体登记条例》主要是以社团登记管理为核心的程序性规定,而对公民结社的实体内容则缺乏系统规范,如除了村委会、居委会、工会和红十字会等少数社会组织以外,涉及其他社会组织的法律法规大多数没有明确规定这些组织的内部结构是什么，财产关系怎么样以及与政府的关系如何等问题，对于厘清政府与社会组织关系，规范社会组织内部行为，发挥其服务社会的功能，都起到极大的阻碍作用。

2. **管理体制改革滞后，社会组织发展空间有限**

我国当前在社会组织管理体制中，普遍采用的是"双重管理体制"，即由登记管理机关和业务主管单位分别行使对社会组织的监督管理职能，严格限制社会组织通过登记注册合法化的管理体制。尽管这种管理体制在社会组织管理初期能够起到一定的积极意义，然而随着时代的发展和社会的变迁，这种管理体制越来越成为社会组织发展的阻碍因素。这种双重管理体制的设计更多的是从政府行政需要的角度出发，没有考虑到社会组织的真实需要，也不是以培育和促进社会组织的发展为目的的，因此在实际运作的过程中遇到了很多问题：其一，提高了社会组织的进入门槛，增加了社会组织成立的难度。由于社会组织要登记注册必须找到一个业务主管单位，这就使某些社会组织因为找不到挂靠单位而无法申请成立；另外，在我国的双重管理体制下，社会组织成立需要经过严格漫长的登记注册过程。政府登记部门要对申请登记的社团进行审查，审查合格后才允许登记，登记审查制赋予政府部门更多权力，在这种体制下，成立社团难度就比较大。其二，造成了我国社会组织的资金不足。双重性决定了社会组织必须通过"官方"和"民间"的双重渠道去获取资源。一方面，政府部门迫于财政压力千方百计压缩财政预算，希望社会组织在经费上与政府脱离，从而减轻其财政负担。因此，政府部门不会在经费上给予社会组织较大的支持；另一方面，社会组织又不是纯粹的政府机关，它没有向社会索取资源的权力，因此只能通过为社会提供公共服务来换取社会的支持。而与之矛盾的是社会组织长期依赖政府，其努力的方向在于争取更多的政府经费，而不是向社会提供更优质的服务。既然社会组织没有主动向会员和社会公众提供服务，自然就难以从会员和公众那里募集资金。其三，双重管理体制也给社会组织的内部管理带来了许多问题。业务主管单位的存在也可能会对社会组织有两种不利倾向：一种倾向是对社会组织不管不问。虽然业务主管单位对社会组织负有监督管理职责，但许多单位并没有把社会组织管理纳入工作范畴中，对行业协会的发展不管不问，任其自生自灭。其原因是业务主管单位觉得自己只有责任没有权利，地位尴尬，抱着"多一事不如少一事"的态度，不愿意作为业务主管单位。另一种倾向是把社会组织行政化。少数业务主管单位按照行政管理的模式管理社会组织，使社会组织依附于政府机关。有些业务主管单位甚至安排下属部门领导兼任社会组织领导，并让下属部门与社会组织合署办公，使二者"合二为一"。

3. 缺乏配套政策支持，获取资源途径不畅

政府对社会组织的建设和发展进行培育和支持，离不开各项配套政策的支持。对于社会组织有效获取社会资源，配套政策发挥着"四两拨千斤"的作用。通过政府的直接公共投资、公益事业的税收减免和对公益捐赠的税收优惠等配套政策的支持，社会组织可以实现对社会资源的有效获取。但我国当前在这方面缺少明确的法律法规，配套政策也比较缺乏，仅有的政策也往往流于形式，缺乏可操作性，在实际社会生活中发挥的作用极为有限，从而造成社会组织获取资源途径的不顺畅。

政府资助和减免税待遇对于社会组织开展公益活动是重要的社会资源之一。在世界上许多国家和地区，政府提供的各种公共资金占到社会组织运作资金的30%左右。而我国社会组织来自政府的各种公共资金投入非常有限。据调查，除了人民团体和极少数政府重点支持的社会组织以外，绝大多数社会组织没有渠道获得来自政府的公共资金。同时，由于公益事业的税收优惠制度尚未得到落实，绝大多数社会组织得不到相应的减免税待遇。尽管我国就非公募基金会的相关税收优惠政策已经初具体系，但是迄今为止，就税法中"符合条件的非营利组织的收入"的认定办法尚未正式出台，导致税收政策并不明朗。另外，尽管财政部、国家税务总局和民政部联合出台的《关于公益性捐赠税前扣除有关问题的通知》，明确了公益性社会团体和慈善组织公益捐赠税前扣除资格的认定权限和程序等问题，但是由于民政部登记的非公募基金获得公益捐赠扣除资格的名单尚未公布，曾经获得公益捐赠税前扣除资格的民政部登记的非公募基金会如今仍处于资格不确定状态。

慈善捐款是社会组织重要的社会资源之一，慈善捐款的多少及其在社会组织资金构成中的比重，在相当程度上决定着社会组织的公益性质及其致力于社会公益事业的活动和功能。在中国社会组织的资金支持中，慈善捐款所占比重仅为10%~15%，且捐款主要集中于少数基金会，绝大多数社会组织甚至没有募款的经验。在如环保、艾滋病救助、扶贫等领域里，少数较为活跃的组织能够获得来自境外资助机构提供的间接捐赠。根据民政部门、有关基金会和募款机构提供的相关信息，以及境外在华资助机构提供的相关数据，我们估计全国每年以各种形式募集的慈善捐款总额在50亿~70亿元，接受各种来自境外非政府组织的间接慈善捐款总额在20亿~30亿元。即使按100亿元计算，这个规模大抵也只相当于英国的1/4，而仅相当于慈善大国美国的近1/200。

此外，社会组织动员志愿服务资源的能力和规模也十分有限。中国特有的青年志愿者主要通过共青团系统自上而下发动和组织，城市社区的志愿者则主要由居委会进行统一协调。在迫切需要志愿者参与的广大非政府的公益服务机构里，志愿者的数量极为有限，且没有建立相应的吸纳、管理和激励志愿者的必要的机制。结果使得社会组织开展各种社会公益及公益活动的社会资源严重不足，其所能发挥的社会整合和公共治理功能也自然较为有限。

三 推进我国社会组织发展的战略选择和改革措施

1. 立足社会总体发展，制定发展战略

社会组织作为现代社会的重要主体之一，是现代化进程中与政治、经济、社会、文化等诸领域协同并进的社会现象。推进社会组织的发展必须要在社会总体发展战略框架下作出整体规划和具体安排。社会组织的蓬勃发展既是世界范围内的主导潮流又是中国现代变革中的社会现象，因此我们在推进社会组织发展的进程中既要参考世界各国的有益经验，又要从我国的历史条件、社

会环境、经济基础、政治制度等方面出发，选择适合中国社会组织发展的整体战略，针对现实中的情况问题来确定基本的改革措施。

推进我国社会组织发展必须从党和国家长远的发展战略出发来设计和安排社会组织发展的总体战略。在中国特色社会主义的建设目标和建设道路下，我国把建设社会主义市场经济、发展社会主义民主政治和建设社会主义和谐社会作为基本战略目标，社会组织的发展战略也必须与这三大战略目标统一起来，将其纳入整个社会系统工程中。由于我国的社会组织发展脱胎于计划经济下的全能政府，因此要从政府职能转变和政府管理创新的高度，将推进社会组织发展与行政管理体制改革结合起来，实现在改革思路上相衔接，在具体改革措施上相配套。任何组织的发展都是自身完善与环境优化共同作用的结果。我国的社会组织发展需要关注社会组织本身的进步，同时也要着眼于改革和完善其所处的各项外部环境因素。在社会组织的培育和发展中，一方面要对社会组织的内部管理进行探索，提高组织的自我管理、自我约束和自我发展能力，另一方面要优化外部环境，充分发挥外部各种有利条件和有利因素，实现社会组织从制度环境到文化环境的协调发展。概括而言，就是在发展的战略和策略上要实现政府引导与自愿发展相结合、独立自主与国际合作相结合、突出重点与平衡发展相结合、制度建设与文化培育相结合、外部环境创造与内部管理优化相结合。

2. 克服障碍，多措施推进社会组织良性发展

在协同民主政治建设、市场经济发展和和谐社会构建的整体战略下，积极推进社会组织发展，需要针对社会组织发展的制约性因素，采取具体的改革措施，以克服发展过程中的障碍，推进社会组织的健康良性发展。这些措施可以从立法部门、政府部门以及社会组织等各个层面的各项工作中去改革和完善。促进我国社会组织发展可以考虑从三个方面入手，采取以下具体措施。

（1）推进法律制度建设，健全和完善社会组织法律法规体系

针对我国当前关于社会组织法规的法律层次不高的问题，应该尝试起草、制定社会组织法，用法律条文的形式对社会组织的

性质、地位、权利、义务、成立的条件、职能、活动范围等内容作出详细、准确的权威性规定。要在社会组织法之下，根据社会组织不同的种类，分别制定和调整关于各种社会组织的行政法规，废除或修改那些不利于社会组织顺利发展的不合时宜的法规，进一步明确各种社会组织的活动领域、管理责任和权利义务关系，为社会组织的发展及其管理监督工作提供完善的法律依据。制定新法与新条例既要考虑行业协会、基金会、民办非企业单位的市场化特点，强化对其内部的社会活动、经营活动、管理活动、财务活动的监管，又要考虑把道德教育纳入日常管理监督工作之中；既要考虑公益性社会组织的非营利特点，加大对其扶持力度，又要考虑引导他们走上自我生存、自我发展的轨道上来；既要考虑学术类社会组织的意识形态特点，重视意识形态领域工作，又要考虑营造繁荣学术氛围的政策措施。因此，制定新法与新条例时，要广泛论证，充分听取社会各界意见，使社会组织在中国法律法规框架内健康发展。在分类制定社会组织法规时，还要充分考虑法规的可操作性，要保持各类法规之间的协调和衔接，并根据法律法规及时调整政府对社会组织的各项政策规定，尽快建立起比较系统的社会组织法规体系。

（2）加快行政管理体制改革，优化和完善社会组织管理体制

市场经济体制和符合市场经济要求的政府职能设置是社会组织发展的重要基础性条件。要推动社会组织的蓬勃发展，使社会组织真正成为具有自主性的社会主体，就必须要进一步完善市场经济体制，继续转变政府职能，将政府行为集中到宏观调控、市场监管和公共服务的职能范围，使市场和社会获得更大的自主性和活力。完善市场经济体制，积极转变政府职能，全面推进政社分开，实现社会组织与政府部门隶属或挂靠关系的彻底脱钩。政府各部门应该从政治体制改革和和谐社会建设的战略高度，高度尊重社会组织的独立性和自主性，杜绝把社会组织当做政府机构附属部门的观念和行为，坚决制止各级机构和官员直接干预社会组织的内部管理和社会活动，赋予社会组织更大的发展空间。

政府对社会组织的监管和服务要坚持因地制宜、分类指导、注重质量的原则。首先，各级政府要根据本地区经济、社会和文

化发展的实际水平,对社会组织的发展状况和未来趋势进行科学的分析,制定适合本区域的社会组织发展规划,运用宏观政策对社会组织的现有结构进行合理调整,引导社会急需的社会组织优先发展。根据社会发展的实际情况,科学制定社会组织申请成立的实体性要求,以此作为社会组织的准入条件,包括资金、人员规模、活动场所、组织机构、法人代表、组织章程等方面的基本要求,凡是达到实体性要求的社会组织申请都应该依法按照程序予以批准。准入条件一旦规定,要严格执行,不得随意降低或提高。逐步废除双重登记许可制度,适时取消要求社会组织寻找业务主管单位的强制性规定。社会组织登记许可权由民政部门的社会组织管理机构统一行使,从而赋予社会组织更大的发展自主性和积极性。要以法律的形式将社会组织申请成立的程序和社会组织管理机构审批许可的程序固定下来,严格规定社会组织管理机构审批许可社会组织成立申请的期限。如果社会组织管理机构依法不予受理或不予批准的,应该在规定的时间内以书面形式说明理由。探索建立"备案登记、法人登记、公益法人登记"的三级注册制度,对于兴趣互助类、社区管理类的社会组织适当宽松管理,只要求其到民政部门登记,不必有挂靠单位,也不必履行年检等;对于具有民事法人的一般社会组织应该规范管理;对于公益类的社会团体和募捐类基金会应该从严从紧管理。

  各级政府应该根据社会实际需要,建立有效的政府扶助机制。一是运用一定比例的财政收入为社会组织的启动运营提供必要的资金支持,并积极创造有利条件,引导和鼓励社会组织参与公共事务管理和公共产品提供。将社会组织有能力提供的公共产品通过公开招标等公平竞争的方式委托具有相应资质和能力的社会组织提供,并将这种委托行为制度化、规范化,给予社会组织在承担公共管理任务方面更广泛的空间和更充足的机会。二是运用适当的税收、福利政策等优惠手段,在社会组织发展初期给予必要的政策扶持。学习借鉴国外利用税收手段发展社会组织的经验,发挥优惠税制作用,用经济杠杆撬动社会组织发展。对各类社会组织获得的各种社会捐赠都应给予免税待遇,对公益性的教育、科研、环保、慈善类社会组织和开展公益性文化服务的社会组织的所得税和营业税应给予免税待遇，对经济类的从事中介服务的社会组织可采取减免部分税种政策，扶持他们发展。三是要重视加强政府与社会组织在社会整合和公共治理等方面的合作。政府在重大决策前，要积极吸收相关社会组织进入决策讨论程序，充分考虑社会组织的意见，全面发挥社会组织在决策咨询方面的特殊功能；政府应该积极邀请民间社会组织对政府进行社会监督，鼓励有相应能力的社会组织定期对政府机构和政府官员进行绩效评估，主动吸纳社会组织对政府部门提出的各种意见和建议，并将社会组织的监督同政府改革、公务员考核与奖惩等工作紧密联系起来；政府可以根据社会组织社会经验丰富、掌握信息全面等优势，委托一些社会组织起草或协助起草一些法律法规和政策文件，既降低了政府自身成本，又培养了社会组织的能力。

(3) 加强社会组织自身建设，提升和完善社会组织发展能力

强化社会组织内部管理，实现社会组织内部管理的制度化、科学化，是提高社会组织发展能力的根本途径。这就要求各社会组织自身根据经济社会发展形势，合理利用政府的政策和资金扶持等有利外在条件，充分调动各种社会资源，推动社会组织内部管理体制的优化，提升社会组织内部管理水平和运作效率。各社会组织要积极依照我国法律法规的相关规定，结合国内外优秀社会组织的先进经验，采用民主的方式科学制定组织章程；社会组织的一切活动、组织各成员的行为都必须以章程为指导。社会组织应该按照自身的特点和规模，设置合理的管理机构，提高组织管理效率，建立严格的组织内监督制度，实行组织内部信息公开、财务公开，建立平等协商、民主参与的决策制度。社会组织应该根据自己的活动章程，充分利用自己的资源优势和活动能力，积极参与社会公共事务的管理和服务，在实践中提高自身的能力，积极参与国内外社会组织间的相互交流与合作，主动学习先进的管理经验，提升自己的活动能力。

针对目前我国社会组织的资金来源大量依靠政府财政拨款和相关业务部门扶持，自身经营性收入较少，筹资渠道单一，筹资能力有限、政社难以分开的问题，社会组织必须努力拓宽筹资渠道，建立多渠道的融资体系。第一，社会组织要充分利用自身优

势，通过自己的优质服务依法提高经营性收入。经营性收入是社会组织为了完成正常的组织目标而依法开展的各种经营性活动所获取的收入。民间社会组织虽然不以营利为目的，但非营利性质并不妨碍社会组织通过合法的手段，运用自身的特长，开发社会服务项目，依法获取维持组织自身发展所必需的基本资金收入。第二，积极争取政府的经费支持。政府财政资金的支持是社会组织发展比较稳定的资金渠道，但随着政社分开进程的推进，政府对社会组织直接的财政拨款和资金补贴会日益减少。社会组织必须根据政府公共政策的需要，通过公平竞争的方式，用自己的能力、优势吸引政府部门的公共服务委托项目，从而获得相应的经费支持。这样既有利于培养社会组织的能力，提高社会组织的发展质量，实现社会组织的公平竞争和优胜劣汰，又能优化政府财政资金的配置，减少公共资源浪费，提高政府行为的效能。第三，努力扩大募捐范围和来源，提高募捐收入。社会组织可以尝试建立专门的资金募集机构，通过主动宣传组织的目标、服务项目和活动业绩，塑造组织良好的形象和强大的社会感染力，广泛获取社会公众的支持，依法开展社会募捐，尽可能获取更多的募捐收入。第四，社会组织还可以主动寻求与企业的合作，寻求企业的资金支持。一般来说，社会组织在社会中有比较大的影响力和比较高的公信力，这对社会组织来说是一笔巨大的无形资产。社会组织可以在遵守相关法律法规和诚信原则的前提下，运用无形资产同企业进行经营性合作，获得一定的收入，来弥补组织发展的资金不足。第五，社会组织还可以放眼世界，加强与海外的联系，积极争取国外社会组织、跨国性基金会的资金扶持。

人才是提高社会组织发展质量的关键性资源。广泛吸纳人才，培养社会组织活动骨干，建设稳定的高水平人才队伍是我国社会组织提高自身发展能力的紧迫要求。首先，要大力引进人才，广泛吸引有理想、有才能、愿意从事社会公共事业的优秀分子加入社会组织。其次，要加强对组织现有人才的培训。通过各种形式加强对组织成员的专业知识、服务能力和综合素质的培训，使他们具有较强的分析问题、解决问题的能力。再次，社会组织要制定合理的工资福利制度，切实保障组织工作人员的待遇，关心组织工作人员的生活质量和精神需求。要根据经济社会发展的实际情况，在工资、住房、保险等方面保障组织工作人员的需要。同时通过合理的薪酬制度实施对组织工作人员的物质激励，实行多劳多得、优劳有奖的分配机制，调动优秀人才为组织勤奋工作、大胆创新的积极性。

任何社会组织要想持续发展下去，就必须得到广泛的社会公众的信任和支持，这是社会组织得以立足的社会基础。要建立比较完善的社会监督机制，运用社会的力量督促社会组织塑造良好的公众形象，维护社会组织的整体发展环境。首先，政府社会组织管理部门应该将对社会组织的行政监督信息通过固定的平台公开发布，方便社会公众和新闻媒体对社会组织的活动进行了解和监督。其次，政府社会组织管理部门应该强制要求社会组织定期向社会公众发布本组织的财务来源和使用情况、重大活动信息，接受社会监督，实现社会组织的公开化、透明化。再次，政府社会组织管理部门要建立方便、迅捷的举报信息平台，鼓励社会公众和媒体如实举报社会组织的各种违法、违规行为，促使社会组织遵纪守法、诚实守信。最后，可以建立不良社会组织行为的惩戒制度，并由权威部门加以实施，如政府主管部门或者有着良好声誉的社会评价机构，对一些影响行业发展和社会组织发展的现象和行为定期进行教育和惩戒，保障社会组织的良好社会形象和健康发展。

（贾凌民　曹胜）

第三章
事业单位改革

关于政府所属事业单位体制改革的思路和对策建议

政府所属事业单位在我国事业单位中，地位特殊，数量众多，情况复杂，在整个事业单位改革中居于重要地位。研究政府所属事业单位体制改革，对于贯彻科学发展观，建设和谐社会和服务型政府，加快行政管理体制改革和事业单位改革，具有重要意义。

一 政府所属事业单位的定位、现状与问题

（一）我国政府所属事业单位的功能与分类

目前，我国的公共部门由政府部门、事业单位、公共企业三大类组织构成。其中，事业单位是为社会提供公共产品和公共服务的机构。我国现有的事业单位大体上可分为三类：①政府所属事业单位或政府服务类事业单位。承担着部分行政职能或为政府服务的职能，如从事监管、资质认证、质检、鉴证及机关后勤服务等活动。②公共服务事业法人。承担公共事业发展职能，主要从事科教文卫等社会事业、公共基础设施建设、公共事业服务等活动，为社会服务。③生产经营类事业单位。直接面向市场从事

生产经营活动，为社会提供产品和服务。

本报告所研究的政府所属事业单位，主要指直属或挂靠行政部门、依据法律和法规或政府委托承担行政执行、执法监督、经济社会管理、研究咨询、后勤辅助职能，经费来源主要依靠财政供给的事业单位，又称政府服务类事业单位。政府所属事业单位是与政府职能紧密相关、受托或代理承担政府公共管理职能、履行公共服务职能、但又不归入政府部门系列的机构与单位的总称。其范围大体包括政府及其各部门的直属事业单位、监管执法执行机构、全国性与省级以上的学会与协会等。目前，中央国家机关共有事业单位近4000个。

政府所属事业单位基于国家授权、委托或合同方式进行公共管理活动，实施公共管理行为，为全社会提供公共服务。根据政府所属事业单位承担的职能，可将政府所属事业单位划分为管理类、执行类、中介类、服务类四种。管理类是受委托承担具体行政管理职能的政府所属事业单位；执行类主要承担某些行政职能的具体执行环节如评审、监管、执法等职能；中介类是承担与社会联系、沟通、协调职能的政府服务类事业单位，如财政部直属的中国注册会计师协会，以及财政部管理的中国财政学会、中国会计学会等全国性学会与协会；服务类是承担为政府机关服务的各种职能（包括政策咨询、培训、后勤、技术服务等）的政府内设事业单位。

将部分公共管理与公共服务职能从政府部门中分离出来，由授权或独立的政府所属事业单位行使，有其必然性。其原因如下：第一，授权机构与独立机构具有一定的管理自主权，可以在一定程度上克服政府部门中存在的官僚主义、效率低下等问题。同时，有利于提高专业化服务水平，改善公共服务的质量，有利于为民众和专业人士提供参与公共决策过程的机会。第二，有利于将政策制定与政策执行相分离，或形成"购买者和提供者"的分离，使决策者与执行者相互监督，有利于解决决策与执行一体化所带来的缺乏监督、腐败等问题。第三，设立政府服务事业法人能够促进运营灵活度和加强管理责任制，便于通过绩效指标、合同、审计和汇报等一系列责任机制进行管理和监督。

（二）我国政府所属事业单位存在的主要问题

改革开放以来，我国事业单位改革稳步推进，取得了一定成果。事业单位改革的主要内容是调整事业单位布局结构，实行政事分开，推进事业单位社会化，改革政府对事业单位的管理方式，等等。但是，中央政府并没有出台全面的事业单位改革的总体规划，对事业单位的全面改革计划是由地方政府率先启动的。其中，江苏省、浙江省、山东省等地的事业单位改革具有代表性。所以，我国事业单位改革明显滞后于经济体制改革和行政体制改革。目前，我国政府所属事业单位及其改革中存在着如下主要问题。

第一，定位不清。政府所属事业单位的法律地位与管理地位尚未与政府部门、公共服务事业法人、公共企业、其他非政府组织相区别，因而，缺乏明确的职能定位与法律地位。我国政府所属事业单位与政府部门的边界不清晰，其根本原因就是国家没有出台给予政府所属事业单位合法民事主体资格的制度和法律，特别是没有根据政府服务事业法人的独特地位给予必要的法律规定与授权。

第二，体制不顺，管理不清。政府所属事业单位在管理体制上还局限于计划经济时期的政府直管与统管状态，与政府部门的关系尚未理顺，与现代政府公共管理体制、公共服务体制差距太远。政府所属事业单位的人员管理、资产管理、财务管理等都尚未形成符合本身特点的管理方式与管理制度。

第三，公共服务效率低下，财务管理制度不健全，资产负债率过高，严重影响了公共服务职能的正常履行。政府所属事业单位的公共服务职能界定尚不明确，公共服务方式传统僵化，缺乏明确的绩效评估标准和适度竞争机制，难以为社会提供有效、高质量、低成本的服务。

第四，改革缺乏统一规划、改革措施失当、造成新的"政事不分"等问题。在事业单位改革的过程中，一些地方政府对政府所属事业单位的性质与作用认识不清，简单地以"还政于政"、克服"事业单位行政化"的名义，将各类政府所属事业单位承担的行政管理职能原则上收回行政机关，一些地方因此将原来政府机构改革中下放到事业单位的职能又重新收回，造成政府机构改革的回潮，出现新的"政事不分"。

二 我国政府所属事业单位改革的总体思路

事业单位改革是我国经济体制改革与行政体制改革的重要组成部分。中共十六大明确提出："按照政事分开的原则，改革事业单位管理体制。"温家宝总理2005年3月5日在《政府工作报告》中指出，要进一步推进政事分开，"积极稳妥地分类推进事业单位改革。依法规范对事业单位的授权行为"。我国事业单位改革的基本原则是落实科学发展观，大力发展公共服务事业，建立适应全面小康社会要求的公共服务体制。政府所属事业单位改革是公共服务体制建设和事业单位改革的重要组成部分，也是政府职能转变、行政体制改革的中间环节和关键部位。要在准确界定"政事分开"的基础上，建立治理结构优良、管理制度合理、绩效管理科学的政府服务事业法人制度。

（一）统筹公共部门改革与事业单位改革，建立与完善公共服务体制

推进公共部门改革与事业单位改革，我们要善于借鉴当代公共管理改革的国际经验，主要应借鉴推进行政体制改革、大力发展政府服务事业法人与改革公共服务运行机制、提高公共部门效率这两方面的经验。①推进行政体制改革，改革传统的政府官僚制组织形式，建立各类政府服务事业法人，主要以授权和独立的形式将部分公共行政职能交给这些政府服务事业法人来完成。近二十年来，政府服务事业法人在当代新公共管理改革运动中获得了很大的发展，在公共部门中的地位和作用日益上升，成为当代公共组织管理的主体和核心部分。如英国目前有131家执行机构，雇用工作人员总数超过整个公务员队伍的3/4；此外，截至2000年3月，共有1035家非政府部门公共实体，雇用工作人员总数超过115000人，每年的开支在240亿英镑左右。②改革公共服务运行机制，提高公共部门效率，通过建立结果导向的预算制度、测定行政活动的产出成本、在公共部门应用商业会计制度、吸引外部资源与合同外包等方式来提高公共部门的绩效。

从国际经验看，公共服务体制基本上是政府部门负责公共服务政策制定与公共支出投向、政府服务事业法人负责公共服务执行、公共服务事业法人具体生产公共产品、多元主体参与提供公共服务的基本格局。我国公共部门改革与事业单位改革的实质是建立适应全面建设小康社会需要的公共服务体制，从根本上理顺政府部门、政府服务类机构、公共服务事业法人、多元社会主体在公共服务提供上的关系。因此，我国要统筹公共部门改革，全面筹划政府机构改革、政府所属事业单位改革与公共服务事业单位改革。建立与完善我国公共服务体制，主要应完成如下几个方面的任务。

第一，完善公共服务法律体系，健全公共服务制度。在宪法中明确规定政府的公共服务责任，要求政府建立覆盖全社会的公共服务体系，保障全体公民享有基本的教育、医疗卫生、社会保障服务。目前，我国公共服务的法律法规体系不完善，具体的行政规章与部门规定多，层次较高的立法与全面系统的法律法规少；我国应制定事业法及相关的公共事业管理法律法规，规范公共事业的组织管理，明确公共事业的性质与法律地位、职能与组织形式、设立条件与审批程序、管理体制与监管制度。

第二，要转变政府职能，建立公共服务型政府，切实把政府工作重点转变到提供公共产品和公共服务上来。政府部门应集中负责公共服务政策制定与公共支出投向，承担起公共服务支出的主要责任。目前，我国的政府公共服务职能还十分薄弱，远远不能满足社会公共需求。我国目前处于下中等收入国家水平，与同等水平的国家相比，我国公共服务职能还较为落后，如公共卫生保健支出占GDP的比重，下中等收入国家的平均水平为2.6%，而我国仅为1.9%；公共教育支出占GDP的比重，下中等收入国家平均水平为4.1%，而我国仅为3.28%。与我国向上中等收入国家发展的公共服务水平相比，差距更大。要解决当前中国存在的突出的社会发展滞后、政府公共服务职能薄弱的问题，最根本的途径是实现由生产投资型政府向公共服务型政府的转型，切实把政府工作重点转变到提供公共产品和公共服务上来。

第三，统筹行政体制改革，将政府所属事业单位改革纳入我国公共行政体制的总体格局中。首先，要以建立大部制为核心，加强政府事务综合管理，进一步推进政府机构改革。当前市场经济发达国家政府机构设置的国际惯例是大部制，西方各国中央政府机构普遍在 14～21 个左右，如美国内阁部为 14 个，日本政府内阁 1 府 12 省厅，英国中央政府机构保持在 17 个左右，德国政府部门保持在 15 个左右。与发达市场经济国家相比，我国各级政府机构设置仍然偏多。随着政府服务综合化的趋势，我国要综合设置政府部门，实行"大行业""大社会""大文化""大交通"的管理模式。其次，推进决策与执行分开的改革，发展政府服务类事业法人，特别是要建立执行局体制、建立综合执行机构和完善市场监管机构体系。过去，我国的政府机构改革一直注重改革政府部委设置层面的计划经济模式，而忽略了改革政府部委内设机构层面的计划经济模式，忽视了调整部门内部的决策职能和执行职能，造成了当前政府管理中利益部门化、部门利益化、执法混乱、多头执法、执行缺乏效率等问题。今后，我国的行政管理体制改革要深入到部门内设机构层面，转变政府部门内部的决策职能与执行职能，重点在改革执行体制。我国要合理调整政府部门内部的决策职能和执行职能，推行决策职能和执行职能的适度分开，实行政府部门内部决策职能核心化，同时建立各种专司执行的执行局。同时，完善法定机构制度，完善市场监管机构体系。

第四，将公共服务执行的职能从政府部门中逐步剥离出来，交由政府服务事业法人，实行绩效管理，从而提高公共服务的效率。针对我国政府部门直接提供公共服务所存在的效率低下、绩效考核指标缺乏等问题，需要实行决策与执行分开的改革，在规范现有政府服务事业法人的基础上，发展新的政府服务事业法人，实行绩效管理，提高公共服务的质量与效率。

第五，大力发展公共服务事业法人，发展公共教育、公共医疗卫生、社会保障事业。我国要增加对公共教育领域、公共医疗卫生领域、社会保障领域的公共财政投入，公共教育支出占 GDP 的比重、公共医疗卫生支出占 GDP 的比重、社会保障支出占 GDP

的比重要逐步达到上中等收入国家水平。在大力发展政府主导的公共事业的同时，鼓励社会参与发展公共服务事业，建立多中心的公共服务参与机制与供给机制。

（二）全面准确界定"政事分开"，进一步明确事业单位改革指导思想

准确定位"政事分开"的内涵，是我们正确开展事业单位改革的前提条件。根据国际经验与中国的国情，"政事分开"的含义主要包括如下方面。

第一，政府部门与政府服务事业法人分开。政府服务事业法人是重要的公共管理主体，在当今公共管理主体多元化的时代潮流下，不能以"还政于政"的名义简单地将政府服务事业法人承担的公共管理职能收回政府部门，不能由庞大的、官僚体制的政府部门来承担所有的公共管理职能。相反的，要通过进一步地精简政府机构与人员，使政府部门"核心化"，而将更多的人员充实到政府服务事业机构和公共服务事业机构中去。

第二，政府部门与公共服务事业法人的管办分开，或者说是"政府所有者与主管者的职能分开"。政府管"大教育""大医疗"，而不能只管自己办的学校和医院。因而，关键是实行管办分离，既管好公立教育和医疗机构，又服务于私立教育和医疗机构。

第三，政事分开是政府主管者职能与服务者的职能分开、公共服务的购买者与提供者分开、政府作为服务委托人的职能与政府其他职能分开。政府是公共服务的主管者，但不是直接服务的提供者，政府要将直接服务的职能从政府部门中分离，交给政府服务事业法人和公共服务事业法人执行。政府是公共服务的购买者，而不是公共服务的唯一提供者，政府可以通过购买的方式从私人部门获得公共服务，也可以通过补贴的方式支持私人部门参与公共服务，但政府始终承担着公共服务的支出责任。

按政事分开的新思路，合理划分政府部门、政府服务事业单位、公共服务事业法人、公共企业职能。进一步深化政府机构改革，实行决策与执行分开，将一些政策执行、技术性与服务性强的职能单位进一步转变到政府服务事业法人；对政府所属事业单位现在承担的一些行政管理职能予以立法规范；对于政府所属事业单位目前承担的一些经营性职能予以剥离，改制为企业。

（三）政府所属事业单位改革的目标是完善政府服务事业法人制度

政府所属事业单位最后都将通过改革成为政府服务类机构，或称政府服务事业法人。政府服务事业法人要集中精力负责公共服务的政策执行，以追求政策执行的高效优质为主要目标。

1. *建立与完善政府服务事业法人制度*

政府服务事业法人制度主要分为两种：一是法定机构制度，即由人大立法授权，独立于行政机关的政府服务事业法人；二是执行机构制度，即由行政立法授权或委托，属于非部门的政府实体，采取绩效管理。

第一，完善法定机构制度。管理类政府服务事业单位应朝法定机构（独立机构）的方向改革，要逐步将政府直属事业单位改革为法定机构，依据法律设立并承担法律责任。

第二，按照决策与执行相区分与协调的原则，完善执行机构制度。执行类政府所属事业单位应朝执行机构的方向改革，成为政府或政府部门实行绩效管理的执行机构。我国要合理调整政府部门内部的决策职能和执行职能，推行决策职能和执行职能的适度分开，实行政府部门内部决策职能核心化，同时建立各种专司执行的执行局。设立执行局适宜于服务目标明确、对象群体清楚、执法对象明确、执法程序明确、执法法规健全的部门，如社会保障部门、交通警察部门、工商管理部门、质量监督部门、统计部门等等，这些机构适合进行合同管理，实行决策与执行分开的试点。

2. *建立科学的政府服务事业法人治理结构*

政府所属事业单位改革的关键，是要推进其管理体制改革，建立新型的法人治理结构。

第一，要建立新型的政府服务事业法人管理体制。我国政府所属事业单位都应按法定机构和执行机构的模式进行改制，独立机构的设立由相应级别的人民代表大会通过专门立法决定；执行机构的设立应由相应级别的政府通过专门行政立法确定，同时对人大和政府负责。

第二，优化政府所属事业单位的外部治理结构，完善政府服务事业法人的法律治理框架。实行政府所属事业单位法人的听证制度，人大对于某一政府所属事业单位的设立及其经费支出数额等重大问题，可以采用召开听证会的方式进行研究，扩大公民参与政府所属事业单位管理的渠道；人大有责任监督政府所属事业单位的工作，可以要求政府所属事业单位法定代表人接受质询，也要定期或不定期地对政府所属事业单位进行调查和监督。

第三，建立政府服务事业单位法人治理结构。对政府服务事业法人，要实行理事会、管理委员会或顾问委员会治理结构，由政府服务事业法人的总执行官负责日常工作。理事会、管理委员会或顾问委员会成员应由政府、私人部门和社会团体的代表共同构成。日常运营由总执行官负责，总执行官一般由对口部门的行政首长任命并对该行政首长负责，总执行官也要对人民代表大会负责。

第四，要加强对政府服务事业法人的监管，建立严格的管理业绩考核体系。政府主管部门的职能要转变为制定统一公共服务政策、实施公平监管，确保公共服务的质量与总量满足人民群众的公共需求。要加强审计部门、人大、传媒和公众对政府服务类事业单位的监督，形成公共服务部门的有效治理机制；审计部门要加大财政资金使用的绩效审计，完善基于结果和绩效的财政制度；应要求公共事业组织建立规范的财务报告制度，并建立针对公共事业组织的独立的会计和审计制度。要根据国民经济和社会发展规划，对国家财政拨款、定额补助事业单位机构、编制、人员的增长，进行控制和指导，明确哪些事业单位应该鼓励发展、哪些应该严格控制；要建立健全外部和内部监控机制，加强针对事业单位的预算约束，提高资源利用率。要建立严格的问责制，改善管理业绩考核，加强政府部门或立法机构对政府服务事业机构的监管能力，防止政府服务事业法人在委员会组建过程中出现任人唯亲和利益冲突等问题。

三 我国政府所属事业单位改革的具体措施

推进政府所属事业单位改革,要科学界定政府所属事业单位的基本职能,加快对政府服务事业法人管理立法的进程,推行绩效管理制度,科学安排,稳步推进政府所属事业单位改革。

第一,在政府组织法中明确政府服务事业法人的法律地位,对政府服务事业法人的归属、性质、责任、权利、义务、被委托或代理的期限、机构人员的组成、领导人的聘任、经费分配与管理、服务程序、服务质量等内容进行具体的规定。

第二,明确政府服务事业法人的职能定位,规范政府服务事业法人的授权。对特定事业法人进行专门立法授权。管理类政府所属事业单位应通过个别立法的方式设立,成为法定机构,对人大承担政治责任,并对政府承担行政责任;执行类政府所属事业单位应主要通过行政立法委托方式设立,成为执行机构,通过合同进行绩效管理;中介类政府所属事业单位一般应改革为非政府公共组织;服务类政府所属事业单位大多数应改革为事业法人。

第三,完善政府服务类事业法人理事会制度或管理委员会制度,在政府服务事业法人章程中明确规定理事会、总执行官的职能、权力与责任;政府服务事业法人章程应明确界定组织的宗旨、核心任务与要达到的主要目标;理事会要参与组织长期规划与年度计划的制定并监督执行,理事会要审核与批准预算的执行并监督财务制度的执行情况;总执行官应负责制定和实施组织的核心工作计划,确保达成绩效目标。

第四,理顺政府服务事业法人与政府相关部门的关系,实行合同管理与绩效管理。政府服务事业法人承担着政策执行和服务提供的职能,应明确管理目标,强化结果责任机制。主管部门行政首长应与政府服务事业法人签订公共服务供给协议,详细规定相关的公共政策、执行政策及所需的资源,应该达到的目标和工作结果,管理者的自主权限等内容。

第五,建立新型的政府服务事业法人的人力资源开发制度。管理类和执行类政府服务类事业单位要纳入公务员管理,全部纳入公共预算管理。中介类政府服务类事业单位一部分核心人员要纳入公务员管理，部分支出纳入公共预算管理。服务类政府服务类事业单位大部分可以改制为企业，人力资源管理则采取平等的劳动合同管理方式。要将政府服务事业单位的大部分人员纳入国家公务员的范围，依据公务员法进行统一规范管理。推行多元化分配办法，建立新的分配激励机制；在政府调控的工资总额和工资水平内，政府服务事业法人享有一定的分配自主权，可实行岗位工资制、绩效工资制，有条件的单位对拔尖人才和学科带头人可以实行年薪制、协议工资制。要完善政府服务事业法人的养老保险、医疗保险、失业保险制度，逐步建立起由国家、单位、个人三方共同负担，符合事业单位特点的社会保障体系。

第六，建立政府服务事业法人公共财务制度。按照建立公共财政框架的要求，逐步规范对政府服务事业法人的财政供给范围。执行政府管理和执法职能的政府服务事业法人应完全由国家提供财政支持，它们可以根据所提供的服务收取适当的用户费用，如护照的成本费或者罚款收入，但所收取的费用全部收缴财政，实行收支两条线。建立科学的政府服务事业法人绩效评估制度，建立预算分配和绩效之间紧密的联系，根据公共服务的绩效确定政府对政府服务事业法人的投入。应在资金分配上强化绩效，将公共预算拨款与各政府服务事业法人的绩效联系起来，按效果而不是按投入拨款；在公共预算执行上将效果与拨款挂钩，根据绩效来分配预算。政府服务事业法人在提交公共预算（含当年的和长远的公共预算）时，必须同时提交一套与其业务相适应，且可以考核的绩效指标。

第七，政府所属事业单位改革的基本策略是先易后难，分类指导，试点先行，立法完善。清理现有事业法人，分类改革。如针对城市管理、文化市场管理、资源环境管理、农业管理、交通运输管理等分散执法的现状，组建相对独立、集中统一的行政执法机构，实施综合执法；针对机关服务中心重复设立、力量分散的情况，可在机关集中办公的前提下合并服务机构，组建综合服务中心。对中介类、服务类政府服务事业单位这些改革立法技术要求不高的部门先行改革,压缩规模、精简人员、严格管理。对于管理类、监督类事业单位这些改革立法技术要求较高的部门先行试点,以优化结构、提高素质为主,最终建立完善的法治体系。

(课题组名单:顾问:郭济、龚禄根、寻环中;组长:高小平;副组长:贾凌民;成员:张丽娜、李军鹏、张晓天、王名、左然、吴刚、余兴安、孙垂江、吕旺实、孙庆华、靳江好、鲍静、张学栋、沈荣华、储松燕、胡仙芝、赵鹏、张定安、李珊;主要执笔人:李军鹏)

推进政事分开的对策研究

党的十七届二中全会提出,深化行政管理体制改革要以政府职能转变为核心,通过改革实现政府职能向创造良好环境、提供优质公共服务、维护社会公平公正的根本转变。加快推进政事分开,是促进政府职能转变的重要途径,也是事业单位改革的重要原则。本文从分析政事不分的历史渊源入手,回顾和总结我国探索政事分开的历史轨迹和经验教训,研究提出推进政事分开的对策建议。

一 政事不分的历史渊源

将所有社会事业和经济活动都纳入统一的计划之内,是计划经济的本质特征。在计划经济体制下,政府是资源配置中心、生产调度中心、价格制定中心、消费配送中心,职能无所不包。公益服务领域实行政事不分,是计划经济体制的必然产物,也是计划经济体制的客观要求。事业单位作为政府提供公益服务的主要载体,基本上是党政机关的附属物,提供什么样的服务,怎么样提供服务,以及在人财物等诸多方面,完全置于政府严格的计划之内,在具体运行上也听命于党政机关的指令。同时,事业单位的内部管理架构和管理方式也基本仿照党政机关。

在计划经济时期实行政事不分有其历史合理性。一方面,公益事业和事业单位发展运行是整个经济社会总体计划的组成部分,政府只有直接干预事业单位的运行和产出,才能保障公益服务计划的实现,进而保障经济社会发展总体计划的实现。另一方面,在国家经济实力有限,特别是公益服务投入严重不足的情况下,有利于在公益服务领域发挥集中力量办大事的制度优势,优先满足人民群众一些最基本的公益服务需求,并在相当程度上体现普惠和公平。在计划经济时期,我国建立了相当数量的事业单位,科技、教育、文化、卫生等社会事业有较大发展,在不少方面还取得了卓越的成绩。例如,当时农村合作医疗体系的医疗服务,几乎覆盖了所有农村人口,农民就医成本较低,卫生公平程度被联合国卫生组织排在世界各国前列。

但我们也要看到,政事不分在计划经济体制下也存在着自身无法克服的体制性弊端。一是政府直接向事业单位下达指令性计划,事业单位干好干坏、干多干少一个样,抑制了事业单位的能动性和积极性,导致效率低下。二是政府垄断了公益服务资源,基本采取直接举办事业单位的方式提供公益服务,事业单位筹资渠道单一,公益服务供给直接受到政府财政收入和公益事业投入多寡的制约,总量不足且品种单一。三是事业单位部门所有,条块分割,相互封闭,社会化程度低,导致重复建设、公益资源浪费情况比较严重。四是公益服务的产出由政府以计划的方式直接控制,事业单位对人民群众公益服务需求的变化反应迟钝。这些体制性弊端,从政事不分体制形成之初,就开始逐步显现。

二 我国探索政事分开的历史轨迹和经验教训

20世纪70年代后期,为适应经济社会发展的需要,我国逐步由计划经济体制向社会主义市场经济体制转变。实行社会主义市场经济,就是要使市场在国家宏观调控下对资源配置起基础性作用。这就在客观上要求政府转变职能,切实改变计划经济体制下包揽一切的做法。适应这一要求,改革开放以来,我国政府逐步由无限政府向有限政府转变,由管治型政府向服务型政府转变。在这两个转变的过程中,政府职能定位进行了不断的调整和转变。

1985年,党的十二届四中全会首次提出了转变政府职能的要求,并成为之后历次政府机构改革的重要内容。转变政府职能之所以重要,是因为关系"将事情做对"这个方向性问题;只有方向对,才谈得上"将事情做好"这个能力问题。按照党中央关于转变政府职能的要求,从20世纪80年代中期科教文卫等体制改革开始，事业单位进行了一系列改革。

第一，针对传统事业单位管理体制高度集权所造成的事业单位活力不够、效率不高等弊端，分别采取了不同形式的"放权"、"搞活"等改革措施，逐步加大了各类事业单位的自主权。例如在科技事业领域，实行了科学基金制、技术合同制、包干制、所长负责制、承包经营责任制等新的管理形式，大大放宽放活了对科研机构和科研人员的束缚，增强了科研事业单位的发展活力。在教育事业领域，下放教育事权，实行"地方负责、分级管理"，并扩大高等学校的办学自主权，建立和增强各级各类学校自我发展能力和主动适应经济社会发展需要的有效机制。通过上述措施，基本实现了简政放权的改革目标，分别在不同程度上扩大了各类事业单位的人权、物权、事权、财权和其他各项管理自主权，减少了事业单位对政府计划的依赖。

第二，针对传统事业单位筹资渠道单一、过度依赖政府财政投入所造成的各种弊端，分别采取了"创收""让利"等改革措施，鼓励和支持事业单位挖掘潜力，开展多种经营，增强了事业单位自我解困和自我发展的能力。例如，高等学校开始招收委培生和自费生，实行缴费上学制度，并积极发展各种形式的校办企业。中小学招收"议价生"，开展勤工俭学活动，并搞经营创收。文化事业单位积极扩大文化经营领域，向社会提供有偿文化产品和文化服务，举办各种讲座、文化培训班等。这些措施拓宽了事业经费来源的渠道，增加了事业单位的收入，弥补了国家事业经费的不足。

第三，针对传统事业单位部门所有，资源配置格局与利用方式条块分割、相互封闭和自我服务等弊端，分别采取了"开放"、"联合"等改革措施，鼓励和支持各类事业单位面向社会，提高了国家公益事业资源的利用效率。各地区、各部门、各系统所属的各种事业单位，大部分先后向社会开放，并积极开展多种形式的联合办学、联合办医、联合办文和联合科研等活动，促进了事业资源的合理流动和利用。通过这些改革，淡化了事业单位与政府主管部门间单一的行政隶属关系，增强了事业单位对市场的适应性。

第四,针对政府包办一切公益服务的社会事业管理体制造成的各种弊端,鼓励和提倡全社会办事业,通过多渠道、多层次、多形式来筹集各项事业发展资金。例如,在教育事业领域,改变单一的办学模式,鼓励社会办学,先后兴办了一大批民办小学、民办中学、民办大学、民办职业学校及其他各种形式的民办学校,逐步改变了单纯依靠国家出资办学的旧模式。随着各类民办事业的兴起和发展,科技、教育、文化、卫生等相关产业和市场也得到了较快的发展。

纵观以往这些改革,有一条清晰的主线,就是改革计划经济体制下形成的事业单位管理体制,调整政府和事业单位的关系,在原则和方向上都属于政事分开的范畴,在主要内容上可以用"放权、搞活"四个字概括。这些改革所取得巨大成就是显见的、毫无疑问的。但也应该看到,在取得显著成效的同时,也出现了一些新的问题。主要表现在一些事业单位受少数"内部人"控制,不合理的小团体利益膨胀,在不同程度上偏离了公益目标。乱收费、乱贷款、乱发钱等乱象,都是其具体表现。

如何看待和解决这些问题,成为摆在人们面前的一个重要课题。一些同志将这些问题归咎于放权搞活,主张收回已经下放给事业单位的权力。我们认为,在特定意义上这种认识不无道理,个别地方和领域的放权搞活的确有些过度(也有地方和领域放权搞活不够),但由于存在分析问题的局限性,得出的结论则是错误的。从表面上看,上述问题是政事分开、放权搞活后产生的,但不等于政事分开、放权搞活就必然产生这些问题。产生这些问题的根本原因是,在放权搞活的同时,与之相适应的新的强有力的监管机制没有及时建立和完善。也就是说,问题主要不是出在放权搞活,而是出在放权搞活后的监管不力,出在改革不配套。为此,解决这些问题的根本出路,是按照政事分开的原则和方向,进一步深化改革,而不是走回头路。

三 政事分开的关键是理顺政府与事业单位的关系

党的十六大提出按照政事分开的原则,改革事业单位管理体制。党的十七大进一步明确提出,按照政事分开、事企分开和管办分离的原则,对现有事业单位分三类进行改革。但至今仍有同志对政事分开表示质疑,其主要理由是,既然提供公益服务、出资举办和管理事业单位都是政府的责任,政事又如何分得开?

我们认为,这种认识过于机械。具体分析一下,政事分开客观上至少可以包括六个方面的内容。一是从机构上分开,即不能一个机构既是政府部门又是事业单位;二是从运行方式上分开,即事业单位的内部运行要按照自身的规律进行,不再仿效政府机构;三是从职责上分开,即政府机构不再承担事业单位的事务,事业单位不再行使行政职能;四是从组织方式上分开,即事业单位成为独立法人,不再是政府机构的附属物;五是政府对事业单位的管理职责分开,将该管的职责留下来,将不该管的职责放下去;六是政府和事业单位彻底分开,不再发生任何关系。综合分析上述六个层面的政事分开,都属于调整或改变政府和事业单位的关系。其中,第六个层面的政事分开根本不成立,因为它和政府的经济调节、市场监管、社会管理、公共服务的基本职责发生抵触,特别是直接否定了公共服务这一基本职责。

事实上,以往所有按照政事分开的原则和方向所进行的改革,都是围绕着前五个层面展开的。实践证明,这五个层面的政事分开都是可行的,并取得了显著成效。同时也要看到,事业单位类别多,差异大,不同类别事业单位与政府的关系密切程度也不尽相同。由此决定了,对于不同的事业单位,政事分开的程度也应该有所区别。例如,主要为政府决策提供支持和保障服务的政策研究、信息咨询等事业单位,其服务对象就是政府,与政府的联系自然十分密切,政事分开的程度和迫切性就相对弱一些;而医院、学校等面向社会提供服务的事业单位,服务对象是广大人民群众,其政事分开程度和迫切性就大得多。另外,同样是学校,实行义务教育的中小学需要较多地直接体现政府意志,相对于不属于义务教育的大学,两者政事分开的程度也应有所差别。

综上所述,政事分开作为原则和方向,核心是调整和理顺政府和事业单位的关系,绝不是割断政府与事业单位的关系。而且,不同类型事业单位与政府关系的调整内容和调整程度也会有所不同。更不能机械地、绝对地理解为政事分开就是使政府和事业单位各不相干，不能由此质疑和诟病中央多次强调并在实践中证明行之有效、必须坚持的这一重要原则；也不能简单地理解为，政事分开只是把政府部门承担的事务性工作交给事业单位，忽略了政事分开这一事业单位改革原则多方面的深刻内涵。

四　管办分离是政事分开的核心内容

从一定意义上讲，政事分开的根本目的是解除对事业单位的不合理束缚，激发事业单位的活力，解放事业单位的生产力。为此，将政府对事业单位的管理职责分开，把必须管的职责留下来，把不该管也管不好的职责分出去，应该是政事分开的核心内容。但哪些属于该管的，哪些属于该放的，却是一个长期以来没有得到根本解决的问题。党的十七届二中全会提出的"管办分离"原则，是政事分开原则的具体化，既指明了政事分开的核心内容，又对哪些该管、哪些该放给出了原则界定。也就是将现在政府对事业单位的职责分为"管"的职责和"办"的职责两大部分，并分开行使。

我们认为，从以往的改革实践看，落实管办分离，真正实现政事分开，还必须解决两个问题。一是分出去的职责由谁承接、怎样承接；二是如何跳出多年来对事业单位"一统就死、一放就乱"的怪圈，切实使事业单位既充满活力又行为规范。初步考虑，可以通过"一留三分"的方法来解决。一留，即将"管"的职责留在政府主管部门；三分，即将"办"的职责一分为三，分别交由不同的机构或组织承担。

（1）将方针政策、发展规划、行业监管等宏观管理职责留在主管部门，并切实管住管好。主管部门一要管规划，通过制定社会事业发展规划，明确社会事业发展方向、发展目标，负责市场准入，宏观调控事业发展总量及布局结构。二要管政策，通过制定政策、法规和标准，明确事业单位服务宗旨，营造社会事业发展的良好环境，引导社会事业健康发展。三要管投入，承担社会事业发展投入的主要职责，保证公益性事业单位的经费来源，促进基本公共服务的均衡发展。四要管监督，监督检查事业单位公益服务活动，发布行业信息，规范服务行为。

（2）将具体事务管理交给事业单位理事会。借鉴现代企业制度和国外有益经验，探索建立以理事会为主要架构的事业单位法人治理结构。具体说就是：由政府、事业单位、服务对象和其他利益相关者的代表组建理事会，作为事业单位的决策机构，决定本单位发展规划、财务预决算、重要负责人任免或任免提名等重大事项。事业单位行政负责人及其领导的管理层作为事业单位的执行机构，执行理事会的决议，向理事会负责，独立自主开展工作。通过探索建立事业单位法人治理结构，把政府直接"办"事业单位的相关职能交给理事会，可以扩大事业单位的自主权，有利于解放事业单位的生产力，增强事业单位的活力；同时，利益相关者等外部人员成为理事会成员并且占多数，就可以形成对事业单位直接有效的监督，遏制不正当的小团体利益，进一步保证其公益目标和行为规范。

（3）将专业评定、行业自律、同行评议等事务交给有关行业组织。一般来说，专业性的工作由专业性的行业组织来做，效果会更好。管办分离后，将上述事务交给相关行业协会承担，既体现了转变政府职能的要求，又能够避免由政府直接管理带来的"外行管内行"的尴尬，真正把这些职能履行得更好，真正把政事分开落到实处。为了使相关社会组织能够更好地承接起相关职能，一要通过制定和完善相应的法律法规，明确相关社会组织的职能权限和行为规范；二要研究改革社团双重管理体制，维护相关社会组织的独立法人地位，保证其民间性和相对独立性；三要健全法人治理结构，规范社会组织的理事会设置和运行规则。

（4）将其他职能，如资产管理、合规监管、法人治理、信息披露、绩效评估等，交由专门机构兜底。在不同的层级，专门机构可以是一个，也可以是几个。

（课题组名单：组长：王澜明；副组长：高小平、沈荣华、岳云龙；成员：张丽娜、左然、柏良泽、赵立波、解亚红、毛寿龙、储凯，广东省行政学会、安徽省行政学会；执笔人：赵立波、解亚红、沈荣华）

事业单位改革中转企改制单位的政府政策支持研究

事业单位改革中,经营性事业单位将转企改制。这些单位的改革涉及性质改变、身份置换、运行机制转变、人员利益调整等诸多问题,情况复杂,政策性强。政府对这些转企改制事业单位给予政策支持,是这些事业单位顺利进行转企改制的重要保证,有利于调动转企事业单位人员参与改革的积极性,有利于事业单位转企改制的顺利推进,有利于事业单位转企后的自我发展,有利于我国公共服务水平的提高。本文试就转企改制事业单位改革中政府的政策支持作一些探讨。

一 转企改制的事业单位一直是事业单位改革中政府政策支持的重点

改革开放以来,随着经济体制改革的逐步深入和行政管理体制改革的深化,事业单位的改革也在不断地推进。

1985年3月,国家对科技体制进行改革,改变过多研究机构与企业相分离,研究、设计与教育、生产相脱节以及军民分割、部门分割、地区分割的状况,促进研究机构、设计机构、高等学校与企业之间的协作和联合。为了促使这些科研机构转制,中央给予了诸多优惠政策:原有的正常经费继续拨付,给予享受国家支持科技型企业待遇,5年内免征有关税收,给予基本建设项目经费适当支持,赋予外贸进出口权,给予其科研课题和项目与其他科研机构同等权利,已批准的课题和项目按原计划实施。在优惠政策的支持下,这些从事技术开发的研究机构发展成为经济实体,有的在联合的基础上并入了企业,有的转制为科研生产型经济实体或与企业联合的技术开发机构,从而使开发应用型科研事业单位实现了转企改制、走向市场。

党的十四大提出了政事分开的事业单位改革思路。1993年,党中央印发《关于党政机构改革的方案》和《关于党政机构改革方案的实施意见》,明确提出"事业单位改革的方向是实行政事分开,推进事业单位的社会化","各级党政机关尤其是中央和省级机关要减少对事业单位的直接管理,有条件的事业单位要下放;打破部门所有制和条块分割,拓宽事业单位的服务领域,使事业单位成为面向全社会提供服务的独立法人,促进事业单位与经济建设相结合"。事业单位改革中,按照经费的不同来源,分别采取不同的改革措施,并给予不同的政策支持:经费自收自支的,享受企业的各项自主权,实行企业化管理;由国家实行差额补助的,政府在管理上适当放活;国家全额拨款的,其数量和规模从严控制。国家围绕发挥事业单位为经济建设服务这一目标,制定了一系列支持事业单位转企的政策措施、实行灵活的人事制度、工资制度和管理体制,从而促进事业单位转为企业化管理,使事业单位改革与党政机构改革同步推进。

党的十六大特别是十七大以来,事业单位的改革进一步深化,中央和地方选择了一些领域和若干地方开展事业单位转企改制试点,从小范围试点到扩大试点。这一时期的改革涉及科技、卫生、文化等诸多领域,各项改革进一步深入。文化领域的经营性事业单位转企改制在试点改革的基础上全面展开。为支持经营性文化事业单位转企改制的全面实施,2008年10月,国务院办公厅印发了文化体制改革中转制为企业和支持文化企业发展的两个规定,在资产管理、土地处置、收入分配、社会保障、人员安置、财政税收等方面出台了一系列优惠政策。2009年4月,182家中央部门单位出版社除4家保留事业单位体制外,其他全部转企改制。这次改革明确出版社按企业办法参加社会保险,全部移交北京市管理。中央有关部门和北京市政府为推动转企改制积极稳妥地进行,在人员、资金、社保、财税等政策支持方面采取一系列切实可行的配套措施,从而保证了该项改革得以顺利的推进。2008年8月,在山西、上海、浙江、广东、重庆五省市启动了事业单位分类改革试点,中央有关部委和地方政府为实现分类改革的顺利进行在配套政策支持上作出了进一步的探索,为在全国范围内推进分类改革积累经验。

二 政府对转企改制事业单位政策支持的基本出发点

确定政府对转企改制事业单位政策支持的出发点,才能知道该制定哪些政策,制定政策的重点在哪里,政策制定中对转企改制事业单位的不同状况怎样区别对待,政策实施中出现的情况需要哪些对应措施。有鉴于此,政府政策支持的基本出发点是必要前提,其内容应包含四个方面。

——政策支持是为了推动转企事业单位改革的积极稳妥进行。长期以来,事业单位一直在政府的"怀抱"里过日子,转企事业单位一下子要自己到市场中找饭吃,还有很多不适应。这是历史形成的,不能让事业单位自身来承担全部责任,需要政府通过政策资源适度倾斜,"扶上马,送一程"。这样做,一方面可以克服改革过程中的阻碍,防范风险,保证改革按照预定目标有效进行;另一方面又能够为更多的适合转企改制的事业单位转变发展方式提供进一步的助推力。

——政策支持是为了使改革按照以人为本的要求更加人性化地推动。事业单位集中了大量人才,是党和国家的宝贵财富。转企改制必须有利于事业单位吸引和留住人才,为人才成长和发展创造良好的条件。对改制后事业单位面临的身份认定、社会保障、能力提升等方面的现实问题,需要妥善解决。要坚持以人为本的指导思想,把调动人的积极性作为改革的出发点和落脚点,人性化地推进各项工作,制定"深情"政策,做到"友情"操作,创造事业单位人才价值最大化的制度环境。国家及时制定转企事业单位的人事管理、收入分配、社会保障、财政税收等配套政策,是安人心、稳队伍、谋发展之"大计",是体现国家发展公共服务事业的政策的连续性之"上策"。

——政策支持是为了使转企改制事业单位顺利转轨并激发其进一步发展的活力。转企事业单位更快更好地进入经济建设主战场是改革的基本目的。市场竞争机制在配置社会资源、激发主体活力、推动社会发展等方面具有不可替代的优势。经营性事业单位转企改制就是要顺应市场经济发展的需要，变为市场主体，重构社会公益事业格局，以满足人民群众日益增多的服务需求。市场主体适应竞争、获得发展的能力是一个逐步提高的过程，需要制定出台各项配套的支持性政策，适当保护转企事业单位的应有利益，积极培育其生存能力，努力激发其发展活力，为其适应市场竞争和发展创造必要的时间和空间条件。

——政策支持是为了在中央的统一领导下鼓励地方、行业的积极性。经营性事业单位分布广，改革中涉及的利益错综复杂，牵一发而动全身。转企改制过程中，政府政策支持可以坚持中央政策高效统一、地方政策有力配合、具体政策灵活多样的原则。转企事业单位政策支持的原则、标准、目标、要求等由中央统一制定；有关配套的支持政策，由地方和行业部门在中央政策的框架内协调统筹安排。从而使中央政策对地方政策起到"四两拨千斤"的作用。我国事业单位实行分级管理体制，各地区和行业差异较大，在制定和执行改革政策方面区分不同情况，应给予地方政府和行业一定灵活性，留有一定的政策空间，避免"一刀切"，这有助于发挥中央和地方两个积极性，鼓励各地各单位改革的能动性。地方政策必须在中央统一指导下展开，以防止自行其是、各搞一套，最终扭曲了中央推进事业单位改革的初衷，偏离了改革的主导方向。在推进改革的过程中，坚持一切从实际出发，努力寻求中央统一政策与调动地方和行业积极性二者之间的契合点，在综合平衡中求得改革的稳妥进行、改革后的持续发展。

三 政府对转企事业单位政策支持的构成框架

政府政策支持大致由两部分组成：一是保证转企改制顺利进行的政策，如人员调整安置、收入分配调整、社会保障补偿等。二是激发转企改制后事业单位持续发展的政策，如资产管理、财政税收、投资融资等。具体有以下内容。

第一，人员分流安置政策。转企事业单位改革中最大的难点是人的问题。转企改制事业单位人员可分为三类：一是年龄接近退休的人员，二是转制时比较年轻的人员，三是撤销单位的人员。建议对不同人员，分别确定不同的政策。对于距国家法定退休年龄5年以内的人员，可以提前离岗，离岗期间的工资福利等基本待遇不变，单位和个人继续按规定缴纳各项社会保险费，所需资金可从评估后的净资产中预留或从国有产权转让收入中优先支付，净资产不足的，财政部门可给予一次性补助，这些人员达到国家法定退休年龄时，按照企业办法办理退休手续。对于在职职工，按照劳动合同法的规定，自工商注册登记之日起由单位与职工全部签订劳动合同，职工在事业单位的工作年限合并计算为转制后企业的工作年限。对于转企改制过程中经批准撤销的事业单位中的人员，实行分流安置，由主管主办单位优先考虑在本部门本系统内部妥善安置，经协商一致自谋职业的，由主管主办单位依照国家有关规定负责支付经济补偿、接续社会保险关系。不得将职工推向社会。

第二，社会保障政策。社会保障是事业单位转企改制中上上下下关心的问题。由于事业单位长期以来实行的是和公务员基本相同的社保政策，要转为按企业办法参加社会保险，阻力较大。应考虑采取更加合理的措施，保证转企事业单位改革中职工在养老上不"吃亏"。建议转制后自工商注册登记的次月起按企业办法参加社会保险，转制时在职人员按国家规定计算的连续工龄，视同缴费年限，不再补缴基本养老保险费。但在转制后5年过渡期内，如果按企业办法发放的基本养老金低于按原事业单位退休办法发放的退休金，其差额部分采取加发补贴的办法解决，所需费用从基本养老保险基金中支付。转制后具备条件的企业可按照有关规定为职工建立企业年金和补充医疗保险，并通过企业年金等方式妥善解决转制后退休人员的养老待遇问题，并规定企业年金和补充医疗保险的企业缴费分别在工资总额4%以内的部分从企业成本中列支。

第三，国有资产管理与处置政策。转企后，转制单位原有的国有资产性质发生变化，怎样既确保国有资产不流失，又使公共资源得到优化配置，并为促进转企事业单位改革提供支持，需要制定相应政策。转企单位要通过资产清查，对其库存积压待报废的产品做一次性财产损失处理，损失允许在净资产中扣除。对于使用的原划拨土地，改制后土地符合有关规定并经批准的，可仍以划拨方式使用，不符合规定的则依法办理土地有偿使用手续，经资产评估后以作价出资等方式处置，转增国家资本。办公用房属于原主管部门并免费提供转企单位使用的，五年过渡期内继续让其免费使用；属于租赁关系的，过渡期内维持现有租赁价格不变。

第四，财政税收政策。财税支持是积极稳妥地推进转企事业单位改革的重要保证。对转企单位进入市场初期要给予一定的优惠，培养它们的市场竞争能力。中央财政和有条件的地方财政应安排公共事业发展专项资金，并制定相应的使用和管理办法，采取贴息、补助、奖励等方式，支持转企事业单位发展。原事业单位编制内职工的住房公积金、住房补贴中由财政负担部分，转制后继续由财政部门在预算中拨付；转制后原有的正常事业费继续拨付，主要用于解决转制前已经离退休人员的社会保障问题；为确保转制工作的顺利进行，同级财政可一次性拨付一定数额的资金，主要用于资产评估、审计、政策法律咨询等。税收方面，在规定执行期限内（五年）转企单位自转制注册之日起免征企业所得税；由财政部门拨付事业经费的经营性文化事业单位转制为企业，对其自用房产免征房产税；区分不同情况，对经营性收入实行免征增值税、营业税和城建税（或给予适当的优惠政策），出口产品可享受出口退税、免征进口关税和进口环节的增值税等措施；对国家需要重点扶持的高新技术企业，减按15%的税率征收企业所得税；对转制中资产评估增值涉及的企业所得税，以及资产划转或转让涉及的增值税、营业税等给予适当的优惠政策。

此外，相关的支持性政策还有收入分配、融资投资、资源业务等方面。

四 制定和实施政府支持转企改制事业单位政策的工作思路

对转企改制单位的政策支持是一项系统工程，需要在实践中逐步完善。这里仅就事业单位转企改制的政府政策支持思路作一些探索，以期能够为改革实践提供参考。

1. 摸清底细，核算成本

事业单位转企改革是对既有利益分配格局的较大调整，涉及政府、企业、社会诸多方面，领域广、人数多。通过切实可行的政策支持，以利益补偿的方式为推进转企改制创造条件是一条可行度较高的路径，但政策支持必须建立在对转企改制的事业单位进行细致的调查，对成本进行反复的核算的基础上。需要调查摸底的有：转企改制事业单位的数量，单位内部的机构编制、人员数量、结构比例、经费来源、运行状况、成本收益等。在掌握了这些准确信息后，对改革过程中的利益补偿进行核算，决定支持性政策投放的力度、广度和深度，使改革措施和实施步骤适应财政的可承受能力，不因为改革而增加财政负担，挤占公共事业发展的资源。

2. 统一标准，整体安排

在推进改革的过程中，要从长远和大局出发，统一改革标准，作出整体安排。在转企事业单位改革中，养老保险的社会保障问题是一大难点，这与我们以前在社会保障方面没有统一的制度安排不无关系。转企事业单位的养老保险改革在制度设计上要纳入国家社会保障整体布局中，不能与企业部分的制度相互分割，要促进全国统一的养老保险制度的建立和完善。这样既有利于人员相互流动和统一劳动力市场的形成，又有利于保证国家社会保障制度的统一，维护社会公平。但对具体问题要作出妥善安排，如"中人"问题，过了政策"五年"过渡期后，如何处理？可考虑在改革的时点上对"中人"进行补偿，补偿的方法可以结合转企单位实际，即经济能力和历史等因素制定具体措施。

3. 统筹兼顾，注重衔接

要做好转企改制过程中政策的统筹兼顾，做好改革前与改革后的衔接工作。政策衔接主要集中在两个方面：一是转企改制单位在转企前后的政策衔接问题。基于积极稳妥推进改革的要求，要给转企单位在政策上提供适应过渡期，防止在改制前后出现政策待遇上的急剧差别。如对转企改制事业单位中职工身份改变问题，从国家任命的干部一下变为企业职工，很多人一时接受不了。这主要针对"中人"，老人和新人基本不存在这一问题。可以参考国外的一些做法，设置过渡阶段，过渡期里保留"干部身份"不变。二是不同阶段转企事业单位改革的政策衔接问题。转企事业单位改革是一个不断推进的过程，在不同行业领域和中央省市的推进中必然有先有后、有快有慢，在这个过程中应努力做好政策支持上的衔接。在赋予地方或行业改革灵活性的同时，注意确立统一的支持性政策的标准，前后衔接一致。人员分流安置、社会保障补偿、财政税收优惠等方面要有统一的安排，不仅在同一批改革中标准一致，在不同批次的改革中也要保持一致性。

4. 细化分类，区别对待

从事生产经营活动的事业单位内部在业务性质、受众范围、社会需求等方面也有很大差别，在改革的大框架内还需对转企事业单位做更为细致的划分，有针对性地提供切实可行的政策支持。如对那些名存实亡、没有很大市场需求、基本依靠财政支持的经营性事业单位要进行清理和撤销，没有必要对其进行转企改制，但必须做好清理单位的人员安置和资产评估工作。科技领域的改革中涉及军工科技、国土资源勘查等单位的转企改制，由于这些单位的业务性质比较特殊，关乎国家领土安全、资源安全、科技安全，需要对转企改革有相应的特殊的政策安排，如保密政策等，以确保转企单位在市场化运作中不威胁到国家利益。文化领域中存在一些虽然从事生产经营活动，但受众范围比较狭窄的文化艺术团体（如某些少数民族地区的艺术单位），在转企改制之后，它们往往在市场化竞争中面临巨大的生存压力，如何为这些团体提供必要的政策支持，对于保护民族传统文化有着重要的意义，可考虑在严格审查的基础上，通过设置该领域的专项资金或者建立特色基金会等方式给予长期的支持，并辅助之做好宣传广告工作，扩大市场的影响力。类似的情况在转企事业单位改革中有很多，可根据具体情况，细化转企单位的分类，有区别地为之提供政策支持。

5. 创新方式，优化组合

建立和完善转企改制的政策支持体系，既需要在财政、税收、人事等方面量力而为，增大政策支持的力度，又需要在政策支持的具体方式上有所创新，在既有政策条件下实施优化和多元化的方式，使有限的政策资源对推动转企改革发挥更大的作用。比如，对于具有较大的市场发展潜力、但缺乏启动资金的转企改制单位，在转制初期可以适当的方式给予资产使用的优惠，并可以考虑提供贷款支持。走向市场的转企改制单位要与其他同行业企业展开市场业务的竞争，但业务范围上处于弱势，在这种情况下有必要保持转制前业务上的交办工作，通过业务资源的倾斜给予支持。这种支持既不增加成本，又保持了政策的衔接过渡。

6. 明确标准，限定时段

各项支持性政策必须有严格的时间和条件的限定，既不能无限期地支持，又不能无条件地支持，否则转企事业单位改革就会形成新的"怪胎"。当前正在推进的转企改制工作应明确两方面的标准：一是各项政策支持是有时间段限定的，在确定时间内政府要以各种方式为转企改制单位提供政策方面的有力支持，但到截止时间必须退出。二是支持性政策的提供必须是以转企改制单位符合一定条件为前提，否则不予支持。政府政策支持不是目的，而是手段，如果没有科学的标准和明确的时限，将有悖于转企事业单位改革的初衷和最终目的。

（课题组名单：王澜明、高小平、贾凌民、高书生、张丽娜、柏良泽、余兴安、赵鹏、曹胜、戴志颖）

政府服务类事业单位财政供养和财务管理制度改革

财政是实现政府职能的物质保障。政府服务类事业单位承担着部分政府行政职能和为政府服务的职能,是政府职能实现的有机组成部分。适应政府服务类事业单位改革的要求,适时推进公共财政体系改革,保证政府服务类事业单位的正常运转和功能有效发挥,是十分必要的。在改革财政体制的同时,进一步健全政府服务类事业单位的财务管理制度,使财政资金最大限度地发挥作用,提高财政资金的使用效率。

一 中国政府服务类事业单位财政供养制度的基本情况

财政供养制度的主要内容包括收入预算、支出预算、预算方式和编制方法、预算执行以及效果评价等,也就是经费从哪里来,花到哪里去,如何获得经费,如何运用经费,运用效果如何等问题。政府服务类事业单位要发挥其功能,同样要面临这些问题。我们结合几个具体单位来分析政府服务类事业单位财政供养制度的现状、特点以及存在的问题等基本情况。

(一) 政府服务类事业单位经费来源的结构分析

政府服务类事业单位主要指挂靠上级行政部门,依据法律、法规或政府委托,承担行政执行、执法监督、经济社会管理、研究咨询、后勤辅助职能,经费来源主要依靠财政供给的事业单位,按照承担的职能划分政府服务类事业单位的类型,主要包括管理类、执行类、中介类和服务类四种,它们承担的职能主要是社会服务、社会管理、社会沟通与协调以及社会评价与社会证明。从历史和当前来看,这四类事业单位的经费来源主要是财政拨款或事业收入，另外还有少量的经营收入及其他收入。我们从中央和地方分别选取了几个单位进行考察。

中央级政府服务类事业单位中以财政部下属的几个单位为例。财政部干部教育中心属于为财政部服务的培训机构，其经费来源几乎完全依赖财政拨款。2002 年和 2003 年预算收入分别合计为 2795 万元和 2664 万元，其中财政拨款分别为 2782.5 万元和 2656.8 万元，分别占预算收入的 99.6% 和 99.7%；而经营收入分别只有 12.5 万元和 7.2 万元，分别占预算收入的 0.4% 和 0.3%。作为会计资格签证类中介机构的财政部会计资格评价中心，其经费来源同样是以财政拨款为主。2002 年财政部会计资格评价中心的预算收入合计为 2324 万元，其中事业收入为 2294 万元，占预算收入的 98.7%，其他收入 30 万元，占预算收入的 1.3%；2003 年由于相关政策变化，经费来源发生重大变化，预算收入合计为 1141.6 万元，其中财政拨款为 754.9 万元，占预算收入的 66.1%，经营收入和其他收入分别为 360.3 万元和 26.4 万元，分别占预算收入的 31.6% 和 2.3%。而同样作为为社会服务的中介机构，中国注册会计师协会的经费第一来源为事业收入，2002 年和 2003 年预算收入合计分别为 11838 万元和 9923 万元，其中事业收入分别为 10617 万元和 6458 万元，分别占预算收入的 89.7% 和 65.1%；财政拨款分别为 50 万元和 2198 万元，分别占预算收入的 0.4% 和 22.2%；经营收入分别为 825.5 万元和 947 万元，分别占预算收入的 7.0% 和 9.5%；其他收入分别为 345.5 万元和 320 万元，分别占预算收入的 2.9% 和 3.2%。

表 1　2003 年财政部下属的三个事业单位经费来源构成

单位：万元

单位 \ 项目	预算收入合计	财政拨款	事业收入	经营收入	其他收入
财政部干部教育中心	2664	2656.8		7.2	
财政部会计资格评价中心	1141.6	754.9		360.3	26.4

续表

单位 \ 项目	预算收入合计	财政拨款	事业收入	经营收入	其他收入
中国注册会计师协会	9923	2198	6458	947	320

资料来源：根据三个单位2003年收入决算表制。

地方政府服务类事业单位，我们以山西省芮城县为例。芮城县把事业单位按经费来源不同划分为两类，一类是财政预算机构，另一类是经费自理机构。截至2003年底，芮城县共有事业单位306个，其中财政预算机构217个，占71%；经费自理机构89个，占29%。从事业单位承担的职能上看，除去科教文卫等传统的事业单位，明确属于管理类、执行类、中介类和服务类的政府服务类事业单位116个，其中财政预算机构72个，占61%；经费自理机构44个，占39%。地方政府服务类事业单位的经费来源也以财政拨款为主。

表2 2003年底芮城县政府服务类事业单位按经费来源分布

单位 \ 项目	机构总数	财政预算机构	经费自理机构
科学研究事业单位	1	1	0
农林牧水事业单位	69	48	21
交通事业单位	6	0	6
地震事业单位	1	1	0
环境保护事业单位	3	3	0
信息咨询事业单位	13	13	0
城建事业单位	9	1	8
社会福利事业单位	3	2	1
经济监督事业单位	9	3	6
机关后勤事业单位	2	0	2
合 计	116	72	44

注：除去教育、卫生、文化、广播事业单位外，还有83个其他事业单位因性质不明未做分析，其中有44个财政预算机构。

（二）政府服务类事业单位财政供养的基本状况

1. 财政投入情况

中国传统的公共服务供给制度是由政府直接承担全部社会事业的发展责任，基本方式是建立起包括政府服务类事业单位在内的各种类型的事业单位，政府直接进行投入并对其进行直接组织和管理。因此，在新中国成立后短短的几十年内，中国形成了功能初步完备的非常庞大的事业单位体系，基本上满足了经济社会发展的需要。在这个过程中，国家财政起到了决定性作用。例如，从"一五"到"九五"，每个国民经济五年计划对事业单位的投入都有大幅增长，有力地促进了各项事业的快速发展。"一五"期间国家财政对事业单位的投入只有227.32亿元，占同期财政总支出的17.2%；而到了"九五"，对事业单位的投入达到了15936.1亿元，是"一五"期间投入的70.1倍，占同期财政总支出的27.9%，比"一五"期间提高了10.7个百分点。2002年国家财政事业费支出达到了5789.97亿元，占当年财政总支出的26.3%。政府服务类事业单位由于其职能决定了与行政部门更为紧密，其财政直接供给的特征更为突出。部门事业费的投入增加情况，基本反映出政府服务类事业单位的投入情况。以农林水气象等部门事业费为例，"九五"期间的投入分别是"一五"的110.3倍，远远超过同期总事业费的增长情况。即使在经济体制改革开始后，部门事业费也在高速增长。仍以农林水气象等部门事业费为例，2002年这项费用达到了1102.7亿元，是1978年的14.3倍。

表3　国家财政"一五"至"九五"期间主要事业费投入

单位：亿元

时间\项目	地质勘探费	农林水气象等部门事业费	工交商等部门事业费	科教文卫事业费	抚恤和社会福利救济费	合计
"一五"	16.53	28.48	46.54	110.21	25.56	227.32
"二五"	37.37	115.42	74.64	193.54	33.80	454.77
"三五"	38.84	78.90	48.16	225.82	36.18	427.9

续表

时间\项目	地质勘探费	农林水气象等部门事业费	工交商等部门事业费	科教文卫事业费	抚恤和社会福利救济费	合计
"四五"	61.04	161	45.79	341.98	46.99	656.8
"五五"	97.61	345.73	89.09	576.68	104.16	1213.27
"六五"	124.30	437.19	141.21	1771.73	123.50	2597.93
"七五"	162.75	836.08	200.58	2439.40	219.39	3858.2
"八五"	261.92	1665.93	396.74	5203.97	419.64	7948.2
"九五"	396.87	3141.21	656.52	10907.16	834.34	15936.1

资料来源：根据历年《中国财政年鉴》计算。

2. 财政管理体制

中国对政府服务类事业单位的财政管理体制是整个国家财政管理体制的一个组成部分。新中国成立后国家财政体制变动频繁，仅在1994年分税制改革以前就有10次左右。在这个背景下，政府服务类事业单位财政管理体制也很不固定，但大致可以划分为三个阶段。一是计划经济时期的财政管理体制。这一时期基本上属于统收统支的供给制度，政府服务类事业单位的经费都是财政统一拨款，单位预算主要是注重合规性，只反映财政拨款收入和支出，单位没有经费自主权，事业单位的发展直接取决于取得的财政拨款的数目，单位对争取到的经费只注重使用，不重视使用效果。一句话，那个时期对政府服务类事业单位的财政管理是大而化之的，资金拨出去了，就几乎不再过问，认为它到了事业单位就能自动发挥作用。二是转型时期的财政管理体制。这个阶段大致是从改革开放到1998年前后，基本实行的是"预算包干"的财政供养制度。由财政部门根据实际情况核定当年拨款数额，由事业单位包干使用，结余留用，超支不补。1989年事业单位分类管理，政府服务类事业单位基本属于全额预算管理，仍然延续了财政直接供养的体制。到1997年，政府对事业单位实行"收支统管"的预算管理体制，也就是核定收支、定额或定项补助、超支不补、结余留存，不再分类管理。

管理体制的松动,一方面基本延续了财政供养的体制,另一方面,政府服务类事业单位也出现了经营收入等其他经费来源。三是公共财政体系下的管理体制。按照公共财政的要求,对财政资金的支出范围进行调整。政府服务类事业单位的财政供养制度改革进入了人们的视野,尤其是咨询服务、后勤服务、中介类等单位,在"公益性程度"的质疑下,改革的呼声越来越强烈。2000年,中央部门开始推行部门预算制度、国库集中支付制度、政府采购制度和"收支两条线"管理,政府服务类事业单位的财政资金使用和管理也得到了进一步规范。目前,部门预算正在进一步完善细化,在此基础上的对服务类事业单位的定员定额、项目预算也在探索之中。

(三) 目前政府服务类事业单位财政供养制度存在的问题

当前,事业单位财政供养制度积累了许多问题,总体看来,财政负担不断增加与财政资金浪费严重问题并存,这反映出制度和管理上的许多问题。就政府服务类事业单位来看,主要存在以下几个方面问题:一是预算管理制度细化不够,事业单位的经费来源缺乏法律保障。当前的预算管理体制下,许多政府服务类事业单位不是一级预算单位,而是部门预算下的二级或者更间接的预算主体,但是目前部门预算还不够细化,作为行政部门下属的事业单位,经费来源的规范化还不能完全保证。二是预算与职能脱节,财政拨款具有相当的随意性和盲目性。对事业单位承担的职能界定模糊,对其所需经费缺乏客观的评价标准,财政拨款数额与其"争取"的努力程度高度相关,造成财力分配不合理,财政资金使用效益低。三是财政拨款方式单一,对事业单位的激励不足。出于管理上的便利,对政府服务类事业单位的财政供养至今仍然以直接拨款为主,助长了事业单位的"等、靠、要"思想,对于资金节约和资金效用最大化的激励不足。四是缺乏科学完善的财政支出绩效评价体系。事业单位对财政资金的使用是否合理,财政资金发挥的效益如何,没有正式的制度化、规范化的评价,在财政资金使用的管理上存在很大漏洞。对于这些问题,应该尽快通过改革予以解决。

二　政府服务类事业单位财务管理制度的基本情况

事业单位财务管理制度主要是指事业会计制度。事业单位会计在我国会计体系中的地位如图1所示。

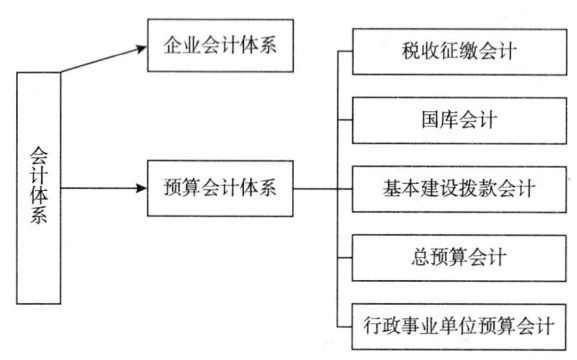

```
                    ┌─── 企业会计体系 ──── 税收征缴会计
                    │
                    │                    国库会计
    会计体系 ───────┤
                    │                    基本建设拨款会计
                    │
                    └─── 预算会计体系 ─── 总预算会计

                                         行政事业单位预算会计
```

图1　我国会计体系

（一）历史沿革及现状

事业单位会计一开始属于政府会计。当时事业单位和行政单位统称机关，执行同一会计制度。1985年《会计法》实施以来，财政部先后于1989年、1996年、1998年颁布了多部事业单位预算会计制度和财务规则，这些制度规则逐步使事业单位会计制度与行政机关的会计制度区别开来。事业单位的资产管理和收入支出管理变得越来越重要。目前的财务规则重点就预算管理、收入支出管理、资产管理等方面作出了规定。目前事业单位的会计核算基础主要采取现金收付制，对于经营性收支活动采取权责发生制，因此可以认为是修订的现金收付制。

（二）现行财务管理制度主要存在的问题

1. 资产管理混乱，管理制度很不完善

一些事业单位对资产管理重视不够，没有建立相应的管理制度，资产管理与财务管理脱节，形成了大量账外资产，有的账外资产竟比账内资产还多，账实不符、资产闲置以及资产处置行为不规范等问题突出，给国有资产流失提供了土壤和便利条件。

2. 重收入、轻支出，资金使用效率低下

许多事业单位"等、靠、要"思想根深蒂固，对经费要求宁多勿缺，热衷于打报告、走关系，千方百计争取财政资金，形成了自己的"自留地"，而对于资金的使用，则随意性较大，不仅造成资金浪费，而且积累了大量财务风险。

3. 成本效益观念欠缺，甚至出现成本最大化倾向

许多事业单位的绩效水平高低主要不在于经济效益而在于社会效益，比如服务实力和质量、社会声望和影响。这些需要投入物质作为基础，投入越多，服务实力越强，社会影响越大，也为进一步争取更多的财政资金提供了借口。在这种循环机制下，许多事业单位成本核算和成本控制动机缺失，甚至有成本最大化倾向。

4. 会计信息失真现象比较严重，不能全面反映财务状况

许多事业单位的会计信息披露与《事业单位会计准则》规定的要求差距很大。比如，《事业单位会计准则》规定，事业单位往来款项应在年终前清理完毕，及时转入有关账户，编入本年决算。但实际工作中，由于通常按照收付实现制处理账务，一些本应当年列支的款项可能会由于无法结清，要到下年度实际报销时列支，不仅不能保证当年结余以及结余分配的真实性，也会影响下年度结余数的确认。这也为蓄意挂账创造了空间，甚至出现账目混乱、诱发做假账等问题。

(三) 事业单位财务管理制度问题的成因分析

政府服务类事业单位财务管理制度存在的这些问题，有着深层的制度或体制原因。

1. 事业单位法人自主权得不到真正落实，治理结构不健全，受托责任不明确，致使不能形成规范的财务管理制度和强有力的约束机制

长期以来，许多政府服务类事业单位被看成政府行政部门的附属物，政府行政部门对事业单位管得过多过细，甚至把事业单位当成"取款机""小金库"，既影响了事业单位的自主权利，使其处于被动地位，又没有对其形成有效的监督。主管部门与事业单位之间的委托—代理关系被模糊、淡化，角色缺位、错位，

财务管理混乱。

2. 现行的主要以收付实现制为基础的会计制度存在一定缺陷，使得制度诱致会计信息失真成为可能

采取收付实现制，会计只能确认实际收到现金或付出现金的交易事项。长期的会计实践证明，这种核算基础虽然简便明了，便于安排预算拨款和支出进度，但是也存在明显缺陷，主要是：不能如实反映单位收支、结余以及应收或应付款项等资产和负债，不能完整反映财务实际情况，可能因为会计信息缺失导致财务危机或损失；只能反映现金运动，不能反映单位全面资金运动，造成已经发生却没有现金流动的业务不能在会计中得到反映；无法客观进行财务收支与收入在会计期间的配比，不利于评价收支结余的性质，而且财务成果易于被有意操纵，等等。

3. 会计科目体系不完善，在制度上给账务处理随意性留下了空间

现行事业单位会计制度是围绕事业单位日常发生的收支事项而设置的核算科目，同时也适当设置了面向市场的收支事项核算科目。随着实践的检验，这个体系暴露出了条目过少、留下许多制度空白的缺陷，我国现行会计科目只有100条左右，而法国的会计核算科目达1100多条。由于一些业务没有在制度上设置核算科目，势必会造成相应账务处理的随意性。这种随意性也会出现在另一种情况：有些核算科目很笼统，结果这些科目汇集了大量的收支事项，甚至包括了不少违背制度的收支事项。

三 西方国家政府服务事业法人财政供养制度与财务管理制度的基本状况

我国的政府服务类事业单位分为管理类、执行类、中介类和服务类四种，主要承担着部分行政职能或为政府服务的职能，如从事监管、资质认证、质检、鉴证及机关后勤服务等活动，虽然与政府职能紧密相关，受托或代理承担政府公共管理职能，履行公共服务职能，但又不归入政府部门系列。而在西方国家，这些职能主要是由各类执行机构、法定机构、非部门政府实体等承担的，因此我国的管理类和执行类事业单位大致类似于西方国家的代理机构、执行机构等。在我国，政府部门与事业单位分属于行政、事业两种编制，而西方国家则是在大部制体制下的"核心司"、"核心局"与执行机构的关系；从这类机构的经费来源看，几乎都是财政直接拨款，在财政供养制度上，西方发达国家大都采用了绩效预算制度，这是 20 世纪后期新公共管理运动的结果，在决策—执行分离体制下，执行机构的职能和业绩可度量程度提高，使得绩效预算制度的实施成为可能。但是有些行业监管类机构，也不需要财政拨款，比如，瑞典的会计师监督委员会，它虽然属于政府机构，但是它的经费主要来源于申请费和注册登记费、年会费以及考试报名费等收费。而对于中介类和服务类两种事业单位，就我们了解的文献资料来看，情况很不一样，西方的中介组织如商会、学会、协会等几乎都能在财政资源以外找到自己的经费来源，对于重大科学或者发展研究，国家会有经费补贴支持，至于后勤等服务，他们更喜欢的方式是向市场购买。

（一）绩效预算

1. 人员经费预算

不同国家控制公共部门人员经费的方法不尽相同，有些国家控制总的编制，而有些国家还要同时控制工资水平和职务级别。许多国家对于人员经费的监管比较严格，超过预算需要国会批准。但是在预算控制范围内也有一定灵活性，必要时管理者有权重新分配，也可以从准备金或者节省经费中获得机动资金。德国公共部门的人员经费制度是统一的，包括联邦、州和地方政府，以及科研教育机构、医院和各种国有企业，人员数量和级别变化须由国会批准，人员经费还需要联邦审计署审计。澳大利亚对部门机构实行的是"运行成本安排"现金额度制，管理者可以在现金额度内机动控制人员数量和级别，政府只对高级管理者作出控制。英国实施的是规定运行成本上限的成本控制，但是同时规定工资成本在运行成本中占的比例可以达到一半。

2. 公共部门业绩预算

许多经济合作与发展组织（简称 OECD）国家都实行了计划、预算与绩效联系在一起的类似体制。新西兰是实行这种体制最彻底的国家，它的拨款体制就是以业绩为基础。而更多国家则没有达到这样的程度，比如澳大利亚、美国等国家，它们实施绩效预算也比较成功，但是它们的主流观点则认为，业绩导向的预算模式目的在于改变管理风格和行为，增强对业绩的激励，而不是为了改进预算程序如何分配资金本身。这些国家共同的地方就是它们都建立起了包括业绩目标、业绩预算、业绩合同、业绩报告以及业绩评价在内的一套绩效预算体系，并且取得了良好的效果。

（二）对科学和发展研究的支持

科学和发展研究的重要性不言而喻，西方国家对于科学和发展研究的支持大概有分散型和集中型两种模式，美国和日本是这两种类型的典型代表。美国的科研单位有些是政府直接拨款建立并且直接管理，但更多是由企业、大学以及非营利组织举办，它的经费支持则是列入预算，但是供给模式则主要采取引入竞争方式，由需求方提出申请，经过严格评审，有重点、有目标地以合同方式分配资金，并且追求使用效益和核算回收。日本对科学和发展研究的主导主要体现在官方直接承担对社会经济发展作用大、对科技进步影响深远的重大课题。日本从内阁到各省、厅以及科研单位，都直接设有咨询机构，为政府决策提供咨询和建议，并对政策、法令、规划、目标进行评审。

（三）会计制度改革

20 世纪 90 年代以来，随着新公共管理运动的发展和各国公共财政管理的改革，在政府预算会计中一直占有绝对性地位的传统收付实现制会计确认基础越来越不能适应管理的需要，于是权责发生制（也称应计制）逐步被引入政府预算和会计中，将其作为提高政府部门绩效、防范财政风险和加强政府受托责任的重要方法。目前，OECD 国家中已有一半以上的国家在政府预算和会计中不同程度地采用了权责发生制，还有更多的国家正在计划进行这一方面的改革。很多国家认为，这一转变为提高政府财政效率提供了更全面的信息和更有效的激励。这是对政府会计长期实行现金收付制度的修正。

四 政府服务类事业单位财政供养制度改革

（一）政府服务类事业单位财政供养制度改革的基本目标

政府服务类事业单位财政供养制度改革不是要取消或单纯减少财政供养，而是要通过分类改革，改变财政供养模式，改善政府服务类事业单位的管理行为，改进工作效率和服务质量，使得资金分配与职能相匹配，起到促进实现职能的作用，最大限度地提高财政资金的使用效果，从而建立起公共财政框架下高效规范的政府服务类事业单位财政供养制度。

（二）政府服务类事业单位财政供养方式改革的原则和措施

政府服务类事业单位财政供养制度改革的基本原则是分类进行，区别不同性质的单位，分别确定财政供养原则。监督管理类事业单位如证监会、银监会、会计资格评价中心等，事业收费完全可以维持或者远超过其运行成本，因而可以取消财政直接拨款，代之以建立科学规范的收费制度，通过"收支两条线"管理，使得事业费收入取代财政直接拨款，成为其经费主要来源；执行类事业单位由于承担了某项具体政府操作职能或是承担了专业技术事务，其经费应该主要由财政拨款供养，建立起绩效预算制度；中介类事业单位包括了行业协会、学会等，它们应该主要通过向会员提供收费服务获取经费，同时鼓励它们多渠道获得经费比如捐助、专门基金等，政府尽可能提供政策等方面的支持，必要时（比如承担协调实施国家产业发展战略和政策或者承担关系国家重大产业利益协调活动时）直接由政府提供财政资金支持；服务类事业单位由于直接为政府提供服务，其经费来源应该主要来自政府，但是在资金供给的方式上要引入竞争机制，通过合同、招标等形式提供财政资金，同时鼓励他们多渠道获得收入，使他们对内搞好服务，对外搞好经营。

供养方式改革的具体措施主要有以下几个。

1. 实行绩效预算

对于纳入公共预算的管理类和执行类事业单位，由于承担的职能比较明确、稳定和具体，考核指标比较容易设置，因此可以采用绩效预算的方法。一是在预算编制上，在当前部门预算比较成熟的编制方法基础上，重点推行"零基+绩效"的办法，人员经费定员定额，预算实行职能经费基本预算与项目或专项预算相结合，在提出预算的同时，提交绩效评价指标体系；二是在预算执行上，进一步深化、完善"国库集中支付""政府采购"和"收支两条线"等管理办法，强化预算执行的过程监督；三是在预算执行结果上，进行财政支出绩效评价，对事业单位的职能发挥、财政资金的使用效益进行评价，评价结果作为督察考核和次年预算调整的主要依据。

2. 引入竞争机制

对于服务类事业单位，在财政资金的拨付上，按照"花钱买服务的思路"编制预算，先计算出所需服务项目的平均成本，然后根据年度要求达到的服务质量目标来确定预算，最后根据实际考核后达到的效果确定应拨款数额。

3. 财政补贴

对于部分纳入预算拨款的中介类事业单位，由于其经费来源多元化，很难对其进行综合绩效评价，财政在对其支持的方式上，可以采取专项预算或者项目预算的方法，以便于评价和监督，比如，行业协会承担某项产业政策协调职能时，可以给予专项预算拨款。

五　政府服务事业法人财务管理制度改革

（一）政府服务事业法人财务管理制度的基本特点

政府类事业单位及其资金运动性质，决定了事业单位财务与会计管理具有如下特点。

1. 较强的政策性

政府服务类事业单位作为受托执行政府职能或者为政府服务的机构，其资金主要依靠财政支出，带有很强的政策性，因此财务管理既要执行各项方针、政策，又要严格执行各项财务规章制度和财经纪律，依法理财，合理有效地使用每一笔资金。

2. 预算管理的主导性

政府服务类事业单位的财务收支主要是通过预算进行管理的，从年初的预算编制，到预算执行，直到年终的预算执行情况总结和分析，主要是围绕预算管理进行的，预算管理是财务管理的中心。

3. 财政资金的无偿性

财政部门通过预算向事业单位分配的资金，不属于投资性资金，政府服务类事业单位作为具体职能的承担者，获得财政资金不以经营为目的。

4. 管理方法的多样性

政府服务类事业单位种类比较多，业务特点也不尽相同，财政部门根据其业务特点确定不同的财政供养模式；各事业单位财务收支状况有着较大差异，需要在严格执行国家统一财务会计制度的基础上，结合自身业务特点，制定相应的内部财务会计管理办法。

（二）进一步健全完善政府服务类事业单位的财务管理制度

1. 真正赋予政府服务类事业单位法人权利，进一步理顺政府与事业单位的财务关系，为政府服务类事业法人建立起规范的财务管理制度提供法律和制度保障

一方面，通过决策执行相分离的办法，把政府服务类事业单位改组为政府服务事业法人，改变事业单位对行政部门的依附地位；另一方面，建立起"契约"和"合同"关系，在财务上的管理方式也由"事前事中事后管制"转变为以"预算分配、过程监督、结果评价"为主的新型财务关系。

2. 逐步用权责发生制会计替代收付实现制会计，同时进一步细化完善会计科目设置，为规范的财务管理提供技术制度支持

收付实现制能简明地计量主体在某个期间内收到现金与付出现金之间的差额，但不能反映非现金资产和负债信息，不能全面反映公共服务的成本和绩效；权责发生制能更好地计量成果与付出努力的关系，因为它是对主体创造价值的一个全面的总结。政府服务类事业单位虽然不是以经营为主，但是随着管理方式和财政供养制度竞争机制的引入，以及有些单位把经营活动作为收入来源的补充，采用权责发生制会计基础成为必要。同时我国政府预算和会计环境正在发生一系列的重要变化，如：政府职能逐渐向公共产品提供和宏观调控转化；财政收支内容和形式更加多样化；进行了部门预算编制、国库集中收付制度和政府采购制度等预算管理制度改革；政府会计信息使用者的范围不断扩大，对政府会计信息内容和质量的要求不断提高等等；这些变化对会计采用权责发生制提出了要求。具体实践推行方式上，各国情况不尽相同，有的直接一步到位，也有的渐进实行权责发生制。我国处在市场经济不断完善和深化的转轨时期，会计核算基础改革不可能一蹴而就，只能先对收付实现制进行权责发生制式的修正，再逐渐推广权责发生制。会计科目设置也要适应收支事项变化的需要，进一步细化，科学设置，以适应提高会计信息质量的要求。

3. 加强政府服务事业法人国有资产管理

加强政府服务类事业单位国有资产管理，核心是提高资产使用效率，使其发挥最大效益，防止国有资产闲置浪费和流失。政府服务类事业单位的国有资产属于行政事业性资产，不同于企业经营性国有资产在运营目标上的赢利性、增值性及运营方式上的竞争性，其存在的主要目的在于为单位或组织履行相应的职责与实现相关的功能提供物质基础而非形成经营性收益，其运营的目标侧重于实物形态上的安全性与完整性以及社会效用与功能的发挥。因此，在加强管理过程中要充分考虑其这一特点。

加强政府服务类事业单位的国有资产管理，就是要通过建立健全国有资产管理制度，使资产管理工作逐步走向规范化、制度化和法制化，具体要重点抓好以下几个方面：一是制定科学合理的资产配置办法。政府服务类事业单位取得国有资产是为了保证其正常履行所承担的职能职责，及时完成所承担的工作任务。一个单位或组织需要购置何种资产、如何配置与处置资产，应当充分分析其存量资产的现状及其履行工作职能的需要，并将二者进行科学的匹配，防止在资产配置上的盲目攀比、盲目扩张，造成资源浪费。在科学配置的基础上，建立起国有资产的调剂制度，对于各事业性单位与组织需要新购与新建的资产，应尽力从现有资产中调剂，并以此提高资产配置的效率，必要时，将行政管理与市场化经营进行有机结合，鼓励与促进资产占用单位通过资产使用权转让的方式及时将闲置资产转化成有效资源。二是加强国有资产的日常管理工作。各单位在日常资产管理中，要建立健全制度，对固定资产的购买、使用以及处置等都要作出规范的、操作性强的具体规定，定期进行清查，做到"账账相符、账实相符、账表相符"，真正形成一本"明白账"。三是加强非经营性资产转经营性资产的管理。一般来说，大多政府服务类的国有资产不是用于经营目的的。但是由于特定背景下确实需要将非经营资产转为经营性资产的，要坚持"依法申报、规范管理、有偿使用、强化责任"的原则，从严把握，严禁通过变相变卖、转移国有资产为个人或小集团谋私利的行为，防止国有资产流失。四是加快事业单位国有资产管理的法制建设。法律法规的真空与滞后必将导致约束缺乏，这点在行政事业性国有资产管理中将会体现得更为明显，而相关政策导向的缺失或既定政策的科学性不足，则将会影响改革的进程与成效，而且，必要的法律法规与政策体系的完善也是行政事业性单位与组织治理文化及其适应性建设的重要基础。

4. 进一步强化预算管理，建立科学的收入支出管理制度

预算是加强收支管理的主要手段和方法。通过预算管理，可以全面反映各项财务收支状况，有利于控制和提高财务管理水平。收入预算编制一方面以预期业绩为基础，使预算资金与承担的职能或任务匹配，发挥自己的最大效益，另一方面强化对增加收入的激励。通过预算强化支出管理，使得繁杂的支出项目有支出依据，也有利于防止随意支出和对预算资金及国有资产的有意侵害。预算管理可以为财务评价提供基础，防范财务风险。

5. 树立成本效益观念，适当引入成本核算制度

事业单位财务制度强调了会计监督责任，实际上是强调了社会效益而忽略经济效益，但问题不在于不追求经济效益，而是这样的体制影响了管理行为，使得经费使用效益低下，影响了事业单位的职能发挥。成本效益核算作为企业财务管理的一项基本内容，在事业单位强调管理创新、引入市场机制的背景下，也进入事业单位财务管理的视野。事业单位的成本核算主要是遵循成本最小化原则，控制费用开支水平。成本核算主要包括开支的节约、合规性、必要性以及有效性，以便达到优化支出。

6. 进一步提高会计信息质量，建立绩效导向的财务评价制度

从外部监督、内部控制、制度建设以及会计诚信教育等多方面入手，不断改进会计信息质量。在此基础上，建立起绩效导向的财务评价制度。新的财务评价体系既包括差异分析、定量分析、责任成本等管理会计方法的引入，也包括对会计委派和审计制度的进一步强化，还要改进财务报告体系，改进报表编制方法和充实新的财务报表，充分反映各个财务管理环节。

（课题组名单：顾问：郭济、龚禄根、寻环中；组长：高小平；常务副组长：贾凌民；成员：张丽娜、李军鹏、张晓天、王名、左然、吴刚、余兴安、孙垂江、吕旺实、孙庆华、靳江好、鲍静、张学栋、沈荣华、储松燕、胡仙芝、赵鹏、张定安、李珊；主要执笔人：孙庆华）

政府服务类事业单位人事制度改革

我国政府服务类事业单位承担着许多社会管理和公共服务职能，在协助政府提高工作效能、促进经济发展和社会进步方面发挥了不可替代的推进作用。人事制度改革是政府服务类事业单位改革的关键环节。目前，我国政府服务类事业单位人事制度虽然已历经多方面的改革，但仍然存在一些问题，如政事关系不明确，岗位设置不规范，人员任用和管理、监督机制不健全，绩效考评缺少科学化，缺乏完善配套的法律法规保障，未聘人员安置困难，等等。本文在阐述政府服务类事业单位人事制度基本特点和改革历程的基础上，对当前政府服务类事业单位人事制度的现状和问题进行了分析讨论，进而尝试提出了有关改革的方向和思路。

一 传统政府服务类事业单位人事制度的特点与改革目标

（一）传统政府服务类事业单位人事制度的基本特点

政府服务类事业单位主要指直接隶属上级行政部门，依据法律、法规或政府委托，承担行政执行、执法监督、经济社会管理、研究咨询、后勤辅助职能，经费来源主要依靠财政供给的事业单位。政府服务类事业单位与政府职能紧密相关，受托或代理承担政府公共管理职能与公共服务职能，但又不归入政府部门系列。其范围大体包括政府及其各部门的直属事业单位、监管执法执行机构、全国性与省级以上的学会与协会等。由于功能的特殊性，以及同行政机关之间的传统附属关系，政府服务类事业单位的人事制度不同于公共企业和公共服务事业单位（如教育、科技、文化等提供公共服务产品的单位），主要具有以下几个方面的特点。

1. 国家是政府服务类事业单位的直接用人主体

国家规定统一的人事制度，规定政府服务事业单位（实质是国家）与其工作人员的关系；国家确定事业单位人员编制，运用计划与行政指令手段调配人员，国家统一制定工资制度和工资标准；政府服务事业单位没有独立的用人权，经费由国家财政供给，它们是为政府服务或代表国家为社会提供服务的机构，因而政府才是其真正的用人主体。

2. 与行政机关人事制度雷同

传统的政府服务类事业单位与国家机关实行一体化的人事制度，其管理人员与专业技术人员同属于国家干部，执行与国家机关相同的干部人事制度；政府服务类事业单位工作人员与国家机关工作人员在任用关系、奖惩考核、工资分配、福利保障等方面基本相近。

3. 政府服务类事业单位工作人员与国家的任用关系属于公职关系

从行政法的角度看，政府服务类事业单位工作人员与国家之间的关系属于行政法律范畴的行政任用关系，而非平等主体间的劳动雇佣关系，其工作人员属于国家公职人员，人事制度则属于国家公职人员制度。但我国法律规定所有事业单位都不属于国家机关，事业单位没有被明确赋予行政主体的法律地位，其工作人员不具有国家机关工作人员身份，也不适用国家公务员制度，因而政府服务类事业单位人事制度是一种不同于国家公务员制度的特殊公职制度。

（二）我国政府服务类事业单位人事制度的改革历程

由于政府服务类事业单位与国家机关单位关系密切、管理体制类似，其人事制度亦与行政机关雷同，是计划经济体制下大一统的干部人事制度、机关事业单位人事制度的组成部分。改革开放之后，经历一系列人事制度的局部改革与调整，政府服务类事业单位形成了一种特殊的、相对独立的公职人员制度。具体而言，其改革经历了三个阶段。

第一阶段（1978~1987年）：除弊与重建时期。党的十一届三中全会后，传统人事制度中那种缺乏正常的录用、奖惩、退休、淘汰办法的问题日渐突出，严重影响了全党工作重心的转移。这一阶段改革的关键是建立健全干部的选拔、录用、任免、考核、轮换等制度，根据不同的情况作出不同的规定。

第二阶段（1987~2000年）：改革探索时期。党的十三大提出了我国干部人事制度改革的总体构想，就是要改革集中统一管理的现状，建立科学的分类管理体制；改革缺乏民主法制的现状，实现干部人事的依法管理和公开监督。1987年3月，中共中央、国务院发布《关于制止机构、编制和干部队伍膨胀的通知》，《通知》提出，企业、事业单位和乡镇机关所需干部，除国家统配人员外，都应采取选举制或聘用制办法解决。

1993年8月，《国家公务员暂行条例》颁布，国家公务员制度从大一统的干部人事制度中剥离出来；与此同时，国有企业人事制度经过不断改革，形成了相对独立的制度体系；事业单位人事制度改革也在艰难的探索中前行。分类管理的人事管理体制的基础基本奠定。1995年在郑州召开全国事业单位机构和人事制度改革工作会议，这是新中国成立以来第一次专门研究、部署事业单位管理体制与人事制度改革工作的全国会议。会议提出了有关改革的总体思路及一系列政策措施。1996年7月，中共中央办公厅、国务院办公厅印发《中央机构编制委员会关于事业单位机构改革若干问题的意见》，更进一步明确了事业单位改革的方向。随后，以结构调整及体制转轨为主要内容的事业单位改革在较大的范围内展开，如高等院校布局结构的调整、技术开发型科研机构的转制、文艺表演院团的市场化改革等，均取得了较为显著的成效。但事业单位人事制度的改革在整个20世纪90年代后期都显得相对迟缓。

第三阶段（2000年至今）：全面推进时期。2000年7月，中组部、人事部发布《关于加快推进事业单位改革的意见》，明确了事业单位改革的目标任务，即适应事业单位体制改革的要求，建立政事职责分开、单位自主用人、人员自主择业、政府依法管理、配套措施完善的分类管理体制；以及建立一套适合科、教、文、卫等各类事业单位特点，符合专业技术人员、管理人员和工勤人员各自岗位要求的具体管理制度。同时，将事业单位人事制度改革的基本思路归纳为"脱钩、分类、放权、搞活"。2002年7月，国务院办公厅转发人事部《关于在事业单位试行人员聘用制度的意见》，对事业单位人事制度中的基本制度——聘用制的制度框架与实施办法作了具体规定。这期间，人事部还会同中组部、中宣部、科技部、教育部、文化部、卫生部、国家广电总局发布了一系列不同行业事业单位人事制度改革的实施意见。自21世纪伊始，事业单位人事制度改革在较全面的意义上展开。

（三）改革目标定位

政府服务类事业单位人事制度改革的目标，应参照国家事业单位人事制度改革的总体目标进行定位，同时注重政府服务类事业单位人事制度自身的特点。当前的改革目标是：建立独立规范的政府服务事业单位法人人事制度，具体说来就是建立政事职责分开、单位自主用人、以聘用制为基础导向、配套措施完善、体系健全的人事制度管理体制，形成政事分开、单位拥有用人自主权、科学考核评价、工资分配制度完善、社会保障和法律法规配套的用人机制。

二 目前政府服务类事业单位人事制度的现状和问题分析

1. 政事关系不明确

由于传统机制的影响，政府服务类事业单位事实上不具有独立的法律地位，在很大程度上，政府主管部门仍持有对其资源的分配权、对人员的任免权和管理权等。就其实质而言，政府服务类事业单位成为所属政府机关的附庸，政府机关对事业单位管理的无处不在使二者的关系混沌不清，比如，在某些部门经常出现行政编制对事业编制的随意挤占。国家对政府服务类事业单位的管理，基本采取了对行政机关管理的办法，在机构编制、人员任用、工资分配等方面，都作出了与行政机关大体相同的规定，从而形成了主管部门对其管得过多、过死，导致其内部机制不完善、缺乏活力的局面。

2. 领导人员任用体制和内部治理结构不能适应市场经济发展和民主管理的要求

政府服务类事业单位的行政领导，主要是由上级直接委派、任命，实行与行政机关相同的行政化领导体制，内部治理机构重叠、职能交叉、关系不顺的现象较为普遍地存在。主要有两方面的问题：首先，大多数政府服务类事业单位领导人员从选拔、任用到管理教育，没有体现分层分类管理的要求，仍然采用与行政机关雷同的等级架构，并按行政级别提要求、抓管理，管理模式包括选择标准、任免程序、日常管理评价与党政机关的模式相同。这种任用和管理体制忽视了政府服务类事业单位自身的特点，体现不了事业单位的工作性质和特点，而且往往会形成外行领导内行的局面。其次，对领导权力缺少制衡。这种单一的委任制存在许多制度性和管理性缺陷，缺乏必要的民主机制和民主程序，对领导人员缺乏监督，容易造成领导的专制和事业单位运作效率的低下，显然不能适应市场经济发展的要求。

3. 用人机制不规范，组织架构与岗位设置不合理

当前政府服务类事业单位的人事任免存在许多不规范的操作，用人机制没有理顺。一是领导干部能上不能下的矛盾没能解决，没有打破干部职务的终身制；二是干部任免中虽然不乏制度化的组织程序，但缺乏强有力的、保证其程序按规定运行的手段；三是管人与管事脱节的现象依然严重存在；四是人员交流问题没能较好解决。目前，政府服务类事业单位的机构编制和岗位设置仍停留在静态管理阶段，编制标准相对滞后，编制和岗位设置不合理，难以因应市场经济的发展要求。

4. 考核考评标准不明确，手段不科学，可信度不高

近年来在人事管理工作中，绩效考核确实起到了激发潜能、提高素质、才尽其用的作用。但就目前政府服务类事业单位的考核工作而言，还存在着标准不明确、手段不科学等问题。首先是考核考评标准不明确，方法不完善，缺少可操作性，各单位的考核工作均不同程度地存在考核标准笼统、考核缺少客观公正性的问题，轮流坐庄、以票取人成为一些单位草率应付考核的方法；其次是考核结论随意，缺乏可信度，特别是在一些单位还大量存在"好人主义"考核，也就是"你好我好大家好"，这使得考核完全流于形式，考核的质量和效果更无从谈起。

5. 工资分配中平均主义仍然严重，工资结构不尽合理

第一，工资分配中平均主义严重。政府服务类事业单位的工资来源严重依赖于国家财政，一方面加重了国家财政负担，另一方面也导致了工资分配中的平均主义现象出现。虽然历经改革，但长期形成的一些思想观念在领导和群众头脑中还大量存在，干好干坏一个样、工资能高不能低、奖金能多不能少、平均主义大分配的不良现象还大量存在。第二，工资结构不合理，"活工资"没有起到激励作用。在现行的工资分配制度中，工资结构不合理主要表现在不同职级人员之间的固定工资级差过小，没有真正反映不同职级人员承担职责大小的差别，这对工作人员主动承担更大的职责、主动提高自己专业技术水平的激励作用不明显。另外，现行的政府服务类事业单位工资分配制度中虽然设置了津贴、奖金等"活工资"成分，但由于长期以来我国在工资分配中存在平均主义，"大锅饭"思想根深蒂固，大多数人对"活工资"缺乏正确的认识和理解，认为活工资是自己工资的组成部分，因而很多事业单位都没有出台相应的"活工资"分配措施，"活工资"没有活起来，没有起到工资的激励作用。第三，与上述现象同时存在的是，制度性工资之外的收入分配处于严重的无序状态。一些单位或钻政策的空子，或"打擦边球"，政府主管部门控制乏力。第四，工资制度的改革没有与其他相关制度的改革配套推进。近几年，随着福利货币化改革方向的确定，机关、事业单位住房、医疗、养老等各项制度改革都在加快，但工资制度改革没有与之相配套，导致工资制度中的一些矛盾进一步尖锐。

6. 人事管理自主权没有完全下放，人才流动难

由于传统管理体制的延续，政府服务类事业单位仍附属于主管部门，政府对其人事管理有着完全的主导权，这对政府服务类事业单位的人事制度影响比较深刻。当前有些政府部门对政府服

务事业单位仍然管得过多过死，该下放的人事管理权没有下放或被截留了，特别是对一些自收自支的本应放开的事业单位，主管部门对其机构编制、职称评聘、工资分配等仍然管得太多。

7. 人事制度缺乏完善配套的法律法规保障，同时监督机制不健全

政府服务类事业单位自身没有独立的人事制度管理体系，许多管理的规则和程序都是套用党政机关的相关制度，在现实中出现了许多问题。一是事业编制管理的法律、法规不够健全。自新中国成立至今，我国始终没有形成机构编制管理的专项法律、法规，只是在有关的组织法中对编制管理作过一些原则性的规定。由于宪法和组织法的法律特性及其立法上的要求，不可能将机构编制管理的所有规范都纳入宪法和组织法之中。因此，宪法和组织法中有关机构管理的原则性规定，就缺乏相应的法律、法规与之配套，没有形成机构编制管理的法律体系。二是人事立法的实体基础不够稳定。事业机构设置和编制配备的设撤增减，缺乏科学的依据和标准，许多是凭领导人的主管臆断，或上级机关部门的干预，变化频繁，稳定性差。加之机构编制管理的某些方法比较粗糙，刚性不强，客观上也增加了用法律形式进行规范的难度。三是人事管理上的"人治"现象十分突出，监督不力。由于没有明确的法律依据和科学的审批标准，在人事管理中存在凭经验办事和凭关系办事等倾向，增减失度，经常出现因人设事，因人设岗的现象，而在制度设计中又缺少有效的监督机制。

8. 未聘人员安置困难

政府服务类事业单位推行聘用制后，人员队伍得以精简，但是随之而来的未聘人员安置工作成为一大难题，相当多的单位由于消化渠道过窄，单靠自身难以解决好未聘人员的安置工作。在实行聘用制改革后，迫于种种原因和压力，许多单位不得不将原本"优化"出去的人员通过各种途径再"组合"进来。未聘人员安置困难，主要的原因应该是事业单位整个系统改革的不配套，以及外部条件的不具备。如果不能很好地解决未聘人员的出路问题，单位对职工还是一管到底，实际上还是没有解决人员能进不能出的实质问题，改革也就没有了实际意义，还有可能造成许多不稳定因素。

9. 相关的社会保险制度改革滞后

人员精简难，离退休人员包袱重，使一些事业单位的改革与发展举步维艰，而这类问题的解决有赖于与事业单位相适应的社会保险制度的建立。近年来，尽管各地作了一些有益的探索，但统一的事业单位社会保险制度至今未能出台。这一领域改革的迟滞，已成为事业单位各项改革推进的"瓶颈性"因素。

三 政府服务类事业单位改革环境分析

（一）改革的大环境与改革动力

1. 社会主义市场经济体制的基本建立

我国经过长期的改革开放，已基本建立起社会主义市场经济体制，但从总体来看，我国的事业单位改革严重落后于经济体制改革。在市场经济体制的背景下，政府的功能发生转变，对经济的管理由微观管理转变为宏观管理，这样，原来管理模式单一的事业单位管理体制很快被打破，一些与市场紧密相连的事业单位已率先走向市场，脱离原来政府的直接管理序列，成为市场主体。伴随着党政机构改革的深入和我国现代企业制度的逐步建立，政府服务类事业单位也面临着功能的更明确定位与管理体制的重塑的问题。

2. 加入WTO后的挑战与机遇

在传统的行政管理体制中，政府服务类事业单位定位于"非物质生产和劳动服务"的组织，与直接的经济生产脱钩，由国家财政完全负担。但是，"入世"对我国政府功能、事业单位制度提出了巨大的挑战。这促使我国对各类事业单位进行改革，而事业单位也不能再按照传统的模式在行政机关的完全保护下运作。从另外一个角度讲，"入世"也给事业单位的改革发展创造了机遇。"入世"为中国市场机制的完善提供了一定动力，促进社会服务组织的发展和壮大，这为事业单位的重新定位提供了一定契机。"入世"后，市场经济的运行需要大量成熟的社会服务或中介组织为其提供服务，而我国的事业单位原来承担的主要是间接与生产活动有关的中介、服务性工作，如质量检查中心、证监会、人才市场等，介于政府、企业、个人之间，为这三方提供了服务、沟通和监督。在这种大环境下，事业单位将承担重要的社会服务和管理功能，是政府的重要帮手和企业的重要依托，已成为非政府性质的社会事务服务和管理机构。

3. 事业单位人事制度改革越来越受到重视，大量相关文件和法规的出台，为推进政府服务类事业单位改革提供了有力的法规保障和政策指导

事业单位是我国各类人才的主要集中地，是增强我国综合国力的重要领域，搞好事业单位人事制度改革，对建设高素质、社会化的专业技术人员队伍，推动经济发展和社会全面进步都具有十分重要的意义。事业单位的改革越来越受到社会各界的关注，政府部门推进相关改革的政策力度也在加大。近年来，针对事业单位人事制度改革，我国出台了十几项政策法规或指导意见，这些都给政府服务类事业单位人事制度改革的深入提供了良好的制度环境和法规保障。

（二）改革存在的困难和阻力

1. 思想观念不统一，认识误区有待突破

从根本上来讲，政府服务类事业单位人事制度改革的最大阻力，在于人的观念与改革要求的矛盾。改革对个人利益的触动是造成事业单位人员在改革中思想矛盾和行为抵制的重要因素，任何改革，不可能一开始就给所有人带来好处，而往往必然会冲击一部分人的个人利益。虽然我国改革开放已有很多年，人们的观念有所改变，但还无法完全摆脱平均主义的束缚，对于单位改革后实行的以聘用制为中心、根据实际需要定岗位、根据岗位需要定人员的做法难以适应，由此而引发矛盾和冲突。有些未被聘用的人员该何去何从，也成了新时期的新问题。因此，在政府服务类事业单位人事制度改革中，我们应加强改革的舆论宣传，为推进改革创造良好的社会舆论环境。正确处理改革、发展和稳定的关系，发挥各级党组织的作用，做好思想政治工作，引导干部群众积极支持和参与改革。

2. 政事关系复杂，政府职能转变迟缓

由于传统体制形成的管理模式的延续，以及政府服务类事业单位功能定位的限定，此类事业单位与政府的关系难解难分，总的来看，是处于政府机关附属物的地位。此外，二者之间还存在着一些事实上的利益关系，如政府机关可能通过设置此类事业单位，以解决干部的职务晋升问题，或获得一定的预算外收益；政府服务类事业单位也可能通过与机关的紧密关系，获取更多的预算拨款，或者借重行政机关的权力支持而开展业务。凡此种种，使关系更加纷繁复杂。要厘清二者的关系（不是完全的分离），营造有利于此类事业单位履行职能、谋求发展的体制环境，关键是处于主导一方的政府能真正明确与此类事业单位的权力托付关系，以及对此类事业单位管理中的职能定位。但事实上，因如上所述因素的制约，政府部门在这方面往往难有主动性。

3. 改革配套措施滞后，缺乏配合协调

我国政府服务类事业单位人事制度改革，是一个复杂的系统工程，由许多配套的环节共同构成。在实际的改革过程中，许多配套措施滞后、不协调，主要包括社会保险制度不完善，人员流动和富余人员安置难，人事争议仲裁制度缺失，等等。配套措施的滞后造成了人事改革的单兵突进，改革负担加重、改革成本无形中提高，一定程度上阻碍了事业单位人事制度改革的深入发展。

四 政府服务类事业单位人事制度改革的思路和方向

1. 明确政事关系，进一步推进政事分开，完善事业单位人事制度

与公益性事业单位相比，尽管政府服务类事业单位与政府的关系更为紧密，但在人事制度改革中，仍然必须坚持政事分开的原则，要改变用管理党政机关干部的模式管理事业单位工作人员的办法。事业单位要走社会化的路子，逐步成为自主管理、自行发展、自我约束的法人实体，打破条块分割和部门界限，直接面向社会服务；实行政事分开，要在职能界定、分类管理、供给定位的基础上，加快发育和构建具有中国特色的政府服务类现代事业人事管理制度。首先，必须明确界定政府服务类事业单位的职能范围，真正从职能源头上实现政事分开；其次，要进一步总结

和完善事业法人登记制度，从法律制度上明确其独立法人地位，赋予其应有的权力、地位，依法自主开展事业活动，不断提高政府服务类事业单位与市场经济环境的融合度；再次，要依据政府服务类事业单位的性质、目标、功能与特征，制定科学合理的组织管理形式，加快推进事业单位人事组织管理的现代化；最后，要创新政府服务类事业单位领导制度与组织架构，既要有利于事业单位组织效能的提高，又要能有效地防止权力的滥用；同时，加强人才开发，培养和造就一批既有专业本领又有管理才能的现代事业管理人才。

2. 改革政府服务类事业单位领导任用制度，实现权能制衡

政府服务类事业单位领导人员任用方式的改革，重点是打破行政领导人员职务终身制和传统的单一委任制，结合行业特点和单位实际，采取直接聘任制、招标聘任制、选举聘任制、委任制等多种形式的任用方式。受聘的领导在权利与义务方面要有明确规定，主管部门可与其签订任期目标责任书。受聘人任期届满或期内离任，应进行离职审计。同时，要加强对领导人员的权能制衡，在选任过程中探索将民主推荐、民意测验、民主评议的结果适时适度公开的做法，凡是多数群众不赞成的，不能提拔任用；制定和细化有关标准、程序，加大调整不称职、不胜任现职干部工作的力度。对不称职、不胜任现职干部，除按规定免职、降职外，可实行待岗制，或采取改任非领导职务、下岗学习、离职分流等多种办法予以调整，妥善安置。研究制定相关政策，努力拓宽渠道，做到人尽其才，各得其所。

3. 完善和规范组织架构与岗位设置，推行职员制，建立健全以聘用制为主要形式的人员任用制度

第一，推行职员制度。逐步取消政府服务类事业单位管理人员与公务员职务相对应的行政职务设置，逐步建立起体现管理人员的管理水平、业务能力、工作业绩、资格经历、岗位需要的职员等级序列。对中层领导岗位要实行竞争上岗，择优聘用。对工勤岗位，实行岗位等级规范管理。职员实行等级制，不同的等级应有不同的学历、资历、业绩等方面的要求，并有相应的任用、考核、奖惩、培训、晋级等制度性规定。

第二，强化岗位设置，加强机构编制的法规建设。强化岗位设置，根据组织工作需要和所属人员特点，对每个岗位的工作任务、范围、职责、权利及与相邻岗位关系等进行系统设计和规定，确保岗位责权利明晰并落实到位。同时事业单位的编制管理也要实现规范化、科学化。事业单位要根据自身的性质、规模、发展需要和各类岗位的特点，在核定的人员编制和各类职务结构比例限额内，科学合理地设置岗位，明确各个岗位的职责、权利、工资待遇和任职条件等内容，做到职责明确，权限清晰，条件合理。

第三，以推行聘用制度为重点，建立健全人员任用制度。全面推行聘用制度，打破干部职务、个人身份终身制，逐步解除固定的人事依附关系，由行政任用关系向平等协商的聘用关系转变，建立单位与个人之间的新型人事关系。凡适用范围内的政府服务类事业单位及工作人员，要按照有关法律、法规和规章，在平等自愿、协商一致的基础上，通过签订聘用合同，明确聘用单位和受聘人员的责任、权利和义务。凡与用人单位建立聘用关系的人员，都必须与单位签订聘用合同书。聘用合同的期限分为短期、中长期和以完成一定工作为期限等三类。引入竞争机制，坚持在符合上岗条件的人员中实行公开、公平、公正的双向选择，竞争上岗，择优聘用，促进单位自主用人、职工自主择业，维护单位和职工双方的合法权益。政府服务类事业单位可根据不同的岗位要求及应聘人员条件，在聘用方式、聘用期限方面，对优秀人才和专业技术骨干给予适度倾斜，经双方协商，可订立中长期聘用合同。为了保证聘用工作的顺利推行，聘用人员应优先从本单位现有人员中选聘；面向社会公开招聘的，同等条件下本单位的应聘人员优先。

4. 改革绩效考核制度，建立科学的考核评价体系

绩效考评能够为人事决策提供依据，如职务晋升、收益分配、人员培训与调整等，对现代事业单位人事制度的运行，起着至关重要的作用。当前在政府服务类事业单位人事制度改革中，应着重建立针对不同岗位人员的科学、合理和动态的绩效考评体系。在设计绩效考评体系过程中，应坚持两个主要原则，即可衡量、可接受。不能衡量同类人员的绩效考核，就可能导致无序竞争；执行未被大多数职工认同的考评标准，比没有考评标准的危害更大。

在改革绩效考评制度过程中，应当扩大考核信息获取的范围和改进考核方法，建立科学的考核评价体系：①人员考核要在坚持传统的民意测验、民主推荐、个别谈话方式的基础上，引入测试、模拟、述职、答辩等多种有效的方法，实现由单一方式向多种方式的转变。②将各级各类干部、人员任职条件、任职标准、政绩指标进行分解、细化、量化输入电脑，运用现代科技手段进行考核，克服手工操作时间长、效率低、人为因素多的弊端，实现干部考核由传统方式向科学方式的转变。③拓宽考核渠道，扩大考核信息获取面，不仅要了解同事和上级的意见，还要了解下级和群众的意见。要进一步增强人员考核工作的透明度，搞好民意测验和民主评议，有条件的地方还要实行考核预告制度。④充实考核内容，全面考核干部、职员的德、能、勤、绩。不仅要注重考核工作实绩，更要注重考核政治理论水平和思想道德素质；不仅要了解干部在本单位的工作表现，还要了解干部生活圈和社交圈的情况；实现干部考核由平面式向立体式的转变。⑤要建立考核举报、考核申诉、考核结果反馈、考核结果运用等配套制度，加强考核人员的政治业务培训，借鉴并运用国内外一些行之有效的考核方法和先进的考核技术，不断提高考核整体工作水平，实现考核由单兵孤进式向整体推进式转变。

此外，还要建立健全考核责任制，明确考核者的责任，规范考核工作程序，严肃考核纪律，把考核工作置于干部和群众的监督之下。对在考核工作中不坚持原则，不认真负责，甚至有意隐瞒事实真相，造成考核结果严重失真的，要追究考核者的责任。

5. 改革工资制度，搞活事业单位内部薪酬管理

总的来看，事业单位的工资改革方向应适应社会经济事业发展的客观要求，实行工资总量控制和内部分配权限的分离管理，在建立分类调控事业单位工资的机制下，让事业单位享有内部的分配自主权，不同类型的事业单位可以有不同的分配机制。

要深化政府服务类事业单位分配制度改革，完善分配结构和分配方式。把按劳分配和按生产要素分配结合起来,坚持效率优先、兼顾公平,是社会主义制度在分配方式上的具体体现。工资分配是与整个经济社会发展联系起来的,工资分配当中存在的问题也是发展中的问题。20世纪90年代的工资水平不可能适应现在的经济形势,不适应就应进行改革。进一步扩大事业单位的分配自主权,切实搞活内部分配。逐步建立公务员与企业相当人员工资水平平衡比较的调查机制和工资水平动态增长机制,结合住房、医疗、养老制度改革,完善工资制度。

一方面,政府服务类事业单位要按经济增长比例提高工资水平,实现工资与经济同步协调增长。总结我国工资工作的一条经验教训,就是工资水平的滞后性,它违背了国民经济按比例增长的客观规律,也削弱了工资的激励功能,对此,应将政府服务类事业单位职工工资增加的制度以立法的形式规定下来,即每年按国民收入增长的一定比例增加工资,从而避免调资晋级上的主观随意性;另一方面,要创新激励机制,切实把人员的贡献、绩效与工资收入挂起钩来。尤其是赋予事业单位内部自主权,在坚持总量控制和国家宏观政策指导下,政府服务类事业单位可根据本单位的实际情况,建立符合各自特点的内部分配制度,职工原来的工资级别可作为档案工资保留。在实施分配时,要坚持以岗定薪、按劳取酬、优劳优酬的原则,把职工工资、津贴、奖金等收入与部门、个人创造的效益和作出的贡献结合起来,真正做到奖优罚劣、奖勤罚懒,充分调动广大干部职工的积极性。

6. 进一步落实事业单位人事管理自主权,促进人才流动机制完善

进一步落实事业单位人事管理自主权,是政府服务类事业单位实现自我管理的重要途径,也是实现政事分开的客观要求。国家对政府服务类事业单位的管理,应该限于政策指导、宏观控制与合理监督,其他的内部人事管理权,都应当下放给各单位。当前可以结合事业单位法人制度的进一步完善,充分下放和保障政府服务类事业单位的人事管理自主权。同时,完善人才流动机制。改革人才流动和人员调动中的调控措施,制定相应的管理服务办法;规范流动人员档案的建立、寄存和管理程度;建立事业单位专业技术职业名称规范，实现全国人才市场信息、统计口径的规范化，促进统一开放的人才市场体系形成。

7. 健全监督机制和法律法规的保障制度

政府服务类事业单位人事制度改革必须走法治之路，必须建立健全程序规则。规范干部人事制度改革的程序，是干部人事制度改革纳入法治轨道的重要内容和关键环节，是防止和克服改革中的随意性，消除人为因素的有效措施。针对干部人事工作中执行制度不严、执法力度不够，改革中存在的随机性、随意性等问题，必须对各地在实践中创造的好的经验和做法，进行总结和规范，建立起严格的程序规则。将干部人事制度改革的程序严格规范，旧制度、旧体制改什么，怎么改；新制度、新体制建什么，怎么建，以及日后的修改和废止，都必须严格按照规定的权限和程序来进行，做到既要解放思想，大胆地试，大胆地闯，又要有所遵循，积极而不盲目，大胆而不越轨。一是要规定实施权限。明确规定改革哪一方面的内容，需要由哪一级、什么范围来确定。二是要规范具体程序。对于改革中改革内容由谁提出、怎么提出，方案提出后怎么确定，确定后谁来实施、怎么实施等整个运行过程、实施步骤作出具体、明确的规定。三是要制定保证措施，包括监督措施和惩戒措施等，以保证实施过程正常进行，形成健康有效的运行机制。对改革程序进行规范，既是法治的基础，又是法治的过程。既是坚持群众路线、充分发扬民主的过程，又是增强法治观念、推进改革深入发展的过程。规范改革程序，赋予改革程序的严肃性，使它不为某个人或某些人的个人意志所左右、所改变，从而使改革更具有稳定性、系统性和根本性。

进一步建立健全行之有效的监督制度，要加强对人事管理过程的监督，特别要加强对领导干部的监督。其一，要把领导班子特别是"一把手"在政治立场、民主决策、选人用人、廉洁自律等方面的情况，作为监督的主要内容。其二，要建立健全包括党内监督、法律监督、群众监督、民主党派监督、舆论监督在内的高效率的立体监督网络。要认真执行政务公开制度、领导干部财产申报制度、离任审计制度、重大事项报告制度，完善干部的谈话制度和诫勉制度，加强对干部的日常管理和监督。要强化领导班子的内部监督，建立领导班子内部监督制度。其三，要研究制定有关法规和制度，明确各有关监督主体的权利、责任，规范监督行为，实行依法监督。

8. 建立多层次、多形式的未聘人员安置制度

实行内部转岗安置。这是安置未聘人员的主渠道。要按照内部消化为主的原则，以单位、行业或系统内部机制改革为基础，通过清退临时工、兴办新的产业、创办社会化服务实体等办法，对未聘人员进行转岗安置。

实行流动调剂安置。有条件的部门可在本行业内或行业间引导未聘人员跨单位、跨地区流动，或由所在地政府人事部门委托的人才交流机构实行人事代理，为他们重新上岗创造条件。要制定切实可行的政策措施，引导鼓励未聘人员流向企业、社区和农村，让他们在新的领域发挥作用。

允许停薪留职。原与单位签订了停薪留职协议的事业单位职工，可继续按协议执行。经本人申请，单位批准，允许事业单位未聘人员停薪留职，可在单位和个人双方协商一致的基础上，签订停薪留职协议。协议期满，可续签停薪留职协议，也可回单位参加竞聘，还可另谋出路。

鼓励进修学习。各部门、各单位应从实际出发，制定相应的政策措施，鼓励事业单位未聘人员进修学习，提高文化素质和业务水平。学习期间，连续计算工龄，正常调资计入本人档案工资，待遇由单位自行确定。学习结束后可回单位参加竞聘，也可另谋出路。

允许提前离岗退养。距离法定退休年龄 5 年之内的工作人员，经批准可不再签订聘用合同，实行离岗退养。离岗退养期间，享受国家规定的基本工资、福利待遇，工龄连续计算，参加正常工资晋升，按原途径办理社会保险和住房公积金等事宜，达到离退休年龄即办理离退休手续。

鼓励自谋出路。要通过转岗培训、健全人才信息网络、完善人事代理制度、搞活人才市场等方式，为未聘人员走向社会、走向市场创造条件，搞好服务。鼓励和支持未聘人员自谋职业，创

办经济实体，为社会创造新的财富。对经批准与单位解除人事关系、自谋出路的人员，可按高于辞退费的标准（人调发〔1992〕18号）一次性给予经济补偿，具体金额由各单位根据实际情况确定。

允许内部待聘。各单位应为未聘人员提供不少于两次的择业机会，对确实难以上岗的原有正式工作人员，可给予不超过3年的待聘期。待聘期间，计算工龄，正常调资记入本人档案工资，按高于当地最低工资标准发给一定的生活费。待聘期满仍未上岗的，应与单位解除人事关系，进入人才市场择业。对与单位解除人事关系的人员，除享受失业保险的外，可按高于辞退费的标准一次性给予经济补偿。

9. 加快事业单位社会保险制度改革步伐

健全合理的社会保险体制体系的建立，既是政府服务类事业单位人事制度改革的重要内容，又是整个事业单位人事制度改革的基础和保障。事业单位保险制度改革，要按照权利、义务的强制性相结合，国家、个人共同负担，行政管理与基金运行相分离的原则，逐步形成社会统筹与个人账户相结合的运行机制，形成具有事业单位特点的保险基金管理与退休人员管理相统一的社会化管理服务体系。当前事业单位社会保险制度改革的主要任务是，逐步建立起以养老保险和医疗保险为重点，各项社会保险门类齐全，适应社会主义市场经济发展需要，符合政府服务类事业单位特点的社会保险制度。

（课题组名单：顾问：郭济、龚禄根、寻环中；组长：高小平；常务副组长：贾凌民；成员：张丽娜、李军鹏、张晓天、王名、左然、吴刚、余兴安、孙垂江、吕旺实、孙庆华、靳江好、鲍静、张学栋、沈荣华、储松燕、胡仙芝、赵鹏、张定安、李珊；主要执笔人：余兴安、孙垂江）

政府服务类事业单位的治理机制改革

一 我国政府服务类事业单位治理机制现状与改革目标

（一）我国政府服务类事业单位治理机制的现状与问题

政府服务事业单位在从计划经济体制向市场经济体制转变的过程中发挥了重要作用。它替代了政府的一部分职能，从而有助于缩小政府机构的规模。但是，政府服务类事业单位与公共服务类事业单位、公共企业，特别是与政府机关存在着复杂的、多方面的交错关系，管理不严不够规范，存在着一些突出问题。

第一，从整体上看，政府服务类事业单位带有浓重的行政色彩。有些政府服务事业单位对自己的地位和作用认识不清，职责不明确。比如，有些中介类政府服务事业单位实际上只是变了名称的政府部门，影响了自身的形象和作用的发挥，得不到社会的认可。

第二，一些行政部门的负责人在中介类、服务类的政府服务事业单位中兼职，并把它们视为本单位的"小金库"，制约了政府服务类事业单位作用的正常发挥。这些事业单位甚至成了滋生腐败的温床。有些行政部门受利益驱动，将本属于职责范围内的工作转给中介型政府服务事业单位承担，向企业不合理地收费，变无偿服务为有偿服务。政府服务事业单位还不同程度地存在着强制服务、强制收费、重复收费以及不服务收费、少服务多收费的行为，成为乱收费的一个据点。比如，资产评估行业近年来飞速发展，自 1989 年以来，政府有关部门先后颁发了几十个部门规章，明确规定企业在发生改制重组、合资合作经营、股份经营、承包租赁、资产转让、抵押担保、拍卖出售、破产清算等经济行为时，都必须进行资产评估。这些制度的建立确立了资产评估在国民经济中的地位和作用。但是，因为看中了这块"处女地"，乱办资产评估机构迅速形成一股热潮。以浙江省为例，经省国资局审批的资产评估机构仅有127家，但全省大大小小的资产评估机构1999年达到了400家，这些评估机构背后都有行政机构的支撑。由于利益驱动，资产评估机构之间互相扯皮的事情时有发生。例如，企业要去银行办房地产抵押贷款，先找到省国资局审批过的评估机构出具资产评估报告。然而，土管局和城建部门变着花样就是不办理相关房地产抵押登记，企业只好请他们管辖的评估机构再"评"一次。这样重复评估，劳民伤财，企业有苦不能言。

一些管理类与执行类的政府服务事业单位实施行政执法的目的不是促进健康有序社会秩序的建立，而是从小集团的利益出发，把行政执法作为解决单位经费不足的有效手段，使行政执法缺少公正性，降低了行政执法的质量，甚至有些地方按照罚款额度发放职工工资和奖金，从而导致了有法不依、执法不严、随意处罚、以罚代管、只罚不管、地方保护、争管辖权等现象频频发生。

第三，一些政府服务事业单位特别是中介类的政府服务事业单位的规模偏小，自律意识不强，管理体制不健全，从业环境不良。有的缺少相应的工作场所、资金和设施，缺少经过培训的、熟悉业务的专职工作人员，没有健全的工作规范和章程。而政府服务事业单位的整体规模又偏大。

第四，运行过程中公民参与程度较低。政府服务类事业单位属于公共部门，依赖于公共财政的支出，使用纳税人的钱。但是，群众很难进入政府服务类事业单位的运作过程当中。换句话说，政府服务类事业单位是在封闭或半封闭的状态下运营，处于人们的视野之外。政府服务类事业单位的公开化、透明化运作程度过低。

出现上述问题的主要原因在于，事业单位仅仅由政府部门批准设立，尽管属于预算单位，由公共财政支付运作经费，但是，却处在人大的管理权限之外，既不经过人大的批准便设立，又不需要人大的监督。同时缺少公民直接参与政府服务类事业单位管理的机制和渠道。在一定程度上，可以说政府服务类事业单位具有与政府部门相似的地位和权力，在社会中发挥着重要作用。但是，对于这样重要的机构，人们却知之甚少，甚至难以准确地说出它的总数和人员、经费情况。只有建立合理的政府服务类事业单位的治理结构才能解决政府服务类事业单位运作过程中公民的参与程度、公开化程度和开放程度较低的问题以及其他问题。

（二）我国政府服务类事业单位治理机制改革的目标与基本内容

我国政府服务类事业单位改革的目标是健全与完善政府服务事业法人治理机制，使政府服务事业单位的管理走向规范化、法制化和有序化，为公民参与政府服务类事业单位的管理提供合适渠道，对于政府服务事业法人的归属、性质、责任、权利、义务、被委托或代替的期限，机构人员的组成、能力要求、领导人的聘任、经费分配与管理，对外的工作章程、服务程序、服务质量等内容进行具体的规定。

我国政府服务事业法人治理机制的基本内容包括如下方面。

第一，建立和完善法定机构制度和执行机构制度。改革为独立机构的政府服务事业法人的设立由相应级别的人民代表大会通过专门立法决定；改革为执行机构的政府服务事业法人的设立应由相应级别的政府通过专门行政立法确定。

第二，强化人民代表大会监管体制和司法监管体制。对于政府服务事业单位，要强化人大的监督，审查公共资金使用的合理性、办事效率和人事政策。在政府服务事业单位的运行中，要充分发挥司法部门的管理作用，许多问题要由司法部门根据法律去解决。

第三，建立新型的政府服务事业法人管理体制。政府服务事业法人可直接向上级主管部门的行政首长或主管汇报工作，有时还可以直接向国务院或上级政府首长汇报工作。政府服务事业法人的领导可以由同级部门的行政首长提名或由管理委员会聘任，政府服务事业法人的领导对整个组织、管理和人员负有全责，并在绩效合同的范围内享有一定的管理自主权。

二 借鉴国外政府服务类事业法人治理结构的基本经验

政府服务类事业单位的治理结构分为外部治理结构和内部治理结构。相比之下，政府服务类事业单位的外部治理结构更为关键。外部治理结构的优化是政府服务类事业单位改革的重点。政府服务类事业单位的外部治理结构决定着内部治理结构。

政府服务类事业单位并不是我国独有。在国外，政府服务类事业单位是普遍存在的现象，尽管国外这类机构的名称与我国不同。与我国政府服务类事业单位相比，国外政府服务类事业单位在管理方式上最主要的差别在于，它们多数是向议会负责，同时，也向政府负责。无论是美国的法定机构，还是英国的执行局、新加坡的法定机构，都要向议会负责。例如，加拿大温哥华市"职工伤害赔偿公司"，该公司是归属州议会管理的独立机构，负责全州范围内的公私企业在工作期间出现的伤害问题；每个公私企业需要按职工的人数和危险程度，向该公司缴纳保险费用，然后，当各种机构出现工伤的时候，由该公司负责处理赔偿事务，该公司出于减少赔偿款项的目的，对于各机构进行安全检查和指导，如果被检查的机构不能及时地改善安全条件，该公司有权提高该机构的安全保险金额；这个机构属于执行工作的政府服务类事业单位，但是，它向议会负责。

新加坡政府一直重视运用政府服务类事业单位进行社会管理和公共服务。新加坡的政府机构小而精干，被公认为新加坡成为"最具竞争力的国家"的重要因素之一。全国只设总理办公室、外交、国防、财政、贸易与工业、交通、环境、教育、人力资源和国家发展等十几个部。除政府部门外，新加坡还有40个左右隶属于政府各部门的法定机构。财政部所属的法定机构包括：货币局、国内税务局、金融管理局、储蓄银行、新加坡赛马与博彩管理局、公共会计师局；卫生部所属的法定机构有新加坡医药理事会、新加坡护士管理局、牙医管理局、药剂管理局、化验管理局；内政部所属的法定机构：工商保安机构、新加坡复员企业；

新闻及艺术部所属的法定机构：国家艺术理事会、国家文物局、国家图书馆管理局、新加坡广播管理局、古迹保存局；人力部所属的法定机构：中央公积金局、工业仲裁庭、新加坡劳工基金局；国家发展部所属的法定机构：新加坡建筑师局、建筑业发展局、建屋发展局、国家公园局、专业工程师局、租金调解局、租户赔偿委员会、市区重建局；贸工部所属的法定机构：经济发展局、旅馆执照局、裕廊镇管理局、国家电脑局、国家科技局、公用事业局、圣淘沙发展局、新加坡生产力与标准局、新加坡旅游局、贸易发展局。据《新加坡年鉴 2003》介绍，在 2002 年，新加坡共有政府部级部门 9 个、司局级部门 60 个、法定机构 39 个，只有两个部级部门（外交部和律政部）没有法定机构。

新加坡的法定机构是为了更好发展某方面事业，通过专门立法而设立的官方性机构。一方面，它既对国会负责，又受各自的部长指导，具有法律赋予的行政职能，但不享有政府部门在法律范围内所享有的特权与豁免权；另一方面，它实行独立核算、自主经营，在履行职责时有较大的自主权和灵活性，其工作人员不属于国家公务员。设置法定机构的好处是，国家行政机关得以大大精简，集中制定政策；而法定机构则可以发挥其更接触实际和具更大灵活性、主动性的优势，组织实现政府确定的目标，贯彻政府的方针、政策，为企业提供基础设施和各项服务。自 1965 年建国以来，新加坡政府为了贯彻和实施国家经济和社会发展战略，逐步建立了一套较为完善的、行政部门与法定机构相辅相成的管理体制，并根据经济发展阶段的不同要求，不断进行调整，提高运作水平。目前，新加坡共有政府公职人员 6 万多人（包括教师和医务人员），其中政府机关的公务员只有 2 万人，但其法定机构中的工作人员却有 6 万人之众。从英殖民地统治结束时起，新加坡在短短四十几年时间内取得如今的经济成就，法定机构在其中起到了非常重要的作用。例如，1960 年成立的建屋局是一个法定机构，曾为全国 75% 的人提供了廉价的公共住房；1961 年成立的经济发展局可以说是新加坡国家经济起飞的总设计师，也是一个法定机构。

新加坡的法定机构有如下几个特点：首先，每个法定机构都向国会负责，但每个法定机构都有自己的管理委员会（由政府委托）和财政预算（由国会批准），从而在行政上不像政府部门那样受到集中的控制和管理，而是可以发展自己的管理方式，更有效地提高生产率。其次，与行政机构的界限划分明确。新加坡政府明确规定，法定机构像独资和非独资国营企业一样属于公共企业的范畴，而不是政府行政部门。政府部门作为决策机构负责制定战略规划、政策法规和进行宏观管理；法定机构是执行单位，职责是执行和落实政府的决策。法定机构是与行政机构分开的法定实体，不享有政府部门在法律范围内所享有的特权和豁免权，但法定机构在执行任务时却享有较大的自主权和灵活性，这也正是设立法定机构的最主要的原因。再次，机制严谨有度，又不乏灵活机动。法定机构除了在几个重要的领导班子人选上受上级部门约束以外，其他要做的也就是定期向主管部门上报半年和年度报告，并把报告向外界公布。法定机构的财务由审计署审核，并接受国会的监督。但是，法定机构内部的年度预算计划、经营决策、投资贷款、人事制度、财务管理以及经营权力完全由自己做主，不受主管部门的干预。

新加坡的法定机构制度是借鉴英国的法定机构制度。20世纪70年代末以来，在法定机构的基础之上，英国在中央政府一级出现了大量的非部门公共机构。这些非部门公共机构需要向国会负责和政府部门负责。

我国政府服务类事业单位的管理方式应借鉴国际经验，建立新型的政府服务事业法人治理结构。

三　健全与完善政府服务事业法人治理机制的主要措施

（一）完善政府服务事业法人法律治理框架

我国要优化政府服务类事业单位的外部治理结构，完善政府服务事业法人的法律治理框架。

优化政府服务类事业单位外部治理结构或者说优化政府服务类外部治理结构，重要的是要改变政府服务类事业单位的归属关系。以往，人大对政府及其部门进行监督，政府及其部门全权负责政府服务类事业单位。政府服务类事业单位不属于人大的基本工作对象。未来，成为法定机构的政府服务类事业单位的设立要由相应级别的人大批准，实行政府服务事业单位法人的听证制度，人大有责任监督其工作；成为执行机构的政府服务类事业单位也应同时向人大和政府负责。

过去，公民对政府服务类事业单位这种公共部门的了解是间接的，中间隔着人大的另一种执行机构——政府及其部门；公民对于政府服务类事业单位的管理也是间接的，只能通过政府及其部门进行管理。确立人大具有直接管理政府服务类事业单位的权限，无疑会改变政府服务类事业单位的治理状态，推进政府服务类事业单位的公开化进程，拉近政府服务类事业单位与公民的距离，提高政府服务类事业单位的开放程度。这是政府服务类事业单位改革的"阳光工程"。

改变政府服务类事业单位外部管理方式的几个重点是：第一，政府服务类事业单位的设立要通过立法授权与委托。法定机构应由人大通过专门立法设立；执行机构应由政府行政立法确立，同时向人大和政府负责。第二，实行政府服务类事业单位法人的听证制度。人大对于某一政府服务类事业单位的设立及其经费支出数额等重大问题，可以采用召开听证会的方式进行研究，扩大公民参与政府服务类事业单位管理的渠道。第三，人大有责任监督政府服务类事业单位的工作。人大可以要求政府服务类事业单位法定代表人接受质询。人大也要定期或不定期地对政府服务类事业单位进行调查和监督。

20世纪90年代以来的事业单位改革，从未涉及过人大直接介入事业单位管理的问题，也即从未涉及过事业单位的外部治理结构问题。以往的事业单位改革，侧重点是减少事业单位的数量和人员数量，推动事业单位的市场化进程，并注重内部的绩效管理。1998年10月，国务院出台了《事业单位登记管理暂行条例》，设立了事业单位法人，明确规定了政府编制部门是事业单位登记管理的主管机关。政府服务类事业单位的改革不仅仅是市场化问题。事业单位无论怎样市场化，政府服务类事业单位也需要由公共财政支出，仍然是预算单位。所以，政府服务类事业单位的改革需要从宏观方面研究怎样完善其治理结构。国务院出台《事业单位登记管理暂行条例》，具有重要意义，提高了事业单位管理的规范化程度。但是，这项条例尚未涉及事业单位的外部治理结构问题。政府服务类事业单位的规范化管理不仅仅是设立事业单位法人制度和登记管理问题。从目前我国社会经济体制转型的过程来看，从政府机构改革和事业单位改革的进展来看，从政治改革需要来看，我国应当出台一部政府服务类事业单位法人管理的规范性文件，规定政府服务事业法人的职能、财政供给制度、登记管理方式，特别是治理结构等内容。

政府服务事业法人的职能是协助政府工作，履行公共管理和服务的职能。政府服务事业法人是政府机构以外的履行公共职能的部门。

政府服务事业法人的经费或全部或部分地来源于公共财政。政府服务事业法人分为管理类、执行类、中介类和服务类四种类型。不同类型的政府服务事业法人的经费来源具有差别。管理类和执行类的政府服务事业单位完全由财政拨款，其中，执法类的政府服务事业单位必须实行收支两条线。中介类和服务类的政府服务事业单位则实行项目式管理，政府投入资金的方式是给予它们具体的项目。这两种类型的政府服务事业法人可以从事自身的业务活动并取得收入，而在承担公共职能方面由政府给予经费支持。以往，对于有一定收入的政府服务类事业单位实行差额管理，以收抵支后不足的部分由政府拨款支持。这种财政支持方式不够规范。它的前提是这些机构是政府成立的，由政府保底。项目式管理是目前发达国家正在普遍采用的新的财政支持方式。

政府服务事业法人的登记管理机关是政府编制部门、工商部门和民政部门。对于政府服务事业法人要进行有序化、法制化和规范化管理。管理型、执行型和部分服务型的政府服务事业法人的主管部门是政府编制办公室。以往，中介类的政府服务事业单位在民政部门登记注册，具有经营性质的服务类政府事业法人则在工商部门登记注册。未来，在设立政府服务事业法人以后，中介类的政府服务事业单位仍然可以在政府民政部门登记注册，大部分服务类的政府服务事业法人则在工商部门登记注册。

（二）完善政府服务事业法人的内部治理结构

对于政府服务事业法人，政府要成立理事会、管理委员会或顾问委员会进行管理。理事会、管理委员会或顾问委员会成员应由人大、政府机构、社会团体和群众代表共同构成。政府服务类事业单位虽然是独立的法人，但是，它使用公共资金运行，并提供公共服务。因而，政府服务类事业单位不能封闭性自我运作，其运作过程要有人大、政府和群众代表参与，建立新型的政府服务类事业单位的管理组织。以往，在政府服务类事业单位仅仅归属政府部门管理的情况下，人大和社会难以参与政府服务类事业单位的运作。在改变了政府服务类事业单位归属关系以后，才可以通过成立理事会、管理委员会或顾问委员会的方式，使人大机构和群众代表参与到政府服务类事业单位的运作过程中来。这是群众参与公共事务管理的重要渠道。政府服务类事业单位不能封闭起来治理，要开放式地治理。政府服务类事业单位的运行要处于群众的监督之下。

政府服务事业单位的日常工作由政府服务事业法人的总执行官负责。总执行官一般由对口部门的行政首长任命并对该行政首长负责，也要对人民代表大会负责。

政府服务事业单位要建立中国共产党的组织系统，加强党的领导。

在人事制度方面，四种类型的政府服务类事业单位之间有所区别。其中，管理类、执行类和服务类的政府服务类事业单位人员的工资全部纳入公共预算管理。而中介类政府服务性事业单位中一部分核心人员的工资纳入公共预算管理。中介类政府服务性事业单位的多数人员实行自主管理，大部分人员通过应聘的方式进入机构中工作，灵活进出，薪酬和福利由机构根据政府公布的标准自定。

政府服务类事业单位要根据各自的工作特点建立科学规范的岗位体系和工作流程。

(三) 完善政府服务类事业法人的监管体制

完善事业单位的外部监管与监督体制；建立预算监管、审计监管、人事监管、财政管理和绩效管理体制，加强对政府服务事业单位运行的监督。

第一，建立人民代表大会监督制度。人民代表大会有权批准是否设立政府服务类事业单位，有责任监督政府服务类事业单位的运行状况。人大是政府服务类事业单位的最主要的监督者。纳税人对于政府服务类事业单位的监督管理主要是依靠人大进行的。以往，政府服务类事业单位的透明度不高，主要原因在于缺少人大的监督。人大仅仅对政府及其部门进行了监督，尚未对政府服务类事业单位进行直接、有效的监督。应该建立人大直接监管政府服务类事业单位的制度。人大可以通过听证、质询和视察等多种方式，对政府服务类事业单位进行管理和控制。人大每年应发布关于政府服务类事业单位的报告，要根据政府服务类事业单位的绩效表现，决定是否继续设立某一政府服务类事业单位以及对某一政府服务类事业单位财政资金供应的数量。服务类事业单位这样重要的预算单位，人大必须本着对公民负责的态度对其进行监督和控制。

第二，建立新闻媒体和社会的监督体制。政府服务类事业单位存在的许多问题都是由于缺少透明度造成的。政府服务类事业单位要实行政务公开、财务公开制度和人事公开制度。政府服务事业单位的法定代表人和总执行官实行个人财产数量上报制度，未来要实行财产公开制度。新闻媒体和社会团体可以对政府服务类事业单位的信息公开化程度进行评估。

第三，建立政府服务类事业单位的集中支付制度。强化对政府服务事业单位的预算监管和审计监管，实行统一账号制度和工资集中发放制度。政府相关部门定期对政府服务事业单位的财务收支情况进行检查，其结果向人大汇报。以接受政府资金方式来划分，政府服务类事业单位分为两种，一种是管理型、执行型和服务型政府服务类事业单位，政府采取直接拨款的方式提供资金，另一种是中介型政府服务类事业单位，政府主要采用项目式管理的方式提供资金，即政府提供给这类机构的资金仅仅是承担项目的经费，中介型政府服务类事业单位的人员经费和办公经费则需要通过市场交易活动或非市场交易活动取得。

（课题组名单：顾问：郭济、龚禄根、寻环中；课题组组长：高小平；常务副组长：贾凌民；成员：张丽娜、李军鹏、张晓天、王名、左然、吴刚、余兴安、孙垂江、吕旺实、孙庆华、靳江好、鲍静、张学栋、沈荣华、储松燕、胡仙芝、赵鹏、张定安、李珊；主要执笔人：吴刚）

公共服务中政府与事业单位关系研究

我国正处于全面建设小康社会的关键时期，以科学发展观为统领，以实现人的全面发展为目标，完善公共服务体系，满足日益增长的社会公共需求，是我国经济社会发展的重大战略部署，也是建设服务型政府的中心任务之一。公共服务是政府的基本职能，温家宝总理在2004年的政府工作报告中提出，"各级政府要全面履行职能，在继续搞好经济调节、市场监管的同时，更加注重履行社会管理和公共服务职能"。全国人大通过的《国民经济和社会发展第十一个五年规划纲要》进一步重申"加强各级政府的社会管理和公共服务职能"，并明确要求"本规划确定的义务教育、公共卫生、社会保障、社会救助、促进就业、减少贫困、防灾减灾、公共安全、公共文化、基础科学与前沿技术以及社会公益性技术研究、国防等公共服务领域的任务，是政府的承诺，各级政府要切实履行职能，运用公共资源全力完成"。

当前我国强化政府公共服务职能、完善公共服务体系的关键是理顺政事关系、推进事业单位管理体制改革。

一 事业单位改革与发展现状与政事关系存在的突出问题

"事业单位制度是计划经济时代提供公共服务的制度，现在需要新的制度。"事业单位是我国特有的组织，是政府举办的履行政府向社会提供公共服务（社会事业服务、公共事业服务）职能的组织。这里所称事业单位，是指国家为了社会公益目的，由国家机关举办或者其他组织利用国有资产举办的，从事教育、科技、文化、卫生等活动的社会服务组织。新中国成立以来,事业单位在政治、经济、文化和社会发展各个方面发挥了巨大的作用。目前,我国事业单位有130多万个,涉及工作人员2900万人和国有资产近3000亿元,我国70%以上的科研人员、95%以上的教师和医生都集中在由政府出资举办的各类事业单位中,各项事业经费支出占政府财政支出的30%以上。中国教育、科技、文化、卫生、体育等公共服务绝大多数是通过事业单位向社会提供的。因此,改革事业单位、完善事业单位运行机制、优化事业资源配置是强化政府公共服务职能、完善公共服务体系的关键。

我国的事业单位管理体制是在计划经济和高度集权行政管理体制下形成的。政府承担各项社会事业发展的全部责任,政府通过举办事业单位直接向社会提供事业产品和服务;作为特定社会组织形式的事业单位是各项社会事业的承担主体,其组织与管理体制体现典型的行政计划体制特征。由此形成政府主导下的政事合一管理体制,政事不分是其基本特征。改革开放以来,国家逐步形成以政事分开为主线、以社会化为目标的改革原则,对事业单位及其管理体制进行改革,主要做法是政府通过"放权让利"向事业单位下放某些权力,引导事业单位面向市场获取资源,鼓励"社会事业社会办",通过搞活内部分配,调动事业单位的积极性……上述改革在一定程度上激发了事业单位活力,促使事业单位适应发展市场经济的需要。但从总体上看,事业单位改革远远滞后于政府改革与企业改革,传统事业单位管理体制的深层次问题尤其是政事不分问题并未解决,事业单位机制不活、效率不高、事业资源配置不合理等问题仍较突出。与此同时,由于受市场经济等因素影响而引发的"过度市场化"、企事不分、政府宏观调控乏力等问题却日益凸显,使得政事关系更加复杂。

1. 计划体制形成的行政事业一体化特征依然突出,政事分开的许多深层次问题没有解决

主要表现在以下方面。

第一,政事职能不分。我国原有的政事关系是在计划经济体制基础上逐步形成和发展起来的,其基本特征是政事不分,以政代事,事由政养,政府与事业单位之间职能分野模糊,政府既是所有者，又在很大程度上是事业经营者，集资源提供、行政管理、财务拨款等多种职能于一体，宏观管理和微观管理权限高度集中。一方面，政府机关通过各种权力（国家所有权、公共行政权及经营管理权），运用多种方式直接领导、管理、控制事业单位，包揽许多应由事业单位行使的权力和职能；另一方面，许多事业单位承担了本属于政府机关的监督管理、行政执法等职能，如我国事业单位从事行政执法的人员就有300万左右。

第二，政事组织不分。政府机关与事业单位虽然在法律上属于两类不同的组织，但实际中，由于事业单位法人制度尚未真正建立起来，事业单位还不是具有独立法人地位的社会实体，政府机关通过各种权力、运用多种方式直接管理事业单位，而且政府部门与事业单位之间缺乏严格的组织界限，事业单位往往依附于政府及政府的各个部门，造成政事组织不分。一是事业单位范围内存在大量主要从事监督执法、行政执行等非事业性工作的机构，此外还有部分以"一校两制"、一个机构两个牌子（行政的、事业的）等形式存在的行政事业混编机构。二是事业单位部门所有、条块分割。事业单位由政府设立，而政府又分为不同的部门、不同的地区，事业单位实际是分别隶属于各个部门、各个地区，全民所有、国家所有实际成为部门所有、地区所有，形成"事"出多门、各自为"事"、条块分割等问题，进而导致重复建设、资源浪费、效率低下。三是事业单位的行政化、官僚化。许多事业单位套用行政级别，建立科层制组织形式，按行政机关的方式运行，按政府管理的方式提供服务，形成行政化、官僚化组织模式与运行方式。

第三，政事人事管理不分。我国长期以来实行行政事业一体化的人事管理制度（机关事业单位人事制度），按照"大一统"的干部管理模式管理事业单位工作人员。1993年推行国家公务员制度，2002年事业单位全面推行聘用制，逐步将机关人事制度与事业单位人事制度分离开来，但行政事业一体化问题依然突出。一是套用行政级别对事业单位管理人员进行管理；二是由于出口问题没有解决，"全员聘用"的聘用制实际运作基本是"全部聘用"，事业单位工作人员拥有的"事业身份""国家干部身份"

并未根本取消，能上不能下、能进不能出问题也未能随聘用制推行而解决，因此部分地方（如合肥等）已不再推行这种"全部聘用"的"假聘用"；三是事业单位领导基本由政府主管部门委任，体现事业单位特点的领导干部选拔任用机制尚未形成。

第四，政事产权不分。一是政府作为事业单位的出资人，无偿提供事业单位建设资金与运营资金。目前我国事业单位约60%财政全额拨款，约21%财政差额拨款，各项事业经费支出占政府财政支出的30%以上，事业单位日常运营及基本建设高度依赖政府财政，这在一定程度上影响事业单位财产的独立性。二是机关与事业单位资产长期实行一体化管理，在资产分类上机关与事业单位资产均属于非经营性的"行政事业单位国有资产"，按照一种体制进行管理，事业单位资产难以同行政单位资产彻底分离，同时一体化管理不利于事业单位通过盘活资产优化配置进而实现资产保值增值。三是许多事业单位缺乏独立的财产权。尽管随着"搞活""创收"等政策被事业单位积极乃至过度使用，事业单位经济方面的自主权开始扩大，但主管部门调用事业单位财产情况仍经常发生，甚至许多事业单位成了主管部门的"小金库"。四是部分事业单位依托行政权力进行创收，如许多事业单位拥有"政策性收费"权力，"政策性收费"实质是"行政权力收费"，由此形成的收入明显属于政事不分的产物。

2. 随着市场经济发展、事业单位改革，政事关系出现一些新的问题

第一，"市场化过度"。尽管没有明确的战略，而且改革措施的实施也往往基于短期考虑，但过去20年的事业单位改革仍然有一个大体可辨的方向。总体上看，改革使得事业单位越来越不像政府机关，越来越像企业，这也就是改革的市场化方向，或者人们经常说的"推向市场"。由此引发了"市场化过度"问题。"市场化过度"实质是企事不分问题，而且往往是政事企三者不分，事业单位利用公益地位及公共权力进行市场化运作。"市场化过度"侵蚀了公共服务的公平性，基本公共服务的个人承担费用上涨过快，大大超过中低收入家庭可支配收入增长速度，致使相当多的社会成员难以得到教育、医疗卫生、社会保障等基本公共服务。这种不公平在教育领域表现为：教育投入的地区、城乡差距拉大，1990～2001年我国各地区人均教育经费最高与最低的差距由8.45倍扩大到13.03倍，义务教育阶段乡村学校学生占总数的75%，而分割的经费仅占财政性教育经费的50%。

第二，政府公共服务职能弱化。与"市场化过度"问题相联系，一些政府部门将政事分开作为推卸职责的理由与借口，对事业单位实行"一推了之""一卖了之"的改革策略，弱化政府公共服务职能。同时，一些伴随市场经济发展必须由政府承担的诸如社会保障、环境保护等公共服务职能，政府并未很好地履行。例如，20年来我国医疗机构改革明显沿"市场化"路线（扩大医疗机构创收自主权——倡导市场化、产业化——鼓励以产权为纽带进行资源重组）进行，医疗机构越来越多地"依靠市场获取资源"，与此同时政府预算中卫生支出比例不断下降，1980年为36.2%，1990年为25.1%，2000年为15.5%，其结果是2000年我国卫生资源配置的公平性在全球191个国家和地区中列倒数第四位。我国的社会保障水平低、覆盖面小，从某种意义上说中国社会保障远非全民性而是"特权性"的：2003年全国就业人口77432万人，城镇就业人口为25639万人，其中，参加基本养老保险的人口（加离休、退休、退职人员数）为15506.7万人，约占全国就业人口与城镇就业人员的20.03%与60.48%；参加失业保险10372.9万人，约占全国就业人口与城镇就业人员的13.39%与40.46%；参加基本医疗保险的人数（加离休、退休、退职人员数）为10901.7人，约占全国就业人口与城镇就业人员的14.08%与42.52%。

第三，机构膨胀、人浮于事。由于制度化的机构编制，宏观调控与监督管理机制不健全，导致事业单位机构膨胀、人浮于事问题日渐突出。改革开放以来，事业单位膨胀速度明显加快，几乎每隔10年人员膨胀1000万，事业单位经费约70%用于"人头费"，导致许多"事业单位无事业"。这其中固然有政府出于社会稳定考虑，将政府机关等其他部门富余人员以"消肿搬家"等方式分流到事业单位的原因，更重要的原因是体制转轨导致制度缺失，弱化了政府宏观调控与监督管理。

第四,政府监管体制不完善。适应市场经济条件下社会事业发展需要的政府监管体制尚未健全,一是我国事业单位监督管理体制基本属于"管办不分的部门监管体制"。主管部门集公共管理者与出资者职能于一身,既是政策制定者又是服务提供者,政策制定者职能很容易被服务提供者职能"俘获";同时,主管部门与所属事业单位存在千丝万缕的利益关系,一定程度上影响主管部门客观公正地对所属事业单位进行监管。二是财务监督乏力,由于政府经费供给不足及"市场化"引发的强烈创收动机,一些事业单位利用职权或公益地位,随意增加管理环节、增设收费项目、提高收费标准,其中相当多的资金脱离财政监管而在体外循环,成为事业单位及主管部门的自留地、"小金库";一些行政事业单位的房屋、重要办公设备等资产没有入账,造成事业单位资产不清,致使一部分国有资产游离于账外,难以监控。三是缺乏有效的绩效评估机制,政府在多数情况下没有与事业单位签订制度化的绩效合约,对事业单位的服务数量、服务质量、资源占用使用情况缺乏明确、合理的要求,没有定期评估并依据评估进行奖惩。

二 近年来我国在推进事业单位改革、理顺政事关系方面取得的进展

改革开放以后,特别是20世纪90年代国家将政事分开、社会化作为事业单位管理体制改革的原则和方向后,我国在政事分开、推进事业单位管理体制改革、完善政府公共服务体系方面取得了不小的进展。

1. 明确改革基本原则

20世纪80年代启动事业单位改革以来,我国相继提出政事分开、社会化、分类改革三个基本原则。经过多年努力,我国事业单位改革原则逐步形成、内涵逐步清晰、体系逐步完备。

从发生过程看,从80年代启动事业单位改革,90年代将政事分开、社会化纳入改革政策并上升为基本原则,再到新千年前后初步形成分类改革原则,事业单位改革原则的形成与完善反映

了事业单位改革与社会变革的实际进程，回应了不断深入的现实改革对理论认识、对政策提出的要求，因而体现了鲜明的实践理性精神。

从原则内涵看，事业单位改革形成以政事分开为主线、以社会化为目标、以分类改革为推进战略的内涵丰富、逻辑关系清晰的三位一体原则体系，上述体系总结了改革的经验与教训，集中了学者、实际工作者的智慧，并借鉴国外科学的并符合中国国情的理论和做法，勾画出中国事业单位改革的方向、基本内容、推进战略，指导着中国事业单位改革。

从改革事业整体看，事业单位改革原则的形成和逐步完善，一方面推进事业单位改革不断深化；另一方面使得我国公共部门基本形成了符合社会主义市场经济需要、体系相对完整的改革原则，分类指导三大公共部门的改革，即以政企分开、转换经营机制、建立现代企业制度为基本原则的国有企业改革，以转变职能和精简、统一、效能为基本原则的政府机构改革，以政事分开、社会化、分类改革为基本原则的事业单位改革，从而能够在整体上推进我国公共部门的改革与发展。

2. 我国的事业单位改革在改革原则指导下不断深入

三大改革原则的形成一定程度改变了事业单位"改革缺乏明确的总体目标"的状况，使得事业单位改革的方向、针对问题、策略逐步得以明晰化，降低了改革成本，提高了改革的有效性。

一是事业单位的快速膨胀问题得以逐步解决。改革开放以来国家事业单位几乎每隔一个十年，人员膨胀 1000 万左右，但 1990 年后机构数量一直维持在 130 万个左右，工作人员自 20 世纪 90 年代末一直维持在近 3000 万人。

二是机制僵化导致的效率低下问题得到一定程度改善。事业单位通过面向社会开展服务获取资源的能力得到提高，财政依赖度下降，事业单位运行效率得以提高。目前我国整个事业单位中全额拨款占 60%，差额拨款、自收自支各占 20%，而 20 世纪 90 年代初上述数字分别为 63%、21%、16%；2002 年事业单位经费来自财政预算的占 47.6%，而事业单位自身的收入则提高到 48.2%。

三是我国的公共事业取得令人瞩目的发展。我国在"穷国办大教育"条件下,以占世界1.5%的教育经费支撑占全世界教育人口20%、世界最大规模的教育;高等教育毛入学率由1990年的3.4%提高到2005年的21%,高等教育进入大众化阶段(大众化阶段的国际标准是毛入学率15%);目前我国拥有世界最大规模的在校受教育群体、最大规模的在校大学生人数;中国人均预期寿命2005年接近72岁;以2005年R&D占GDP 1.3%的比重衡量,已高于印度、巴西等国家,虽与发达国家2.2%的总体水平还有相当大的差距,但已接近世界可统计国家平均1.6%的总体水平;另外,文化、体育、环境保护等社会事业也取得发展。

3. 具体改革措施

(1) 分类改革

事业单位门类繁多、职能多样、情况复杂,科学分类是改革的前提。许多地方改革中一般把事业单位划分为三类,即行政支持类(监督管理类)、社会公益类(公共服务类)和开发经营类,以分类为基础进行改革进而调整政事关系。如深圳市将现有事业单位分为经营服务类、监督管理类和公益类,按照不同类别的特点,采取不同的改革方式,原则上监督管理类和经营服务类从事业单位中分离出去,分别回归政府和市场,公益类原则上予以保留,改革后公益类事业单位的定位是:从事公共服务并相对独立于政府和企业之外的非营利性组织,其基本特点是非政府、非企业、非营利。

(2) 推行聘任制

国家人事部2002年提出全面推行聘用制,计划用五年基本建立起事业单位新的与机关不同的用人机制,截至2004年底已有1300万人员签订聘用合同。如成都市在聘用制改革中要求所有事业单位全面实行聘用制,打破干部职务、个人身份终身制,逐步解除固定的人事依附关系,并对聘任的管理人员严格实行回避制度。与之相配套,事业单位实行按需设岗、竞争上岗、按岗聘用,把身份管理转变为岗位管理,对事业单位行政领导班子成员实行直接聘任、招标聘任、推选聘任、公开选任、委任、考任等多种任用形式。一些单位试行固定岗位与流动岗位相结合、专职与兼职相结合的用人方式,鼓励和支持人才流动。重庆市在改革中要求全面推行职员制,取消行政级别及"国家干部"的称谓。

(3) 工资分配改革

许多地方通过经费包干,绩效挂钩,积极推进事业单位工资总额分类管理和内部分配机制改革,主要做法是财政核定工资总额,实行以岗位责任为重点、以绩效考核为核心、"以岗定薪、岗变薪变"的薪酬分配制度,同时积极推进生产要素参与分配,主要形式包括岗位工资、项目工资、协议工资、年薪制、技术和管理等生产要素参与分配等。例如,杭州市有1547个单位(占全部事业单位的33%)实行搞活津贴分配、工资总额包干、工效挂钩、要素参与分配、结构工资制等多种形式的分配制度改革,不断完善分配激励机制,调动事业单位职工积极性和创业潜能。

(4) 社会保险改革

事业单位社会化改革将使事业单位走向社会,在社会竞争与社会选择中生存与发展,"单位人"将变为"社会人"。是否建立养老保险制度,成为事业单位改革成败的关键。应加快推进养老保险体制上的创新。养老保险制度是社会保障体系的重要组成部分,许多地方按照完善统筹、分类参保原则,通过扩面提标、政府补贴、资产提留、个人参保等做法,积极探索建立体现事业单位特点的养老保险制度。

(5) 转企改制

按照"产权清晰、权责明确、政企分开、管理科学"的现代企业制度要求,通过产权制度改革,对经营性事业单位实行转企改制。经营性事业单位实行转企改制是事业单位改革中目前力度最大、困难最多、利益触及最深、矛盾最激烈的改革。总的做法是:转企改制,资产置换,股售兼破(股份制改造、出售、兼并、破产注销),市场运作。如杭州市已通过"股、售、兼、破"等形式,对市属93家改制单位进行了全方位的产权制度改革。深圳市也准备将市属518家事业单位中的124家经营开发类事业单位实施转企改制。

（6）资产管理体制改革

以盘活资产、集中运作、实现增值为目标，改革资产管理与运营体制。以南宁市和北京海淀区为代表。南宁市的做法是依托威宁公司接收南宁市行政事业单位国有资产，将南宁市本级党和国家机关、事业单位、人民团体占有和使用的国有房屋、土地、铺面等国有资产以及相关经济实体，全部移交给威宁公司来进行统一管理和营运，变原来行政事业单位的非经营性资产为经营性资产，通过资产运营，变成资本（融资投资），进行资本运作，最大程度实现增值。北京海淀区的做法是通过专司公共服务类事业单位管理的公共服务委员会集中对所属事业单位固定资产进行管理、整合。

（7）政府监督管理机制改革

传统上政府对事业单位的管理与监督主要是通过主管部门进行，政事关系集中体现为政府主管部门与所属事业单位的关系。北京海淀区探索政府监督管理机制改革，成立海淀区政府特设机构——海淀区公共服务委员会，作为公共服务类事业单位的出资人代表，代表海淀区政府行使公共服务类事业单位的管理职能，原主管部门的职能转变到"管宏观、定政策、作规划、抓监管"等公共管理方面，对事业单位人、财、物管理的所有者职能转交到公共服务委员会，从而通过"管"（公共管理职能）"办"（所有者职能）分开，解决管办不分、政事不分问题，构建新型的事业单位监督管理体制。

三　国外公共服务改革的启示与借鉴

中国事业单位管理体制改革的现实基础是中国的社会变迁、经济发展、政府转型，但在全球一体化不断深化的当今世界，一方面中国的改革与发展已经融入世界，另一方面国外的实践与理论给我们提供有益的参考与借鉴。20世纪70年代以来，国外特别是发达市场经济国家公共服务领域进行了广泛而深刻的变革，我国公共服务体制（事业体制）改革可以从这些变革中得到启示。

1. 重新定位政府角色

20世纪70年代以来，国外特别是发达市场经济国家公共服务领域进行了广泛而深刻的变革，变革的核心问题是政府在公共管理与公共服务中的职能定位。突出的变化集中在以下几个方面。

第一，公共服务是政府的基本职能。"在发达世界中，现代国家的边界已经得到了很好的界定，这包括传统的'守夜人职能'……但在大多数国家政府中，这些传统功能占用公共资源和公共支出的比重越来越小。大部分公共人力资源和财政资源被用于提供直接服务和进行财政支持。在我们的时代，国家最重要的角色皆是成为一名服务提供者或资金提供方，这是代理机构出现的一个首要因素。"[1] 因此，公共改革的目的不是政府公共服务职能的弱化，而是怎样更有效地提供服务。

第二，政府的责任是确保服务的提供。以高福利、大政府为基本特征的公共服务模式在财政危机、管理危机、社会危机挑战下难以为继，既要履行公共服务职能又要富有效率，建立一个"少花钱、多办事"的政府成为公共管理改革的基本主题。实现上述改革目标必须调整政府的职能定位与职能实现方式，将"掌舵"与"划桨"角色适度分离，将"确保服务被提供"而非"提供服务"作为政府公共服务的基本责任，将"划桨""提供服务"职责通过社会化、市场化等方式，发挥各方力量，实现多元共治，从而提高社会福利的总体水平。

第三，在基本公共服务发展方面，政府应当发挥主导作用。在基础教育、公共卫生、基础研究、基本社会保障等基本公共服务领域，政府发挥着主导作用，具体表现是内部生产，即以政府直接组织方式提供上述公共服务，这是政府确保服务被提供应当承担的基本职责。

2. 重组公共部门

随着政府公共服务职能的不断强化与服务方式的多样化，公共部门日益增大且复杂，20年来的公共改革进一步导致公共部门

---

[1] 〔美〕爱伦·舍克:《代理机构：寻求原则的过程》，载《分散化的公共治理：代理机构、权力主体和其他政府实体》，中信出版社，2004，第45页。

各类组织复杂化、分散化和自治化趋势加强。除传统政府各部外，部门类机构（执行机构）、公法管理机构、私法行政法人、准政府实体等公共实体迅速增长。如何发挥各类公共部门在公共服务中的作用成为改革的重要问题。

不同公共组织的法律地位、运作方式及与政府核心部门的关系存在很大差异，多样化的公共组织为政府履行公共服务职能提供多样选择，从而能够更好地提供多样化的公共服务。如在许多经合组织国家内，这些在中央政府里面的相对独立的挂靠机构或附属机构占有 50%~75% 的公共开支和公共就业。

表1 经合组织国家公共部门分类

			法律上与国家分离可否	适用于实体的规定	客户	工作人员的地位	资金来源
传统的政府各部			与国家不可分离	适用于各部的规定/公法	部长	公务员	税收资助
相对独立的挂靠机构或附属机构		部门类机构	由税收资助（可能收取小额费用）	适用于各部的一般规定放宽某些投入管制	公/私客户混合	公务员	税收资助
	间接控制机构	公法管理机构	部分或全部从法律上与国家分离	适用于政府实体的一般规定/公法，放宽某些投入和程序上的管制规定	公/私客户混合	部分公仆性质	有些收费有些销售有些税收
		政府企业 商业性政府企业	与国家从法律上分离的实体	私法	私人客户	私法雇用人员（有时有些特殊地位）	销售收入资助补贴

续表

			法律上与国家分离可否	适用于实体的规定	客户	工作人员的地位	资金来源
相对独立的挂靠机构或附属机构	间接控制机构	政府企业	与国家从法律上分离的实体	私法	私人客户	私法雇用人员（有时有些特殊地位）	销售收入资助补贴
		非商业性其他私人法律机构					
	准政府实体		与国家从法律上分离的实体	私法	私人客户	私法雇用人员（有时有些特殊地位）	销售收入资助补贴

（1）部门机构

部门机构（执行机构）是一种相对较新的组织形式。部门机构是直属于部的下级机构，它们适用于公法或适用于各部的一般行政管理程序进行工作。英国从1988年以来已设立了131个部门机构，雇用人数占公务员总数的4/3以上。荷兰预计到2004年，80%的公务员将在部门机构内工作。

（2）公法行政机构

公法行政机构是从政府各部门出来的，但具有独立法人地位，主要根据适用于所有政府实体的一般行政法规进行工作——经常承担行政功能。与政府核心部门拉开一定距离，政府核心部门对它们的监控主要采取间接方式。公法行政机构能够成为相当大的政府雇主。如在德国，政府各部只雇用6%的联邦文职雇员，而公法行政机构却雇用了51%。

（3）政府企业

各国都有政府企业，一般均按私法设立并承担商务、工业或金融活动。此外，在少数一些国家里，其政府也有一些非商业性的私法机构。就经合组织全体成员国而言，政府企业的产出平均仍占国内生产总值的7%。

(4) 准政府实体

它们通常是私人所有的私法团体，承担着公共政策功能（提供服务、进行管理等）。设有管理委员会，某些成员系政府任命，部分经费由政府拨款，政府对其工作人员或其他方面没有控制。

3. 公共服务民营化

"市场价值再发现"是新公共管理改革的核心价值观之一，民营化是"市场价值再发现"的具体实现形式，是公共服务改革的核心措施之一。公共服务民营化的基本思路如下。

一是私有化，把原来属于国有的部分公共企业和公用事业组织以拍卖、发行股票、产权转移等方式转给私人经营。英国撒切尔首相上台后，开始大力推行私有化，类似措施几乎在所有实施新公共管理改革的国家都得到了不同程度的效仿和推广，到1990年，民营化运动几乎波及欧洲的所有国家和地区，目前世界上有100多个国家在程度不同地效仿英国的私有化改革措施。撒切尔政府私有化改革始于出售英国石油公司部分股票，后来逐步涉及宇航、航空、电信、能源等国有资产。1988年撒切尔政府表示私有化无禁区，电力、供水、天然气等46%的国有企业均私有化了。90年代梅杰执政以后，私有化领域继续扩大，邮政、铁路、运输等部门的私有化成为举世瞩目的焦点，公共住房开始实行私有化的改革，鼓励居住公共住房者买房，甚至部分卫生、教育部门也开始了私有化的进程。尽管私有化的结果不都是积极的，但通常私有化可以提高产品的质量，同时保持它对消费者的需求随时作出反应的能力，私有化还使政府不必为了维护效率低下的国有企业而支付大量的补贴，从而使政府财政赤字得以减少。

二是政府与经营者（包括私营组织和非营利组织）签订合同，依照合同经营公共事业，即公共服务外包。经合组织经常把那些不属于政府"核心业务"的服务外包，主要是那些具有比较高的可度量性和可竞争性的服务，如清洁、保安、餐饮、维护、打印等。

三是把市场机制引入公共领域。不少经合组织国家特别是新西兰、英国、荷兰等国家中的公共部门都进行过组织和管理上的重大改革，其中新西兰模式是把市场机制引入公共服务领域方面最为典型的模式,该模式的要点包括服务的购买者与提供者分离,建立公共服务委员会管理绩效合同,并对预算管理和会计制度进行重要改革以便真实地反映公共管理与公共服务成本。

4. 公共服务社会化

西方国家公共服务改革强调发挥非营利组织的作用。一靠市场、二靠社区(非营利组织)成为西方国家公共服务改革两大支撑,市场化发育程度较高和非营利组织较发达在西方国家政府公共服务改革的过程中发挥着重要的作用。政府在全面清理原有职能的基础上,把一些可以转移出去的职能转移给各种非营利组织,使其能够代替政府行使一些公共管理和公共服务的职能。因此,非营利组织的存在可以有效地弥补市场机制和政府机制的内在缺陷。20世纪80年代非营利部门成为美国就业增长最快的部门,被称为"提供集体商品的优先机制"(莱斯特·M.萨拉蒙语)。据美国约翰—霍布金斯非营利部门比较项目的研究成果,截至1995年,除宗教团体外,在调查的22个国家中,非营利部门是一个拥有1.1亿美元的产业,它雇用了相当于近1900万个的全职工作人员。这些国家的非营利支出平均达到国内生产总值的4.6%,非营利就业占所有非农就业的近5%,占所有服务行业就业的10%,占所有公共部门就业的近27%,全部非营利就业的2/3集中在三个福利服务的传统领域:教育占30%、卫生健康占20%、社会服务占18%。在非营利组织收入中,使用者付费占49%,政府拨款和资助占40%,社会慈善捐助占11%。据美国研究政府公共服务市场化改革的专家E.S.萨瓦斯的研究,美国政府把102种公共部门承包给私营部门和非营利组织,城市政府把27%的公共服务承包给非营利组织;到1992年,非营利组织提供了政府出资的社会服务的56%、就业和培训服务的48%、保健服务的44%。

5. 选择多种治理工具

治理工具又可称为政策工具或政府工具,它是指政府将其实质目标转化为具体行动的路径和机制,政策工具乃是政府实现公共服务职能的基础。美国学者E.S.萨瓦斯认为,"由于服务提供与服务生产之间的区别,我们可以据此确定公共服务的不同制度安排",由此萨瓦斯概括了10种治理工具("公共服务的不同制度安排")。

表2 公共服务的不同制度安排

		安排者	
		公	私
生产者	公	政府服务 府际合作	政府出售
	私	合　同 特　许 补　助 代用券	自我服务 志愿服务 自由市场

（1）政府服务　政府部门直接提供财货与服务。
（2）府际合作（政府委托）　政府部门委托其他部门提供。
（3）政府出售　指消费者向政府购买特定服务。
（4）合同　政府雇用私部门提供公共服务。
（5）特许　政府核准私部门提供公共服务。
（6）补助　政府通过免税、低息贷款、直接补助等诱因来提供服务，其费用包括政府对从业者的补助及使用者付费。
（7）代用券　政府赋予符合资格的人自由选择消费某种货品，而由政府付费。
（8）自由市场　完全由市场之需求与供给调节。
（9）志愿服务　由非营利组织义工提供服务。
（10）自我服务　人们自行寻求解决问题的方式。

四　关于理顺政事分开、深化事业单位管理体制改革的对策思考

目前，我国经济社会进入改革与发展的关键时期，一方面，人均GDP达到1000美元后社会需求结构发生重大变化，公共需求快速增加，对强化政府公共服务职能、完善公共服务体系提出更高要求；另一方面，体制改革导致利益分化、社会主体多元化

格局形成，协调利益关系任务加重，对公共服务公平性的要求提高。因此，必须以科学发展观为指导，围绕服务型政府建设与建立公平而有效的公共服务体系目标，进一步明确改革定位，以理顺政事职能关系为主线，以重组事业部门为基础，以分类改革为基本战略，深化人事制度、资产管理体制、监督管理机制改革，推进政事分开、理顺政事关系，完善政府公共服务体制。

1. 强化政府公共服务职能

（1）发展公共事业是国家义务，享受公共服务是公民基本权利

现代国家的本质特征是公共服务，"国家就是政府为着公共利益进行的公共服务的总和"（法国公法学者狄骥）。《中华人民共和国宪法》第十四条、第十九条、第二十条、第二十一条、第二十二条规定，"国家建立健全与经济发展水平相适应的社会保障制度""国家发展社会主义的教育事业""国家发展自然科学和社会科学事业""国家发展医疗卫生事业""国家发展体育事业""国家发展为人民服务、为社会主义服务的文学艺术事业、新闻广播电视事业、出版发行事业、图书馆、博物馆和其他文化事业……"从公民角度看，获得公共事业服务是公民基本权利，《中华人民共和国宪法》第四十二条、第四十四条、第四十六条、第四十七条规定，"中华人民共和国公民有劳动的权利和义务。国家通过各种途径，创造劳动就业条件，加强劳动保护，改善劳动条件，并在发展生产的基础上，提高劳动报酬和福利待遇……国家对就业前的公民进行必要的劳动就业训练""退休人员的生活受到国家和社会的保障""中华人民共和国公民在年老、疾病或者丧失劳动能力的情况下，有从国家和社会获得物质帮助的权利。国家发展为公民享受这些权利所需要的社会保险、社会救济和医疗卫生事业""中华人民共和国公民有受教育的权利和义务""中华人民共和国公民有进行科学研究、文学艺术创作和其他文化活动的自由。国家对于从事教育、科学、技术、文学、艺术和其他文化事业的公民的有益于人民的创造性工作，给以鼓励和帮助"。2004 年十届人大二次会议通过的宪法修正案首次增加"国家尊重和保障人权"的内容，表明中国政府对普遍人权的尊重和

保障，对普遍人权的尊重和保障成为强化政府公共服务职能基本依据。

（2）落实科学发展观、推进和谐社会建设必须大力发展公共服务

改革开放以来，我国实现党和国家工作重心的转移，坚持以经济建设为中心，大大促进了社会生产力的发展，2003年我国人均国内生产总值突破1000美元。与此同时，以GDP增长为中心的发展导致经济社会发展的失衡：贫富差距拉大，经济社会发展失衡，环境与资源破坏严重，教育、科学、文化、卫生等公共事业发展相对滞后……根据世界发展进程的规律，人均GDP处于1000~3000美元的发展阶段是社会发展的关键时期，各种利益关系日益复杂，社会矛盾日趋严重，既可能进入经济增长迅速、经济社会协调发展的"黄金发展时期"，也可能进入经济社会徘徊不前乃至社会动荡和倒退的"矛盾凸显时期"。党中央在这样一个重要阶段到来之际，适时提出科学发展观，强调要以人为本，实现全面、协调、可持续发展，构建社会主义和谐社会。科学发展观的提出与逐步落实，和谐社会建设的推进，要求经济建设型政府向服务型政府转型，把强化政府社会管理和公共服务职能，加快公共事业发展步伐，作为解决日益突出经济与社会不协调问题、实现科学发展的重要内容。

（3）以明确公共服务的社会分工为基础界定、调整政府公共服务职能

强化政府公共服务并不是要求政府包办公共服务，而应从市场经济条件下公共服务的社会分工，与我国发展中国家的基本国情出发，合理界定公共事业的边界，以为社会成员提供基本公共服务作为现阶段我国政府的主要公共服务职能，"政府集中力量行使纯公共产品的供给职能，组织好准公共产品的多元化供给，退出竞争性产品的经营活动和直接干预"，把劳动就业、社会保障、义务教育、基本医疗、基础科学与前沿技术以及社会公益性技术研究等作为政府优先提供的核心公共服务，进而明确政府干预公共服务的方向、领域、优先顺序、强度及方式。

2. 理顺政事职能关系

(1) 从政府与社会事业的关系定位政府与事业单位的关系

发展社会事业、满足社会公众对社会事业不断增长的需求是全社会特别是政府的责任。发展社会事业、提供社会事业服务一是通过社会提供（市场部门提供、非营利部门提供），二是通过政府提供。由于科学、教育、文化、卫生、体育、劳动就业、社会保障、环境保护等社会事业产品与服务多属于满足社会公共需要的公共物品，现代社会政府越来越多地介入其中并承担发展社会事业的基本职能，政府提供成为社会事业服务最重要的提供方式。政府可以通过多种方式承担发展社会事业的职能，其中政府生产（通过举办事业单位直接生产公共服务）是政府提供的基本方式之一，政事关系（政府与事业单位的关系）由政府生产中产生、由政府履行向社会提供公共服务职能中产生，是政府与社会事业关系的组成部分。

(2) 明确政府职能与事业单位职能的基本关系

政事职能关系问题的实质是政府如何履行公共服务职能问题。政府承担向社会提供公共服务的职能，通过多种形式（购买、生产、规制等）实现公共服务职能。举办事业单位以直接生产形式向社会提供公共服务是其中基本方式之一，事业单位则是直接生产、提供公共服务进而实现政府向社会提供公共服务职能的组织。因此，事业单位的职能是政府公共服务职能的延伸，两者关系的基本点是：政府机关负责向社会提供公共服务，事业单位负责生产公共服务；政府机关以行政方式（组织与管理）向社会提供公共服务，事业单位以直接生产、直接服务方式履行政府向社会提供公共服务的职能。

(3) 界定、清理现有事业单位职能，以公共服务为基础确定政事职能关系

在国家包办、管办不分的传统事业体制下，举办事业单位直接生产公共服务成为政府向社会提供事业服务的唯一方式，这是造成政事不分的体制根源。同时，改革开放以来事业单位改革"过度市场化"等问题导致政事关系发生新的变化，使得事业单位职能更趋复杂，一方面是部分事业单位"无事业"，另一方面

是事业单位承担了许多非事业性质的行政监督管理职能、经营开发职能。因此，必须通过合理界定现有事业单位职能，区分不同性质的职能并依据职能对现有事业单位科学分类，逐步剥离非事业性单位、非事业性职能，从而以公共服务为基础重新构建政事职能关系。

3．重组事业部门

（1）发挥社会三大部门作用

经过20多年的体制转轨、社会转型，我国逐步由国家计划一切、管理一切的"总体性社会"向国家、市场、社会三元社会转化，事业资源逐步由单一计划分配转向国家、市场、社会共同配置，事业服务由国家包办转向由公共部门（事业单位等）、市场部门（企业）、社会部门（非营利组织）共同供给。三大部门并存、三种机制协调运行是我国社会事业发展的趋势。适应上述趋势，社会事业应坚持以公有制为主体，多种所有制共同发展，形成举办主体多元化、组织形式多样化、多种所有制共同发展的局面。

（2）明确社会事业的组织形式

在多元机制作用下，社会事业以多种方式生产与提供，因此应完善多样化的社会事业的组织形式。依据不同组织的属性（公立还是民办，营利还是非营利，核心政府部门还是其他公共部门）、不同事业的特性（如服务的性质、产出和效果的可度量性、市场的竞争程度、对服务提供者的控制程度等），可以将我国参与社会事业生产与提供的组织划分为以下六种：属于公共部门的包括核心政府部门的政府机关、事业单位、国有企业，非营利组织（民办非企业单位），属于私人部门的包括独资或合伙形式的中小企业、公司形式的大企业。

（3）完善事业单位组织制度

事业单位将是我国社会事业最主要的组织形式，因此完善事业单位组织制度是重组事业部门的关键。完善事业单位组织制度涉及三个重要问题：一是为事业单位创立两类组织形式，即在法律上区分为法人型事业单位和非法人型事业单位。法人型事业单位（可称为"公立事业法人"）可定义为具有独立法人地位、独立核算的事业单位，包括教育、卫生、科学、文化等在内的绝大多数事业单位将是法人型事业单位；非法人型事业单位可定义为直接附属于核心政府部门、没有独立的法人地位、不独立核算的事业单位。二是健全事业单位法人制度，赋予法人型事业单位独立法人地位，使之在业务运作方面获得较大自主权，保持机构的独立性。三是完善法人治理结构。法人型事业单位应建立理事会制度，由行使所有者权利或行使政策制定者职能的政府部门所任命的理事会进行管理。理事会还可包括消费者和其他利益相关方（如职工）的代表；理事会作为事业单位的战略决策机构，对事业单位重大事项进行决策，决定管理者的任命和解职，政府一般通过理事会政府代表、通过任命理事会成员等方式影响理事会的运作。明确理事会和管理层责权划分，形成良好的治理体系。

4. 实施分类改革

（1）以清理现有事业单位职能为基础，科学设计分类改革的战略

通过对现有事业单位范围内不同活动、不同组织的性质与特点的界定，清理现有事业单位职能，区分不同职能的性质并依据职能对现有事业单位科学分类，科学设计分类改革的战略、路径、措施，通过分类改革逐步剥离非事业性单位、非事业性职能，进而纯化事业单位职能与机构，使事业单位真正成为"公共服务组织"。

监督管理类事业单位改革基本目标是回归政府。这些单位依据法律、法规或政府委托承担行政执行、执法监督和经济社会管理职能，上述职能在性质上属于行政职能，因而其改革目标是成为政府部门或政府部门的组成部分。这类单位没有独立的法律地位，资金来源于国家的预算拨款，人事管理适用公务员的各项规定。

开发经营类事业单位改革基本目标是转制为企业。这些单位是以营利为主要目的，面向市场从事经营活动，为社会提供私人产品和服务的，其从事的"事业"根本不具备或基本上不具备社会公益性，有关业务完全可以交给营利性的市场主体承担，这类

单位可通过"股、售、兼、破"等形式实行产权改革，转企改制。

社会公益类事业单位指承担国家交办或鼓励支持的公益事业职能，面向社会提供公共服务的事业单位。社会公益类（公共服务类）事业单位改革可以设定双重目标：多数社会公益类将保留在事业单位内并成为"公立事业法人"，少数社会公益类单位可以转为非营利组织。对保留下来的事业单位应深化改革，完善管理体制与运行机制，建立现代事业制度，实现政事分开、事企分开、管办分离。转为非营利组织的单位应回归社会，脱离公共部门，成为独立、非营利的民间组织。

（2）分类分步实施改革

分类改革将是我国事业单位管理体制改革的基本战略。由于事业单位存量巨大、类型多样、社会转型期长，改革难以一步到位（如仅仅解决300万行使行政执行职能的工作人员归属问题就极为艰巨复杂），实施分类改革战略既可采取一步到位的改革方式，又可以采取分类分步的渐进式改革方式，即明确分类改革方向，初步实现机制转换，最终实现机构改制。

具体而言，事业单位分类分步改革可采用以下模式：

开发经营类—企业化管理—转制为企业；

监督管理类—依照政府机关管理—转为政府机构；

多数社会公益类—建立现代事业制度—转为"公立事业法人"；

部分社会公益类—按照非营利机构管理和运行—转为非营利组织。

5. 推进人事制度改革

（1）进一步深化分类改革

彻底分解行政事业一体化的"机关事业单位人事制度"，对公务员与事业单位工作人员赋予不同的法律地位并实施分类管理，取消事业单位工作人员原有的身份制度、套用行政级别确立级别待遇制度和以行政方式选拔干部的制度。

（2）转换事业单位的用人机制，"建立以聘用制为基础的用人制度"

通过推行聘用制，以聘用关系取代传统的建立在行政任用基础上的人事关系，使事业单位人事管理由行政依附关系向平等人事主体转变，由身份管理向岗位管理转变，由国家用人向单位用人转变，由单纯行政管理向法制管理转变。

（3）建立新型的领导干部选拔任用制度

以竞争性选拔代替传统的主管部门委任方式，任免部门根据竞争者的能力与德才表现，按照干部管理权限和一定程序，根据不同事业单位的特点，采取直接聘任、招标聘任、推选聘任、委任等多种任用形式，任免事业单位领导干部。实行理事会的单位应依法发挥理事会在领导干部选拔任用中的作用。

6. 完善资产管理体制与运行机制

（1）建立区别于行政单位国有资产管理的事业单位国有资产管理体制

按照事业单位国有资产国家统一所有，政府分级监管，单位占有、使用的管理体制，理顺各相关部门职责权限，各级财政部门、主管部门和行政事业单位在事业单位国有资产监督管理中各司其职、各负其责。各级财政部门是政府负责事业单位国有资产管理的职能部门，对事业单位国有资产实行综合管理；主管部门负责对本部门所属事业单位的国有资产实施监督管理；事业单位对本单位占有、使用的国有资产实施具体管理。

（2）允许、鼓励各地从实际出发，探索完善事业单位国有资产运作模式

建立事业单位国有资产出资人制度，构造新的国有资产产权运营主体，由专司事业单位国有资产管理的机构委托国有资产经营公司行使法人财产权利，对事业性国有资产进行集中管理，实行市场化运作的经营模式。即新组建的国有资产经营公司，作为事业单位国有资产产权运营主体，代表政府对接管的事业单位国有资产进行整合、管理和经营，在保证资产安全、公共服务职能不受损害的前提下，通过市场化运作实现事业单位国有资产的增值。

7. 健全监督管理机制

（1）实施多元监管，发挥各方力量监督管理作用

其一，按照管办分离原则，将政府公共管理者职能与出资者

职能适度分离，分别从不同角度对事业单位进行监管，在某些情况下可以将公共管理者职能与出资者职能分别交由不同部门行使（如北京海淀区组建公共服务委员会的做法）。其二，探索建立独立监督机制，借鉴美国各州独立管制机构——公共事业管理委员会、英国及北欧的行政监察专员等做法，建立主要由专业人士组成的独立监管机构，对公共服务实施监督。其三，强化社会监督，发挥消费者（服务对象）、社会舆论、社会中介组织对各种事业活动、各类事业主体的监督作用。

（2）强化财务监督

一是严格预算管理，管好用好预算内外资金。各单位的财政预算必须根据《预算法》和《事业单位财务规则》作好预算编制工作；要加强收费管理，各种行政事业性收费必须取得财政等部门批准，同时应认真清理应收款和"小金库"。二是建立完善事业性国有资产管理经营机制。建立事业性资产集中处置与调剂转让市场，制定与单位经济利益挂钩的资产处置办法，鼓励各单位将闲置资产拿出来进行交流，通过所有权变更或使用权转让等方式，将闲置资产转化为有效资源。三是对"非转经"资产实行有偿使用并监督其实现保值增值，对"非转经"严格实行报批手续，足额征收"非转经"占用费，"非转经"资产属于实物形态的须经资产评估后才能批准投资，防止国家财产受损失。

（3）完善绩效管理机制

在公共性、独立性较强的法人型事业单位普遍推行绩效合同管理和绩效评估制度。在政府与事业单位之间形成法定的绩效责任关系，通过双方平等协商谈判，以公共事业目标实现、服务质量提高为中心，在绩效任务和预算方面签订具有法律效力的绩效协议，各自作出公开透明的服务承诺和监管承诺，以绩效合同严格约束事业单位以及政府的行为。

（赵立波　王江英）

第四章
地方政府创新

政府职能转变视角下的社会服务创新
——以杭州的创新为例的实证分析

转变政府职能是深化我国行政管理改革的重要内容，党的十七大和十七届四中、五中、六中全会都对我国行政管理体制改革提出了全新的要求，作出了全面的部署。政府职能转变的目的是为了科学定位政府角色与行为，增强政府的服务功能、裁判功能和导向功能，以便更好地建设服务型政府和生态型政府。随着以市场调节为主、宏观调控为辅的社会主义市场经济体制的进一步发展和完善，与计划经济相适应的行政管理体制和政府职能体系已不适应经济发展的多样化要求，经济生活中分工的复杂化、社会利益主体的多元化、社会结构的阶层化、社会关系的庞杂化，客观上都要求政府职能进行转变。通过不同治理结构和特定管理自主权的结合，使政府提供的公共服务能够更好地满足公众需要，并为民众提供参与公共决策过程的机会。

一 社会服务创新的理论依据

社会服务的内涵

在现阶段关于社会服务的文献中，对社会服务的概念定义及区分还在继续深入,因为概念界定对于一个学科的发展往往有着至关重要的作用。由于研究方向及视角不同,内涵侧重点会稍有不同,与社会服务相关的概念主要有"公共服务"和"私人服务"。

蔡汉贤主编的《社会工作辞典》中称,社会服务"旨在调适个人、家庭与团体相互间的社会关系。其过程为运用人类潜能与社会资源,协调人人适应社会环境,解决精神与物质必备条件,满足生活需要,维系生存价值,确保人性尊严,预防社会问题之发生,及促进社会之发展进步"。

社会服务是以提供劳务的形式来满足社会需求的社会活动。狭义上是指改善和发展社会成员生活福利而提供的直接服务,如衣、食、住、行、用等方面的生活福利服务,具体到政府行为也就是指社会救济、社会保障、社会保险、社会福利。广义的社会服务包括生活福利性服务、生产性服务和社会性服务。生产性服务指直接为物质生产提供的服务,如原材料运输、能源供应、信息传递、科技咨询、劳动力培训等;社会性服务指为整个社会正常运行与协调发展提供的服务,如公用事业、文教卫生事业、社会保障和社会管理等。

社会服务与公共服务是有区别的:公共服务主要是指公共部门为了直接满足公民基本的、具体的公共需求,生产、提供和管理公共产品及特殊私人产品,并且使用公共权力或公共资源来维护社会公平,体现公共利益。而社会服务（social service）是一个社会学的概念,广义上指以提供劳务的形式来满足社会需求的社会活动,狭义上指为改善和发展社会成员生活福利而提供的社会服务;社会服务的外延小于公共服务的外延,仅指针对教育、社会保障、公共医疗卫生、环境保护等社会发展项目所提供的公共服务,而公共服务除了社会服务外,还包括维持性服务,如国防、外交等。

社会服务与私人服务也是有区别的:私人服务主要是以保障和获取自身物质利益为宗旨,以功利为原则,以追求经济效益为根本目标的活动。而社会服务是以服务社会、服务民众为出发点和根本目的的社会活动。但是社会服务可以包括部分的私人服务，像社区服务等，既可以解决部分的就业问题，又可以为社会服务提供更多形式的可能性和多样化。

二 社会服务创新对于政府职能转变的意义

社会服务创新是指政府在一定历史时期内根据社会环境的需求而履行的职责和功能，它反映了政府的实质和政府活动的内容与方向。政府职能是一个历史范畴，随着社会的变化发展和人民需求重心的转变，政府职能在性质、内容、手段和方向上都会而且应当发生相应的变化。改革开放以来，我国政府职能转变取得了一定成效，但从总体上看，计划经济体制下形成的全能型政府仍在社会经济生活中发挥着主导作用。事实证明，全能型政府难以适应现代市场经济的要求。一方面，政府本身承担了太多不属于政府的职能，另一方面，政府自身职能诸如宏观调控、维护公民基本权利、提供良好的公共产品等未能发挥到最优，造成应当由政府完成的基础设施、社会保障、公用服务等"公共物品"短缺。在市场经济运行和现代社会发展的模式逐步建立的过程中，社会服务的创新必将成为必然。而 2004 年温家宝总理在中共中央党校的一次讲话中正式把服务型政府建设提出来，给我们政府职能转变指明了新的方向。在近几年的全国两会上，创新社会管理成为人大代表、政协委员讨论的热点问题，党的十七大对社会服务的要求和强调也体现出社会服务创新对于政府职能转变和构建服务型政府的重大意义。

（一）有利于构建完善和谐社会

在我国和谐社会建设所需的体制构建中，社会服务担当着诸多独特的社会构建功能。首先，社会服务是政府社会职能转移的促进者与主要承接者。政府的职能和功能事实上是有限的，而就目前看来，社会管理与社会服务主体的多元化、政府和社会的分工合作与共同治理势必成为日后社会发展的客观趋势。"政社分开"是前提，分工合作与共同治理是结果。实现上述目标的关键在于将政府不该管、管不了也管不好的那些社会职能和事务剥离和转移出去，交给各类 NGO、NPO 组织；这些组织的主体是专业化、职业化的社会工作机构，能很好地执行这些政府移交出去的社会服务工作。其次，社会服务是第三方（非政府、非营利性的"民间组织"）发展的促进者和示范者。第三方既是提供社会服务的基本力量，又是维护社会公平和正义的纽带。综上所述，社会服务的开展不仅有利于经济环境的净化，促使经济建设更专业、更全面的发展，而且有助于解决部分就业和民生问题。

（二）有利于促进社会全面进步

社会服务的出现，既是社会全面进步的必然要求，又是社会全面进步的一种表现。社会服务既适应了市场经济机制正常运行、不断完善的需要，又体现了我国全面建设小康社会对提高人们思想道德素质、科技文化水平和良好社会秩序的内在要求。我国正处于社会转型的重要时期，以结构转换为核心，以带动社会体制的转化、利益的调整和观念的变化为目标的转型要求更加需要社会服务的护航与扶持。市场化将过去体现计划经济特征的、由政府大包大揽的商品生产的调控、社会福利、社会保障、社会服务等回交给社会。"售后服务"、社区服务、志愿者服务等大量社会服务实践活动的先后出现与普及，不仅展示着社会服务自身独特的社会意义、价值魅力和旺盛的生命力、广阔的发展前景，而且更具有强烈的示范、辐射和带动作用。

（三）符合新公共管理理论的要求

新公共管理理论要求政府由以经济管理为重心向以社会管理和服务为重心转变。现在整个社会生活中，存在着大量的不以营利也不以公共利益为主的社会事务，处理这些事务，无疑将涉及政府与社会的关系，这就是社会服务对新公共管理理论深化的切入点。新公共管理理论以公共管理的社会价值为重点，以社会和"顾客"的期待为理想目标。要实现这一目标，就要有意识地培育政府与社会各方面利益联系的中间桥梁和纽带，即大力发展和发挥社会中介组织的作用和影响力，以便更加充分全面地发挥社会服务的作用。实现政府职能的转变，要求弱化政府的经济管理职能，同时强化其社会管理和公共服务职能，这也是社会服务有利于进一步深化新公共管理理论的要义所在。

三 社会服务创新的现实依据

(一) 借鉴西方国家较为成熟的社会服务体系

1945年以后,社会服务在西方世界里已经变成了社会政策的一个组成部分。在20世纪50年代以后的社会福利研究中,被多次改变的"社会福利"概念基本固定,分为四部分:教育、住房、收入保障和国民健康服务(NHS)。但是事实上,除了这四种社会福利,还有一种服务独立地存在于社会福利之外并持续不断地满足大众的生活需要和提升公众满意度,这就是社会服务。因此,社会服务并不能与其他社会福利服务项目简单混淆。笔者结合中国社会科学院社会政策研究中心的学者潘屹的研究,总结出了北欧、英国两种较为成熟的社会服务模型体系。

1. 北欧社会关照服务

北欧的社会关照服务主要是一种普遍的、覆盖全体公民的综合服务。1945年以后,社会服务在西方诸多国家里已经成长为政府社会政策构架中的一个非常重要的组成部分,在金融投入、组织管理、生产程序和控制过程等诸多环节上,社会服务都已成为公共事业中一个独立的部分。其中最显著的成形发展是在北欧斯堪的纳维亚半岛的五个社会民主福利模式的国家里。

在社区内提供的关照服务,主要是由护理院、日托所、咨询中心等提供。这些服务包括:①儿童家庭服务:接收、收养、抚养儿童,监督父母的抚养抚育工作,确保儿童不被侵犯,给儿童提供财力和物质帮助。②家庭护理服务:给老年人和残疾人等提供家庭服务或帮助教育。③日常照顾:为老人和残疾人建立俱乐部、日常诊所、老年人弱智训练中心、残疾人日常护理学校、健康中心等。④咨询服务:建立咨询中心、家庭财产计划、年轻人医疗咨询等,给健康家访员、家庭护士、接生员、心理工作者提供家庭基础护理知识和教育。

北欧把社会关照服务看做每人都应该享有的一种权利来发展,所以北欧社会服务的一个突出特点就是内容广泛并且覆盖全体公民。其中最有特点的当属老年之家,表1是北欧五国65岁以上的老人居住在老人之家的数字和比例。

表1 1960～1993年北欧五国65岁以上的老人居住在
老人之家的绝对数字和比例

单位:%

	丹麦	比例	芬兰	比例	爱尔兰	比例	挪威	比例	瑞典	比例
1960	—	—	—	—	—	—	22422	6	34719	4
1970	40731	7	31907	7	1338	7	31565	6	59831	5
1981	50230	7	29845	5	1891	8	41139	7	11453	5
1993	51976	6	46100	7	3482	12	43215	6	76400	5

资料来源：北欧国家的社会保障和北欧统计年鉴（Sipila：1997：190）。

从表1可以看出，从1960年社会福利制度建立之初到1993年的社会福利体制完善的30多年间，北欧五个国家除了爱尔兰之外，居住在老人之家的老人的平均数字为5%～7%。到1993年，北欧五国居住在老人之家的65岁以上的老人的比例，平均达到7.2%，最高的是爱尔兰，达到12%，最低的瑞典达到5%。

2. 英国人身社会服务

英国人身社会服务的特色是他们的混合经济型服务模式。英国的社会服务部创建于1971年，其人身社会服务内容和北欧基本一样，同样包含了帮助老年人、残疾人和其亲属、儿童和年轻人、智力残疾和障碍人以及他们的家庭。英国社会服务部通过福利之家和日托中心等主要的服务组织，帮助行为不便的人享受家庭生活和提供不同种类的社会工作服务。

英国自20世纪末起，经济发展的缓慢导致了投入和产出的不平衡，于是在80年代提出了福利多元化（welfare pluralism）这一新的概念，其中包括了除政府外的其他非官方的、志愿的和私有部分的共同参与。这意味着英国社会服务的参与者具有更多分散化、多元化和非官办等特点，也能为更多的家庭和特殊群体提供更广泛更全面更适合的社会服务。

与北欧老人院由地方政府投资兴建管理不同，英国的服务机构主要由私人举办且具有以营利为目的特征。在英国，护理院展现了包括地方政府、志愿者和私人创办的多元趋势。2001年，英国由地方政府创办的护理院比例下降，志愿者办的居中，而私人创办的护理院却占到了绝大多数,其使用国家提供的老年人服务帮助的比例只有8%,低于北欧的19%的比例,但是私人提供的家庭服务水平几乎与政府提供的服务水平不分伯仲。下表介绍了英国护理院的多元化种类。

表2　护理院的种类(2001年3月31日)

单位:%

地　区	地方政府	志愿者*	其他**
英　国	17	21	63
英格兰	15	20	65
威尔士	26	8	66
苏格兰	31	43	26
北爱尔兰	37	26	38

* 包括双重登记的志愿者办的护理之家。
** 私人办的护理之家。
资料来源:英国国家统计。

(二) 国内社会服务现状及问题

在如今信息时代和知识经济时代的双重影响下,社会经济已经飞速发展到一个"新阶段",也使社会服务创新具备了一定的经济基础和物质条件。第一,劳动生产率大幅提高,社会财富迅猛增长,经济保持了较长时期的快速稳定发展,为社会服务的长足发展与改革创新提供了坚实的物质基础。第二,社会服务创新所需要的制度设置和组织结构也日益科学化和制度化,政府在加强横向分工,提高管理手段、管理水平和管理素质,扩大组织管理幅度方面也取得了一定成效。第三,社会服务创新所需要的特定社会条件也得到了进一步发展。改革开放30年来,社会事业、物质文明、精神文明、政治文明建设均得到长足发展,基层民主活力不断增强,与社会主义市场经济体制相适应的中国特色社会主义法律体系形成,也都为社会服务创新的实现提供了有利的社会基础。

但是政府职能改革的步伐才刚刚开始,社会服务创新也仍面临着巨大挑战和机遇。从我们历次的机构改革中都可以看到这一点,特别是2008年开始提出并推行的"大部制"改革试点。这个改革一开始就表现得困难重重，也说明我们在政府结构功能调整方面还有很多的事情要做、还有很大的空间要调整。现阶段我国社会服务工作中存在的问题正阻碍着我国社会服务的发展。

一是社会服务概念模糊不清，缺乏完善的社会服务体系。在我国，社会服务并没有一个明确的概念和界限范围，不同的学者对社会服务的解释也不一致，而且对社会服务没有一个统一的认识，政府对哪些社会服务该由自己承担哪些该交予非政府组织和社会组织并没有明确的界定，导致对社会服务的进一步研究出现困难。

二是社会服务资金管理不规范，秩序混乱。社会服务所需资金的来源一方面是政府的财政拨款，另一方面是社会募捐。政府财政支出不透明导致群众对政府的不信任心理上升。而且我国实行的分税制财政管理体制要求一级政府、一级财政，分灶吃饭。在分税制条件下，各级财政有不同的支出责任和收入来源，导致各地的社会服务条件也参差不齐。目前，中央在初次分配中占50%的比重严重影响了地方社会服务的开展和落实。同时社会服务资金募捐秩序混乱，缺少规范的社会服务慈善部门统一管理，加上最近出现的红十字会信任危机事件，使群众对募捐的信任值也有所降低。

三是社会服务专业化人才缺乏，职业化水平低，人力资源配置不合理。缺乏人才资源，必然导致我国社会服务工作发展缓慢，使得社会服务工作很难高效进行。目前国内设有社会服务专业人才培训的机构和高校比较少，社会服务专业人才培养机制不健全，职业培养教育制度欠缺。在人力资源配置方面，像英国、加拿大、美国等社会服务发达的国家，地方基层政府公务员和社会服务人员的比例很大。其中加拿大整个政府系统的公共服务人员可以占到基本人口的20%，美国是15%，但加上非营利部门可以到20%。因此，我国社会服务体系的建设要重新考虑人力资源的配置。

四　实践探索中的杭州市社会服务创新

在信息时代和知识经济时代的双重影响下，社会经济已经发展到一个"新阶段",也使社会服务创新具备了一定的经济基础条件和物质条件,劳动生产率大幅提高,社会财富迅猛增长,经济保持了较长时期的快速稳定发展。社会服务创新所需要的组织结构和制度设置也日益科学化和制度化,同时,政府在加强横向分工,提高管理手段、管理水平和管理素质,扩大组织管理幅度方面也取得了一定成效。社会服务创新所需要的特定社会条件也得到了进一步发展,改革开放 30 年来,社会进步突飞猛进,民生也得到显著改善,社会事业、精神文明、政治文明建设得到长足发展,基层民主活力不断增强,与社会主义市场经济体制相适应的法律法规体系也已基本建立,这些进步都为社会服务创新的实现提供了良好的社会基础。

杭州作为东部发达城市,具备社会服务创新的现实条件,而且杭州市政府近年来主导开展的服务创新项目,涵盖了杭州市的所有党政部门和区县市,涉及经济、政治、社会、文化、生态等多个领域,依托党政界、知识界、媒体界、行业界的四界联动,形成了多层架构、网状联合、功能融合、优势互补的主体架构,并以政策、制度的形式实现了机制化和常态化。

(一) 杭州社会服务创新理念的前瞻性

理念上的前瞻性,开拓的发展思路,坚持与时俱进,全面强化真正做到社会服务创新可持续发展,体现了对城市服务未来发展、对城市未来需求的一种超前把握。

杭州市推进政府创新服务的基本思路是坚持以人为本,把"服务"作为基本价值和核心内容,以四界联动、社会参与、开放互动作为基本途径,以服务体现管理,以互动实施引导,以学习推动创新,用复合主体平台作支撑,不断创新服务手段、拓展服务内容、延伸服务领域、提升服务平台,达到人民群众的真正满意。杭州在实践探索中力求处理好服务与管理的关系,将管理寓于服务之中,通过服务来体现政府效能,真正做到政府像企业关注顾客一样关心公众需求;整合社会资源,使审批权、管理权向服务转变,为不同群体公众提供又快又好的创新性服务。上述前瞻性理念走在了国内城市服务创新的前列,预示着社会服务创新的方向和规范。

（二）杭州社会服务创新覆盖面的广泛性

杭州市近年来开展的政府创新服务实践证明：杭州政府创新服务已经成为经济发展方式转变的重要推动力，成为城市发展的巨大动力，成为提高市民生活品质、实现人的自由全面发展的主要路径。

通过培育和发展社会复合主体，以推进社会性项目建设、知识创业、事业发展为目的，实现社会效益与经营运作相统一，形成由党政界、知识界、行业界、媒体界等不同身份的人员共同参与、主动关联的多层架构、网状联结、功能融合、优势互补的新型创业主体。21世纪以来，杭州在实施西湖综合保护工程、运河综合保护工程、西溪湿地综合保护工程、钱江新城建设等重大社会性项目，发展茶、丝绸女装、数字电视等特色行业，培育西博会、休博会、动漫节等会展品牌，推进杭州市与浙江大学、中国美院战略合作等方面，组建了一大批社会复合主体，取得了显著成效。几乎每一个重大社会性、文化性项目，特色优势产业背后，都有社会复合主体的支撑和运作。这些形式多样、特色各异的社会复合主体总体上可归结为行业联盟组织、项目推进组织、市校联盟组织三种类型，体现了社会服务创新参与主体的架构多层复合、成分多元参与、功能特色互补、职能衔接融合，人员专兼结合、角色身份多样等特征。杭州近年来的社会服务创新充分体现了主体实施广泛性，客体参与广泛、参与渠道多样性，媒介搭桥多源性，形成大范围全方位的社会影响，带来良好的社会经济效益。

（三）杭州社会服务创新运行的规范性

杭州通过不断探索，提高制度规范性，做到让社会服务创新理念和方法不因人的变动、事的变迁而消失、断裂，使其制度化、规范化。并在此基础上，根据现实发展的需要，持续不断地进行增量式创新。如在上城区公共服务标准化探索的基础上制定出台了《上城区居家养老服务与管理规范》；另外从2008年开始，杭州在全市社区普遍设立公共服务站，形成社区党组织、居委会、公共服务站"三位一体"的社区管理新体制。1999年，杭州市在全国率先开通了"12345"市长公开电话。2002年，杭州市设立了96666效能投诉电话，专门成立了96666投诉中心进行投诉电话处理。伴随着这方面社会服务创新规范化程度的提高，杭州社会服务创新的公众认可度、社会实效和社会影响不断提高。

（四）杭州社会服务创新实践的有效性

这种有效性主要体现在以下两点。

一是公众认可度不断提高，居民幸福感明显上升。杭州通过构建民主民生互动平台，为党委政府科学决策、民主决策提供了参考；为党政机关转变职能，开展创新服务、延伸服务提供了载体；为专家学者参与发展实践提供了平台；为广大市民民主参与开辟了渠道。该创新项目受益面很大，得到了社会各界的广泛认可、积极参与。2009年11月30日，"杭网议事厅"以"办好'两家两中心'，让权力在阳光下运行"为主题，举行了"热点热议"互动访谈活动。互动活动引起网民的广泛关注，广大市民积极响应，踊跃参加。在互动访谈活动开始之前，就征集到市民的意见建议400多条；互动活动过程中网页浏览量突破20万，网民留言达479条，参与互动的网民除杭州本地的外，还有辽宁、山东、江苏、广东、湖北、河北等全国各地的网友，甚至包括远在丹麦留学的杭州人。市民在发帖和来信中对"杭网议事厅"的建设好评如潮，并寄予厚望。杭州市通过社会服务创新一系列的举措，居民幸福感明显上升，现在该市在全国幸福指数综合排名中位居第一。

二是推广示范效应不断增强，社会影响不断扩大。专家认为，让草根阶层参与市政建设，并成为市政管理代表，拥有真正的话语权，是实现城市公共治理最有效的方法。民主民生互动平台是公共治理的成功范例，为世界其他城市提供了可供借鉴的案例和样本。同时，杭州构建民主民生互动平台在全国范围内引起了巨大的社会反响，获得了广泛的好评。在整个创新目标的实施过程中，自始至终都有中央、省、市各级各类媒体的参与和报道，无论是"杭网议事厅"，或是"杭州食品质量安全指数研讨发布"，还是"律师进社区"活动，新闻媒体报道力度空前，在全国范围内产生了巨大反响，引起了社会各界的高度关注和好评。

五　借鉴杭州经验，推进我国社会服务发展

杭州社会服务创新的经验，使我们进一步提高了认识，增强了充分发挥社会服务创新作用的信心。在当前经济社会发展中，社会服务创新具有多重功能。

首先是导向功能，它能为提高社会服务能力提供导向性，能够明确在哪些方面用力，抓哪些关键环节。其次是描述功能，能够及时反映出在增强社会服务能力过程中各方面的发展变化情况和动态进程。再次是评价功能，社会服务创新能够实现对各个评价对象进行综合评价，明确目前的总体状况及相互之间的优势、劣势、差距和不足。最后是监测预警功能，能够对未来发展趋势进行定量测算和分析，能够进行及时的监测预警。据此而来的社会服务创新设计思路就要本着导向性、整体性、相对独立性、可比性、综合指标优先等原则，运用定性分析的方法，设置社会服务创新具体步骤，建立公正有效的社会服务创新体系。

现阶段我国社会服务创新进一步深化要注重以下着眼点。

一是理念上要有前瞻性。通过开拓式的发展思路，坚持与时俱进，全面强化真正实现社会服务创新可持续发展，体现对城市服务未来发展、对城市未来需求的一种超前把握。以推进社会性项目建设、知识创业、事业发展为目的，实现社会效益与经营运作相统一，形成由党政界、知识界、行业界、媒体界等不同身份的人员共同参与、主动关联的多层架构、网状联结、功能融合、优势互补的新型创业主体。

二是构建社会服务创新参与主体多层复合。成分多元参与才能做到功能特色互补、职能衔接融合，通过主体实施广泛性，客体参与广泛、参与渠道多样性、媒介搭桥多源性，形成大范围全方位的社会影响，以期带来良好的社会经济效益，提高公众认可度，不断提高、增强推广示范效应，扩大社会影响。

三是注重规范与制度化。创新是规范基础上的再发展，两者是不断转化的关系。社会、经济的快速发展，使不同社会群体对政府的服务需求呈现个性化、多样化态势，各级各部门也在日常的服务中，积累了很多有针对性和实效性的服务理念和方法。实

现社会服务创新经常化、规范化、制度化,既是必要的,也是可能的。

总之,社会服务创新过程是在探索一条具有独特性、差异性的发展道路。政府通过社会服务创新,整合了独特的区位优势和资源优势,立足自身的生活文化积淀和城市特色,形成了和谐城市的发展模式,是推动社会主义民主建设、构建社会主义和谐社会的一大创举,我国地方政府主导的社会服务创新促进了文化与经济的融合,提升了行业档次,推进了产业发展,同时也为实现知识价值提供了有效载体,为提升地方城市经济运行质量,实现发展方式转变奠定了坚实基础。

(课题组名单:高小平、张学栋、张定安、刘杰、万筠)

南京市公共服务供给创新机制研究

1. 引言

2009年6月，南京长江过江隧道将正式建成通车，天堑再次成通途。在南京人眼中，这一工程堪与41年前南京长江大桥相提并论，都将极大地改变南京城市发展面貌。但人们没有注意到，两个工程背后的运行逻辑却截然不同。修建长江大桥，是新中国建设史上的标志性事件，当时是举全国之力。而修建长江隧道，耗资33亿，南京市政府却分文未出，这在全国公共设施建设领域还是少见的。与此同时，该工程也在很多方面改写了地方政府提供基础设施公共服务的一般规律。如工程设计一般都应该由一家中标单位主持，但这个工程设计却由两家单位共同完成，开创了中国工程建设"双设计"的里程碑；工程建设前，南京市一无经验，二无人才，但工程建设中却培养出了一批领军型、复合型、创新型的高端人才。

两个通道，一个江上，一个水下，共同谱写了南京发展的华彩篇章。但在建设公共服务型政府的背景下来审视后者，却能看出其隐含的思路、机制、方法的根本变革。

2. 宁要江南一张床，不要江北一间房

南京是著名的江城，古称江宁、淮水。在漫长的历史长河中，南京的发展一直与长江有着不解之缘。早在秦始皇时，就凿通方山引淮水，横贯城中，注入长江，这就是秦淮河的来历。江南佳丽地，金陵帝王洲，十里秦淮造就了南京城的魅力。而江东之地、据江之险、坐断东南的地缘优势也造就了南京六朝古都的辉煌。1968年南京长江大桥的建成通车，更是续写了南京人民利用长江、改造长江的传奇——这是我国第一座自行设计建造的长

江大桥。进入 21 世纪，随着南京城市建设和经济发展的需要，长江二桥、三桥陆续建成通车。从历史上看，南京城的长江天险为其提供了发展的天然优势，但是在南京新的发展时期，长江却成为制约城市整体和谐发展的一个天然瓶颈。

万里长江在南京穿城而过，把城市分割为江南、江北两部分。长期以来，受长江阻隔，南京一直受过江交通的瓶颈制约，两岸发展严重失衡。例如，江北地区占南京全市 1/3 的土地、1/4 的人口，但经济总量却只有全市的 1/10，江北地区人均产出只有南岸地区的 1/3，江北的发展严重滞后，整体上影响到全市的协调可持续发展。而南城也面临着交通瓶颈制约的困境。目前南京老城区面积 43 平方公里、集聚了 150 多万人口，比国务院批复的南京城市总体规划的老城人口多出 30 万人；每平方公里 3 万人，密度超过上海，是中国人口最为密集的城市之一，老城区的发展压力可想而知。近年来南京跨江交通量也在不断发展，虽然 2001 年长江二桥建成通车，2005 年长江三桥建成通车，在一定程度上缓解了过江的交通压力，但两岸通行问题仍然是南京市民普遍关注的焦点问题。每逢上下班高峰或节假日，长江大桥上排起的汽车长龙成为南京的一个"肠梗塞"。如何促进江南江北两岸协调发展，如何疏散老城人口，为更好地塑造城市特色和品位创造条件，如何更好地开发大江风貌、滨江资源，实现南京城市的可持续发展，如何增强南京对周边地区的辐射能力，带动其他地区发展，成为摆在南京市委市政府面前的重大历史任务。在这种情况下，跨江通道建设显得尤为迫切，正如南京市分管长江隧道工程的一位负责人所言：修建跨江隧道不仅是解决城市过江交通的需要，也是缩小城乡差距、解决城市发展南北不平衡问题的需要。

3. 怎么建，巧妇何解无米之炊？

长期以来，我国重大基础设施项目建设通行的模式是采用财政拨付制，即从项目一开始提出就由政府财政投资出钱。例如，修建长江二桥投资 32.2 亿元，修建长江三桥投资 31 亿元，虽然南京市经多轮洽谈、筛选，通过股权转让和股权改造等方式实现了投资多元化，但是政府投资仍然占很大比重。当时测算，过江隧道需要投资 30 亿元左右，如果单纯依靠政府资金投入，政府财政面临很大困难。但此时南京市政府面临很大的融资难题，甚至主要领导要求尽量不投入财政资金。要做出"无米之炊"，这无疑是对项目策划者的巨大考验。

此外，从技术上来讲，南京市也没有任何现成的经验可以使用。我国在水下工程隧道建设上没有标准规范可循，很多技术参数在国内都是空白，在这样的技术条件下，还要造出目前长江上长度最长、盾构直径最大、工程难度最大的隧道工程，很多人都认为这是天方夜谭。同时，工程的风险挑战大。目前我国尚无任何长江水下工程的成功范例，这就使得大家心里很没底，不仅如此，要保证这项工程百年的质量安全，就要考虑河床的稳定性、泥沙的冲刷等不断变化的因素，还要保证工程在高水压下不漏水。此外，江苏不仅没有建水下工程的经验，也没有这一领域的专业团队。相比上游的武汉市和下游的上海市，存在明显的劣势。武汉市最早研究长江水下工程，一批专家已经有了 10 多年的理论积累，并培养形成了一支功底扎实的专业人才队伍；上海在黄浦江过江隧道建设中积累了丰富的实战经验。相比之下，处于中下游的南京既没有成熟的理论，又没有成功的经验，几乎是白纸一张。

面对这些困难和问题，工程的策划者在思考着破解的方法。此时，有人想到了 2001 年南京市综合整治秦淮河工程项目融资的案例。当时，南京市发改委采用引导社会投资参与的新办法，通过政府的政策支持和城市资源的优化配置，解决了工程的融资困难。于是，南京市过江隧道的规划者决定沿着秦淮河治理工程的融资模式再往前迈步，进行更加大胆的探索，实施新型 BOT（政府特许经营）模式。BOT（Build－Operate－Transfer）即"建设—经营—转让"，是指政府通过契约授予私营企业（包括外国企业）以一定期限的特许专营权，许可其融资建设和经营特定的公用基础设施，并准许其通过向用户收取费用或出售产品的方式清偿贷款，回收投资并赚取利润；特许权期限届满时，该基础设施无偿移交给政府。其特征主要有：私营企业给予许可取得通常由政府部门承担的建设和经营特定基础设施的专营权（由招标方式进行）；由获专营权的私营企业在特许权期限内负责项目的经营、建设、管理，并用取得的收益偿还贷款；特许权期限届满时，项目公司须无偿将该基础设施移交给政府。特许经营权招标是政府公共产品生产中的通行模式，但如何使用是一门很大的学问，对其进行创造性使用更是一种智慧。

4. 创新项目招标

在确定了项目建设的总体思路之后，如何选择合适的设计和单位，便成为重要的工作。从2002年开始，经过两年的充分论证和方案征集，招标工作的每一步都精心设计，从出台招标文件到企业报名竞标，再到专家评审，每一个过程都引起了广泛关注。南京市首先将特许经营方案纳入招标，引起业内广泛关注。也就是说，将特许经营方案所有条款纳入招标文件，不仅对参加投标者作出公示，显示了公平，也减少了以往此类项目的谈判环节，使下一步即隧道建设更加顺利推进。中标人一旦产生，招标文件中拟定的特许经营实施方案经市政府批准后即可生效。随后，南京市克服信息不对称的困难，通过巧妙的招标环节，优选合适的设计单位。第一步，向全国招标，吸引有实力的单位参与投标。2004年5月25日资格预审文件发出后，10余家有实力的单位购买了标书，在资格预审后，三家单位入围，正式递交标书。第二步，实现进一步优化筛选。2004年10月，经过南京市发改委组织专家委员会评标，南京市过江隧道工程项目法人招标产生了中标候选人，最终，世界500强排名第384位的中国铁道建筑总公司一举中标。第三步，争取院士级专家对设计单位的指导。法人中标单位中国铁道建筑总公司，聘请6位院士和近百名专家作为特聘顾问，从技术和经验上为工程科学决策服务。为了从源头上化解风险，集中全国最优秀的设计团队开展南京长江隧道工程的设计，项目采用了强强联合的双院制设计模式，第1名中标单位作为设计单位，第2名中标单位作为设计咨询单位，通过联合严把设计质量关。最终，作为国内地下工程领域最具实力的设计单位，铁四院为中标设计单位，上海隧道院为设计咨询单位。铁四院进行工程设计，上海隧道院承担专门"挑刺"的设计咨询和施工图审查工作。上海隧道院在两年的设计咨询中提出书面咨询意见1000条以上，采纳率95%。

通过项目法人招标，南京市为过江隧道选择了富有投融资经验和能力的法人，确保了项目资金筹措的充分及时和经济，也为项目选择了富有经验的建设管理团队，保证了项目高质量按期完成。同时在这一过程中，公共决策前期的信息收集、决策支撑辅助也采用了市场化的方式解决。项目聘请了12名院士和专家组成专家组，对项目全过程进行专业化咨询服务，解决公共决策程序本身弊端。同时鉴于目前国内城市大型基础设施实行项目法人招标是一项创新和具有挑战性的工作，采用项目法人招标确定项目投资人不多见，南京市聘请了中国国际工程咨询公司代理招投标事宜。这些举措，为项目招标和顺利进展提供了充分的外部条件。

5. 政府角色一：超脱的委托方和监管人

以往的政府项目建设，一般是由相关部门按照专业管理职能分别牵头负责，形成项目决策、建设、运营、维护等方面的条条分割局面，部门之间协调困难。政府的超脱角色和监管角色是政府在基础设施建设领域中的新角色。成功进行法人招标，促进了政府投资管理职能的转变，使政府从基础设施项目直接投资者和建设管理者转变为投资与建设的裁判员和游戏规则的制定者，提高了基础设施的投资效益和运营效率。同时也打破了以往由政府投资，主管部门经营，经营亏损由政府补贴的体制模式。在特许经营项目中，政府通常的角色是监督投资人在项目的设计、融资、建设和运营各个阶段的进度和结果，而非直接或间接参与到项目中。政府通过相关法律、法规、合同和协议规定项目开发运营的环境，留给投资人可充分发挥的空间去完成特许经营合同所规定的内容。投资决策不依靠政府官员行政命令和主观判断，行政意志不能凌驾于项目之上。政府所做的就是搭好公平竞争平台，敞开大门，吸引有能力的投资人进入基础设施领域，鼓励其通过竞争方式，公平竞赛。与此同时，政府还要承担监管责任，为招标工作明确方向和重大政策。因此，南京市没有成立类似于项目指挥部之类的机构，而是真正承担起委托和监管的角色。首先是为工程招标把好脉，在招标方案的制定、招标程序、招标公告、资格预审和意向征集文件、资格预审评审文件、合同协议文本和评标办法制定中，科学决策，并经过法律顾问最后审查，在决策之后，项目交由统一的、真正的市场主体——投资人联合体进行建设和具体管理运营。其次，在建设过程中，成立项目协调领导小组，办公室设立在发改委，使政府从经营基础设施项目直接投资者转变为投资与建设中的社会资本的合作伙伴。政府摆脱了具体经济事务，致力于项目建设运营的宏观综合把握，为吸引有能力的投资者进入基础设施领域，搭建好公平竞争的平台；改变了以往建一个大型工程，就要设立一个指挥部，成立一个管理局、搭建一套班子搞大会战的模式，大幅精简了人员、降低了建设成本。

6. 政府角色二：协调配合

在工程建设中，政府协调发挥了很大的正面作用。以往的政府项目往往会形成决策、建设、运营、维护等方面的条条分割局面，各部门之间协调困难，甚至必须专门成立组织机构负责统一协调工作，不利于作为全社会公共物品的政府投资项目的建设和运作。南京长江隧道工程协调办的设立，在一定程度上缓解了这种矛盾。在融资方面，由于过江隧道项目投资大，单靠投资者自有资金难以支撑，必须进行多渠道融资。项目在进行法人招标时，政府充分发挥组织协调引导作用，探索发挥政府信用杠杆作用，充分动员社会资金参与基础设施建设的多元化融资新渠道，为企业争取贷款。在工程建设方面，由于该工程涉及规划、国土、环保、交通、建设等诸多部门和两个区级政府，协调办在协调项目审批、征地拆迁、供电保障、盾构设备运输等工作中较好地发挥了协调作用。例如，2005年6月16日，协调办汇报时提出，通航净空高度问题成为隧道工程南北两端连接的难点，成为影响整体工作推进的关键矛盾。以专家身份出席会议的原长江航务局副局长提议按照净高10米设计，但交通部长江航务局和长江航道局则不支持这一方案，坚持采用18米方案并要求先上报长江航务局进行通航论证，再按规定上报交通部批准确定夹江段通航净空尺度。协调办根据建设方要求请市领导出面向主管部门交通部领导汇报，争取交通部的支持。2006年6月16日，市长办公会专题研讨项目建设问题，讨论了八个具体问题：关于48亩临时用地转正式用地、征地拆迁扫尾工作、隧道公司请求自行设立管片混凝土搅拌站、跨区设置一条1万伏备用电源联络线、管片场址增设两台1000千伏安临时变压器、工程道路与两区地下管线衔接、盾构机运输保障、隧道南北两端连接线工程。这些问题涉及国土局、劳动局、房产局、供电公司、发改委、规划局、交通局、公安局、市政公用局、建委以及两区政府等。在一份总结中，协调办总结了以下几个工作中的协调作用：帮助项目公司完成了项目审批、征地拆迁、供电保障、盾构设备运输等。没有政府的协调，工程建设中的诸多难题是难以顺利解决的。

但是，这种协调仍然存在一定问题。例如，市领导在一次办公会上就有所指地批评了地方政府配合不到位而影响工程建设。在跨部门协调配合上，原有的安全监管方式就令相关各方头疼不已，因为长江隧道工程的安全监督单位包括交通局、安监局、建工局等数家，市领导笑言质监界限要非常明晰，出了问题板子打在哪个局长身上一定要清楚。在基层政府和市政府之间、在民众和项目建设方之间的利益博弈也同样存在。例如，在解决江心洲征地拆迁问题时，市领导就苦口婆心地对基层干部说，要支持、爱护这个项目，而不能吃这个项目，不能对项目提出不切实际的要求。这些问题，有些是行政管理运行体制面对新的角色所表现出的不适应，有些则反映了企业、社会、基层政府仍然存在一定的博弈关系，需要强化协调能力和制度化建设。

7. 四两何以拨千斤？政府和市场相互补充与配合是提供公共产品的有效方式

这一项目的建设，为政府开展基础设施建设提供了更多的思路和启示。既发挥了政府的主导作用，又发挥了市场主体的积极性。政府是项目的策划者，通过这一项目实现了公共服务水平的提高，同时又节省了政府财政支出，在这一项目中，政府财政花费较少，几乎没有。在过去的政府投资项目过程中，即使引入社会资本，政府也几乎承担了所有前期费用。但此次政府没有投资一分钱，而是采取了政府垫付，投资人落实后，再由投资人对政府进行补偿的办法，实际上政府无须支付前期费用，可以说是

"四两拨千斤"。政府和市场充分对接，相互配合，有效提高了公共服务的供给水平。

对于建设方中铁总公司来说，其特许经营范围包括：过江隧道项目的投资、建成通车后的车辆通行费的收费权、过江隧道的冠名权、电信、电力管道和项目沿线规定区域内的相关配套服务设施（包括饮食、加工、车辆维修、商店等，但不得进行房地产开发）的经营权，以及工程范围内沿线广告经营权，特许经营期间自授予过江隧道公司建设经营该项目算起，到批准的隧道收费期限届满终止。特许经营期限届满，项目公司将隧道全部资产及其配套设施无偿移交给政府或政府指定的资产接收部门。

这一模式，也照顾了各方的需求，有效化解了项目建设、运营和维护等环节存在的各种风险。对于政府来说，项目建设后，必须在合理收费的同时，确保公众能安全顺利使用隧道。而对于投资人来说，运营过程中必须确保收益，消除特许经营协议的不确定性和政府官员的短期行为。采用这一模式，扩大了城市基础设施建设资金的来源，广泛吸收了社会资金参与城市重大基础设施建设；引入了市场竞争机制，形成了政府主导、市场合作、社会参与的经营性基础设施投资运作体制，发挥了投资主体融资、建设、管理的积极性，运用其经验，促进了经济发展。同时，政府通过有效引导，提高了公共服务供给能力，满足了社会和民众的公共服务需求，是一种共赢。而且，南京市还计划从民生工程的角度，将这一交通设施工程转变为民生工程。

（课题组名单：组长：高小平；副组长：程晓蔚；成员：贾凌民、鲍静、张学栋、唐伟、赵勇、刘杰；执笔人：张学栋、刘杰）

广东镇域社会管理创新与农村公共服务

创新社会管理的重点在基层，基本公共服务的落脚点和难点也在基层。中国行政管理学会、广东省行政管理学会、深圳大学当代中国政治研究所、深圳大学社会管理创新研究所组成联合课题组，在广东省编办的支持和指导下，先后利用四个多月时间，深入广东省21个地级市的39个乡镇（街道）、91个村（居），每到一地不召开任何座谈会，直接进村入户，向153户居民家庭及500余名基层干部群众讨真话、问实情，填问卷、听民声，掌握了第一手材料。共收回调查问卷153份，反映公共服务投入状况的财务报表39份。本报告基于调查走访和问卷数据资料，分析了广东镇域社会管理与农村公共服务的基本情况及存在的主要问题，提出了一些对策性建议，同时发现并总结了广东镇域社会管理与农村公共服务的"南村模式"和"南盛模式"。

一 现状与分析

广东镇域社会管理创新与农村公共服务，经过30多年的改革开放，多项基本公共服务指标位居全国前列。2009年，省政府发布了《广东省基本公共服务均等化规划纲要（2009～2020年）》，全面实施了"农民减负、全民安居、权益保护、全民安康、治污保洁、农村饮水、防灾减灾"等民心工程，使一些社会问题逐步得到了解决。广东省内，发达的珠三角地区，较发达的珠三角周边地区，欠发达的粤西粤北地区，区域与城乡之间发展的不平衡、不协调性比较突出，反映出"全国最富的地方可能在广东,最穷的地方也可能在广东"的客观现实。就全省1150个镇来看,社会管理和公共服务水平还不均衡,部分镇已经完成了初级城市化进程,而地处偏僻的村镇,交通设施、医疗卫生、基础教育、文化体育、社会保障等基本公共服务仍比较落后。农村公共服务总量小、质量低,公共服务结构失调,广大农民对公共服务的需求与保障不足之间的矛盾,已成为制约广东农村经济社会发展的瓶颈,亟须通过社会管理科学化和公共服务均等化来加以解决,以缩小广东区域之间、城乡之间的发展差距,确保公共服务的阳光普照到广大农村群众。

(1)基础设施方面。就走访过的村镇来看,被访群众对供水、供电、电信、公共交通服务状况大多比较满意。对水电服务持正向肯定的比例较高。其中,认为水质"非常好"和"比较好"的占70.2%,有81%的被访群众回答在断水断电前24小时能得到通知。调查发现,农村电信普及化程度达到较高程度。但电脑和网络在农村的普及情况一般,尚有近一半的被访家庭没有电脑或购置了电脑却没有网络。被访村庄有93.5%的道路硬化,村民对道路的质量比较满意,但村子还没有通公交车或通了公交坐车不方便的占所访村庄的52.1%。

(2)公益事业方面。调查发现,农村对子女教育非常重视,认为学校教育对子女成长意义重大的占96.2%。而农村教育状况,无论是学生入学便利程度,还是教学水平、教学设备、学校管理,都只达到"基本满意"程度。群众对农村医疗卫生服务比较满意,有81.9%的被访群众表示小病能在当地治疗,有88.1%的被访村子推广了新型农村合作医疗服务。在调查过的乡镇中,图书馆、文化馆、影剧院、体育场等公共文化设施基本到位,2/3的都在投入使用,60%的村子建设了文化室或老年活动中心。

(3)民生保障方面。农村对养老保险、医疗保险、就业培训等民生保障类公共服务的需求正在快速增长,绝大多数农民对社保政策有所了解。医疗保险落实情况较好,享受医疗保险的群众占被访对象的71.3%。政府对失地农民就业培训力度也在加大,采取各种措施保障失地农民就业。同时,为了提高农民的生产技能，2/3 的被访村庄建立了农业技术推广站。五保老人和孤儿的生活来源基本保障，90%以上的费用来自政府支持。

（4）社会治理方面。农村社会治安整体情况良好，有 53.8%的被访村庄没有发生过群体性冲突事件，有 40.4%的村庄属于"有过，但很少发生"，有 70%以上的村庄没有发生过盗窃、抢劫、诈骗、青少年犯罪案件，被访群众对当地社会治安认为"非常好"和"比较好"的占 70%以上，对社会治安选择"满意"的占 94.9%。随着城市化、工业化的进程，大多数镇政府采取措施保护生态环境。被访村镇已设置垃圾处理站点的占 72.3%，垃圾由政府统一处理或村集体处理的占 34.3%，绝大部分村民都接受过环境保护知识普及教育。

综上所述，目前广东省的镇域社会管理和农村公共服务运行情况基本正常，各级政府关注民生，人居环境逐步改善，生活水平逐渐提高，公共服务基本保障逐步完善，其主要特点体现为"八个基本"。

（1）经费投入基本尽力。各级政府根据财力，逐年加大对公共基础设施的投入，基本保障了公共服务运转。各级政府大都采取"市县安排一点、区镇下拨一点、村居统筹一点、群众捐资一点"的办法，对公共卫生、公共交通、公共文化、基础教育等设施进行不断升级改造，以满足群众对物质文化生活的不断需求。佛山市三水区白坭镇用里村利用集体收入的 60 万元修建了污水处理系统。该镇石鳖村还投入经费购置了垃圾清运车，修建了农民公园。

（2）基础设施基本到位。村级两委班子办公室配套建设齐全，基本保障了正常办公运转。有的村还修建了文化活动中心、电教课堂、农家书屋、文体场所，为农民创造了良好的学习、娱乐、健身环境。珠海市斗门区乾务镇为各村建立了"阳光村务电子公开栏"，还与每户村民建立了手机短信联络，及时发布村务公开、劳务输出、农产品销售等信息。

（3）服务机构基本建立。调查发现，各地乡镇专责公共服务的机构基本建立。广东在去年简政强镇事权改革中，各镇都建立了行政服务中心、综治信访维稳中心，为群众提供了便捷、高效、满意的服务。广州市番禺区南村镇政府正在积极探索公共服务新模式。他们整合政府公共服务职能，实行政府综合协调管理，建立公共服务统管机构，以解决政府社会管理职能分散、部门各自为政、责权难以匹配、人员不便管理等问题；探索将政府部分公共管理职能委托或授权社会组织，实行政府治理与社会治理相结合，市场机制与购买服务相结合，统一管理与分类细化相结合的服务模式，达到"感情上亲民，职能上为民，管理上惠民"的目的，从而确立从单一型政府管理向综合型多元管理转变的"南村模式"。云安县把原有的"农村综合改革办公室""县宜居城乡办公室"等机构整合，成立了"社会工作委员会"，并将"社会建设县域统筹新体系""社会服务镇村运行新体系""社会管理多元共治新体系"与"社会民生城乡统筹新工程"融入一体（3+1），共同形成社会建设网络体系。在新型社会管理体制下，该县南盛镇在各村建立了"社区服务合作社"。合作社以落实上级政策与尊重社员意愿相结合为基本原则，推行了"十步工作法"，即梳理确定议题→制定初步方案→征求社员意见→依法表决通过→公示表决结果→分流三站实施（经济服务工作站、公共服务工作站、综治信访维稳工作站）→定期开展研判→实施民主监督→组织绩效评价→公布办理结果。从而形成了"干部问事，社员理事，集中议事，及时办事，定期评事"的"南盛模式"。

（4）社会保障基本尽责。调查发现，广东农村合作医疗基本普及。珠三角一些村为农民办理了新农保、失地保险，有的为失地农民办理了与城市居民同等的社会保险。有的村建立了养老保险制度，对60岁以上老人给予不同程度的生活补贴。佛山市三水区芦苞镇敬老院，将170多位老人集中供养，衣、食、住、行、医、乐全由镇政府承担。

（5）基础教育基本改善。各级政府重视教育投入，群众对国家九年义务教育及"两免一补"的各项政策非常拥护。所有镇都建有九年制学校和幼儿园，有的还设立了高中部，相对集中的村建有小学，基本保证了基础教育的实施，保证了学龄前儿童入学接受教育。

（6）生产经营基本正常。各地想方设法发展生产，改善群众生活条件。云安县南盛镇立足统筹当地劳动力，组织农民就地打工，解决了水果摘采、运输、销售等劳力不足问题。韶关市始兴县罗坝镇全镇实行"基地+公司+农户"的养蚕项目，家家有桑田，户户养殖蚕。

（7）社会治安基本稳定。各镇都建立了综合信访维稳中心，村村有巡逻队、值班室，刑事案件逐渐下降，小偷小摸现象大大减少，社会治安正在好转，农民生活安居乐业。广州、深圳、东莞、珠海等地建立了"流动人口管理制度"，对外来人口做到理性管理、文明管理、细化管理、热情服务。

（8）公共服务基本满意。调查中，被访问的群众对所在地政府的社会管理与公共服务总体上是满意的，有6%的群众表示"非常满意"，有55%的表示"比较满意"，有37%的表示"一般满意"；有68.8%的人认为镇领导重视为农民服务，想方设法支持和鼓励农民发展生产。群众对政府的行政行为比较满意，说明了党和政府的政策在广大农村贯彻落实是有社会基础的。

二　问题及成因

我们通过调研认为，目前广东省的镇域社会管理与农村公共服务的整体情况良好，发展态势也趋向好的方面。但个别地方、某些方面还不同程度地存在一些问题，有的表现比较突出。

医疗卫生方面　医务人员不断流向城市，农村缺少医疗骨干，稍大一点的病都要到县里、市里，甚至省里治疗，路途远且开支大。医保卡在一个区域不能通行，报销标准低且手续繁琐。农村公共卫生也令人担忧，除珠三角一些农村外，大部分农村没有排污设施，河涌渠道臭水四溢，村头院落垃圾成堆，牲畜粪便四处可见。更为突出的问题是一些城乡结合部的食品加工点，肆无忌惮地生产加工"地沟油"等有毒有害食品。绝大多数农村仍沿用传统的化粪池，将简单处理的污水排入河涌，给公共水源造成严重污染，农村生活用水问题突出。始兴县太平镇茅坪村是一个城中村，因管道要横过一条公路，多年与自来水公司接洽无果，经费无人负担，导致村民迄今吃不上自来水。汕尾市城区红草镇拾和村,村民直接饮用未经任何净化处理和安全防护的山泉"自来"水,一遇刮风下雨水质混浊且没有安全感。一些农户化粪池旁边就是饮水井,水质交叉感染。一些渔民常年生活在船上,大小便排在江里,长期饮用江中污染水。

教育水平方面 农村教师反映国家"两免一补"标准低,10年前标准是190元,10年后仍是190元,随着物价飙升,远远跟不上学生的基本生活需求。在学校管理方面,有的学校采取"提高分数线,压缩招生数"等办法,向扩招生、择校生变相收取高额费用达3万元/学年。幼儿园多为民办,专业幼师力量不足,有的收费高、管理差。文化活动设施短缺,有些村没有文体活动场所,即使有也形同虚设,一些农家书屋书籍长期没有更新。农村文化生活单调,农闲时间只能打麻将赌博或喝酒聊天。有的村电线、摩托车被盗严重,派出所千元以内不立案。有的村党支部、村委会缺乏号召力,被一些专门拜神祭祀的理事会在"理事"。

基础设施方面 村组道路硬化速度缓慢,有的村组泥泞小道妨碍出行,下雨天走的"水泥"路;有的村组道路没有路灯,村民夜里走"黑道";有的村组道路狭窄,车辆进不去,农民搬运物资只能靠肩扛手提。新农村建设无规划、乱搭建,有规划的也推进慢,有的村民在原有房屋地基不堪重负的情况下,不顾安危加盖三层四层,存在许多隐患。有的村组没有公交,老百姓步行数公里才能乘车、坐船,且车船费用高,农民难以承受。农民宅基地审批困难,审批权上划,镇、县没有审批权。有的因修公路加高路基,路面高于屋顶,遇到下雨就"满灌"。韶关市始兴县太平镇白石坪村一姓陈的复员军人,兄弟三家9人住一套房子,宅基地多次申报批复未果,旧房改建因在规划区被限建,他们生活艰难。梅州市梅江区长沙镇长沙村村民反映办理住宅建设手续繁杂且费用高,需要盖17枚公章,还要收取人防、测土、勘探、放线等高额费用。

社会福利方面 有的村留守老人、留守儿童问题比较突出,幼有所教、老有所养问题未能较好解决。随着城市建设用工的需要,农村大量精壮劳力外出务工,留在家里的就是老人孩子。这些孩子因缺少父母关爱和家庭教育，内心变得敏感而脆弱，心理问题突出、性格孤僻、冷漠、散漫等。有的孤身老人，整天围着电视机、沙发、床铺打发时光，有些老人生活难以自理。始兴县罗坝镇淋头村一位姓刘的老人说："现在最难熬的就是时间，特别是逢年过节，我们这些留守老人更是孤独。"一些农村对60岁以上的老人没有优待政策，即使参加了新农保，每月仅有55元，五保户每月仅290元。汕尾市城区红草镇拾和村一位老人说："农村人去世后还要花1700元的丧葬费，农民死不起啊！"残疾人福利事业投入不足，除珠三角外，大部分地区没有安置残疾人就业的企业和渠道，也没有残疾人康复机构，只靠一些社会零星救济和家人照顾维持生活。广州市白云区钟落潭镇有残疾人1800余人，全镇没有一家为残疾人创办的福利企业。清远市清新县太和镇白莲村一位姓黄的村民年已67岁，一家三口，妻子和女儿都是残疾人，根据她们的身体状况，完全可以在一些残疾人福利工厂就业自立，因没有这样的企业，只好待在家里，一家三口每月仅靠政府补贴的870元五保金为生。

生产经营方面　农业生产资料价格高，生产经营投入成本大，一亩地需投入500元左右。有的村庄农田水利设施差，主干渠失修，跑冒渗漏严重，农业灌溉困难。以养殖为主的农民，有的因虾塘低压电网改造跟不上，导致鱼虾死亡减产。有的因交通运输及信息等原因，农产品交易不出去，造成增产不增收。有的因农业技术培训指导不力，农民生产技能跟不上，传统式低循环，生产效益不高。有的村集体经济"空壳"，村两委仅靠每月下拨的几百元经费维持办公，无钱为群众办事。

调研发现，农村存在"非均衡性"现象的主要原因还不在于经济发展水平，而在于缺乏合理的体制机制。主要表现为三个方面：一是地方政府转型滞后于经济社会转型。从2003年开始，中央一直强调地方政府要加强社会管理和公共服务职能，但就总体而言，地方政府职能转变的进展比较缓慢，服务型政府建设滞后于经济社会的转型。二是各级政府社会管理职责界定不清。目前，农村公共服务供给实行政府分级负责制，但在实际操作中，各级政府的公共服务职责界定不清，事权、财权不对称。本应由上级政府提供的公共服务却要求下级政府提供，如义务教育、公共卫生、基础设施等，导致下级政府事权大于财权。由于受财力所限，公共服务不能提供或不能完全提供，致使服务数量不足、质量不高。同时，本应由乡镇或农民承担的公共服务义务，却推卸责任，造成在现行体制下的公共服务缺位。三是社会组织公共服务机构单一缺位。在国外，活跃的公民社会培育了大量的社会组织，承担着种类繁多的公共服务供给任务。而广东的社会组织还不能在公共服务领域中大显身手，由此导致在农村公共服务中，政府几乎成为唯一主体，政府职能在服务领域缺位。

三　对策与建议

调研认为，广东镇域社会管理与农村公共服务中的问题在我国其他地区也或多或少地存在，是各地政府创新社会管理，加强公共服务过程中都要正视和解决的新问题。针对上述问题，结合在调查中发现的"南村模式"和"南盛模式"，我们有以下几方面建议。

（1）创新社会管理体制。计划经济时期各乡镇设立的"七站八所"办事机构，有的已经不适应市场经济条件下新农村建设发展的需要，应该撤的撤，该并的并，进行重组。在新一轮乡镇机构改革中普遍设立了"行政服务中心"和"综合信访维稳中心"，这些中心发挥了重要作用，方便了群众，提高了效率，整体情况是好的。但审批事项的方式仍然是"前厂后店"，行政服务中心在前台只能受理呈报，审批还需转交到市以上相关部门办理。同时，农村一些社会公共服务性工作挂"空档"。比如，公共卫生、食品安全、环境保护、道路建设、网管铺设、房屋建设等工作，除了镇上分管领导外，再没有具体机构"抓手"，单靠村民自治问题较多。为此，建议设立"公共服务管理中心"，实现农村社会管理权力下延，管理重心下移。在此基础上，借鉴城市网格化管理理念，从四个层面建立农村社会管理网络：一是"村域网"，由村两委负责，将社会管理工作网格化，辐射到组，统一管理；二是"包干网"，实行村干部分片包干，建立公共服务包干责任制；三是"小组网"，按照村民居住就近的原则，建设小组网，由村民小组负责管理;四是"联户网",采取大户联小户,强户联弱户的方式帮带联建。通过联责、联管、联创,形成一个功能完备的系统化管理网络,使农村公共服务事事有人管,层层有人抓。也可参照"南村"和"南盛"模式,在监管主体上,实行政府集中管理与社会组织管理相结合;在监管机制上,实行政府常态管理与社会动态管理相结合;在监管方式上,实行政府输血服务与社会造血服务相结合;在监管手段上,实行定期技术排查与公众舆论监督相结合,以此来弥补政府职能"缺位"的问题。

(2) 创新公共服务机制。一要创新农村医疗服务机制,重点抓好村级公共医疗三大建设。①加快村级卫生室建设,建立人员精干、设备良好、药品齐全、价格合理的村级卫生室,做到小病不出村,大病能发现,方便群众就医;②加快农村医疗队伍建设,培养一支医技过硬、医德高尚、安心农村、热心服务的医疗人员队伍,同时要研究出台鼓励医务人员安心农村医疗工作的优惠政策,稳定农村医疗队伍;③加快医疗保险制度建设,政府有关部门要研究降低医保报销门槛,简化报销程序,实行刷卡通,方便农村患者。同时要下决心治理药品流通领域的乱象,减少药品流通环节,打击药品皮包公司,降低农村医疗成本,解决看病贵问题。二要创新农村环卫服务机制,重点抓好三大防疫系统建设。①建立村级卫生管理系统,村村要有环卫组,村民小组要有卫监员,做到垃圾入池,及时清运,经常检查,贴牌告示,鼓励村民自觉养成卫生清洁好习惯;②建立村组排污处理系统,疏通村户排污管道,污水集中无害化处理,达标后排放浇灌农田;③建立村级卫生防疫系统,各村组都要有卫生防疫员,定期进行喷药消毒,消灭蚊蝇鼠害,确保无食物中毒,严控流行性传染疾病。尤其要加强食品安全监管,严厉打击加工生产危害人们身体健康的食品,填补食品监管中的城乡空白点,确保人民群众能吃到健康食品。

(3) 创建社会组织体系。参照"南村"和"南盛"模式,探索建立适应市场经济发展的公共服务新模式,不仅要强化政府的社会管理和公共服务职能,不断增加政府提供的公共服务总量,优化公共服务结构,更要重视社会组织建设,探索建立基本公共服务多元化供给机制和社会管理主体多元化的格局,促进公共服务领域市场竞争机制的形成,提高社会管理和基本公共服务的供给效率。要充分利用工青妇等现有社团网络,扶持发展形式多样的慈善组织,群众文化组织,老年人、残疾人帮扶组织,卫生保洁、治安巡逻社区服务组织,鼓励和引导农民从事社区志愿服务。大力培育农村专业经济协会,促使社会管理和服务扁平化,真正使部分社会管理和公共服务职能得以有目标、有计划地委托给社会组织承担,并使政府得以利用绩效评估手段对社会组织的服务进行有效监督和引导。

(4) 创建社会保障构架。要解决好老有所养、幼有所教的问题,就必须要办好农村"一院一园"。以乡镇为中心,办好敬老院,把农村孤寡老人的衣食住行、医疗娱乐等管起来,真正使公共财政的阳光普照到老人身上;以村为单位,办好老年活动中心,为子女外出务工的留守老人提供活动场所,解决老人心里孤单的问题。以镇为中心办好幼儿园,把学龄前儿童管起来,使农村的孩子及早接受教育,在加大公办幼儿园建设力度的同时,要规范民办幼儿园管理,严格收费标准,提高幼教质量,严防各类事故;以村为单位办好留守儿童托管点,把家长外出务工的学生课外时间管起来,督促其完成课外作业,敦促其按时回家。

(5) 创建集体经济模式。由于一些村集体经济非常薄弱,无钱为群众办事。如果集体经济强大了,群众反映的村组道路差,水利设施跟不上等问题,完全可以自立解决。壮大集体经济,解决经济"空壳"的问题,建议从两个方面着手:①调剂财力,注入资金,上级财政适当为"空壳"村注入一批启动资金,帮助村组滚动发展,不断壮大集体经济。②因地制宜发展集体经济项目,采取集体林、集体企业、集体鱼塘等多种形式发展集体经济。集体富、村民富,集体空、民心散。因此,可在充分尊重农民意愿的基础上,通过多种渠道、多种形式壮大村集体经济。

(6) 创建信息服务平台。借鉴珠海市斗门区乾务镇"阳光村务电子公开"的经验,创新村务管理信息平台,通过手机短信、电子屏幕、专业网站和村委热线等方式,为村民提供"三农"综合服务信息；将涉及医保、低保、招聘、村务以及农技等方面的信息，按姓名、性别、年龄、职业等进行分类编排，适时发送给相关村民。

（7）调整相关惠农政策。建议对目前农村实行的有些惠农政策做必要的探索改进：一是调整合作医疗报销比例。可探索将原来住院报销标准镇级医院70%、县级医院60%、市级医院50%的比例倒转过来。因为一般性疾病在镇医院治疗原本就花费小，大病要去市县医院治疗费用高，所以调整报销比例符合客观实际。二是调整"两免一补"标准。将原有的190元标准随物价上涨指数适时调整，从根本上改善农村学生"小餐桌"问题。三是调整农村丧葬费标准。农村丧葬只收取必需的费用，其他丧葬费用应予免除。四是提高"五保户"优待标准，随物价上涨指数适时调整，控制在本村人均生活费用的中上等水平。五是出台鼓励农技人员为农村服务的政策，政府适当给其补助劳务费。六是改革户籍管理办法，对失地农民可办理城市户口，享受城镇居民同等待遇，进入就业保障和社会保险体系。同时，要解决好身份证管理与相关福利待遇的衔接问题。如揭阳市揭东县云路镇陇上村村民反映：村子里有20多户来自海南省的下乡知青，由于持用海南身份证号段，回到原籍后享受不了当地独生子女待遇。七是建立失地农民补偿制度，目前大部分农村实行一次性补偿，祖宗吃了子孙饭。鉴于此，应建立和完善农村土地征管长效机制，加大政策约束力度，政府有关部门要加强对土地出让金的监管，把出让土地的主要收入真正用到失地农民的补偿安置上来。改革土地产权制度，严格控制改变土地使用性质，合理分配土地增值收益，改变地方政府靠卖地皮过日子的现状。建立土地补偿制度及失地农民保险制度，防止一次性补偿花光用光。八是出台新农村建设补助政策，一些农民经济困难，无钱投入家园改造，建议政府给予贴息贷款或补助，帮助农民建设新居，促进新农村建设步伐，改善人居环境。

（课题组名单：张学栋、李克章、余贞备、汪永成、林小璇、唐娟、刘杰、王鹏）

成都市城乡公共服务均衡发展评价体系研究与设计

一 城乡公共服务及其均衡发展的基本内涵

(一) 城乡公共服务及其内容

1. "公共服务"的内涵

对发达国家而言,"公共服务"的概念并不陌生。但是对于发展中国家,尤其对于中国而言,从理论到实践"公共服务"都还处于初期阶段。2004年美国学者登哈特(Denhart)夫妇的著作《新公共服务》中文版问世,公共服务的相关研究与公共管理一道发展,迅速成长。从实践来看,从20世纪90年代开始,伴随着西方发达国家"重塑政府"运动以及"新公共管理"和"新公共服务"概念的西风东渐,1998年3月6日,九届全国人大一次会议《关于国务院机构改革方案的说明》的报告提出,"要把政府职能切实转变到经济调节、市场监管、社会管理和公共服务上面来",首次明确地把"公共服务"作为政府职能转变的目标。这是我国在政府职能问题上一个带有根本性意义的重大突破,可以看做对政府公共服务职能最早的提法,意味着我国政府将由管制型、全能型、单一建设型政府向服务型政府转变,顺应了我国建立社会主义市场经济体制的要求,我国从此也开始了加快公共服务体系建设的步伐。

在我国学术界,对"公共服务"的概念有三种理解:一是公共产品等同论,这种观点认为公共服务就是公共产品,是具有效用的不可分割性、消费的非竞争性和受益的非排他性三个特点的商品和劳务;二是公共产品包含论,认为公共服务是公共产品的来定义的。服务是无形的，产品是有形的，将政府为民众提供的无形的服务称为公共服务，而有形的产品则称为公共产品，比如上文中把"公共产品"和"公共服务"并列的提法。这种直观的理解实际上相当流行，在许多文献中都是这样理解的。从以上分析可以看出，对公共服务内涵的理解是多角度的，但是在"公共服务均等化"这一概念中，对"公共服务"的理解与上述的理解是有差异的，"公共服务均等化"概念的提出一般是和公共财政联系在一起的，这里的"公共服务"要从狭义的政府职能，即提供公共产品的角度来理解，但公共服务并非公共产品的同义表达，而应该是政府为行使其职能提供的包含着价值判断的、为社会公众所共同享有、以满足社会公共需要、实现社会公平为目标的产品和服务。

2. 农村公共服务与城市公共服务

农村公共服务是指为农村居民所共同享用，满足农业、农村发展和农民生产生活共同需要的，具有非排他性和非竞争性的产品和服务。

按照公共服务的性质，农村公共服务可以分为纯公共服务和准公共服务。纯公共服务指具有完全的非竞争性和非排他性的公共服务，如国防、农村公共安全、农村基层政府行政服务、农业发展战略研究、农业基础科学研究、大江大河治理、农业发展综合规划及信息系统、农村环境及资源保护、病虫害测报等。准公共服务是指不完全具有非竞争性和非排他性的公共服务，主要包括：第一，在性质上近乎纯公共服务的准公共服务，如农村义务教育、小流域防洪防涝设施建设、农业科技成果推广、农田防护林、病虫害防治、农村公共卫生、农村基本医疗、农村社会保障等。第二，中间性准公共服务，如农村高中教育、农村职业教育和技术培训、农业信息服务、农村文化娱乐、农村中小水利设施、农村电力设施、农村道路建设等。第三，性质上近乎私人产品的准公共服务，如农村电信、有线电视、成人教育、自来水等。十七届五中全会中强调，"加强农村基础设施建设和公共服务；按照推进城乡经济社会发展一体化的要求，搞好社会主义新农村建设规划，加快改善农村生产生活条件；

农村基础设施建设要以水利为重点，大幅增加投入，完善建设和管护机制，推进小型病险水库除险加固，加快大中型灌区配套改造，搞好抗旱水源工程建设，完善农村小微型水利设施，全面加强农田水利建设；继续推进农村电网改造，加强农村饮水安全工程、公路、沼气建设，继续改造农村危房，实施农村清洁工程，开展农村环境综合整治；提高农村义务教育质量和均衡发展水平，推进农村中等职业教育免费进程；加强农村三级医疗卫生服务网络建设；完善农村社会保障体系，逐步提高保障标准；深入推进开发式扶贫，逐步提高扶贫标准，加大扶贫投入，加快解决集中连片特殊困难地区的贫困问题，有序开展移民扶贫，实现农村低保制度与扶贫开发政策有效衔接"。

城市公共服务是指为城市居民所共同享用、满足城市居民生产生活共同需要的具有非排他性和非竞争性的产品和服务。具体包括政府行政管理、公共安全、公共基础设施、环境保护、公共交通系统、城市规划、社会保障、教育、医疗卫生、科学研究、公共信息服务等。

就农村公共服务和城市公共服务的具体内容而言，有城乡共需型公共服务和城乡差异型公共服务。城乡共需型公共服务是指为农村居民和城市居民共同需要、具有同等意义的公共服务，一般也是对社会公众的生存和发展具有基础作用的公共服务，如公共安全、基础教育、基本医疗卫生、社会保障等。这些公共服务满足公民基本的社会共同需要，无论是农村居民还是城市居民，对这类公共服务的需求是无差异的。城乡差异型公共服务是指由于城乡经济社会发展状况、地域环境、人文风俗等方面的不同，农村居民与城市居民在需求方面存在差异的公共服务。满足农村居民公共需要的农村公共服务项目，包括农业基础设施、农业科技成果推广、农田防护林、病虫害防治、小流域防洪防涝设施建设、技术培训、农业信息服务、农村中小水利设施等。满足城市居民公共需要的城市公共服务项目，包括城市规划、城市公共基础设施、科学研究、公共交通系统等。

3. 城乡公共服务均等化的界定

城乡公共服务均等化是和谐社会建设和统筹城乡发展的重要组成部分，体现政府基于当前的社会经济发展阶段所作出的执政理念的变革，是指以政府为主体，以农村为重点，在城乡间合理配置公共服务资源，向城乡居民提供与其需求相适应的、不同阶段具有不同标准的、最终大致均等的公共服务，使城乡居民在享受公共服务的数量、质量和可及性方面都大体相当。

第一，实现城乡公共服务均等化是政府的职能范围。

公共服务的特点决定了提供公共服务是政府的重要职能。最早的政府提供公共服务的思想，可以追溯到17世纪英国的古典经济学家亚当·斯密。亚当·斯密在其《国富论》中提到，政府具有"守夜人"的作用，政府的职能体现在维护公共秩序和提供像"灯塔"之类的公共产品和公共服务方面，第一次提出了政府的职能主要是提供公共基础设施等公共服务的观点。供给学派的代表人物，庸俗经济学家萨伊把政府的职能扩大到公共工程和教育领域，认为政府应在公共基础设施和教育方面发挥作用。德国经济学家李斯特，提出了国家应强化对经济干预的主张，提出政府的职能范围应进一步扩大到农业领域。20世纪30年代西方市场经济国家出现经济危机之后，凯恩斯的国家干预经济宏观调节理论应运而生，通过政府收支活动、公共工程和公共服务的加强，来保持经济的稳定增长。在西方国家，随着市场经济的发展，政府提供公共服务的范围不断扩大，政府提供公共服务的支出也不断上升。政府的职能并不是一成不变的，其范围取决于不同经济社会发展阶段所反映出来的社会公共需要以及政府能力的大小。我国正处于经济转轨阶段，从新中国成立后的计划经济体制转变为目前实行的社会主义市场经济体制。在这一时期，政府职能表现出复杂性。一方面，由于历史原因和体制惯性，政府对经济生活的直接介入仍比较多，另一方面，市场体系发育不完全，适应市场经济的基本制度和法律法规尚待建立和完善，因而出现了政府职能的越位和缺位并存的问题。许多应由市场来主导的领域仍由政府主导或干预，而应由政府提供的公共服务政府却没有提供或提供不足，许多政府本不该退出的或不该完全退出的领域出现了过度市场化的倾向。因此，在经济体制转轨和社会发展多种因素的推动下，我国的政府职能也在进行着转变。公共服务均等化是政府职能实质性转变的客观标志，实现城乡公共服务均等化是目前政府的职能范围。一方面，我国传统的"经济建设型"政府逐渐向"公共服务型"政府转型，公共服务型政府的职能就是提供满足社会公共需要的公共服务。在这一过程中，政府财政要从"生产建设型财政"向市场经济体制下"公共财政"转变，公共财政应缩减用于经济建设的支出，转而用于公共服务方面的支出。另一方面，随着我国的经济社会转型，社会结构和利益主体正在发生重要改变，社会公平问题凸显，收入差距逐步扩大，城乡差距比较严重，城乡公共服务非均等的矛盾非常突出，广大农民享受公共服务的现实需求日益强烈。而城乡公共服务非均等的现状在很大程度上是由政府供给的城市偏向造成的。因此，实现城乡公共服务均等化是政府职能转变要着力解决的问题，既是其提供公共服务职能的表现，又是其行使再分配职能的表现。

第二，实现城乡公共服务均等化要以农村为重点。

实现城乡公共服务均等化要以农村为重点，着重增强农村公共服务的供给水平。实现城乡公共服务均等化是构建和谐社会和统筹城乡发展的一种政策倾向，是使原有的城市居民分享型的公共服务体制转向城乡居民共享型的公共服务体制。城乡居民长期以来存在社会地位上的差异和社会资源分配方面的不平等，农村公共服务水平远远低于城市。由此背景出发，只能再采用不平等的手段、不均等的政策安排来实现均等化的目标。因此，实现城乡公共服务均等化的重点在于增加农村公共服务的供给，提高农村公共服务水平，使公共资源对处境不利的农村居民进行倾斜配置和优先扶持，为其提供机会和利益补偿。

第三，实现城乡公共服务均等化具有相对性。

首先，"均等化"不是平均化。"平均主义"必然导致效率损失，也从另一方面影响公平的实现。同时，由于社会经济发展水平、国家的财力状况、公共服务的地域特点和人们对公共服务偏好的差异,实现城乡公共服务的平均化也是不可能的。城乡公共服务均等化是城乡居民享受公共服务的权利平等,都能享受与国家社会经济发展水平相适应的公共服务,城乡公共服务有统一的制度安排,将城乡公共服务差距控制在合理的、可以接受的范围之内。在目前我国的社会经济发展水平下,只能在一定程度上实现基本公共服务的城乡均等化供给,而不是为追求平均化,政府大包大揽地在再分配环节过度地发挥作用,把市场公平竞争中居民间享受公共服务的差异完全给抹平。其次,城乡公共服务均等化应表现为在城乡共需型公共服务方面实行均等供给,而在城乡差异型公共服务方面实行差异性供给。由于农村和城市在经济发展、社会环境、人文风俗等方面的不同,农村和城市所需的公共服务也有所不同;应该以有所区别的、发展的眼光来看待,因地制宜地提供公共服务,不能"一刀切"。否则,不但不能满足城乡居民的公共需求,还会造成资源浪费。如上文所述,城乡居民享受的公共服务既有城乡共需型公共服务,也有城乡差异型公共服务,因此在公共服务的城乡供给上不应一味地实行绝对均等化,而应该在城乡共需型公共服务上实现均等化,在城乡差异型公共服务上依据居民需求状况,实现满足城乡居民需求的效用最大化。最后,城乡公共服务均等化应当以城乡居民的需求为导向,尊重城乡居民的自由选择权。目前公共服务供给是"自上而下"的,强调政府在公共服务中的绝对权利和责任,忽视了居民的需求。实现城乡公共服务均等化必须考虑到主体的需求,体现"以人为本"的科学发展观。由于在不同的经济社会背景下,公共需求具有多层次性,需求的紧迫程度不同,对不同的公共服务供给的均等程度也是有差异的。实现城乡公共服务的均等化也要尊重城乡居民的自由选择权,准许城乡居民能够通过合理合法的自由流动选择所享受的公共服务项目和水平。

第四,实现城乡公共服务的均等化是一个长期的动态过程。

由于我国目前所处的经济转轨阶段、社会经济的发展水平、社会经济发展所面临矛盾的多样化、国家财力的有限性、公民对各项公共服务需求紧迫程度的差异以及形成目前城乡公共服务非均等局面的成因复杂等因素,实现城乡公共服务均等化是个长期的动态过程，是随社会经济的发展和体制制度的完善而逐步实现的，不能毕其功于一役，我们须对其长期性和艰巨性有充分的估计，既要尽力而为，又要量力而行。在政府财力相对有限的情况下，必然存在着实现城乡公共服务均等化的顺序排列问题，按照马斯洛的需求层次论，城乡公共服务的均等化也应是梯次结构的。否则，就会造成与需求不相适应的局面，如某一层面公共服务提供"过度"而另一层面公共服务提供"不足"的状况。实现城乡公共服务均等化要分层次分阶段进行，不同的阶段要有不同的均等化标准和目标。首先，我国应实现底线公共服务的城乡均等化供给。所谓底线公共服务，即与一定的社会经济发展水平相适应，保障居民个人基本的生活和发展权利所必不可少的公共服务。一个人如果缺少了这部分公共服务，那就保证不了其在既定社会经济状况下维持生存和发展的基本条件。底线公共服务是维护人的尊严和促进社会公平的基础性公共品，因此，需要由社会和政府来提供这种保障。在社会不能提供的情况下，提供底线公共服务也就成为了政府的基本责任。和谐社会的最起码要求是，所有国民在底线公共服务面前所享有的权利应当是均等的、无差别的。底线公共服务主要包括就业、公共安全、基础教育、基础医疗卫生、社会保障等公共服务项目。其次，在实现底线公共服务的城乡均等化供给的基础上逐步实现基本公共服务的均等化。基本公共服务是政府依照法律法规，为保障社会全体成员的基本福利水平，向全体居民均等提供的满足社会成员基本需求的基础性公共服务。基本公共服务除底线公共服务外还包括公共文化体育、公共交通、公共通信、公用设施以及环境保护等内容。再次，增加城乡非基本公共服务的供给。在确保基本公共服务充分有效供给，实现城乡基本公共服务均等化的前提下，政府可通过直接投资、资金投入、财政补助、贷款贴息等方式，单独或与非政府投资主体合作投资非基本公共服务领域。最后，随着社会经济的发展和国家实力的增强，逐步扩大城乡公共服务供给的范围，提高城乡公共服务的供给质量，从而提高整体国民的福利水平，真正体现社会主义的优越性。

(二) 当前实现城乡公共服务均等化的内容

造成城乡公共服务非均等状况的原因很多，既有历史的原因，又有现实的因素。尽管我国综合国力和财政能力有了很大的提高，但实现城乡公共服务均等化仍然是一个长期的过程，不能搞高标准和多领域，只能分阶段、循序渐进。最重要的是在一定的社会经济背景下，明确公共服务均等的适度范围，并选择合适的手段来加以实现。

以农民的现实需求和实现城乡公共服务均等化的阶段性为依据，当前实现城乡公共服务均等化的内容应该主要包括两个方面：一方面是实现包括基础教育、基础医疗卫生和社会保障在内的社会性公共服务城乡均等化。另一方面是在努力实现上述公共服务城乡均等化供给的同时，也必须从农民的现实需求出发，注重提供目前农民急需的、具有农村特殊性的、促进农业现代化的公共服务，增加诸如农村基础设施、农业信息、农业科技服务和技术培训等公共服务项目的供给。将基础教育、基础医疗卫生和社会保障作为当前城乡公共服务均等化内容的原因，主要包括以下几个方面。

1. 教育、医疗、社会保障属于底线公共服务，属于基本需求

提供底线公共服务是政府必须承担的职责，建设社会主义和谐社会，政府要保障城乡居民都能享受到底线公共服务。在目前中国的社会经济发展状况下，在全面建设小康社会的进程中，政府提供底线公共服务不仅是要解决城乡居民的衣食之忧，而且还要使城乡居民享受到基础教育、基础医疗卫生和基本的社会保障等公共服务，采取措施，满足城乡居民在此方面的基本需求。政府提供基础教育、基础医疗卫生和社会保障的公共服务项目是建设小康社会的基石。

2. 享受教育、医疗和社会保障是公民的基本权利

教育、医疗和社会保障属于社会性公共服务，是现代社会的三大安全支柱，具有公民权利的性质，属于道德上的权利，而这种权利常常通过国家法律的形式规定下来，从而上升为法律上的权利。1948年12月由联合国大会通过并颁布的《世界人权宣言》对基本人权进行了阐述：每个人，作为社会的一员，有权享受社会保障,并有权享受他的个人尊严和人格的自由发展所必需的经济、社会和文化方面各种权利的实现(第二十二条);在遭受失业、疾病、残疾、守寡、衰老或在其他不能控制的情况下丧失谋生能力时,有权享受保障(第二十五条);人人都有受教育的权利,教育应当免费,至少在初级和基本阶段应如此,初级教育应属于义务性质(第二十六条)。这些内容逐渐成为各国政府公共服务职能中的重要组成部分。就我国而言,宪法也规定这些内容是公民应当享受的公民的基本权利和义务范围。《中华人民共和国宪法》第二章第四十五条规定,"中华人民共和国公民在年老、疾病或者丧失劳动能力的情况下,有从国家和社会获得物质帮助的权利。国家发展为公民享受这些权利所需要的社会保险、社会救济和医疗卫生事业"。

3. 教育、医疗卫生和社会保障是各国普遍公认的基本公共服务

比如,加拿大把教育、医疗卫生和以社会福利为主的社会服务,作为联邦政府财政均等化的主要项目。印度尼西亚、哥伦比亚和智利把教育列为政府财政均等化的内容。在巴西,限于资源紧缺和财政的非集中性,公共服务主要集中在教育和医疗卫生上。联合国文件中基本公共服务包括公共卫生、医疗、教育和住房。联合国开发计划署和联合国儿童基金会在南非等很多国家将基本教育和初级医疗定义为基本公共服务,同时把饮用水、卫生设施、营养、社会福利和公共工作项目部分地作为基本公共服务。

4. 从各国政府公共服务内部结构演变的历史过程来看,社会性公共服务应逐渐成为我国政府公共服务的主要内容

马斯格雷夫和罗斯托分别在20世纪60年代末和70年代初提出了公共支出结构发展模型,该模型认为:经济性公共服务支出占全部公共支出的比重将逐渐下降,社会性公共服务支出占全部公共支出的比重将逐渐上升。转移支付的比重将会经历一个"由低到高"的转换阶段。出现这一趋势的原因在于,一方面社会性公共服务是社会公平的主要体现,在社会生活中的重要性不断上升,另一方面社会性公共服务也是市场失灵最集中的地方。发达

国家公共服务内部结构演变的历史过程证明了上述发展模型：最早，政府的公共服务主要是维护性公共服务。然后，为了弥补市场失灵和促进经济发展，经济性公共服务大幅度扩展。随着人均国民收入的提高，公民对教育、医疗卫生、社会保障等社会服务的公共需求不断增长，社会性公共服务占据突出地位，维护性公共服务和经济性公共服务的比重相对下降并保持在一定水平。公共服务内部结构演变的这种过程对我国具有重大意义，直接关系到中国市场经济地位的正式确立和全社会对于改革方向的共识。目前，我国公共需求量呈快速增长趋势，需求结构发生变化，在教育、医疗和社会保障等社会公共服务方面的公共需求增长尤为明显，广大农民在这方面的需求开始从潜在需求转化为现实需求。2006年，我国政府财政支出中用于社会保障、教育、医疗等方面的支出占27%，经济建设支出占26.6%，行政支出占26.1%，社会性公共服务逐渐成为我国政府公共服务的主要内容。

5. 公共服务供求失衡，尤其表现在教育、医疗、社会保障方面

正如诺贝尔经济学奖获得者阿玛蒂亚·森所言，贫困是对个人基本能力的剥夺，而不仅仅是收入低下；更好的教育、培训和卫生保健不仅提高个人生活质量，而且通过提高其能力使其免于陷入贫困。我国政府长期以来充当了经济建设的主体和投资主体的角色，大量的公共资源被优先分配到经济建设领域，却相对忽视了对教育、医疗卫生和社会保障等公共服务的提供，教育、医疗卫生和社会保障等公共服务方面的支出占GDP的比重过低，导致我国公共服务的发展滞后于经济增长，公共服务需求和公共服务供给失衡，制约了我国经济发展和社会全面进步。据《小康》杂志会同有关机构和专家的调查显示，中国公共服务小康指数虽然逐年小幅上升，但是社会保障、教育、医疗卫生指数连续三个年度（2005~2007年）排在后三位，仍然不尽如人意。

6. 教育、医疗、社会保障是我国政府当前着力强化的农村公共服务内容

2003年，党的十六届三中全会通过的《中共中央关于完善社会主义市场经济体制若干问题的决定》的文件中提到，有条件的地方探索建立农村最低生活保障制度。巩固和完善以县级政府管理为主的农村义务教育管理体制。加快城镇医疗卫生体制改革。改善乡村医疗卫生条件，积极建立新型农村合作医疗制度，实行对贫困农民的医疗救助。2006年党的十六届六中全会通过的《中共中央关于构建和谐社会若干重大问题的决定》的文件中提到扎实推进社会主义新农村建设，促进城乡协调发展。

坚持教育优先发展，促进教育公平。普及和巩固九年义务教育，落实农村义务教育经费保障机制，在农村并逐步在城市免除义务教育学杂费，全面落实对家庭经济困难学生免费提供课本和补助寄宿生生活费政策，保障农民工子女接受义务教育。加强医疗卫生服务，提高人民健康水平。坚持公共医疗卫生的公益性质，深化医疗卫生体制改革，强化政府责任，严格监督管理，建设覆盖城乡居民的基本卫生保健制度，为群众提供安全、有效、方便、价廉的公共卫生和基本医疗服务。完善社会保障制度，保障群众基本生活。适应人口老龄化、城镇化、就业方式多样化的状况，逐步建立社会保险、社会救助、社会福利、慈善事业相衔接的覆盖城乡居民的社会保障体系。2007年，党的十七大在提到实现全面建设小康社会奋斗目标的新要求时指出，要加快发展社会事业，全面改善人民生活，覆盖城乡居民的社会保障体系基本建立，人人享有基本生活保障。在提到加快以改善民生为重点的社会建设时指出，教育公平是社会公平的重要基础，同时要建立覆盖城乡居民的公共卫生体系、医疗服务体系、医疗保障体系、药品供应保障体系。

（三）从城乡公共服务均等化走向均衡发展

1. 城乡公共服务的均衡发展是对公共服务均等化的拓展

"均衡"一词来源于力学，后来被广泛应用于社会科学研究领域，如经济学中的市场均衡。综合来看，"均衡"一词存在三个层次的意思：第一个层次是指两个对立的物质之间的数量的相等，如经济学中把市场的供给量等于需求量当做是均衡数量；第二个层次是行为均衡，也就是所谓的最优状态，即帕累托最优状态，是指在一种状态下，所有行为人的意愿都达到了满足，除非有人利益受损才能改变他人的福利状况，这种状态是一种让大家都满意的状态；第三个层次是结构上的匹配，主要是在宏观层面上多种事物之间相互匹配的状态，如充分就业的状态。因此，"均等化"只是在均衡的第一个层次，均衡发展是对"均等化"的发展和延伸。

首先，城乡公共服务均衡发展并不简单意味着数量上的"均等化"。从既有的认识来看，城乡公共服务均等化着重在公共服务资源配置层面上，而对城乡公共服务来说，不仅仅是数量层面的配置问题，城乡统筹发展意味着城乡之间在经济、社会、政治等领域全面互动，社会由二元走向一元化，在这一进程中，政府的公共管理职能面临着全面转型，城乡公共服务的均衡发展的问题已经不仅仅是供给数量的分配问题，而是涉及政府公共管理多个方面的问题。

城乡公共服务的均衡发展不等于公共服务的平均化，而是让城乡社会成员享受水平大致相当的公共服务，从而保障城乡每一个社会成员的基本生存权和发展权、保证社会公平公正。基本公共服务均等化是全体公民的机会均等，并尊重社会成员的自由选择权。一是城乡居民享有公共服务的机会均等，意味着全体社会成员，都有平等享受国家最低标准的基本公共服务的权利。政府应该提供的诸如普及义务教育、实施社会救济与基本社会保障这类东西，对其应该保证的最低限度的公共供给，必须由政府承担。二是城乡居民享受公共服务的结果均等。无论居民居住何地，身份何种，所获得的公共服务在数量和质量上都应大致相当。这实际上是一个动态的过程，它根据经济发展水平和财力水平的变化而变化，公共服务的均衡化首先是要实现低水平保底，然后逐步提高到中等水平，最后实现结果均等。

其次，城乡公共服务均衡发展更强调政府公共管理的制度性。城乡统筹发展对政府决策和管理手段提出更高的要求，需要建立一个规范化服务型政府，公共服务均衡发展涉及城乡公共服务统筹的各个管理环节，包括投融资、行政审批制度、规范行政行为。城乡公共服务的均衡发展是一个长期的制度性的政府行为，而不只是一项工程，需要上升到制度层面。包括建立依法行政的决策机制,政府城乡公共服务的流程再造,公共服务的问责制,科学的监督和绩效考核机制、政务公开机制等。要整合、建立相应的组织机构做保障,在公共服务的相关领域如交通、教育、医疗、社会保障等方面实行城乡管理机构的统一整合。这已经超出了对于公共服务数量输出均等的范围,更强调公共服务的决策依据、供给制度、监督和激励机制,不断增强城乡公共服务均衡供给水平和供给能力。考虑到均衡发展个体层次需要达到帕累托最优,就需要认真考虑社会满意度,在改变公共资源配置方式和配置内容时,除了在数量上考虑客观因素外,还要考虑城乡居民以及社会各界对这种调整的主观感受。

2. 城乡公共服务均衡发展的特征

具体来说,城乡公共服务均衡发展应该具有以下特征。

(1) 相对性。均衡发展是基于公平原则和效率原则的资源分配整体机制,把城乡公共资源整合,促进城乡之间的协调发展,使城乡不同社会阶层均衡受益,由此确保城乡全体人民公平分享经济社会发展成果,保障公民基本权利,消除不和谐因素。平均化则是对公共资源进行单纯的份额等同的分配,既不公平也无效率,有碍于城乡人民共享水平不断提高的公共服务。因此,我们提出的城乡公共服务均衡发展应该是一种相对的大体相等,大体相等不是搞平均主义。

(2) 一致性。城乡之间的差异性主要体现在经济发展水平、国家政策与制度安排、公共服务需求与供给、居民收入、自然环境等各方面。这种差异性将可能影响社会的和谐与稳定。我们提出要实行公共服务均等化,是为了社会的大致均等,这种均等要求我们不能把城乡区别对待,必须为城乡提供均等的基本公共服务,走一条城乡一致性的道路。

(3) 层次性。公共服务的内容是随着城乡经济社会发展而不断发展的,从基本公共服务到发展型社会福利,在社会的不同发展阶段对城乡公共服务的内容要有不同的评价依据,因此评价指标也应该有一个多层次的表现形式。当然,在合理范围内,政府可以根据不同的能力水平或者不同需求紧迫程度,为社会公众提供不同层次的基本公共服务。层次较高，要求的能力水平或者需求紧迫程度也相应较高；反之，层次较低，要求的能力水平或者需求紧迫程度也相应较低。

（4）主观性。公共服务的均衡发展与均等化之间的重要区别在于考虑了相关社会主体享受公共服务、认可社会公平的主观感受，单一的数量指标无法衡量城乡公共服务发展的社会享有程度，也难以显示城乡间公民幸福感的差距变迁。因此，城乡公共服务均衡发展的衡量一方面要依靠客观统计数据，另一方面也要认真考虑公共服务接受者的主观感受。专家的评价以及其他相关区域的社会评价度等。

二 成都市城乡公共服务均衡性现状与评价

（一）成都市公共服务供给现状的财政视角分析

政府是公共服务供给的主体，财政是公共服务供给的物质基础，因此，一般可以按照财政支出的规模和结构来衡量公共服务的供给水平。

1. 成都市财政对公共服务的投入现状分析

从图1可以看出，成都市财政用于公共服务的比例，一直保持在40%~50%，大致呈现递增的趋势，2010年预算公共服务支出占财政支出的比例为53.93%。

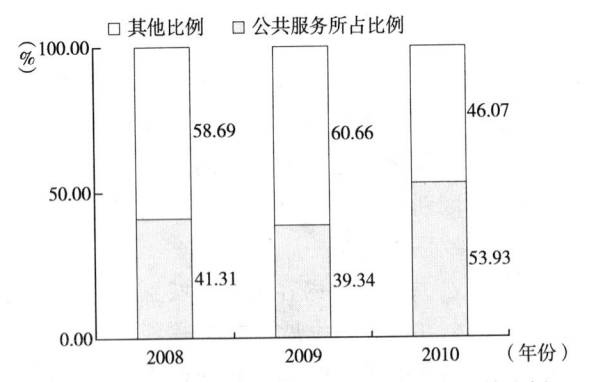

年份	其他比例	公共服务所占比例
2008	58.69	41.31
2009	60.66	39.34
2010	46.07	53.93

图1 近三年成都市财政支出用于公共服务的比例

说明：统计公共服务支出包括一般公共服务、教育、社会保障和就业、医疗、交通支出等。

由表1可知，在发达国家和部分发展中国家，这一比例最高达到80%以上，最低也超过了60%，这说明从国际比较来看，成都市财政用于公共服务的支出比例还处于比较低的水平。

表1　发达国家和部分发展中国家财政支出用于公共服务的比例

单位：%

国　　家	年　　份	公共服务所占比例	其他比例
美　　国	1997	79.38	20.62
日　　本	1993	69.53	30.47
英　　国	1995	66.80	33.20
新加坡	1997	78.58	21.42
加拿大	1997	75.08	24.92
澳大利亚	1997	72.39	27.61
泰　　国	1997	81.78	18.22
马来西亚	1997	71.01	28.99
韩　　国	1997	62.12	37.88

资料来源：句华著《公共服务中的市场机制理论、方式与技术》，北京大学出版社，2006。

可见，与其他国家的城市相比，成都市财政对公共服务的投入不足，显得无法满足成都市当前正在迅速增长的公共服务需求。

2. 成都市与国内其他城市地方财政对基础公共服务的投入现状分析

结合图2和表2中2008年的数据可以看出，虽然重庆市财政支出对基础公共服务投入的总额高于成都市，但成都市财政支出对基础公共服务的投入所占财政支出比例是略高于重庆市的。

由图2可知，成都市从2005年的52.3亿元增长到2008年的142.63亿元，匀速缓慢增长。重庆市从2006年的220.98亿元增长到2008年的377.4亿元，呈匀速增长趋势。北京市2008年为352.51亿元，2009年为348.44亿元，略低于2008年。上海市从2006年的471.45亿元增长到2009年的 815.88 亿元，匀速增长。

从地方财政支出额来看，成都市的地方财政支出用于基础公共服务的金额大大低于重庆、北京、上海三市。

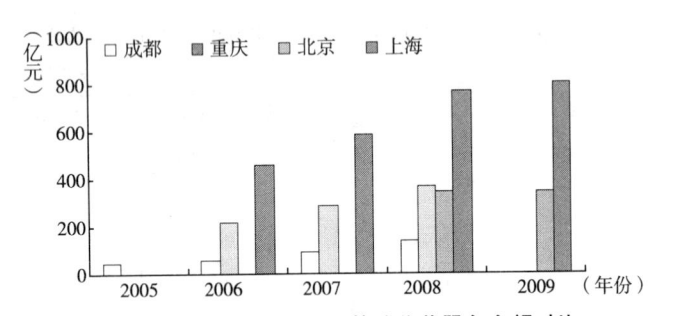

图 2　四市财政支出用于基础公共服务金额对比

说明：统计基础公务服务支出包括各市教育、社会保障和就业、医疗支出。

由表 2、图 3 可知，成都市、重庆市、北京市、上海市四市的地方财政支出用于教育、社会保障和就业、医疗支出等基础公共服务的比例都在 19%~30% 之间。成都市从 2005 年的 26.79% 增长到 2008 年的 28.16%，曲折低速增长。重庆市从 2006 年的 26.92% 下降为 2008 年的 26.05%，呈小幅下降趋势。北京市 2008 年为 23.12%，2009 年为 19.75%，略低于其他各市。上海市从 2006 年的 25.99% 增长到 2009 年的 27.29%，曲折低速增长。

表 2　四市财政支出用于基础公共服务的比例对比

单位：%

年份＼地区	成都	重庆	北京	上海
2005	26.79			
2006	25.77	26.92		25.99
2007	27.48	26.71		26.71
2008	28.16	26.05	23.12	29.92
2009			19.75	27.29

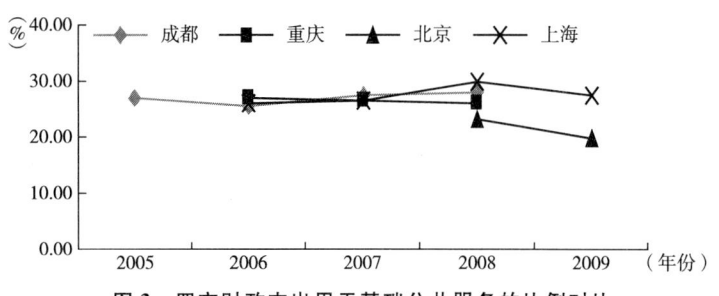

图 3 四市财政支出用于基础公共服务的比例对比
说明：统计基础公务服务支出包括各市教育、社会保障和就业、医疗支出。

可见，与重庆、北京、上海三城市相比，成都市财政对公共服务的投入额是不足的。但是成都市地方财政支出对基础公共服务的投入所占财政支出比例是合理的，也就是说地方财政支出的结构是合理的。

3. 成都市财政用于农业支出现状

2007 年，成都市全市地方财政支出投入"三农"总额为 117.24 亿元，2008 年为 147.76 亿元，2009 年为 192.32 亿元，呈匀速递增趋势（见表 3）。

表 3 成都市财政支出用于农业支出的比例

单位：亿元，%

年 份	发展"三农"所占额	所占比例
2007	117.24	32.92
2008	147.70	41.65
2009	192.32	45.06

据调查，成都市地方财政支出投入"三农"的资金主要包括：各类农业政策性保险、家电下乡、农资综合等各项惠农补贴，向市现代农业发展投资公司注入财政性资金和落实农业综合开发、农业产业发展资金，农村就业、农村社保、农村教育、农村医疗卫生等社会事业发展，设立政府耕地保护基金。

成都市人口 1348 万人（2009 年末数据），主城区 602 万人；乡镇人口 746 万人，占总人口的 55.34%。从表 3 可以看出：近三年期间用于乡镇农业的财政支出占整个市财政支出的比重平均为 39.88%，2007 年以前（包括 2007 年）"三农"所占比例极为低下，从 2008 年开始有显著变化，2008 年为 41.65%，2009 年为 45.06%。

由图 4 可知，成都市财政支出发展"三农"的金额由 2007 年的 75.5 亿元上涨到 2009 年的 192.32 亿元，总体呈逐年上涨趋势。

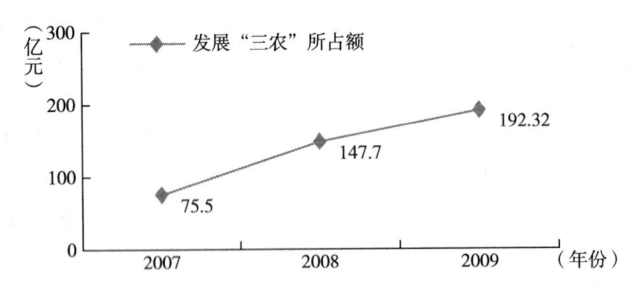

图 4　近三年成都市财政支出用于发展"三农"金额趋势
说明：统计基础公务服务支出包括各市教育、社会保障和就业、医疗支出。

由图 5 可知，成都市财政支出发展"三农"金额所占比例由 2007 年的 32.92% 上涨到 2009 年的 45.06%，总体呈逐年上涨趋势。但用于拥有全市过半人口的乡镇农业财政支出占整个市财政支出的比重在 32%~46%，在公共服务方面，农村人均所有大大低于城市人均所有。

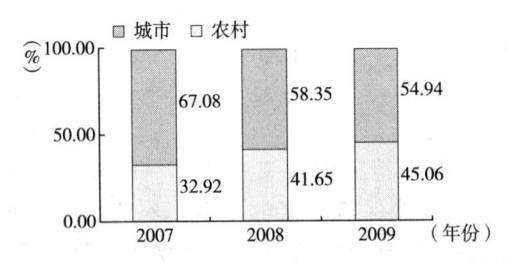

图 5　近三年成都市财政支出农村与城市所占份额对比
说明：统计基础公务服务支出包括各市教育、社会保障和就业、医疗支出。

这说明，成都市财政用于农业支出不足，虽然农业财政支出大致呈现总体递增的趋势，但国民收入的分配结构依然是向城市倾斜的。

(二) 成都市城乡公共服务均衡性现状：基于城乡基础教育的分析

1. 基础教育的特点

作为一个特殊的教育阶段，基础教育的内容对于受教育者未来的生存发挥基础性的作用，基础教育包括基本知识、基本技能、基本行为规范、基本生活习惯、基本价值观等的教育。从公共产品理论角度来讲，基础教育应该属于准公共产品。因为，其一，基础教育具有正外部效应，无论是个人还是国家，都可以从中获得利益。其二，基础教育具有拥挤性和排他性。在形式上，它既可以由公立学校来提供，也可以由私立学校来提供。但不少学者将基础教育看做纯公共产品，也有学者认为与其他形式的教育相比，基础教育最接近纯公共产品。

基础教育是政府公共服务的重要内容。在早期，经济学家就将基础教育纳入公共服务的范畴。亚当·斯密认为，基础教育支出是政府公共服务支出的内容之一。威廉·配第在《赋税论》中也将基础教育经费列入公共支出。弗里德曼也提出社会应对每个人所接受的教育水平设置一个最低标准，并由国家承担基础教育开支。作为政府的一项公共服务，基础教育的性质决定了它应主要由政府来组织提供并负责调节，并且应该尽可能为全民提供相同质量的基础教育。

2. 成都市城乡基础教育均等现状

（1）成都市财政教育支出规模比较小，财政对基础教育的投入有待于进一步提高。总体上看，成都市当前财政教育支出规模依然比较小，这间接影响财政对基础教育的投入和城乡基础教育的均等化。从绝对量来看，国民经济的持续增长为教育事业的快速发展提供了有利的条件，成都市财政性教育经费投入总量一直保持增长之势。

如表4所示，从1999年到2008年，成都市财政性教育支出从9.09亿元增长到59.98亿元，呈匀速增长趋势。重庆市财政性教育支出从17.7亿元增长到153亿元，呈快速增长趋势。就增长速度而言，作为教育经费的主体，财政性教育经费的增速直接反映了全国教育经费的增速变化。投入比例上，成都市保持在 10.5% ~ 12.6%，重庆市保持在 10.6% ~ 13%，两市差距不大。

表 4　成都市与重庆市财政支出用于教育支出对比

单位：亿元，%

年份	成都		重庆	
	投入额	所占比例	投入额	所占比例
1999	9.091692	12.59	17.7	12.55
2000	10.3564	12.49	20.6	12.57
2001	12.7319	12.05	25.2	13
2002	16.2326	12.52	30.8	11.42
2003	17.518	11.33		
2004				
2005	21.2	10.86		
2006	27.51	10.91	88.4	10.78
2007	49.4837	13.90	122	11.03
2008	59.98	11.84	153	10.60

如图 6 所示，成都市教育投入额从 2006 年的 27.51 亿元增长到 2008 年的 60 亿元，重庆市从 2006 年的 88.4 亿元增长到 2008 年的 153 亿元，北京市从 2007 年的 241.3 亿元下降到 2009 年的 175 亿元，上海市从 2006 年的 235.2 亿元增长到 2009 年的 347 亿元。成都市地方财政支出对教育的投入大大低于重庆市、北京市以及上海市。

如图 7 所示，成都市教育投入额从 2006 年的 10.91% 增长到 2008 年的 11.84%，重庆市从 2006 年的 10.78% 增长到 2008 年的 10.6%，北京市从 2007 年的 15.34% 降到 2009 年的 9.92%，上海市从 2006 年的 12.97% 降到 2009 年的 11.61%。成都市地方财政支出对教育的投入所占比例在重庆市、北京市、上海市中位于居中地位。

（2）相对城市而言，农村基础教育经费不足。2008 年，成都

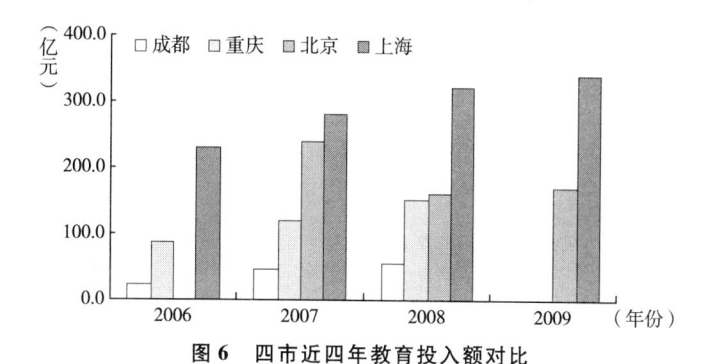

图6 四市近四年教育投入额对比

说明：统计基础公务服务支出各市教育、社会保障和就业、医疗支出。

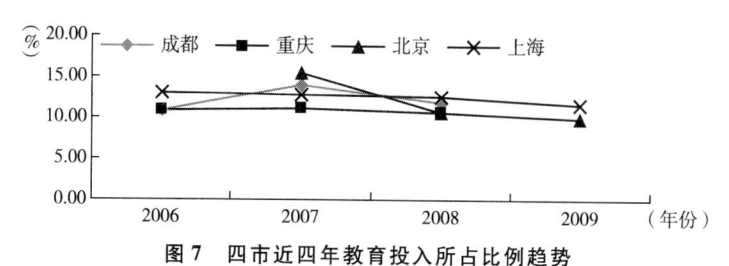

图7 四市近四年教育投入所占比例趋势

说明：统计基础公务服务支出包括各市教育、社会保障和就业、医疗支出。

市全市地方财政支出教育事业方面投入30.89亿元。据统计，其中用于农村教育支出的主要有农村义务教育经费保障机制和农村中小学设备等。与城市相比，农村义务教育经费惠及农村中小学学生75万人，多于城市40万人。

2009年，成都市级财政支出用于教育方面支出31.42亿元，据统计，用于农村教育支出的主要有：提供免费教科书和作业本、对农村寄宿生提供生活补助、公用经费保障水平等城乡义务教育经费保障机制，农村中小学校舍安全工程等。

其中公用经费保障水平等城乡义务教育经费保障机制支出38648万元，惠及学生110万人；农村中小学校舍安全工程支出13269万元；兑现义务教育学校教师绩效工资政策、提高农村教师待遇和市属国有企业办中小学退休教师待遇差额补助等支出57176万元，惠及教师18万人。

表5　2009年教育支出城乡比例

单位：亿元，%

总额	农村	比例	城乡	比例
31.42	1.33	4.22	9.58	30.50

由表5可知，2009年教育支出方面，农村教育单独支出1.33亿元，占教育支出的4.22%，城乡教育支出9.58亿元，占教育总支出的30.5%，城市教育单独支出达60%以上，大大多于农村教育投入。

由以上数据可以看出，成都市基础教育投入偏低。城乡的教育投入存在比较大的差距，农村基础教育投入低于城市基础教育投入。

（三）成都市城乡公共服务均衡性现状：基于基础医疗卫生的分析

1. 基础医疗卫生的特点

基础医疗卫生包括公共卫生和基础医疗。美国耶鲁大学Winslow教授在1920年就给公共卫生下了一个堪称经典的定义："公共卫生是防治疾病、延长寿命、改善身体健康和技能的科学和实践。公共卫生通过有组织的社会努力改善环境卫生、控制地区性的疾病、教育人们关于个人卫生的知识、组织医护力量对疾病作出早期诊断和预防治疗，并建立一套社会体制，保障社会中的每一个成员都能够维持、保证身体健康的生活水准。"就公共卫生的具体内容而言，主要包括传染病和其他疾病的防治、改变健康行为、改善健康环境、计划生育、辅助性的统计研究和教育。

基础医疗服务，即在一定的历史条件下，根据经济发展水平、医疗卫生资源拥有状况和卫生服务提供状况，在国家或地区确定的基本健康保障范围内，为全体人民提供的基础性医疗服务，包括对各种常见病和多发病的诊疗。

公共卫生和基础医疗属于政府公共服务的范畴。第一，从公共产品的角度来讲，公共卫生和基础医疗属于纯公共产品或准公共产品。在医疗卫生产品中，有些公共卫生服务属于纯公共产品，主要包括①卫生监督执法：食品和药品、职业劳动卫生、环境卫生、学校卫生、公共场所卫生等监督监测；②重大疾病控制与预防：传染病（艾滋病、结核病等）、地方病的监测与报告、疫情处理以及健康教育等。

2. 成都市基础医疗卫生均等性现状

（1）成都市财政医疗卫生支出规模比较低。从医疗卫生支出规模来看，成都市医疗卫生总费用增长速度快，但医疗卫生总费用数额并不高。医疗卫生总费用是衡量一个地区用于医疗卫生领域的全部投入的货币表现，它是一个地区医疗卫生事业发展的总量指标，体现一个地区的医疗卫生支出规模。

如图8所示，1999~2008年，成都市医疗卫生总费用呈逐年递增的趋势，从1999年的4.57亿元上升至2008年的25.43亿元。重庆市医疗卫生总费用也呈逐年递增的趋势，从1999年的7.18亿元上升至2008年的51.6亿元。成都市大大低于重庆市。

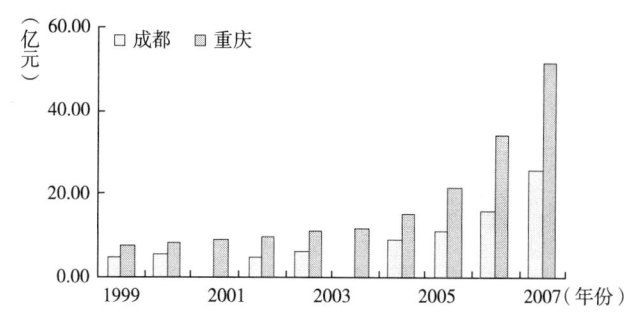

图8 近十年成都市与重庆市地方财政支出用于医疗卫生金额对比
说明：统计基础公务服务支出包括各市教育、社会保障和就业、医疗支出。

如图9所示，1999~2008年，地方财政支出用于医疗卫生的比例，成都市保持在3.5%~6.5%，重庆市保持在2.5%~5.5%，成都市略高于重庆市。

医疗卫生总费用所占的比重是衡量世界各地区卫生事业与经济是否协调发展的最综合的评价指标。从医疗卫生总费用占的比重来看，近三年来成都市这一指标一直保持在4%左右。目前这一比重还未超过世界卫生组织规定的标准。从表6可以看出，成都市还不及发展中国家和转型国家一般水平，远远低于发达国家水平。

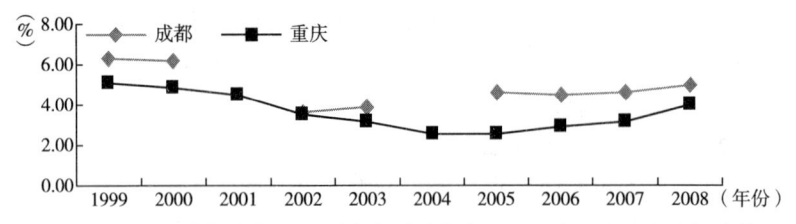

图9 近十年成都市与重庆市地方财政支出用于医疗卫生所占比例趋势

说明：统计基础公务服务支出包括各市教育、社会保障和就业、医疗支出。

表6 各国年卫生支出结构比较

单位：%

国　家	卫生总费用占 GDP 比重
发达国家	8.5
转型国家	5.3
最不发达国家	4.4
其他发展中国家	5.6
世界平均	5.7

（2）相对城市而言，农村基础医疗卫生经费不足。2008 年，成都市财政支出对医疗卫生方面的投入为 13.19 亿元，主要用于对损毁的乡镇卫生院、村卫生站实施重建；推行城乡居民医疗保险制度；推进乡镇卫生院向社区卫生服务模式转变，实行社区卫生服务全覆盖。其中，在新型农村合作医疗制度试点的基础上，成都市 740.6 万城乡居民参加医疗保险。城乡一体化公共卫生和基本医疗服务体系建设，惠及城乡居民 1112 万人。

2009 年，由于深化医药卫生体制改革，成都市级财政支出用于医疗卫生方面支出 14.59 亿元。主要用于城乡居民基本医疗保险政府补助，城乡医疗救助，基本公共卫生，重大公共卫生项目。其中，补助 49530 万元城乡居民基本医疗保险，成都市城乡居民参保人数 669 万人。城乡医疗救助支出 5833 万元，城乡低保、贫困人群和城镇"三无"人员、农村五保户全员 36.15 万人参保，政府救助住院、门诊 30.58 万人次。基本公共卫生支出 19986 万元，开展建立居民健康档案、健康指导、慢性病防治、妇幼保健等基本公共卫生项目，惠及成都市城乡居民1125万人。重大公共卫生项目支出7390万元，开展重大疾病防控，国家免疫接种374.8万人次，农村孕产妇实行住院分娩补助3.14万余名，农村孕产妇补服叶酸8万余名，农村妇女实行两癌检查6005名，农户改厕4170户，白内障患者复明手术4690名。

表7 2009年医疗卫生支出城乡比例

单位：亿元，%

总额	农村	比例	城乡	比例
14.59	0.74	5.07	7.53	51.64

由表7可知，2009年医疗卫生方面，农村医疗卫生单独支出0.74亿元，占医疗卫生支出的5.07%，城乡医疗卫生支出7.53亿元，占医疗卫生总支出的51.64%，城市医疗卫生单独支出可达40%以上，大大多于农村医疗卫生投入。

由以上数据可以看出，成都市基础医疗卫生投入一直偏低。城乡医疗卫生投入存在比较大的差距。

（四）成都市城乡公共服务均衡性现状：基于社会保障的分析

1. 社会保障的特点

社会保障是国家通过立法实施的，通过国民收入再分配对社会成员的基本生活权利提供安全保障的社会行为。社会保障主要包括社会救济、社会保险、社会福利和社会优抚安置。社会保障属于政府公共服务的范畴，社会保障是一项重要的社会公共需要。社会保障的实施手段是对国民收入进行再分配，以此提高社会总体福利水平。

中国正处于经济转轨过程中，建立一个完善的社会保障体系显得日益迫切和重要。近些年，成都市社会保障事业取得了重大进展，比如在城市，建立了国有企业下岗职工基本生活保障、失业保险和城镇居民最低生活保障的"三条保障线"制度，建立了以养老保险、失业保险和医疗保险为主要内容的社会保险体系，社会保障覆盖面正在不断扩大，社会保险管理的社会化程度在不断提高。但长期以来，社会保障制度处于城乡分割状态，社会保障的普惠性和一致性的重要特征没有体现出来。社会保障制度绝大部分着眼于城镇居民，作为弱势群体应享受社会保障的大多数农民无法享受到此项公民的基本权利。

2. 成都市基础社会保障均衡性现状

（1）从社会保障支出规模来看，成都市社会保障支出规模比较低，如图10所示，统计的社会保障支出总额包括抚恤和社会福利救济费、社会保障补助支出、行政事业单位离退休经费等项目支出额。近五年期间，各市社会保障支出总额基本上逐年增长，成都市从2005年的22亿元增长至2008年的57.22亿元。重庆市从2006年的110.8亿元增长至2008年的172.2亿元。北京市从2008年的97.1亿元小幅下降至2009年的91.6亿元。上海市从2006年的174.78亿元增长至2009年的336.08亿元。成都市大大低于其他三市。

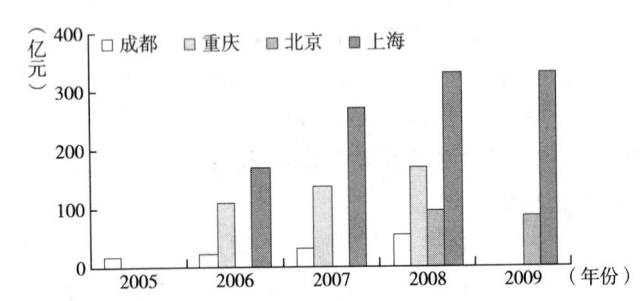

图10 近五年四市地方财政支出用于社会保障金额对比

说明：统计基础公务服务支出包括各市教育、社会保障和就业、医疗支出。

如图11所示，社会保障支出总额占财政支出的比重基本上逐年微度递增，成都市从2005年的11.27%增长至2008年的11.3%。重庆市从2006年的13.51%小幅下降至2008年的11.89%。北京市从2008年的6.37%小幅下降至2009年的5.19%。上海市从2006年的9.64%增长至2009年的11.24%。成都市所占比例位于四市居中位置。

但在国际上，大部分国家的财政社会保障支出与前述的社会保障支出涵盖的内容不同。除了上述统计内容外，还包括社会保险支出。这是因为国外的社会保险费是以税收的形式上缴财政部

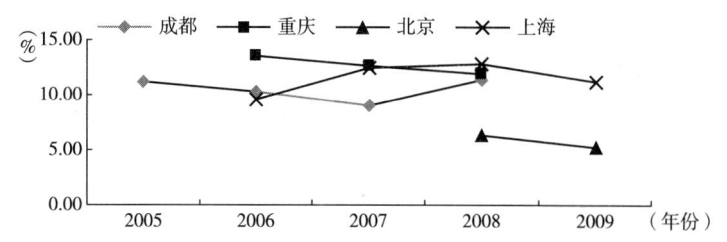

图 11　近五年四市地方财政支出用于社会保障所占比例趋势

说明：统计基础公务服务支出包括各市教育、社会保障和就业、医疗支出。

门，其支出是财政支出的一部分。按照国际货币基金组织1991年的统计，当年高收入国家社会保障支出占财政支出的平均百分比为27.5%，中等收入国家社会保障支出占财政支出的比重为15.7%，发展中国家的社会保障支出占财政支出的比重在20%以下。特别是西方国家，由于其财力充裕和经济高速增长，社会保障费用增长较快，社会保障水平普遍很高。以1995年的数据为例，英国社会保障支出占的比重达到29.8%，瑞典为35.8%，美国也达到了33.2%。与其他国家相比，成都市总体上还处于非常低的层次。

（2）相对城市而言，农村基础社会保障经费不足。2008年，成都市财政支出用于就业与社会保障方面33.99亿元，主要用于对下岗失业人员、失地农民、返乡农民工实施再就业技能培训，对农民工实用技术培训，提高城乡低保及优抚保障对象补助标准和水平。其中，下岗失业人员、失地农民、返乡农民工实施再就业技能培训25.4万名，对农民工实用技术培训140万余人，支出41564万元；提高城乡低保及优抚保障对象补助标准和水平，集中供养五保户，新型农村养老，对城乡低保人群实行医疗救助，免费为残疾人发放助残器械和对低保人群发放消费券，支出52788万元。

2009年，成都市市级财政安排用于就业和社会保障方面支出42.09亿元，主要用于培训返乡农民工、未就业的大中专毕业生，企业退休人员基本养老金，已征地农转非、纳入城镇职工人员的养老保险基金，发放城乡居民最低生活保障、农村低收入贫困户建房补助等。其中，向返乡农民工、未就业的大中专毕业生等15万人进行就业培训，支出 7500 万元；提高企业退休人员基本养老金水平，推进城乡居民社会养老保险试点等支出 116110 万元；13 万人已征地农转非一类人员纳入城镇职工养老保险基金统一管理，补助 74086 万元；城乡居民最低生活保障人群 27.1 万人，补助 21844 万元；农村低收入贫困户 2016 户，发放建房补助 1156 万元。

表 8　2009 年社会保障支出城乡比例

单位：亿元，%

总额	农村	比例	城乡	比例
42.09	7.52	17.88	2.93	6.97

由表 8 可知，2009 年社会保障方面，农村社会保障单独支出 7.52 亿元，占医疗卫生支出的 17.88%，城乡医疗卫生支出 2.93 亿元，占医疗卫生总支出的 6.97%，城市医疗卫生单独支出可达 60% 以上，大大高于农村社会保障投入。

由以上数据可以看出，成都市基础社会保障投入一直偏低。农村的基础社会保障低于城市的基础社会保障。

三　城乡公共服务均衡发展评价体系

（一）公共服务均衡发展在成都市城乡统筹中的作用和地位

成都作为城乡统筹综合配套改革试验区，城乡统筹发展已经成为成都市发展的基本战略、基本导向和基本手段。公共服务在成都市城乡的均衡供给是破解城乡发展失衡，建设规范化服务型政府、加强政府的公共服务职能的基本改革方向。

第一，城乡公共服务均衡发展有利于缓解成都市当前城乡统筹中的各种突出问题。地区间和城乡间发展不平衡、居民收入差距偏大、资源环境约束增加、内外需失衡、投资消费结构不合理等是我国经济社会发展遇到的带有普遍性的问题。对于成都市而言，这些问题与当前存在的两对突出矛盾密切相关：一是成都市居民日益增长的公共服务需求与公共服务总体供给不足、质量不高之间的矛盾；二是市场经济体制逐步建立完善对政府职能的新要求与政府职能转变缓慢之间的矛盾。公共服务是维护社会基本公平的基础,通常发挥着社会矛盾的"缓冲器"作用。因此,强化政府公共服务职能,加快改善成都市公共服务状况,有利于缓解成都市当前经济社会中城乡统筹所面临的各种突出矛盾,顺利推进和谐社会建设。

第二,城乡公共服务均衡发展有利于健全成都市公共服务供给的体制机制。当前在我市政府履行公共服务职责中,还未完全形成可持续的财政支持体制,没有建立规范的政府分工和问责机制,没有形成城乡之间资源的公平配置制度,由此严重影响了公共服务所提供的数量和质量,并制约了公共服务基本功能的有效发挥。加强政府公共服务绩效管理,强化成都市各级政府和政府各部门的责任,促进政府间间接竞争机制的形成,有利于健全我市公共服务供给的各种体制机制,引导各级政府逐步树立以公共服务为中心的政府职能观和绩效观。

第三,城乡公共服务均衡发展有利于成都市公众参与公共服务的管理与监督。随着成都市信息化水平和人民生活水平的不断提高,城乡居民对公共服务需求越来越大、质量要求越来越高,对地方之间公共服务的差异也越来越敏感,已经不再仅仅满足于知道政府在公共服务上花了多少钱,更关心这些支出取得了哪些效果,对公众的工作生活带来了什么切实的改善。从满足信息需求的层面来看,加快成都市各级政府公共服务绩效评估,并形成定期公开报告制度,不仅为政府进一步改善公共服务提供决策参考,而且可以满足公众的信息需求,提高他们参与政府管理和监督的能力,有利于推动决策的科学化和民主化,有利于提升政府在公众心中的公信力。

第四,城乡公共服务均衡发展有利于收入再分配。无论是私人产品还是公共服务,其供给与分配都是以一定的经济资源作为前提和基础的。由于为公共服务融资的税收分配具有再分配的含义,因此,公共服务的提供与分配其实是资源配置的一种方式,公共服务在不同类型人群中的供给方式能起到较强的收入再分配效果。实行公共服务城乡间的均衡发展,就是在公共服务的供给收益与成本分摊两方而实现资源在城乡居民之间的公平配置,这有助于调节城乡居民间的收入分配差距。因此，为适应目前社会矛盾的变化，有效地解决日益扩大的收入分配差距，要充分重视成都市公共服务的供给对调整社会利益关系、实行社会再分配的重要影响。

（二）建立公共服务均衡发展考核评价体系的必要性

1. 成都市统筹城乡发展的现实需要

成都市要建设规范化服务型政府、加强政府的公共服务职能、实现城乡公共服务均衡发展，需要制定科学的公共服务指标体系供政府进行考核，从而及时了解政府工作效率、公众满意度以及专家和社会各界的评价，成为改进成都市城乡统筹发展工作的重要依据。

第一，规范公共服务的行政行为需要。通过科学的城乡公共服务均衡发展水平的评价，促使全面推进成都市各级政府规范政府行政行为。在提供城乡公共服务过程中，有效引导各级公共服务供给部门制定目标和明确行动方案，也将有利于公共服务供给部门检验自身工作成效。

第二，完善政务载体的需要。通过科学的城乡公共服务均衡发展，促使健全四级政务服务体系，统筹城乡载体建设。标准化、规范化建设市、区（市）县、乡镇（街道）、村（社区）四级政务服务机构。

第三，各级公共服务部门职能定位的需要。城乡发展失衡很大部分责任在于政资、政事、政企不分以及政府管理越位、缺位、错位现象。通过公共服务考核指标体系的运行，促使各级政府对公共服务和公共管理事项进行细分，形成合理的供给体系和保障机制。

第四，加强政府与市民沟通的需要。通过公众参与公共服务考核指标体系，根据评价、公众满意度，政府更能了解城乡居民的办事体验、生活感受等，将会加强政府与城乡居民沟通机制，营造良好的规范化服务型政府建设氛围。

第五，健全监督管理机制的需要。通过公共服务均衡发展的评价，深入推进政务公开，进一步健全规范化服务型政府建设监督员制度。自觉接受人大代表、政协委员、专家、企业和市民代表监督，开展公共服务考核指标评价，自动接受社会公众监督，确保各项工作任务执行到位、全面落实。

2. 政府公共服务评估指标体系亟待建立

（1）20世纪开始的政府绩效评价是公共服务评估的主要体现

随着公共管理的理念和建立有效政府的目标在各地推广，我国各级地方政府公共服务评估是与政府绩效评价共同出现，并经历不断的改进和变迁。整体来说，主要体现为评价主体的变迁，分成了上级评定阶段、第三方评估阶段、公众评估阶段。20世纪80年代中期到90年代中期，以中组部出台"县级党政领导班子政绩考核办法及评价标准体系"为标志，政府"组织绩效评估主要在'目标责任制'的旗帜下实施，并构成目标责任制实施的重要组成部分"，现代意义的政府绩效评估进入我国，干部考核主要通过上级对下级的考核进行。

20世纪90年代以来，我国很多地方开始借鉴西方发达国家新公共管理的经验，并结合本地区的实际情况，进行了政府绩效评估的探索和尝试，取得了一定的成果。第二阶段的绩效评估除了继续以目标责任制的形式出现外，还结合了政府的社会服务承诺制、效能监察、效能建设、公众评议政府等形式。在政府绩效评估实践的广度、深度上，均在第一阶段的基础上有较大程度的变化。21世纪以来，我国政府绩效评估实践进入了新的阶段，一方面，政府绩效评估结合政府施政理念，逐步构建起体现和落实科学发展观和正确政绩观的绩效评估体系；另一方面，政府绩效评估受新近研究成果的指导，逐步从自发走向自觉，很多地方政府通过咨询相关研究机构和专家学者，制定出了一套针对本地区的政府绩效评估实施办法和操作指南，政府绩效评估进入不断试点和全面铺开的阶段。

（2）目前还未建立起完善的公共服务均衡发展评价指标体系

我国政府公共服务评估指标体系理论和实践的探索，虽然取得了较大的成绩，但是指标体系构建基本上在指标的术语使用、指标体系的整体思路、指标内容的依据来源以及指标的分类分解和测量方面等缺乏共识。目前对于如何设计科学合理的政府公共服务评估指标体系，专家和学者提出了很多的建议和想法，但没有形成一个统一的指标设计理论方法和思路，大都只是基于对政府绩效认识上的主观依赖性来设置相应的指标体系，缺乏科学的方法和规范的理论引导，容易造成评估指标与运行结果之间的脱节。具体来说，我国政府绩效评估指标体系构建主要存在以下几个方面的问题。

第一，政府绩效评估指标体系未集中体现公共服务水平。不同的环境条件和不同的样本对象，政府绩效评估指标体系的内容和侧重点是不一样的，但从根本上来说，特定时期的政府绩效评估指标体系的宗旨和战略必须与政府行为的价值取向一致。长期以来，各级地方政府绩效评估采取的是"政府本位"的模式，通过传统的自上而下的目标考核，通常采用人均GDP、招商引资数量等经济指标来考核下级政府的绩效水平，指标体系存在着过度强调经济绩效指标、显性绩效指标和近期绩效指标的现象。在社会主义市场经济条件下，现代政府管理应该着力彰显"公众本位"的价值取向和行为理念，具体表现在政府应该努力维护市场的正常运行和为民众提供多方位的服务方面。因此，政府绩效评估指标价值应着重反映人民生活水平的变化以及政府服务能力的高低，以此引导政府管理与服务向提高人民生活质量、增强公共服务能力的方向发展。但当前一些政府的绩效指标考核多看产值、税利，而对人民的实际生活水平如实际收入、就业比例、住房条件等情况则较少涉及。在这种绩效指标引导下，许多地方政府以大投资换得高增长的"政绩"。同时，公众生活质量的改善、经济社会发展、政府公共服务能力的增强应是全面和可持续的。而政府作为一个地域的权威机关，是唯一能够在宏观上引导本地产业在系统的、可持续发展的框架内运作的组织。这就要求政府在制定各项指标时，要综合反映社会发展的全局性与协调性，而不能只侧重某一方面。

第二，政府公共服务绩效评估指标内涵的"越位"。目前，许多地方政府在构建公共服务指标体系时，没有科学地辨别政府公共服务的范围以及筛选出的指标要素的内涵，将不少原本不属于地方政府及其部门分内的工作和职责纳入公共服务评估的内容范围，这样就导致政府绩效评估指标体内涵的"越位"。如不少地方把强制性推广某种经济作物列为政府中心工作予以评估,甚至采用一票否决。这显然是政府绩效评估指标的"越位",没有根据科学的政府职能来设计政府公共服务绩效评估指标,而是在政府职能和角色越位的基础上构建政府绩效评估指标体系,这样不仅不能得出科学的评估结果,而且因为指标体系对于地方政府的激励和强化作用而妨碍政府职能的转变。转型时期政府经济、社会职能仍旧过于宽泛,牵涉的事务具体庞杂,许多职责业务超出了政府的实际执行能力,这种职能现状使考察政府部门和干部政绩的指标纷繁复杂,往往会把一些不该列为绩效评估指标体系的经济性指标作为绩效评估的重要依据。

第三,缺乏对政府城乡公共服务均衡水平评价的指标体系。对于像中国这样二元经济结构的国家来说,城乡之间在历史基础、自然条件、经济发展、社会结构等方面都存在一定的差异性,公共服务需要在城乡之间差异的基础上寻求衡量均衡水平的评价指标。因此,设计政府公共服务评估指标体系,不仅要考虑城乡之间的差异,还应在考虑不同地区客观条件的差异性对公共服务的影响的基础上,考虑不同公共服务职能履行的差别和受众享有公共服务的均衡。对不同的机构或部门,不同的工作性质和任务,虽然应采用不同的指标体系,但是应在统筹发展的视野下,将城乡的公共服务水平进行比较评价。

3. 有利于提升成都经验的影响力

成都市作为城乡统筹综合配套改革试验区,近年来,成都市在经济发展和社会进步等方面取得长足进步,探索了有效的统筹发展手段,积累了较为丰富的"成都经验"。作为试验区有两个重要功能,一是可以尝试各种可能的手段,享有"试错权";二是需要将各种实践经验,提炼升华成为国家改革创新的做法。在目前城乡公共服务均衡发展评价体系尚未建立之时,成都市有责任有条件进行评价体系的构建和实践。发展出一套切实有效可行的城乡公共服务评价体系,是成都的责任,也可以进一步提升成都经验在全国的影响力。

首先,构建成都市公共服务绩效评价指标体系,并不断地加以修正和推广应用,有助于探索出一套富有中国特色的公共服务绩效评估模式。本文运用实证分析、规范分析相结合的方法，设计出一套涵盖公共服务领域的评价指标体系，可以进一步完善政府绩效评价的理论基础和实际应用经验，以期将政府能力提升和职能转变更加紧密地结合起来。其次，公共服务指标体系的建构和实际应用，有利于将政府管理体制改革的宏观战略、规划实施与结果评价有机地结合起来，能够为改善乡镇公共服务绩效提供有价值的参考信息，从而推进我国适应城乡统筹发展、共同进步、共同享有改革成果的公共服务型政府建设。同时，期望能在客观上引导政府树立以公共服务为中心的绩效观，提高公共服务质量和增进政府公信力，促进公共部门运行向更加公开、透明、节约和高效的方向转变，最终使城乡居民真正获得均衡的基本公共服务。最后，构建成都公共服务绩效评价指标这一尝试，有助于推进政府绩效评估进程。

（三）评价体系指导思想和设计原则

1. 指导思想

促进成都市农村发展，构建城乡公共服务均衡化发展评价指标体系，其指导思想是：以确保成都市城乡公共服务均衡发展取得重大进展、促进乡镇发展为目标，以促进统筹发展提出的战略规划、推进计划和各项工作的如期完成为基准，通过该评价指标体系的实施，增强全市各级干部特别是区（市）县主要领导对促进城乡公共服务均衡发展建设的意识，明确工作职责、近期的工作目标和工作任务，落实提供公共服务的体系、完善城乡统筹发展的保障机制，扎实、有效地促进成都市城乡公共服务及村级公共服务和社会管理水平朝着既定目标发展。

遵循统筹安排、科学规范、公开公正、注重实效、多元参与的原则，以促进成都市农村公共服务水平和质量持续提高。在政府公共服务的目标设定和工作计划拟定方面，统筹城乡两个区域及城乡居民两个对象；在评价中依据成熟的评价方法和过程，制定规范的评价文件和档案；评价过程和结果接受社会广泛监督，做到公开公平的评价；在评价时注重评价样本的典型性，评价结果应直接与工作方案相对接；城乡行政机关、公共服务提供的各环节涉及的部门、公共服务的使用者、专家等都能体现在评价指标之中。

2. 设计原则

（1）坚持"服务民生民众、服务政府部门"原则。建立公共服务均衡发展评估指标体系是要通过反映群众生活水平、政府公共服务部门供给能力及各评价主体的感知，达到服务于民众提高公共服务的期待，服务于政府工作向提高人民生活质量、增强政府公共服务能力的方向发展的目的。因此，在成都市城乡公共服务均衡发展绩效评估指标的设计上要充分考虑指标的服务导向性，使指标体系真正引导政府的工作重心转向改善公共服务方面，真正体现政府的服务性的效用水平。

（2）坚持全面系统与关键指标相结合原则。政府作为区域内法定的权威组织，是唯一能够在宏观上引导本地区在系统、可持续发展的框架内运行的组织。因此，政府在制定各项指标时，要综合反映社会发展的全面性与协调性。在进行指标选择的过程中，要进行系统分析，从而实现整体的最优化。从成都市政府管理的实际出发，考虑各指标对评价目标的重要程度，同时考虑指标在评价指标体系中的合理构成，以对指标及其权重进行合理取舍，形成均衡统一的评估指标系统。

（3）坚持指标可评性和数据可获得性原则。一是指标要有针对性。根据特定地方政府的职能和绩效目标来设定绩效评价指标，做到有的放矢。既要全面反映特定地方政府的职能和绩效目标，又要突出特定地方政府职能和绩效管理的重点，凸显特定地方政府绩效管理的特色和优势。二是评价指标要合理。要根据需要与可行性设定指标，使指标建立在切实可行的基础上。充分调动地方政府和工作人员的积极性和创造性，最大限度挖掘潜力，提高绩效。三是评价指标要有可操作性。能够量化的尽量量化，不能量化的指标，尽量使用如"优""良""一般""较差""差"等多阶标准。同时，指标不是越多越好，应该做到能精简的尽量精简，能简化的尽量简化，做到以精取胜、以质取胜。四是指标所需数据要有可获得性。一般以统计局公布的数据为主，适当辅之以调查获得的数据和基于群众感知形成的数据。

（4）坚持现实性与前瞻性统一的原则。评价指标内容及构成的设计，要站在国家和地区发展战略布局的高度，使之具有可推广的普适性，体现成都先行先试，为中国改革发展创造新经验、提供新示范的基本精神。所以，指标体系的设计，既要对成都发展实际有深入研究，又要充分吸纳国内其他地区的有益经验，充分吸纳专家学者的研究成果，适当突破，增添个别评价指标。

（5）坚持起点公平与程序公开相统一的原则。公平公正是评价制度设计的基本要求和评价结果有效性的保证。起点公平是结果公平的前提，程序合理、公开透明是结果有效性的保证。因此，对城乡公共服务评价指标体系需要建立评价对象自我评价与社会评价相统一的机制，公开标准和流程，引入多方面评价机制，规范评价过程，保证评价工作公平公正、有效服人，起到推动公共服务健康发展的作用。

（6）坚持职能部门和主管部门相协调的原则。职责不明、工作互相推诿极其影响行政效率，评价体系的设计要明确各职能部门的供给职责，确保各条块工作的配合，重点考核目标计划和工作达标是否完成，因此，职能部门和主管部门的协调就相当的重要，只有职能部门和主管部门各司其职、协调配合才能保证城乡公共服务均衡发展，才能按质按量地完成工作目标计划，让公众满意。

（7）坚持发挥激励作用的原则。设计城乡公共服务均衡发展的评价体系的目的是为了提高乡镇公共服务的质量，提高质量的关键是人的素质。评估指标体系的设计，必须能够使成都市各级政府和各部门明确自己在公共服务均衡发展中的位置，公共服务均衡发展在城乡统筹发展中的位置。同时使民众具有强烈的凝聚力和推动力，从而充分调动民众积极性，有利于激励城乡居民同各级政府共同参与，提高公共服务的质量。

（四）设计思路

《成都市统筹城乡综合配套改革试验总体方案》中提出，努力实现城乡基本公共服务均衡发展，推进政府公共服务向"三农"覆盖，建立城乡均衡化的公共服务体系，让农村居民享受与城镇同质化的基本公共服务。因此，对公共服务均衡发展的评价思路主要侧重在对农村公共服务水平的提升上。

基本公共服务的主要内容：依据成都市的《总体方案》，基本公共服务包括推进城乡教育协调发展、公共卫生和基本医疗服务制度以及公共文化服务体系。

公共服务水平发展目标体系：根据成都市的《总体方案》，对公共服务从2007年到2020年三个阶段的目标设定（见表9），同时也是公共服务均衡发展评价的结果指标。

表9 成都市公共服务阶段性目标

	指标名称	2007年	2012年	2020年
公共服务水平	将免费教育延伸到12年	基本实现农村义务教育免费	实现义务教育免费，基本实现中职免费	全面实现12年免费教育
	城乡每万人拥有卫生技术人员比率	2.14∶1	≤1.8∶1	≤1.2∶1
	城乡公共文化阵地（图书馆、阅览室、农家书屋、文化活动中心）达标率（%）	20	60	100
	城镇新增养老保险参保人数（人）	37.5	≥10	≥10
	农民养老保险参保率（%）	3	90	95

公共服务均衡发展评价对象：涉农县区市区域和政府，同时包括乡镇社区。我国的政府行政管理体制和经济管理体制，区县

一级都是政府职能的执行者、政府责任的承担者和政府目标的落实者，评价具有客观性、独立性、可衡量性和可操作性。

公共服务均衡发展评价思路：通过考察城乡公共服务均衡发展的工作理念、机制和成效，促进农村公共服务供给能力的提升和政府推进城乡公共服务均衡发展管理水平的提高。

首先，城乡公共服务的均衡发展，涉及的县区市需要明确统筹发展的目标，解决"干什么"的问题，以此加强公共服务均衡发展的目标管理。一是考察城乡公共服务均衡发展的理念明确程度。构建公共服务均衡发展，需要具有均衡发展理念和战略发展理念。政府有没有通过制定战略目标和发展规划来构建战略规划，制定的建设规划是否与公共服务建设相对接。均衡理念是进行城乡统筹发展的基本工作理念，而是否从战略发展理念看待公共服务发展则是工作推动力大小的直接因素。二是考察城乡公共服务均衡发展推进计划，包括是否建立了完善的年度计划、季度计划和月度计划，以及科学的工作落实方案，有没有明确推进计划的责任人和责任部门。三是是否制定了有效的考核标准，包括对于公共服务改善相关部门和个人的考核标准制定，考核节点、工作进度安排以及标准的量化程度（见图12）。

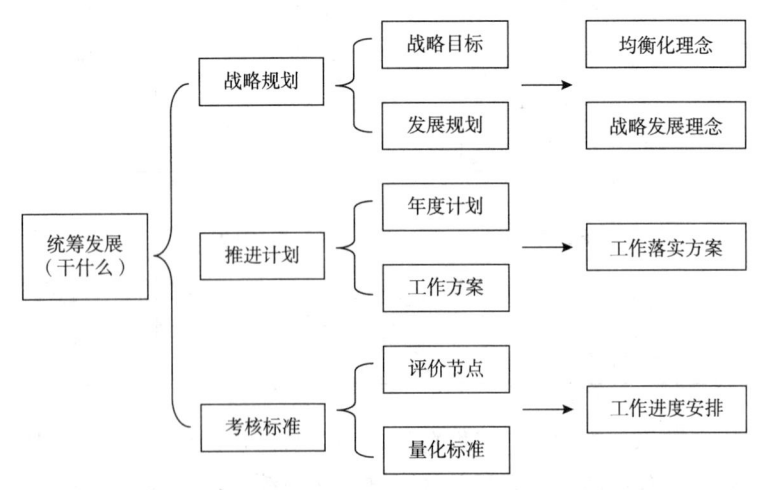

图12 城乡公共服务均衡发展的目标评价体系

其次，城乡公共均衡发展，提升农村公共服务均衡水平需要衡量公共服务工作机制是否积极、科学与合理，以此加强公共服务均衡发展的过程管理。一是考察是否建立了积极的供给机制。积极的供给机制必须具有一个完整顺畅的供给体系，包括从成都市、各区县到各类公共服务项目提供部门在农村公共服务上是否形成了覆盖基本公共服务所有项目在内的完整的组织架构、明晰的组织职责、合理的组织分工，以及有效的衔接配合机制。另外，积极的供给机制还必须具有强有力的保障机制，涉及提供公共服务的人力、财力、基础设施和制度政策等的保障。在建立供给体系的基础上，有没有对提供公共服务的主体进行明确责任，有没有建立激励与约束机制进行保障；各级财政有没有对农村公共服务提供提出明确方案，以何种文件或政策保障供给；有没有对公共服务所需要的基础性公共设施提供专项建设，如城乡一体化的交通网络、城市道路交通体系等；有没有对公共服务供给提供制度安排，制度安排的约束力以何种形式表现。二是考察是否建立了科学的管理机制。所谓的管理机制，主要是指在公共服务提供运行过程中，对公共服务的计划、组织、领导、控制等各个管理环节设置了较为完整的手段和分工安排，是否明确了公共服务的管理主体、维护主体、监督主体和评估主体。一方面，对于城乡公共服务的均衡发展，供给公共服务的职能部门与基层行政组织之间是否能明确分工、协作配合，是否建立了明确的分工协作机制，是否建立公共服务专项项目建设和维护的属地管理机制，是否制定了明确的管理文件。另一方面，有没有明确对公共服务项目建设和管理建立长效监督和评价的部门和个人责任。三是考察是否为发展机制的建立打下基础。所谓公共服务的发展机制，就是突破政府作为公共服务单一供给主体的公共服务，构建多元参与机制、多元投入渠道、多元监督主体和多元治理体制。在一定时期内政府是城乡公共服务的唯一供给者，然而引入激励机制，形成多元主体已经成为公共服务建设发展方向。要建立公共服务的发展机制需要具体考察三个方面：一要看有没有形成完整的参与共创机制，包括同民间资本主体、NGO、国有公司等建立较为密切的信任关系；二要看有没有组建运行良好的治理机构，对多元参与进行有效治理，协调各参与主体间的关系；三要看有无建立自我"造血"机制，随着财税体制改革的推进，引入公共服务市场化机制，使得公共服务自我"造血"，不断提高公共服务可使用资金（见图13）。

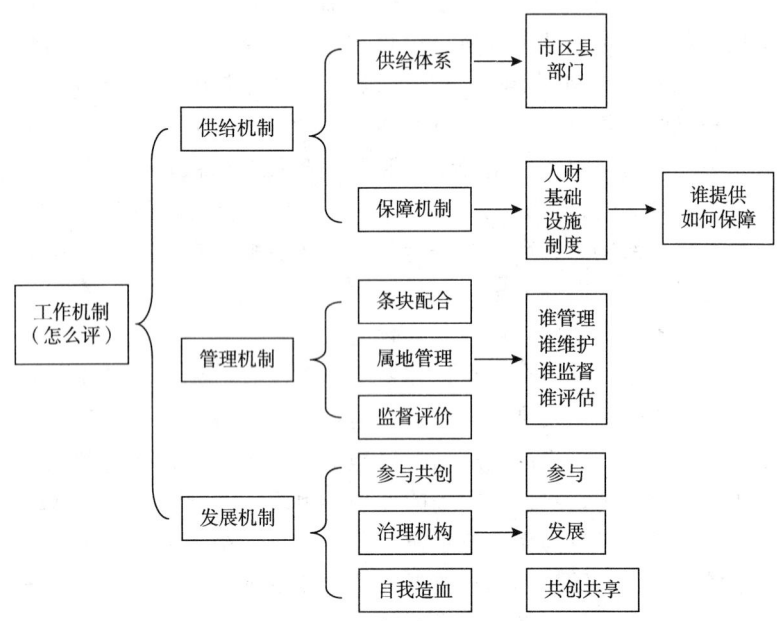

图13 城乡公共服务均衡发展的过程评价体系

再次，城乡公共均衡发展，促进农村公共服务均衡发展；衡量公共服务，对公共服务发展水平的结果进行管理，即绩效管理。公共服务的绩效管理对于构建服务型政府，提升政府效能有着重要实践意义。对城乡公共服务均衡发展的绩效评价主要分为三个方面，分别是工作效率、服务效果和制度改进。①城乡公共服务的工作效率评价，是考察相关部门是否完成了相应的公共服务任务。工作效率体现为是否按照计划完成相应的公共服务数量，公共服务达到何种标准。工作效率的评价一般采用较为客观的评价方法，从事先制定的定量标准上进行直接评价。②城乡公共服务的服务效果评价，公共服务的受众是对公共服务效果进行评价的最佳主体，也是政府公共服务实际目标客户，公众的满意度将是评价服务效果的基本导向，这一效果的评价倾向于主观评价方法，主要采用问卷、访谈、直接信息反馈等手段进行评价。公共服务效果首先包括公众的"办事体验"，即公众在与政府进行公共服务互动过程中，所体会到的政府相关部门的服务态度、服务水平、服务效率、服务成功率等方面的感受。其次，公众在经济社会生活中感受到的公共服务带来的实际效果改善程度，如交通状态、受教育的难易、文化生活的丰富性以及自然生态环境的舒适性等。再次，其他地区的公众以及社会各界对该地区的公共服务改善的评价，如相邻或相似区、县、市、乡、镇等对被评价地区的公共服务状态的感知程度，主要是站在被评价客体以外，更能独立、立体、全面的体现公共服务对区域发展的改善作用。这方面的评价主要通过定期收集外地区和外部门的社会反响并作出评价。③城乡公共服务的制度效用评价，城乡公共服务的均衡发展不是一个短期的"政绩工程"，而是服务型政府建设中城乡统筹发展的长期任务，只有通过对城乡公共服务均衡发展的思想、理念、制度及政策进行持续不断的改进，才能将一项工程演变为政府基本职能和基本能力。该维度的评价主要通过专家评价打分，包括相关基层领导的价值理念对公共服务均衡发展的认识以及持续改进的意愿；公共服务均衡发展水平的纵向比较，与过去水平不断比较，评价其增长速度和结构变迁；相关部门有没有对公共服务均衡发展存在的问题有着主动的认识和清楚的了解；是否存在持续改进的动力和方案等（见图14）。

（五）指标体系

城乡公共服务均衡发展评价指标涉及面广，信度要求高，难度系数大，无法用一张表格全部囊括其中，为了体现重在实用、管用的精神，本课题组建议将成都市城乡公共服务均衡发展的指标体系分解为指标框架和指标库两个部分。指标框架如表10，指标库由市政府相关职能部门根据《成都市统筹城乡综合配套改革试验总体方案》等文件精神和本报告前述的构建评价指标体系的思路，自行制定专项公共服务标准和实施细则，设计出若干评估指标，每次根据评价工作的需要，选取指标，填入表10的"评价内容"和"权重"栏中。

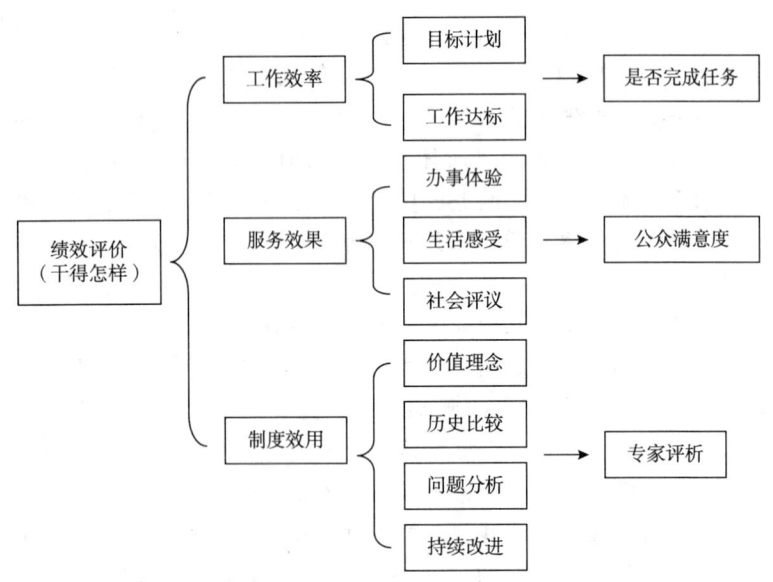

图 14 城乡公共服务均衡发展的结果评价体系

表 10 成都市城乡公共服务均衡发展评价指标框架

一级指标	二级指标	三级指标	评价内容	权重
统筹发展（30分）	战略规划	战略目标 发展规划		
	推进计划	年度计划 工作方案		
	考核标准	评价节点 量化标准		
工作机制（30分）	供给机制	供给体系 保障机制		
	管理机制	条块配合 属地管理 监督评价		
	发展机制	参与共创 治理结构 能力建设		

续表

一级指标	二级指标	三级指标	评价内容	权重
绩效评价（40分）	工作效率	目标计划		
		工作达标		
	服务效果	办事体验		
		生活感受		
		社会评议		
	均衡效用	价值理念		
		历史比较		
		问题分析		
	创新成效	持续改进		

（六）实施方法

1. 评估周期

建议成都市城乡公共服务均衡发展评价按年度进行，也可根据需要临时开展。

2. 评估方法

依据"成都市城乡公共服务均衡发展的指标框架"和"指标库"拟订《成都市城乡公共服务均衡发展评价表》，采取自我评估、公众评议与专家评价三结合的评估方法进行。

3. 评估过程

（1）自我评估

参评机构参照城乡公共服务均衡发展评价指标体系进行自我评估。

参评机构在评估专家指导下学习如何填写自我评估报告，完成后提交，同时提交尽可能全面、有力的支持性文件。

（2）公众评议

公众评议可以调查问卷方式进行，用以测量公众对某机构所提供公共服务的满意程度。评估组根据问卷测评结果，归纳总结该机构公共服务的优势和不足，填写附录中综合评估报告的相应部分。

调查的组织者：问卷调查在成都市城乡公共服务均衡发展评

估委员会指导下，由被评估机构所在镇实施，以不记名方式进行。由被评估机构所在地负责制定本系统的满意度调查实施方案，确定调查对象、问卷发放数量等具体事宜。拟定的满意度调查实施方案需报城乡公共服务均衡发展评估委员会审核，获得批准后在委员会监督下实施。

计分方式：满分为100分。参评机构问卷调查最后得分为有效回收问卷的算术平均值。

结果统计：问卷结果统计由被评估机构的上级单位负责，原始问卷需留存备查。调查完成后，由被评估机构的上级主管部门统计有效问卷数量，计算问卷卷面分值，核算各参评机构的最后得分，将结果上报给城乡公共服务均衡发展评估委员会。

成都市城乡公共服务均衡发展评估委员会负责抽查各单位统计结果的真实性与准确性。

(3) 专家评价

专家评估依据《成都市城乡公共服务均衡发展评价指标框架》中界定的3个均衡效用二级指标和1个创新成效二级指标，对各参评单位的公共服务绩效进行考核，起草评价报告，提交成都市城乡公共服务均衡发展评估委员会办公室审议。

具体步骤如下。

第一，根据实际情况和具体需要确定参加评估的机构。

第二，成立评估组，依据评估体系打分。评估组成员包括各个层面的人员，以保证评估的客观和公正。人员的遴选侧重分析和沟通能力而非专业知识。各评估组成员由以下5人组成：上级主管部门代表1人（应熟悉下属单位工作），公众代表1人（村支部书记、社区委员会主任、企业代表、外来务工人员），市人事局代表1人，外部专家3人。

第三，任命评估组负责人。负责人在评估组内部达成共识过程中发挥重要作用。评估组负责人的职责还包括向评估组提供所有必要的信息和文件，协助评估组内部的沟通和信息发布，安排会议和汇报场所等。

第四，培训评估组成员。评估组成立后，应首先在市人事局的主持下接受培训。通过讨论明确评估的目的、作用和意义，解答小组成员的疑问,统一认识。培训时间为一天。

第五,培训内容包括:明确城乡公共服务均衡发展评估框架的设计思想和实践意义;介绍《城乡公共服务均衡发展评价指标体系》,解释相关术语;说明具体评估办法,通报评估组织方式等;评估组成员集中阅读参评单位的自评估报告及绩效支持材料。

第六,对于每一个子标准,要求评估组成员根据自己的知识和工作经验对被评估机构的公共服务绩效进行准确判断、独立打分。评估组成员需写下关键评价,列出绩效优劣的证据以支持其所打分数。

第七,专家评估完成后,评估组开会,讨论机构在每个子标准下的得分。评估组通过协商达成一致意见。在达成共识的过程中,可采用四步法:对于各二级指标,通报评估组各专家给分情况;找出主要的分歧点;讨论重要分歧点,分别提交证据;投票,达成共识(必要情况下,可对筛选出来的标准进行第二轮评估)。

第八,为协助确定证据,通用评估框架提供了各指标的具体说明。对于某一机构来说,只要符合与其相关的指标即可,不必符合全部指标。

第九,打分结束后,评估组对 5 项指标中突出的问题进行描述,汇总佐证材料,填写附录中的指标评估意见。

4. 评估结果使用

(1) 对改进情况进行优先排序

将评估情况通报给评估主管单位审查,确定评估的主要成果、最需要主管单位采取行动的领域和所需要采取的行动。

(2) 制订并执行改进计划

依据评估结果,形成中长期的绩效改进计划,对短期内能够得到解决或改进的问题迅速采取针对性措施。

(3) 监督公共服务的进步并进行再评估

实施绩效改进计划,确保绩效改进不会在相关领域产生副作用。有条件的机构逐步将绩效评估融入常规业务工作中,实现绩效评估的常规化,与机构财政资源的获取挂钩。

（4）设立城乡公共服务均衡发展质量奖，促进城乡公共服务均衡发展进步

将评估结果与其他参评机构相比较，设立城乡公共服务均衡发展质量奖，推动不同类型、不同规模、不同层级的公共服务机构的相互比较和竞争。

5. 综合评估

由各评估组对指标考核、满意度测评结果进行复核和分析，形成评估结论，撰写评估分报告和总报告。

6. 建立评估档案

将评估过程中形成的各种相关材料分类存档。

四　相关政策建议

（一）城乡公共服务均衡发展的政策建议

1. 深化城乡公共服务资源配套建设

（1）规划和人事部门在拟制城市发展规划和引进人才时，要将教育、卫生、文化、体育等城市社会公共事业的发展和专业人才的引进一并考虑纳入规划，并在其发展的速度和资金的使用上适度超前和加大。

（2）教育部门要积极做好中心城区新建中小学校的配套调整和规划布局，以增量为主，弥补基础教育的供求缺口，满足人口增长带来的教育需要，减轻城市中的就学压力；要建立和完善中心城区内中小学生入学、转学的相关政策，搞好中小学生的统筹安置工作；要加强城区近郊民工子弟学校的质量建设，提高其规范化和标准化程度，使其逐步成为缓解城区就学压力的辅助渠道。

（3）卫生部门要完善医疗配套服务建设，发展卫生应急体系、疾病预防控制体系和疫情监测网络，通过抓好社区卫生服务，将城市贫困人群的医疗救助工作做好；放宽医疗市场的准入门槛，鼓励和大量吸收民营资本进入，举办专科或具有一定水平和质量的综合医院，以解决户籍制度创新后城区中等收入群体看病难、住院难问题。

（4）文化体育部门要加快城区公益性文化体育基础设施的规

划建设,深入推进新建社区尤其是农民集中居住区的文体设施建设,以此满足新增人口的休闲、娱乐和其他需求;要健全和完善鼓励民间资本进入文化、体育领域的产业政策,缓解政府财政压力;要切实发展文化产业,使其增长速度高于 GDP 的增长速度,大力发展第三产业,促进全市就业机会及就业岗位的增加。

2. 优先提供的基础设施

(1) 优先提供影响范围广的基础设施

对于影响面积广,涉及大多数人的最大幸福总量的基础设施应当优先提供。基础设施投资的资金流向要倾向于边际福利大的地区,能在很大的范围内影响国民的福利水平的基础设施需要优先提供。

(2) 优先提供生产生活中最为紧缺的基础设施

基础设施提高社会福利水平的方式有两种,一种是直接被居民消费而形成福利,另一种是通过作用于产出和消费空间,进而产生福利。这两种作用方式可以简单对应于居民的生产和生活行为。如果某种基础设施在生产生活中十分紧缺,则该项基础设施的边际福利就十分巨大,就需要政府优先提供。生活中紧缺的基础设施,也往往是生产中紧缺的,所以应该优先提供生产生活中最为紧缺的基础设施。

3. 加大对农村基础设施的财政支出

城乡基础设施的差距之所以形成,财政投入的差别在其中起到了巨大的作用。再加上目前农村居民的收入水平有限,一事一议机制也尚不完善。为此,加大对农村基础设施的财政投入,就成为农村基础设施建设中最为重要的一环。在具体的投入模式上,可以根据实际需要分为如下三种。

(1) 增加直接投资

近年来政府加大了对农村基础设施的投入力度。但从农村基础设施的建设效果来看,政府的直接投入,尚远远不能满足农村基础设施建设的需求。对于那些公益性较强、居民"搭便车"心理较重的基础设施,不适宜采用市场提供的方式,这就需要政府尽可能地直接将资金投入到这些基础设施的建设中去。进一步加大财政部门对农村基础设施的直接投资力度,仍十分必要。

(2) 增加税收优惠

目前的农村基础设施建设中，有多种基础设施是需要相应的基础设施部门进行提供的，比如农村电力、农村通信和农村水利。如果对这些部门在提供相应的农村基础设施时提供某些税收优惠，就有可能充分调动这些部门的积极性。

在现有的基础上加大已有税收优惠的比例和种类，用以增进企业对扩展农村市场的信心，从而促进企业加大对农村基础设施的投入。

除农村水电、有线电视和农村沼气等基础设施的建设可以提供税收优惠外，对于一般可经营的基础设施项目，都可以采用税收优惠或者税收抵免等多种方式，鼓励基础设施部门向农村扩展业务，这些项目包括自来水建设、通讯、宽带、垃圾处理和废品回收等。

(3) 增加财政补贴

税收优惠是针对农村基础设施的供给方而言，而对于农村基础设施的需求方——农民而言，税收优惠可能帮助不大。因为农民的收入较低，而大多数基础设施所附加的公共服务都需要付费，所以即使相关部门提供基础设施的动力被提升起来，但因为农民的购买力不足，相应的农村基础设施建设仍难以得到长足发展。对此，财政部门在促进农民购买力提升方面也应当发挥巨大作用，其中一个重要的措施就是财政补贴。

如果要启动巨大的农村消费基础设施的市场和带动农民自主筹资建设农村基础设施的热情，更大范围的财政补贴应当被采用。而在补贴的对象中，未必必然补贴于农民的购买行为，也可以向提供基础设施的部门进行各种补贴，以扩展农民对农村基础设施的需求空间。

4. 加强对社会保障制度创新的探索力度

(1) 社会保障制度改革的方向

第一，设定不同层次的保障目标。如当前社会保障制度中保障与保险混在一起。作为公民究竟有哪些权利，社会保障到底保障了人们的哪些权利，基本上是混乱的。哪些方面是应该由政府保障的，哪些方面应该由个人保障的，没有一个清晰的概念。这样就导致应该被保障部分的权利没有被保障，不该由社会保障的却花费了大量财力物力来保障。成都市应对不同保障层次进行详细的调查研究，根据其实际需要，设定不同的保障目标，这样才能真正满足不同群体的社会保障需要。

第二，设定不同阶段的保障目标。当前经济社会正处于快速发展时期，什么样的社会保障水平与什么样的经济生活发展阶段相适应，以及如何适应有关方面并没有一个明确的认识，更没有长期规划和总体部署。这样，经济社会出现什么问题，就赶紧出台相关政策，难免形成"头疼医头，脚疼医脚"的局面，临时性政策多，长期性政策少，制度设计越来越复杂，执行成本越来越高，而政策效果却往往不佳。成都作为西部大城市，发展处于一个怎样的程度？怎么来定位？现阶段要达到一个什么样的发展水平？需要向哪些发达地区学习？这都是成都市亟须明确和解决的问题。

第三，统一社会保障政策标准。社会保障政策包括基本养老保险、失业保险、工伤保险、生育保险、最低社会保障等多个险种，不同险种往往由不同的行政部门制定。然而，社会保障覆盖对象既有针对性，又存在交叉性，各种政策的出台往往是为了解决现实中出现的突出问题，不可能考虑到方方面面的细枝末节，所以难免会存在各种制度之间的矛盾与冲突。根据不同的政策可以实施不同的救助或保障标准，新出台的政策会影响以前政策的实施，这样势必影响到整个社会的社会保障工作开展。所以，必须要对全市的社会保障政策标准进行统一设置、统一度量，才能使社会保障制度在统筹城乡发展中发挥好推动和保障作用。

（2）继续改进和完善农村社会保障制度建设

统筹城乡发展离不开社会保障制度的改革，而社会保障制度改革的重点和难点都在农村。因此，成都市下一步的工作应把改进和完善农村社会保障制度建设工作放在一个突出的位置切实做好。

第一，完善农村居民最低生活保障制度。当前，养老保险已覆盖成都全体农民，但包括农村居民最低生活保障制度在内的其他制度建设还不完善。如多数地区仍以传统方式对农村贫困群体进行救助，比如针对特定灾害的救济、对困难群体的不定期救济、对鳏寡孤独的"五保"等。这些不规范的保障制度很难起到确保所有人基本生活的功效。因此，应考虑调整当前财政投入"重城市、轻农村"的状况，逐步调整两者之间的投入比例，加大对农村社会保障的财政投入，加快建设各种农村社会保障制度，使城乡一体化发展的成果真正由全市人民共享。

第二，规范用人单位参保行为。进城民工群体中，有一部分人若干年后会回到原籍生活，承包地是其最后的生活保障；也有一部分农民工选择留在城市，不再回到农村。无论是暂时性转移，还是永久性转移都面临着社会保障问题，应当根据不同情况，采取不同的失业、工伤、医疗与养老保险办法。规范用人单位与农民工的劳动关系，是保障农民工权益的前提。政府应作出硬性规定，要求所有用人单位要与其所雇用的劳动者尤其是农村户籍的劳动者依法签订劳动合同，用人单位应在支付工资报酬之外，还为其缴纳社会保险统筹费，并自觉接受政府相关部门的监督。在规范用人单位与农民工的劳动关系的基础上，解决与生产密切相关、与农民工的身心健康以及生命至关重要的工伤保险问题，并积极探索农民工的医疗保险、生育保险与养老保险解决办法。对那些在非正规部门就业的劳动力，如个体商贩等，主要以个人储蓄和参加商业保险的方式取得养老、失业和医疗保障。

第三，探索进城农民失业救济途径。清华大学社会学系李强教授认为，可以通过在大城市里建立"公共劳动"形式向流动人口提供"最低生存保障"，使得那些失业的农民工能够通过"公共劳动"解决生计问题。大城市中环卫工作与市政工作需要大量劳动力，政府有关部门可以建立专门的机构吸收暂时无法就业的农民工参加到环卫与市政建设工作中。这是一项投入少且社会收益高的社会公共事业。同时，政府管理部门也可以通过这种体制将散乱的农民工纳入一定管理体系中。另外，还可以发挥城市社会公益救助站的职能，对于那些失业以后生活困难的农民工进行免费救助，使这个群体感受到党和政府的温暖。

5. 加强城乡义务教育的均衡发展

与城市相比，目前农村义务教育无论是生均经费、师资配备、办学条件,还是入学率、升学率等各方面都远远落后于城市。因此,要建立城乡统一的教育投资保障机制,完善农村义务教育管理体制,健全义务教育立法,实现城乡义务教育制度的法制化。

(1) 建立城乡统一的教育投资保障机制

目前,教育投入不足和资源分配不公是造成城乡义务教育差距不断扩大的最重要因素,因此,加大政府投资力度并保障教育资源分配的公平性是义务教育投资体制改革的方向,在地区有限的教育经费中进一步加大农村教育经费的投入比例是缩小城乡教育差距和实现城乡教育资源优化配置的最有效措施。政府要确立城乡教育整体发展的思路,彻底改变重城市教育、轻农村教育的倾向,使农村义务教育成为政府的义务,把城市教育与农村教育纳入统一的教育发展大系统中,建立新型的城乡教育协调关系。城乡之间要把农村义务教育放在优先地位,确保农村义务教育经费的投入。完善经费保障机制,不断提高农村学校办学条件水平,逐步缩小城乡学校在师资力量、教学仪器、实验设备等办学条件方面的差距。改善农村教师待遇,对农村地区的教师实施优惠政策,保证城乡教师资源的相对均衡配置和农村教学质量的提高,平抑城乡差别。

(2) 明确政府责任

在公共财政框架下,应强化中央和省级财政支持农村义务教育的力度。目前,在农村义务教育投入财政分摊中,乡镇财政占绝大多数比例,省级财政和中央财政投入相对较少。从国际经验来看,义务教育的管理一般由基层地方政府负责,而义务教育的投入则由中央政府或较高一层地方政府负责。因此,城乡义务教育制度平等的根本途径在于完善"以县为主"的农村义务教育管理体制,突出县级政府的管理职能和省级以上政府的财政投入责任。为了保证和平衡各级政府的财政供给能力,首先,在中央和省级财政之间,要加大中央对地方基层政府的转移支付力度,包括以人均财力作为计算依据的一般性转移支付以及解决农村中小学危房改造及改善教学条件的专项拨款。转移支付要落实到乡镇,使乡镇财政成为真正意义上的一级财政。其次,按照"一级政府、一级事权、一级财政"的原则,中央和省级政府应承担起对义务教育管理和投资的主要责任。将农村义务教育的责任主要由乡镇和农民负担转到中央政府或高层地方政府负担,建立健全中央和省对义务教育的转移支付制度。

(3) 城乡义务教育制度的法制化

城乡义务教育均衡发展只有通过完善义务教育立法和各项规章制度,把国家关于义务教育均衡发展的方针政策、制度措施等以法律形式固定下来,才能使城乡义务教育有章可循。当前我国农村义务教育出现的教育投入不足、城乡差距扩大等问题都与义务教育法制缺位有关。因此,必须在义务教育立法上不断健全和完善。义务教育均衡发展的国家,均制定了相应的财政预算法律、法规,以确保各级政府预算对义务教育的投入。

6. 城乡统筹发展中公共医疗卫生资源配置制度

城乡公共医疗卫生资源均衡配置是城乡公共医疗卫生资源配置合理化和科学化的具体体现,是用科学的发展观和统筹城乡的思路,建立健全城乡公共医疗卫生资源合理配置的新体制和运行机制,建立健全城乡统一的公共医疗保障体系、卫生经费转移支付体系,实现城乡卫生事业的一体化发展。"人人享有基本医疗卫生保障"是党的十七大提出的全面建设小康社会奋斗目标之一,因此,要把农村和城市医疗保障作为一个有机统一的整体,逐步建立覆盖全社会的医疗保障制度,使农村居民和城市居民一样都能享受到公平度和效率较高的医疗保障,为城乡居民提供安全、有效、方便、价廉的公共卫生和基本医疗服务,从整体上提高国民的健康水平和健康素质。

(1) 建立政府、集体和个人共同负担的农村医疗卫生资金筹集制度。首先,要确立政府供给导向政策。各级政府应设立农村医疗卫生基金以增加对农村医疗卫生的投入,确保农村居民真正享受到全国性和地方性的公共医疗卫生供给政策。在各级政府财政预算中,建立和完善农村卫生经费保障机制,合理确定政府的农村医疗卫生经费出资额占财政总支出的比重,提高政府预算中农村卫生支出占卫生总费用的比重以及农村卫生总费用占 GDP 和财政支出的比重。各级政府应逐年增加农村医疗卫生投入,建立新型农村医疗保障筹资的稳定增长机制，政府的农村医疗卫生经费出资额应随着经济社会的发展、财政收入的增长不断增加，增长幅度不低于同期财政经常性支出的增长幅度。另外，农村经济的发展与农民收入的提高也在一定程度上积累了建立农村医疗卫生保障的财力。按农民目前的收入水平，建立一定程度的农村医疗卫生保障，也是可行的。

同时，应鼓励社会力量参与社区卫生服务，满足居民多样化的服务需求。只有坚持政府、集体和个人共同负担的原则，才能够不断完善农民基本医疗卫生保障制度，缩小城乡差距。

（2）建立科学的城乡统一卫生资源配置指标体系和规划。政府要合理规划城乡公共卫生、妇幼保健、医疗预防卫生保健体系建设，探索建立与全面建设小康社会相适应的健康保障指标体系，加快农村卫生工作进展，重点建设乡镇卫生院，改善农村卫生环境条件，使其达到能为农村广大居民提供高质量预防保健、基本医疗服务的水平。把农村医疗保障制度建设列为各级领导干部年度政绩考核的重要内容，实行目标责任管理。定期开展农村卫生资源配置的质量、安全、服务、费用等方面的检查评价，及时进行信息反馈，定期公示评价结果，促进农村医疗服务质量的持续提高。

（3）加快城乡公共医疗卫生资源体系建设，建成覆盖城乡的疾病预防控制、医疗救助网络和体系。实行城市医生到农村轮流工作制度，提高农村医护人员的素质。医疗器械、医药等医疗卫生资源应该从大城市、大医院向小城市、县城特别是农村分散。加强以乡镇卫生院为重点的农村卫生基础设施建设，在城乡之间合理分配医疗救助资源，彻底改变农村缺医少药和公共卫生事业建设滞后的局面。各级政府应安排专项资金，注重改善农村医疗卫生条件和设备更新，以提高农村医疗服务水平和应对突发公共卫生事件的能力。

（二）政策保障

1. 中央财政和省级财政分项目、分地区、分步骤地提供乡村基本型公共产品和服务

乡村基本型公共产品和服务应该以中央财政和省级财政为

主。中央财政和省级财政提供乡村基本型公共产品和服务是对城乡公共服务均衡发展的基本保障。基本型公共产品和服务包括农村义务教育、农村公共卫生和基本医疗、农村五保户保障、农村居民最低生活保障和农民养老保障这些内容。这就需要大量的投入，一次性解决有很大困难，所以中央财政和省级财政可以分项目、分地区、分步骤、有计划地实施。

（1）分项目

根据项目的轻重缓急以及难易程度，分别实施。优先实施目前最紧迫的项目。首先，农村税费改革后，农村五保户保障的资金来源大大减少，这个问题十分紧迫，需要优先解决；其次，农村居民最低生活保障，这是对困难生活群体提供的最低生活救济，这部分弱势群体如果得不到及时的救济，生活就得不到最起码的保障；再次，农村基础教育、乡村公共卫生和基本医疗保障，农村中小学生就学和农村公共卫生的提供也十分紧迫；最后，农民养老保障，这项需要大量投入，需逐步解决。

（2）分地区

根据具体的项目，可以先从财政非常困难地区县乡开始实施。中西部地区县乡财政非常困难，根本无力有效解决这些基本型公共产品和服务，在此基础上，逐步扩大到中西部地区不同乡村，可以再逐步扩大到东部地区的乡村，逐步实现全国不同地区大体上得到相同的基本型公共产品和服务。

（3）分步骤

第一步，利用5年左右的时间，解决农村五保户和农村居民最低生活保障问题。第二步，利用10年左右的时间，基本解决农村基础教育投入、农村公共卫生和基本医疗投入问题。第三步，利用20~30年时间解决农民养老保障问题。

2. 建立财政保障机制

奠定城乡基本公共服务统筹发展的经济基础。政府财政能力不足主要是指政府财政能力相对不足。基本公共服务包括社会保障、义务教育、基本医疗和公共卫生、公共安全、公共文化、基础设施、就业、环境保护等内容。尽管近年来，经济持续快速发展，政府财政收入增长较快，但我国是个人口大国，任何一项惠及全民的基本公共服务的推进，所需要的财力是相当大的，也就是说，相对于推进基本公共服务均等化所需要的财政投入而言，政府的财政能力仍然是有限的。特别是在目前的分税制体制下，中西部地区地方政府的财力保障问题是关系到均等化战略能否实现的关键。就我国目前看，地区经济发展不平衡的格局仍将长期存在，尽管中央加大了对中西部地区、农村地区和偏远山区的财政转移支付力度，但这些仍然只是中央与地方政府间纵向的财政转移支付，从制度安排看，还缺乏横向的财政平衡机制。

经济基础（财政能力）是实现基本公共服务均等化的基础，要推进基本公共服务的均等化，需要建立均等化的财政保障机制。一是要改革现有的纵向转移支付制度，建立规范化、制度化、科学化的转移支付制度；二是在此基础上，学习德国等国的经验，建立横向的财政转移支付制度，建立起双向的财政平衡机制和保障机制，从而真正使改革开放的成果为全体人民共享。

3. 调动地方政府的积极性，建立基本公共服务均等化的动力机制

自改革开放以来，我国各级政府在价值取向上遵循"效率优先，兼顾公平"的社会发展观念，在政府职能上以经济建设为中心，对地方政府政绩的考核也是重经济发展指标，轻社会发展指标。就目前来说，这一行为惯性仍深刻地影响着地方政府的职能履行。因此，尽管中央提出了基本公共服务均等化的战略方针，但地方政府在推进基本公共服务均等化的过程中却明显动力不足。

意识形态与社会价值取向是指导行为的重要纲领和行为指南，是推进基本公共服务均等化的基本动力。一方面，在调动地方政府积极性的过程中，要加强价值取向和意识形态上的宣传力度。党的十七大提出，"初次分配和再分配都要处理好效率和公平的关系，再分配要更加注重公平""必须在经济发展的基础上，更加注重社会建设，着力保障和改善民生，推进社会体制改革，扩大公共服务，完善社会管理，促进社会公平正义，努力使全体人民学有所教、劳有所得、病有所医、老有所养、住有所居，推动建设和谐社会"。这就是说，新时期，我们要更多地关注社会

公平，特别是在基本公共服务领域，要以"公平"为首要价值取向，并用这种价值取向指导地方政府的行政行为，从而转变地方政府的观念和行为。另一方面，要按照公共物品的层次性和受益范围，合理划分各级政府的事权范围，规范政府的公共服务职责；建立和完善公共服务评价指标体系，实行中央对地方的公共服务问责制；建立以公共服务为导向的干部政绩考核制度，尽快把公共服务数量和质量指标纳入干部政绩考核体系中，并逐步增加其权重，从而解决地方政府在基本公共服务城乡统筹发展中的动力不足问题。也就是说，推进基本公共服务城乡统筹发展，不仅需要建立和完善基本公共服务城乡统筹发展的制度，也需要建立和完善与基本公共服务城乡统筹发展相关的公共财政制度、行政管理等制度，需要综合性的制度变革，从而为基本公共服务城乡统筹发展提供完善的制度环境。

4. 调整和优化乡村财政支出的规模和结构

（1）增加乡村财政支出规模总量

从1992年到2005年，全国乡村财政支出占地方财政支出的比重呈逐年下降的趋势，在财政支出的总量上就制约了乡村公共产品和服务的提供。2005年，我国乡镇一般预算支出、预算外支出和基金预算支出分别为2006.48亿元、198.18亿元和49.25亿元，三者合计2253.91亿元。2005年底，我国乡村地区人口为74471万人，乡村地区的人均财政支出仅为302.66元。

根据上文对现状的分析，成都市城乡公共产品和服务形成极大的反差，同时农民对公共产品和服务的需求与农村公共产品和服务的供给也形成极大的反差。因此，迫切需要增强乡村两级政府提供公共产品和服务的能力。乡村财政支出规模总量的增加，一方面要依靠地方经济发展，从而提高乡镇财政收入；另一方面，需要增加省级财政的转移支付力度，从而提高乡村两级政府提供公共产品和服务的能力。

（2）调整和优化乡村财政支出结构

要使财政支出的效益最大化，财政支出的结构需要进一步调整、优化。第一，压缩乡镇行政管理费规模。行政管理支出比例过大，必然挤占其他方面的开支。抑制过快增长的行政管理支出，有助于节约财政资源和扩大对农村公共产品的投入。因此，加快乡镇政府机构的改革，通过适度的乡镇合并，实行精兵简政，是抑制行政管理费支出增长的有效办法。第二，增加提供发展性的公共产品和服务支出的比重。提供公共产品和服务是乡镇政府重要的职能，应该增加这方面的比重，实现经济建设型政府向社会服务型政府的转变。

（高小平　姜晓萍）

第五章
国外借鉴

澳大利亚公共服务改革及启示

一 澳大利亚的宪政体制

澳大利亚位于南太平洋和印度洋之间，由澳大利亚大陆和塔斯马尼亚等岛屿组成，面积769万平方公里，人口1990多万人。澳大利亚是一个典型的移民国家，原为土著人居住。1770年，英国航海家詹姆斯·库克在澳大利亚东海岸登陆，并宣布澳大利亚为英国殖民地。1788年1月26日，英国首批移民抵达澳大利亚，这一天后来被定为澳大利亚的国庆日。此后，英国陆续在澳大利亚各地建立了一些分散的殖民区。19世纪下半叶，澳大利亚各殖民区先后成立自治政府。1900年7月，英国议会通过《澳大利亚联邦宪法》。1901年1月1日，澳大利亚各殖民区组成澳大利亚联邦，成为英国自治领地。1931年，澳大利亚成为英联邦内的独立国。自第二次世界大战结束以来，已有来自全球各地100多个民族的500多万移民来到这里谋生和发展。多民族形成的多元文化成为澳大利亚社会的一个显著特征。

如同澳大利亚社会被喻为"民族的拼盘"一样，澳大利亚政治体制也是一个混合物。作为一个君主立宪制国家，澳大利亚以英王作为其虚位国家元首，总督是英王在当地的代表；实行议会内阁制，由议会众议院中占多数的党派执政。同时，又借鉴了美国式的联邦制，成立了联邦制国家，并依此组成了参议院，实行联邦与州分权。全国分为新南威尔士、维多利亚、昆士兰、南澳大利亚、西澳大利亚和塔斯马尼亚六个州，首都直辖区和北领地两个地区（领地），此外还有诺福克岛等一些零散的海外领地。各州有自己的议会、政府、州督和州总理。澳大利亚有自己的成文宪法，对宪法的修改采取瑞士的全民公决方式进行。

澳大利亚实行联邦、州和地方三级政府管理体制，联邦议会和政府负责处理涉及全国利益的外交、国防、移民、高等教育、就业和社会福利等事务；州议会和州政府补充联邦政府的活动（三个地区同各州的情况类似，在很大程度上实行自治）。实际上，联邦政府和州政府在各州和地区负有正式责任的教育、交通、卫生及执法等许多领域中合作甚密，但在税收的征收和支出方面也一直争论不休。各地方政府的权力和职责不尽相同，但一般都不承担其他某些讲英语国家地方政府所具有的执法及公共教育的职责，而是主要负责城镇规划、建筑标准的监控、基础设施的修建和维护、公共健康与卫生、公共图书馆和社区娱乐休闲设施等。全国有大约 700 个地方政府实体，雇员总数约为 147500 人。

按照宪法规定，澳大利亚的司法权属于澳大利亚高等法院和澳议会建立的其他法院，后者主要有联邦法院、家庭事务法院和行政上诉法庭等。所有州和两个地区都有自己的法院系统。其他的司法机构还有联邦巡视局、联邦消费者事务局、法律援助局和警察局等，它们共同实施立法机构制定的法律，以确保社会的有序发展和稳定。澳大利亚警察有广泛的权利和义务，主要是防止犯罪和刑事侦查，实施法律和维持社会秩序等。在州一级，他们还管理街道交通，充当即决法庭书记员、地主代理人、林务官、矿山管理人和巡视官等。地方政府一般不拥有对警察的直接管辖权。

澳大利亚实行多党制，主要的四大政党是：工党、民主党、自由党和国家党。各党都主张实行法治，支持维护议会民主和个人自由。在众议院中占多数的党或多党联盟组成政府，提供总理和各部部长人选。政府部长必须是议员。内阁是政府制定政策的主要机构，由总理主持，部长中约有一半是内阁成员。内阁会议不拘形式，秘密举行。内阁的决定通过行政委员会批准后便具有法律效力。行政委员会是由总督主持的一个程序性的组织机构。虽然所有部长都是行政委员会成员，但通常只有两三个部长出席会议。

二 澳大利亚公共服务的发展及其成就

澳大利亚的公共服务深受英国改革的影响，与文官制度是"二位一体"的。澳大利亚联邦议会早在1902年、1922年和1999年就通过了三部《公共服务法》（也可译为《公务员法》），确立了澳大利亚公共服务体系、职责和管理内容。

作为一个高收入、高税收和高福利的国家，澳大利亚各级政府所提供的公共服务是全方位、多层次、多领域的。就我们考察的情况来看，澳大利亚卓有成效的公共服务从以下几个方面就可见一斑。

1. 完善的社会保障体系

澳大利亚是世界上实行社会福利制度最早的国家之一，1910年已经开始建立，也是世界上社会福利最好的国家之一。目前，一个相当完善的社会福利网已覆盖全国各地，社会福利种类多而齐全，公民从出生到死亡可以享受名目繁多的福利津贴。如家庭津贴、青年津贴、失业救济金、生育津贴、免疫津贴、家长补助、子女补助、托儿津贴、住房补助、残疾儿童津贴、护理人补助、土著青年助学金、偏远地区儿童补助、健康护理卡、老年津贴、鳏寡津贴、残疾人津贴、老年优惠卡、老年健康卡、电话补助、退伍军人津贴、孤儿养育津贴、领津贴者的教育补助等。

澳大利亚社会"安全网络"由政府机构和非政府组织共同合作，主要职能是帮助老年人、残疾人、病人、失业者和多子女家庭。政府的各种社会福利制度和保障机制对社会的和谐发展起了很大作用。1997年，澳大利亚成立了一个新机构，名为"联络中心"（Centrelink），是政府出资设立的非营利性事业机构，负责原先由联邦政府几个部所承办的一系列社会工作，受家庭与社区服务部委托发放养老金是其主要任务之一。该机构总部设在首都堪培拉，在全澳大利亚各地社区有1000多个服务网点，共有22000名职员，提供的服务项目有70多项，每年由该机构支付的费用高达510亿澳元。该机构负责养老金领取人情况登记、费用申报和通知发放，工作一直做到家庭，同时负责收集汇总全国养老金申领发放信息。该机构拥有全澳大利亚第四大IT网络系统。该机构现有服务客户640万人，约占澳大利亚总人口的1/3；每年要给客户发出大约1亿封信件，接待650万人次来访，能用20多种语言答复2200万个电话咨询，处理29亿条计算机业务往来，提供230万个互联网页供用户查询。这个全国性的中心网络注意为边远地区服务，并制定了为土著人和托雷斯海峡岛民解决困难的工作方案。

"联络中心"的运行机制是半竞争和半市场化的。中心的主要经费来源于政府拨款，但对其监督非常严格，由国会、财政、审计、司法、生产效率委员会等政府部门以及一些非政府团体对其实行外部监督；同时许多服务项目采取竞争方式取得，如果中心的某个服务项目的费用高于市场费用，政府就会将此项目交给其他竞争者。联络中心的设立，使政府从繁杂的具体事务中解脱出来，形成了一个从中央到地方、从城市到乡村、从社区到家庭疏而不漏的社会服务网。

2. 健全的教育和医疗卫生体系

澳大利亚实行以世俗教育、义务教育和免费制为基本特点的全民义务教育制度。1901年联邦成立后便制定了《全民义务教育法》，并成立了相应的部门，现联邦政府设有"教育、科学和培训部"。联邦政府负责全国教育政策的制定和实施，各州和地区也都设有教育行政管理部门，负责当地的教育工作。澳大利亚政府为学前教育、义务教育（包括小学和中学）及高等教育提供资金。私人、民间组织也可以投资教育，但仍以公立学校为主体。澳大利亚全国现有中小学9595所，其中公立学校6961所，占73%；全国42所大学中也有38所从联邦政府得到一定的资助。澳大利亚政府公共教育支出占国民生产总值（GNP）的6%左右。此外，澳大利亚教育改革计划规定，公立及私营机构为全国各地学生提供统一完整的培训，以满足各行各业共同的需要。各地都设有各类政府办的和非政府组织办的职业技术院校。

澳大利亚实行全国健康保险制度，即医疗保健。国家以税收方式从人们的收入中提取1.5%作为医疗基金。国家为病人支付的费用包括看病费，在公立医院手术、住院（包括药品和饮食）费。通常情况下，开业医生和医院与政府实行统一结账，病人只需刷卡而不需要付现金。国家虽不会为病人支付买药的费用，但政府通过"医药补贴计划"对许多医药处方给予补贴，低收入者（家庭年收入不超过 24000 澳元）在药房购买处方药时仅需支付 2.60 澳元，其余部分由政府补贴。

在澳大利亚，联邦政府为整个保险事业拨款 46% 左右，州、地区和地方政府提供 23%，此外 31% 来自私人方面，包括病人支付的费用。州和地区政府对医院、学校、口腔、产妇和婴儿保健计划、职业保健与安全服务、疾病控制和健康检查等负有主要管理责任。地方政府的有关单位为了促进公共卫生，还提供包括处理垃圾、供应洁水、检查公共卫生以及促进家庭卫生保健和免疫服务等措施。

3. 良好的生态环境保护和建设

澳大利亚生态环境建设属于典型的政府主导型模式。澳大利亚是世界上最早设立政府环保部门的国家之一。1970 年维多利亚州就成立了环境保护局。目前，从联邦到地方的三级政府都设有专门的环保机构。联邦政府设有环境与遗产部。州一级的环保机构较为复杂。以维多利亚州为例，政府设立了自然资源与环境厅，下设环境保护局、自然资源局和生态再循环局。政府为生态环境保护和建设提供了充足的人力和资金投入。澳大利亚联邦环境与遗产部有 500 名工作人员，各州环境部门的工作人员都在 1000 人以上。近年来，澳大利亚每年的环境保护投资都超过 85 亿美元，约占 GDP 的 1.6%。

澳大利亚政府对生态环境保护和建设实行依法治理。以《环境保护法》为核心，建立起了生态环境保护和建设的法律法规体系。联邦层次上的法律 50 个，行政法规 20 多个，州层次上各州的法律法规都多达百余个。澳大利亚环保法律法规的条款很细，可操作性强，避免了执法的随意性，减少了执法过程中的摩擦。澳大利亚环保执法十分严格，各州都组建了"环保警察"（SEPP）。环保警察隶属环保局领导，是环保局的一个内设机构。环保警察身着统一制服，佩带鲜明臂章，专司环境执法工作，具有权威性。

澳大利亚政府注重鼓励公民参与环保。有关环境法律法规的制定,采取面向社会招标,任何单位和个人都可以竞标,由中标者负责起草,法律法规草案要散发给广大公民,广泛征求意见。

三 澳大利亚公共服务的改革

澳大利亚与新西兰、英国一起被人们视为新公共管理改革最为迅速、系统、全面和激进的国家。澳大利亚旧的公共行政传统以管制经济和由政府部门提供一切公共服务(即福利国家)为特征。"二战"后,政府的职能不断扩张,公共部门不断膨胀,公共支出不断增加,政府面临着越来越大的压力。改革已是势在必行。

澳大利亚新一轮公共部门改革始于20世纪70年代。1974年工党政府成立了一个"考察澳大利亚政府行政的皇家委员会",对澳大利亚行政部门进行独立的和广泛的调查,并于1976年提交了考察报告。该委员会的结论认为,行政系统已经过度集权、等级化,造成公共服务和管理的僵化,"如果把权威和责任下放给与执行密切相关的机构,那么就能做出更好的决定和提供更好的服务"。从20世纪70年代末到80年代初,澳大利亚政府组织专家进行评估,提交了《国家功能评估报告》和《国家行政评估报告》。在此基础上,1983年3月政府在它的白皮书中提出了公共服务的改革日程,并于1984年通过了《公共服务改革法案》。此后,澳大利亚政府采用了新管理主义的模式,对公共部门和公共服务进行了大刀阔斧的改革。在公共部门引入私人部门的管理方式以及市场机制。改革几乎涉及所有公共部门以及公共部门的组织、过程、角色和文化等方面;改革的具体措施包括结构变革、分权化、商业化、公司化、私有化等。通过改革,大大减轻了财政负担。改革前的1983年澳大利亚财政赤字占GDP的4%,到20世纪80年代末就转为预算结余了。改革的措施用法律来规范和巩固。1999年制定了新的《公共服务法》。该法在加强执行机构首脑的权力和灵活性的同时,也更加强调对他们的责任要求。新法尤其强调一种价值理念,规定了15条"澳大利亚公共服务价值观"(APS Values),保证政府服务的公正、有效、公平和周到。

世界银行的一份报告对澳大利亚的改革给予了高度评价，指出其促进了内阁和各个政府机构严格按照预算要求就各项政策的轻重缓急进行辩论和协商，提高了公共服务的绩效。报告还以专栏的形式介绍了"澳大利亚增强决策的透明度、竞争性和注重效果的机制"的经验。

澳大利亚政府重视通过培训提高公共服务人员的能力，尤其是高级管理人员的领导水平。澳大利亚公共服务委员会提出了一套"综合领导系统"（ILS），把公务员的能力分为三个部分——技术、管理和领导，层级越高对领导能力的要求也越高。"综合领导系统"强调五种核心能力：一是形成战略思维的能力；二是影响他人的沟通能力；三是培养建设性工作关系的能力；四是达成结果的能力；五是展示个人干劲和廉正的榜样能力。

澳大利亚行政学会在公务员培训中发挥了重要的作用。他们为不同层次的公共服务人员提供多样化的培训项目。以昆士兰行政学会分会为例，其2005年的培训项目包括：委托人和股东、核心公共部门、公共行政主管系列、财政和经济、人力资源和产业关系、个人职业发展、持续领导、管理和团队、谈判、口头交流、政策发展、项目管理、战略和事务、书面交流等，每个项目都安排了5门以上的课程。除了行政学会，澳大利亚还有很多政府的和非政府的培训院校提供相应的服务。如"联络中心"就有自己的培训学院。此外，为了提高高级管理人员的领导水平，同时也为了减少海外培训的成本，澳大利亚政府与新西兰政府合作于2002年成立了"澳大利亚和新西兰政府学院"，聘请国内外的知名专家学者开设各种培训项目。

四　澳大利亚公共服务改革对我们的启示

澳大利亚公共服务的经验为世界瞩目。尽管国情不同，我们不能照搬他们的模式，但公共服务的理念、某些管理方式和改革措施，值得我们学习和借鉴，从而不断提高我国公共服务水平，为建设和谐社会而努力。

第一，公共服务的改革和创新要有一以贯之的理论引导。澳大利亚连续近30年的改革之所以能历经不同的政府而取得成效，关键的一点是改革有理论指导，改革目标和思路明确而连贯。尽管左右两派政党的侧重点有所不同，但都认为按照新管理主义的要求改革传统的行政模式，改善和提高公共服务是必要的。其中一个核心理念就是坚持以人为本。澳大利亚各级政府坚持把尊重人、关心人、理解人贯穿在政府的行政行为中。无论是市政规划、环境保护，还是社会保障、社区服务，也无论是把人看做公民、顾客，还是委托人、股东，都体现了政府把人作为唯一的服务对象摆在重要位置。

第二，公共服务要讲求民主和法治。澳大利亚法律、法规能得到有效实施，一个重要原因是政府在决策之前，十分注意与公民之间进行对话交流。同时，注重法制的体系建设，配套各种法律文件、增强法律的操作性以及建立专门的执法警察。这些民主和法治的措施起到很好的作用。

第三，结合国情，形成自己的改革模式。与新西兰等国的改革不同，澳大利亚公共管理改革没有以"市场化"作为主线，而是坚持实用的原则，形成自己的"大部制""网格化"改革思路。1987年，澳大利亚进行了一场大规模的机构改革，其主要内容是合并政府职能。整个中央政府的部的数量从28个减少到18个，许多政府部门合并到一起，从而产生了超级大部，如外交和外贸部，教育、就业和培训部，交通和通讯部等。各级政府之间为分配资源和加强合作，形成了府际网络，如澳大利亚联邦政府在原就业服务机构基础上改建的"工作网格"（Job Network），在全国设有200个成员组织和机构（包括学校、培训中心、咨询中心等），以及2000多个服务点。公共服务系统采用"网状"结构，是对原来"金字塔"式行政管理结构的创新。

第四，强调公共服务人员的价值观念。澳大利亚的公共行政已经从传统的以命令和规则为基础的模式转变为以价值为基础的新模式。相对于强调命令，他们更重视公务人员的观念更新和职业能力培训。

（代表团成员：高小平、郭建文、吴建南、魏永忠、林震、徐宏；执笔人：林震）

美国政府改革与公共服务的创新与启示

进入 21 世纪，美国政府为了提高国家竞争力，重新审视政府职能，开展了一系列的配套改革；提出政府要定位于开创鼓励企业家精神产生的环境，推动创新想法的应用，支持技术的突破。与此同时，美国政府在三大领域的改革创新具有重大战略意义：一是明确国家安全战略，全面保障国家安全；二是规划先进能源，创新耗能结构；三是深化医疗改革，提供高质量的公共卫生服务。

一 提供创新的环境，鼓励自主创新，提高国家竞争力

布什总统在 2001 年 5 月发表讲演时称："政府的责任不在于创造财富，而在于提供一个鼓励企业家精神产生的环境，在这样的环境中，创新性的想法能得到应用，技术将取得更前沿的突破。"

2006 年 2 月，美国国内政策委员会科学技术办公室（Domestic Policy Council Office of Science and Technology Policy）发布了《美国竞争力创新》（American Competitiveness Initiative）规划。

布什总统在该规划中强调，美国的经济实力和全球地位很大程度上取决于国家有能力进行创新，并将科学技术上的最新成果转化为现实生产力，在此过程中，三个因素起到了至关重要的作用。

第一，科学研究——能够产生新的想法和工具，并成为新产品、新服务和新商业模式的基础；

第二，完善的教育系统——使劳动力具备把想法转化为能够改善生活的产品或服务的必要技能，给国家提供了未来的研究员；

第三，鼓励企业家精神的环境——保持追求冒险和创新的想法。

以此为基础，《美国竞争力创新》（ACI）作了以下规划。

（一）鼓励科学和技术的发展，作为经济增长的坚实基础

美国几乎在每个科技领域都处于世界的领先地位。虽然只有世界人口的5%，但拥有世界1/3的科学家和工程师，以及占全球1/3的研发投资。

随着美国竞争对手的创新能力的提高，美国政府积极应对。

2001年布什政府的关注点集中在三个基本方面：一是创造理想的商业氛围，使变革者能将想法付诸实践；二是培育具有高超技能的劳动力；三是建设支持创新的基础设施。

2004年4月布什发起了一项整体性的政策和投资方案——"美国创新的新时代"（A New Generation of American Innovation）项目，该项目包括一系列鼓励在能源、健康和信息技术方面创新与发展的具体的手段。其目的在于：①通过氢能源技术提供一个更加干净和安全的未来能源；②通过健康信息技术改革医疗保健；③通过宽带技术来推进创新和经济安全。

2007年财政年度预算中，布什总统使联邦研发投资达到了1370亿美元的新纪录，比2001年增加了50%。从2001年到2007年，美国的基础性研究的投资增加了32%。

（二）增加项目投资，强化核心项目的研究

《美国竞争力创新》（ACI）规划在未来10年内对国家科学基金会（NSF）、能源科学办公室（DoE SC）和商务部的国家标准和技术研究院（NIST）等联邦部门投资在物理学和工程学方面的基本研究项目资金翻上一倍。此外，具有高度影响力的项目，如国防部门的基础应用性研究项目等，有发展的优先性。

2007年，《美国竞争力创新》（ACI）规划在国家科学基金会（NSF）、能源科学办公室（DoE SC）和商务部的国家标准和技术研究院（NIST）几个部门，将基金增加到9.1亿美元，或在2006的基础上提升9.3%。为了达到10年内翻一番的目标，《美国竞争力创新》（ACI）规划每年的基金都将增长7%左右；在具有高度影响力领域的新投资将达到500亿美元，这样一来，政府资助的基础研究可以巩固和弥补在私人部门中的短期性科学研究。

《美国竞争力创新》（ACI）提出12项重要的研究项目。

（1）纳米制造和纳米生产的能力和容量方面的研究，有助于将现有实验科学转向一个更广阔的应用性领域。该技术将广泛运用于商业开发，包括电信业、电脑业、电子业、健康保健和国家安全等方面。

（2）化学、生物、光学和电子材料，在纳米技术、生物技术和可替代能源等方面的关键性研究。

（3）世界领先级的高端电脑容量和处理能力，配之以先进的网络技术，通过塑造和模仿，以超常的规模和复杂性推动科学的进步；推动精密制造业、天气预报、制药配方等领域的发展。

（4）克服量子信息处理在实用方面的技术壁垒，革新安全通信领域。

（5）材料学上新型基础研究方法的运用，克服氢、核和太阳能高效和经济性运用的技术壁垒。

（6）识别电子安全和信息安全方面的薄弱环节，以保证依赖于IT的经济领域免遭故意或无意的攻击，引领世界知识产权的保护和控制。

（7）安全传感器和侦察能力的改善，将导致自动化和控制技术在一个更广阔范围内的运用，将应用到诸如国家安全、医疗保健、能源和制造业等领域。

（8）制造业标准的建立健全将形成一个产业链，推动制造业的发展，有利于生产的综合化进程。

（9）提高对国际标准化、贸易技术壁垒等挑战的反应能力。

（10）为新技术加快制定先进的标准。

（11）在材料学和工程学方面加快开发新技术和新标准，用以改进建筑物的结构，在地震、飓风等灾难性事件方面有所作为。

（12）改善能源科学办公室（DoE SC）和商务部的国家标准和技术研究院（NIST）实验室的容量，做好维护，使之效率更高。

(三) 强化教育，保障创新能力的可持续发展

2002 年 1 月 8 日，时任美国总统布什签署了 No Child Left Behind Act（简称 NCLB，"不让一个孩子落后"法案）。该法案要求在每间教室里都配备称职的教师，鼓励学生进行研究性学习，还要求每年都对低年级学生的阅读和数学进行评估（高中阶段则评估一次），以尽早发现学生存在的问题并进行补救。

自 2001 年执政以来，布什总统推行了一系列对教育优先投资的项目，并取得了显著的成效。

《美国竞争力创新》（ACI）承诺联邦政府将投入 3.8 亿美元来强化教育系统，通过在 K-12 学校里改革数学、科学及技术的质量，以使每个孩子都能够学到分析性、技术性的严谨思路和解决问题的技巧，从而使公民更具竞争力。

1.《美国竞争力创新》（ACI）提出系列扩展性项目

规划认为，若美国学生想要发挥出全部潜能，还需要作很大的努力。因此，相应的改革包括 7 个方面。

（1）先进的配置和国际化的学士学位（AP/IB）项目，使低收入家庭的学生能接受严谨的课程教育；

（2）使数学家和科学专家成为附属高中的老师；

（3）建立一个全国性的数学评估小组来制定和改进教育方法和教材；

（4）从小学数学的学习项目来推动学生进入初中和高中后具备足够的学习能力；

（5）初中数学学习项目，以此来诊断学生学习中的缺陷并加以修正；

（6）对联邦科学、技术、工程学以及数学教育项目进行重新评估；

（7）对"不让一个孩子落后"法案（NCLB）的责任系统进行科学评价，以使每个孩子都能学到必要的知识，成为 21 世纪所需要的劳动力。

2. 招聘和培训称职的教师

《美国竞争力创新》（ACI）推出了两步方案。

一是定向激励项目。政府对该方面的承诺投资将增加到 1.22

亿美元（2006 财政年度是 9000 万美元），尤其强调数学和科学教学。目标是给低收入家庭的学生提供激励，并培训老师成为胜任 AP/IB 数学和科学科目的指导员。另外，还给低收入家庭的孩子参加这个考试提供补贴。政府号召联邦部门和私部门对此加大投入，以使在 5 年的时间里能训练出 70000 名新教师，使通过 AP/IB 考试学生的数目增加到 700000 名。

二是给现任老师提供职业发展的机会。《美国竞争力创新》（ACI）提供资金建立一个特聘教师项目。通过这个项目，教育部门将支持学校与公共或私人组织之间建立合作关系，以鼓励和储备科学、数学、工程学教授作为特聘教师到高中去从事数学、科学和技术的课程教学。这个项目将吸收那些在公共教育系统之外有技术、有能力的人才，来满足中等学校里的特殊需要。

3. 政府加强对数学和科学教育投资的评估

《美国竞争力创新》（ACI）计划投入 500 万美元来建立一个综合性的评估项目，对过去、现在及将来联邦投资的项目进行评估，以确定哪些工作是在数学和科学课程上为培训教师准备的，哪些是用来教育学生的，以及这些项目与 NCLB 目标配合的程度怎样。政府将会投入资金来确定项目评估的质量，以设计和推行没有被评估的项目，并为未来项目确定评估的方针和原则。

4. 鼓励学生学有所长，尤其在理工科方面

通过"不让一个孩子落后"法案（NCLB），总统的目标是让每个学生在离开高中时都能做好进入大学或工作岗位的准备。在过去的 20 年里，美国高等院校的录取人数从 1983 的 12.6 万上升到了 2001 年的 15.7 万，同一时期，新生中宣布致力于科学和工程学的人数同 S&E（science and engineering）学位授予人数在新生总人数和毕业总人数中的比例，仍然保持在 1/3。在一些领域，诸如工程学和物理学，他们甚至在录取和学位授予的比例上有所下降，而其他的 S&E 领域如社会行为、计算机科学取得学位的比例则有所上升。在这些拿到学士学位的毕业生中，进入 S&E 研究生院或 S&E 行业的比重下降到 28%。保证一定数量受到良好培训的理科工作者对美国很重要，因此，布什总统推动了一系列的联邦政府项目，以增加进入大学的理科学生人数，以及保持理科

专业大学生和毕业生的水平。

为了使大学学位更加普及，布什总统提供了历史上最大一笔增量的投资，以使能接受这个项目帮助的学生数量增加到100万人，尤其是总统最近支持国会建立"美国竞争力补助"（Competitiveness Grants program）项目，计划在2010~2011年提供一笔45亿美元的保证金来帮助学生，其中包括2006~2007年的7.9亿美元和2007~2008年的8.5亿美元。

（四）强化劳动力培训，增强劳动力的数量和质量

美国制造业的一项调查表明，超过80%的受调查单位存在劳动力短缺的状况，而且超过90%中度甚至严重缺乏具有熟练技能的合格劳动者。

按照《美国竞争力创新》（ACI）的规划，2007年预算法案引进了一项重要的政策——职业发展账户（Career Advancement Accounts），实行自我管理，每个账户含有3000美元，为劳动者增进工作技能的培训提供服务。其优点有三。

第一，为劳动者提供职业培训或工作服务，用以求职和提高技能，设置可以获得长期的、能带来显著收益的培训。

第二，扩大接受急需培训项目的机会。通过减少重复培训和不必要的培训支出，增加接受急需培训项目的机会。

第三，在以职业发展为目标的前提下，允许劳动者灵活运用账户接受培训，或接受其他服务。

二 规划国家安全战略，全面保障国家安全

2006年3月16日，美国布什总统签署颁布了《美国国家安全战略》，用以应对未来所面临的挑战，保持其在国际社会中的领导地位，并且最大限度地保护美国民众的利益及国家安全。

1. 结束专制，促进民主

促进民主的战略规划包括：①尊重和支持基本人权，包括宗教、思想、结社、言论、出版、集会自由。②对公民能够作出回应，服从于人民的意志，特别是人民参与选举改变他们政府的时候。③在领土范围内有效地行使主权、维持秩序，保护司法系统

的公正与独立，惩治犯罪，依法治国，抵制腐败。④限制政府的权力范围，保护公民社会制度，包括家庭、宗教社区、志愿者组织、私有财产权、自主交易、市场经济等。

促进自由的战略和实施计划：①极力谴责践踏人权的行为；②公开支持专制国家中的民主改革者，包括在白宫、国务院、美国大使馆与之召开高级别的会议；③向国外提供援助，支持自由、公平的选举，依法治国，公民社会，人权，妇女权利，媒体自由，宗教自由的发展；④提供适当的援助，训练武装力量来支持在民主社会中平民对武装力量的控制和武装力量对人权的尊重；⑤对那些专制的政权给予制裁，从而使其人民免受其苦；⑥鼓励其他国家不要支持专制政府；⑦和其他一些民主的国家进行合作，促进在特定国家和地区的自由、民主和人权；⑧巩固和开创一些新的做法；⑨与非政府组织和其他一些民间社团建立一种具有创造性的合作关系，以支持和巩固他们的工作；⑩与现有的国际和地区机构一起帮助实施他们对民主许下的承诺，并在缺少民主宪章的地区建立民主宪章；⑪在多国机构中，对严重侵犯人权和自由的谴责予以支持；⑫鼓励外国对承诺依法治国、与腐败作斗争和政治负责的国家进行直接投资和援助，与之缔结自由贸易协议，鼓励他们加强法治、与腐败作斗争、对民主更加负责。

2. 打击全球恐怖主义，预防针对美国和盟友的袭击

美国必须清楚导致恐怖主义的原因：①恐怖主义不一定必然是贫穷的副产品。②恐怖主义并不仅来源于仇视美国在伊拉克的政策。③恐怖主义并不仅仅是"巴以"问题的结果。④恐怖主义并不仅仅是对美国阻止恐怖袭击所作出努力的回应。

美国面临的恐怖主义来自：①政治孤立。②恐怖分子把愤恨归罪于他人。③共谋的亚文化和信息误导。④支持杀戮的意识形态。

从长远来看，如果要想挫败恐怖主义，就得需要民主。民主的特点正好能够解决上述问题。通过民主促进自由和维护人类尊严是解决恐怖主义的长期措施。为了给长期措施的实施赢得更多的时间和空间，使之落地生根，在短期内，美国要在以下4个方面作出努力：①把恐怖分子组织的袭击扼杀在萌芽之中。

②阻止大规模杀伤性武器流入会毫不犹豫使用它们的"流氓"国家和恐怖分子同盟的手中。③使"流氓"国家不再成为恐怖分子的避难所,并为其提供支持。④阻止恐怖分子控制任何一个国家,否则他们会利用这个国家作为进行恐怖活动的基地。

3. 解决地区冲突

(1) 冲突的预防和解决:预防冲突和解决冲突最有效的长期措施就是促进民主。

(2) 冲突的干涉:最近的经验告诉美国,国际社会并没有足够的训练有素的、有能力执行维和行动的军事力量。美国政府认识到了这一点,正在和北约一起提高国家对冲突局面干预的能力。

(3) 冲突之后的稳定和重建:冲突之后所成立的政府的治理能力对于建立法制和自由的市场经济至关重要,它能带来长期的稳定和繁荣。

(4) 种族屠杀:在道义上,美国有必要采取行动防止和惩罚种族屠杀。美国政府须在经济、外交、法律的执行方面作出努力,使得这些努力可以触及那些对种族屠杀负有责任的个人,而不触及他们所统治的无辜公民。

4. 美国努力使世界上最危险的武器不被世界上最危险的人所拥有

(1) 核扩散。第一个目标:弥补《核不扩散条约》的漏洞,防止那些打着民用核能计划幌子的政权生产核裂变材料。第二个目标:使得核裂变材料不被"流氓"国家和恐怖分子所拥有。

(2) 生物武器。美国和一些伙伴国家和机构进行合作,增强对生物危机的预警能力,以便在可疑病毒爆发之初就能及早发现。

(3) 化学武器。美国应当尽可能地不让制造化学武器的材料落入恐怖分子手中,提高监测和防卫其他化学武器的能力。

(4) 采取行动并不一定需要动用武力。美国倾向和经常使用的做法是和重要盟友及地区伙伴一起通过国际外交来解决核扩散的问题。如果有必要,即使是在敌人袭击的时间和地点都不确定的情况下,美国也不排除动用武力的可能性。

5. 开放市场，使发展中国家融为一体

开放能源市场，使能源市场一体化、多样化，以保障能源的独立。改革国际金融体系确保稳定和增长。①在世界范围内促进以增长为导向的经济政策；②鼓励采取弹性的外汇汇率政策，开放金融服务市场；③巩固国际金融机构；④建立当地资本市场以及在发展中国家实行规范经济（Formal Economy）；⑤建立一个更加透明、负责任、安全的国际金融体系。

6. 积极外交和有效的民主

积极外交意味着与美国的许多国际伙伴合作，构建并维护民主和治理良好的政府。治理良好的政府将对公民的需求作出反应并在国际体系中负责任地行事。美国会支持受到威胁的国家，在其危难之时给予救济，强化发展中国家加速发展的能力，更加有效地提供对外援助。①区分不同国家所面临的不同挑战，通过适合于每一个国家的发展阶段的手段来回应这些挑战；②鼓励和奖励良好的政府及有效的救济改革；③涉足私人领域帮助解决发展问题；④本着最终消除援助的目标，促进向不依赖援助渐变；⑤加强贸易能力，使最贫穷的国家能进入全球贸易体系；⑥使当地领导人为国家的发展担负起责任。

7. 巩固美国和全球其他权力中心关系的五个战略原则

原则一：关系必须在适当的时机予以建立，忽视地区和全球现实的双边政策不可能获得成功；

原则二：这些关系必须得到地区和全球范围内相关机构的支持，使这种合作更加长久、有效、涉及范围更广；

原则三：美国不能盲目以为一个国家如何对待它的公民与美国的利益无关；

原则四：美国不能命令其他国家作出选择，但是美国可以寻求影响他们作决定所考虑的因素；

原则五：当美国意识到缺少与盟友和伙伴的合作，美国在世界上无法取得具有长远意义的结果时，在必要的情况下，美国要准备采取单边行动。

美国在全球不同的区域有着不同的战略。

(1) 西半球。继续和美国所在半球的邻国合作，减少非法移

民，增加被边缘化人口的经济机会；必须巩固与中美、南美以及那些不断作出使民主价值深入人心承诺的加勒比海地区领导人的战略关系；还必须与地区中的伙伴合作，使多边机构的运作更加有效率、更好地应对地区稳定、安全、繁荣和民主进程所引发的威胁，使之在行动中协同一致。

（2）非洲。美国致力于与非洲国家一起强化民主能力和"非盟"在该地区的领导能力，支持其在冲突后进行转型，巩固民主过渡成果，提高维和和灾害应急反应的能力。

（3）中东。美国试图建立一种框架，在这个框架内，以色列和巴勒斯坦能分别作为两个民主国家在各自的领土里和平共处；继续支持传统盟友在改革和自由方面所作出的努力；像伊朗和叙利亚这样的专制政权，在对内压制民主，对外支持恐怖主义，美国将继续和他们的人民站在一起反对暴政；在伊拉克，美国继续支持伊拉克人民以及伊拉克从专制走向有效民主的历史进程，美国将与自由选举的伊拉克民主政府——美国反恐战争的新伙伴，一起巩固和扩大自由，实现安全的局面和持久的稳定。

（4）欧洲。进一步发挥北约在欧洲的作用；与欧洲国家加强合作。

（5）俄罗斯。鼓励俄罗斯在国内尊重自由和民主的价值，不要破坏在中东和中亚、南亚、东亚地区的民主和自由事业。

（6）南亚和中亚。与印度和巴基斯坦的关系逐步得到改善；在中亚，促进有效的民主、增大向自由市场改革的力度，使全球能源渠道多元化，强化安全，赢得反恐战争的胜利。

（7）东亚。东盟组织在这一地区发挥着重要的作用。美国与日本、韩国、澳大利亚有着共同的利益和民主价值观，携手维护安全、繁荣，扩大自由。与中国政府携手和疾病传播以及恶化的环境作斗争；美国政府鼓励中国不断地改革开放；中国的领导人必须认识到：不能用旧的思维和行为来维护和平的道路，因为这些思维和行为将破坏整个地区和世界的利益。中国大陆和台湾必须和平解决分歧，双方都不能采取高压政治和单边行动。鼓励中国政府为其人民作出正确的战略选择。

8. 在国内外，美国需要加大对重要机构改革的力度

在国内方面，美国有三个首要的任务。

（1）国防部、国土安全部、司法部、联邦调查局、智能团体已经在变革，要继续这种变革。

（2）国务院持续塑造转换型外交。主要包括：确保对外援助尽可能地实现美国广泛的外交政策目标；提高美国的能力，使之能够未雨绸缪，回应冲突后和失败国家的情形；发展民间预备警力，就像发展军事预备役一样；加强美国的公共外交，因为全世界都在注视着美国的言行，美国将以一种清楚、准确、有说服力的方式来倡导美国的价值观和政策。

（3）提高机构计划、准备、协调、联合、执行反应的能力，包括整个偶然出现的危机事件和长期的挑战。

在国外，美国与盟友一起致力于三个首要任务：①促进联合国进行富有成效的改革。②巩固在整个国际和多边机构中民主和民主宣传的角色。③建立以结果为导向的、《防扩散安全倡议》模式型的伙伴关系，应对新的机遇和挑战。

9. 参与机遇和回应全球化的挑战

美国从回应这种挑战中得出下列经验：①管理和应付这些风险，需要动用国家的全部力量，包括传统的安全手段；②技术能够起作用，但是快速、有效回应的关键在于能否在众多机构中形成统一的联盟；③目前国际机构的确能够发挥着一定的作用，但是在许多情况下，自愿而结成的联盟可以创造性地作出更快的回应；④这些回应和新建立的伙伴关系在改变当前政治局势，解决其他问题中起着催化剂的作用。

三　规划先进能源，创新耗能结构

2005年夏天，布什签发了《2005能源政策法令》，这是过去的十多年来美国第一份综合性的能源法令。2006年2月布什发表了一篇演讲，提出：保持美国的竞争力要求提供可靠、可用、清洁的能源，美国的能源挑战要求持续不断的努力。出于经济和国家安全的考虑，必须降低对外国能源的依赖，这些外国能源包括为许多美国家庭提供电力的天然气，以及为汽车提供汽油的原油。为了达到这个目标，布什政府将充分利用技术。《先进能源创新规划》（Advanced Energy Initiative）为能源部的清洁能源技术研究增加了22%的预算。

（一）布什总统的新能源愿景

布什总统相信技术的力量和美国公民的创新精神将降低美国对外国能源的依赖，而降低对外国能源的依赖将有助于确保美国在21世纪的发展与繁荣。美国既有技术，又知道如何去应对他们所面对的主要的能源挑战：促进能源保护，修正能源结构使之现代化，在保护和改善环境的情况下增加能源供应。对于发展经济和满足随着人口增长和人们生活水平提高的能源需求来说，应对每一项这样的挑战都起着决定性的作用。

一个良好的能源政策对于国家安全和环境保护也是至关重要的。目前，美国每天花费十亿多美元用于进口石油。美国越来越关注电缆线和输油管道系统有意无意破裂的易损性，也关注由于燃烧煤、石油和天然气等能源而产生的环境影响，包括大气污染物的扩散和温室气体。

从2001年开始，美国政府投入将近100亿美元来开发更洁净、更便宜、更可靠和可替代的能源。结果，美国在先进的能源技术上取得突破性进展，这些技术能够改变生产和使用能源的方式。为了鼓励这项进步，布什的《先进能源创新规则》对能源部的清洁能源技术研究增加了22%的资金投入，这些资金投入主要用于以下两个极其重要的领域。

（1）改变对车辆供燃的方式。这些技术能够通过提高效率、扩大对从国内生物中提炼出的可替换燃料和用从国内原料中得到的氢气燃料制造的电池的使用，来降低石油的使用。使用这些技术能提高能源的安全度。

（2）改变为家庭和工作场所供能的方式。利用从洁净的煤、先进的核能以及诸如太阳能和风能等可更新的资源产生的电，能够避免因燃烧天然气所带来的高成本。

正如当前的这些挑战不是一夜发展起来的一样，对这些挑战的解决也不可能一夕而就。在保护国家安全和环境的同时，美国必须以持久的行动来寻找能源价格居高不下且易变的基本原因。

白宫经济委员会认为,通过《先进能源创新规划》,他们能够采取新的大胆的步伐迈向对于所有美国人来说可靠、可用、清洁的能源这个目标。

(二) 改变给车辆供燃的方式

原油被用来生产一系列的石油产品,包括汽油、柴油、喷气发动机燃料、加热燃料油、润滑油、沥青、塑料以及其他许多产品。原油市场受到消费者、企业、政府的密切监视,因为以石油为基础的产品的价格极大地依赖于原油的价格。

运输部门的动力几乎全部来自于石油产品,主要以汽油和柴油的形式,这占了美国石油使用量的 2/3。美国能源信息部(EIA)预计,汽油和柴油的消耗将继续上升,因为所预期的全程英里行程的增加将胜过每英里行程燃料的利用效率。这必然导致美国在未来的 25 年里原油的进口将增加 1/3,纯油的进口将增加近一倍,以至到 2030 年,这些进口将占他们所使用的全部石油的 62.5%。

2004 年,美国每天消耗的 2.07 亿桶原油和纯油中,大约 58% 是从其他国家进口的。在这些进口产品中,大概有一半来自非 OPEC 国家,如加拿大和墨西哥;另外一半来自 OPEC 国家,主要是沙特阿拉伯、委内瑞拉、尼日利亚和伊拉克。石油供应倘若破裂,美国的经济和国家安全将受到威胁,这种威胁又进一步提高了美国对进口石油的依赖。

在过去两年里,相对历史水平而言,世界石油价格显著增长。原油的价格从 20 世纪 80 年代中期到 2002 年徘徊在每桶 15~25 美元,到 2005 年 2 月已经上升到了每桶 40 多美元。在此期间驱动世界石油市场的许多原因——如较低的世界石油生产储备能力和世界石油需求的迅速增长——在近期内将继续发挥影响。其他原因,诸如地缘政治的不稳定性和天气,同样重要但不是那么可预测。

为保证美国石油供应的持续性以及与此有关的美国家庭和商业的经济关联性,必须降低对外国石油资源的依赖。这不仅意味着美国要增加国内石油的产出,提高将原油提炼成消费者所要求的产品的能力,也意味着近期内加速部署有效率的混合清洁的柴油车，在中期内开发对汽油和柴油的可更新可替代资源，投资开发先进电池和氢燃料电池技术，以从长远降低对石油的需求。

1. **先进能源创新规划的目标——为车辆供燃**

发展先进的电池技术：在电池的单独控制之下，一台插上混合电流的车将运行40英里的距离。

到2010年，生产纤维质乙醇和以玉米为基础的乙醇的成本竞争将培育出突破性的技术。

朝着总统的目标加速发展：确保到2020年大多数的美国人选择使用氢燃料电池的车。

2. **充分运用已有的能源技术**

与布什总统的国家能源政策和2005年夏天签署的能源法令相一致，布什政府也采取了一系列的措施来提高石油的使用效率和发展石油的可替代资源。

车燃料系统 十年来布什政府第一次增强了轻型卡车和SUVs的CAFÉ标准，将2007年普遍生产的车辆模型的标准从20.7mpg提高到22.7mpg。白宫经济委员会已经提议在2008～2011年增加生产轻型卡车和SUVs车，这些车在它们的使用寿命期间将节约100亿加仑的燃料。

对有效率车辆的税收激励 由总统提议，议会颁布，对每一辆车实行高达3400美元的税收激励，以鼓励美国人购买高效率的混合清洁的柴油车，这项措施有助于降低近期内潜在的对由原油提炼的燃料的需求。

洁净的柴油标准 布什政府定下了规则：控制高速公路和非公路的柴油发动机和燃料的发散，这项措施降低了90%以上硫和氮氧化物的发散，柴油比当前的汽油引擎技术具有25%～30%的燃料效率优势，没有早期设计时的"黑烟"。

可更新的乙醇和生物柴油（biodiesel） 布什总统2005年暑假签署的能源法令确立了一个可更新的能源标准，要求在2010年使用75亿加仑的乙醇和生物柴油（biodiesel），并且突出税收利益以确保这两种能源能在市场上竞争。

可替换的燃料设备 能源法令也为可替换的燃油站的设备提供了30%的税收优惠，每年高达30000美元。在美国，目前只有

556 所公共的"E85"（85%的乙醇）燃油站存在。还有许多乙醇10%以上被混合进传统的汽油里，用来增加可更新能源的使用。

氢气车 在布什总统2003年的演讲中，他宣布12亿美元氢燃料的创制（Hydrogen Fuel Initiative）将用于生产大量的氢燃料电池，以便为汽车、卡车、家庭和工作场所提供无污染、无温室气体的能量。

这些措施的影响在今天的美国市场上已经看到。比如，在2005年，美国氢能汽车的销售第一次突破了200000辆，部分是由于购买免税的激励。乙醇的生产能力也从2004年的34亿加仑增加到今天的44亿加仑。另外还有21亿加仑的生产能力近来没有浮出水面。

3. 加速发展新的能源技术

白宫经济委员会认为，为了显著提高未来的能源安全，必须采取更多措施来降低将来对石油、纯汽油和柴油的需求。布什的《先进能源动议》提出了在三个前景美好的领域进行重大的新一轮的投资政策：先进电池、纤维质乙醇、氢气车。

(1) 先进电池。采用混合电力车的消费者数量的增多，为极大地降低短期内石油的消耗提供了潜在的可能。将来的目标——一台插上混合电源的车——是可能的：这台混合电源车既可以由它自身的电池所产生的电驱动，又可以靠汽油驱动。当前的混合车只能够使用汽油来掌控它的电池，而插入式的混合车却可以插入很普通的家用电源来重新控制它的电池。这种车的消费者主要是在家门附近的40英里内行驶。至于长途旅行，汽油引擎就会介入，这种车看起来就是个很规则的混合电力车。插入式混合电力车的燃油效率能达到每加仑80英里以上，尤其是当这种车在城市使用时。插入式的车在晚上一般会受到控制，因为电力设备晚上能产生足够的能量。

在目前的混合电力车上使用的电池技术仅仅在很短的行程内很慢的速度下，且只用电力驱动的模式下才存储了足够的能量来驱动车。简单附加上去的电池并不实用，有人估计，每一个混合电池对这种混合电车多增加了2000~4000美元的价格。先进的电池技术，如锂电子电池，与在手机上或其他消费者电子产品上使用的相似，能够被车使用。这些电池，与其他先进的电子技术的发展一起，将确保这种驾驶在规定范围内的插入式车辆的商品化。

为了降低这些高效率车辆的成本，布什2007年的预算里新研究的资金预算中用3100万美元来支持对先进电池的研究，比2006年增加了27%。此外，对于可能的节油技术，插入混合式朝氢燃料电池迈出了实用的一步，因为氢燃料电池也有相同的电力驱动和能量管理技术。通过从清洁的煤、核能、可更新的技术中产生的电和氢将大规模地取代石油，能够显著地降低未来石油的使用，平衡财政赤字，减少空气污染物和温室气体的发散。

（2）纤维质乙醇。从生物中提取出的运输燃料的产生有两种方式：一是能够由糖或者是农作物淀粉转换成乙醇，二是能够由大豆或者其他植物油转换成biodiesel。目前，这些清洁的燃料以较小的比重（乙醇中的10%和biodiesel中的20%）和汽油或柴油混合在一起用于传统的车辆，以降低对石油的需求。

2004年，混合进汽油中的34亿加仑乙醇是所有在美国销售的汽油总量的大约2%。将来预计会有大量的乙醇被用作发动机的燃料，部分是因为联邦政府的两个政策：用作发动机燃料的乙醇，每加仑免除0.59美元的消费税；还有一项新要求，即到2012年至少有75亿加仑的可更新的燃料用作汽油。

事实上，所有国内生产的乙醇普遍来自玉米。玉米、其他淀粉和糖不过是能够用作乙醇的生物中的一小部分。近来的一项DOE/USDA研究表明，随着这种发展势头强劲的技术的发展，每年可提供大约600亿加仑的生物燃料——相当于目前美国石油消耗总量的30%——以一种对环境完全负责的方式提供，而又不会影响将来食物的生产。

白宫经济委员会认为，为了使美国国产可更新资源得到更大的利用，需要先进的技术，这些技术允许竞争性的定价乙醇能够从纤维质生物中获得，诸如农作物和林作物的残渣、地方固体废弃物的原料、树、草等。先进的技术能够把这些纤维质的材料分解成构成它们的糖，然后把这些糖转换成燃料乙醇。

为了帮助降低生产这些先进生物燃料的成本，以及真正使这些技术商业化，布什 2007 年的预算中 DOE 生物研究资金增加了 65%，高达 1.5 亿美元。总统的目标是到 2012 年使纤维质的乙醇和以玉米为基础的乙醇进行成本竞争，以确保这种可替代的燃料得到更广泛的使用，以降低美国未来的石油消耗。

（3）氢气车。在布什总统 2003 年的演讲中，他宣布有 12 亿的氢燃料创制（Hydrogen Fuel Initiative），以扭转美国对外国资源日益增长的依赖，通过发展商业可行的氢动力燃料电池的技术，以便为汽车、卡车、家庭和办公场所提供没有污染也不产生温室气体的能源。

尽管与私人部门具有合作关系，氢燃料创新者和相关的自主 CAR 行动者们正努力寻求使到 2020 年绝大多数美国人使用清洁的、氢燃料电池车这个目标成为可能，并使成本降低。既然氢能够从国内的腐烂物、核能和可更新能源资源中得到，氢燃料电池将通过极大地降低美国的石油需求而显著地提高美国的能源安全，以及清洁空气和降低温室气体的发散。

为继续降低石油消耗的进展，总统 2007 年的预算在氢技术研究上比当前的水平增加了 4600 万美元的资金投入。在自主 CAR 项目下，能源部与行业合作引导着这项研究，以便混合电动车成分更容易提供。这些成分，将来的氢气车也是需要的。尽管我们在降低一个燃料电池的巨额成本上迈出了重大的步伐——降低了一半以上——但还是需要更进一步地创新以使这种技术更具有成本竞争力。我们也需要发展改进了的材料和方法以方便在车辆和补给站里能够更经济更有效率地储藏氢。总统预算所增加的氢燃料研究资金中很大一部分将用于材料科学的基本研究，以应对这种基本的挑战。最后，白宫经济委员会正和行业一起致力于开发技术以确保氢的安全生产和传送。

美国能源部估计，如果能够开发氢所有的潜能，到 2040 年氢燃料创制和自主 CAR 项目将以每天 1100 多万桶的供应速度降低他们的石油消耗，这近似于今天美国进口的原油数。

（三）改变为家庭和工作场所供能的方式

天然气在家用、商业、工业、电力生产、交通运输上有许多的用途，天然气也是肥料和化学制剂的重要组成部分。2004年，美国每天消耗610亿立方英尺的天然气，主要用于工业、住宅和电的生产。现在，美国天然气85%的需求是通过国内生产满足的；其余的主要是从加拿大供应，通过邮轮从特立尼达、阿尔及利亚等国家运送来的液化天然气的数量也在增大。

到2025年，美国的天然气消耗预计将达到每天740亿立方英尺。在过去的十年中，天然气为新的天然气循环动力装置提供能源。与煤动力装置相比，天然气动力装置会减少空气污染，而且造价更低。因此，在过去的十五年中，即便是在天然气的价格出奇高的情况下，天然气的需求量还是急剧上升的。

在路易斯安娜海岸的Henry Hub，天然气从1994年到2000年中期的平均价格是2～3美元每千立方英尺。在2000年冬天，由于异常的寒冷和西部水电供应不足，天然气价格达到了10.5美元每千立方英尺的顶峰。在过去的四年中，天然气价格从2002年早期的3美元每千立方英尺飙升到最近的8美元每千立方英尺，当然其中有Katrina和Rita飓风的影响。近来，天然气的价格跟随原油的价格波动，因为天然气常常用来代替石油。此外，供需之间不平衡使得市场更加波动，进而可能带来更严重的恶果。

天然气也有缺点：价格增长太快和具有挥发性。天然气的高价格使得公司生产成本上升，因而在与国外公司的竞争中处于不利地位。这导致很多公司关闭在美国的生产部门或者转移到那些能源成本在全球市场具有竞争力的国家。根据美国全国制造协会的统计，化学和塑料行业这两个在能源和原材料方面对天然气有双重依赖的行业，由于天然气价格上涨已经损失了25万个工作机会和650亿美元的生意。天然气的高价也打击了美国农产品在全球市场的竞争力，因为天然气是肥料的主要生产原料之一。

电力能源的多样化有助于保证充足的电力供应和更多的天然气供应。同时，提高效率也能降低对天然气的需求。通过减轻需求压力，天然气的价格会逐渐降低，美国公司在全球市场会更具有竞争力，也能把更多的就业机会留在国内。

1. 先进能源创新规划的目标——为家庭和工作场所供能

第一，完成布什总统在清洁煤技术研究上投入20亿美元的承诺,并把创新结果用于市场;第二,推动建立全球核动力合作,消除核裂变风险,扩展使用清洁、可靠、可用的核能源;第三,减少太阳能发电的成本,使其到 2015 年能具有价格上的竞争力,发展风能使用技术。

2. 采取的措施

(1) 应用已有的技术。为了同布什的全国能源政策和能源法保持一致,布什政府部门已经采取了一系列措施来提高天然气的供应,提高效率,并且发展天然气的替代品。

政府对家庭天然气供应的批准采取流水线作业,为许可证的处理提供了额外资金,并且在可能有需求的海面区域设立销售点。

根据总统的指令,联邦代理处正加速液化天然气终端的批准程序和在各地的建立,这将会降低天然气价格并且提高实用性。

能源法案制定了 14 种大型器具的初次能源效率标准,并且提高了其他器具的已有标准。这些标准将有助于降低急剧增加的天然气需求。

至于在清洁能源领域缺乏立法方面,布什政府制定了两个条约:清洁空气的州际标准(CAIR)和清洁空气的水银标准(CAMR)。这两个条约都是要控制动力带来的空气污染以及发展新型清洁燃煤技术。

能源法案也增加了条款来鼓励在安全可靠的核动力方面的投资:生产税激励和风险保险将代替实际操作可能遇到的无法预料的合法的或者常规的挑战带来的成本。核能源将提供可靠清洁的动力。

最后,能源法案计划在十年中有 34 亿美元的税收激励来鼓励使用可再生的风能、太阳能、生物能和地热能进行电力生产,包括住宅太阳能系统的一次性扣税。

高价天然气的影响已经能在市场上看见。在布什总统上任后,天然气装置占新动力装置的比例从 90% 降到了 64%。到 2025 年将要新建的动力工厂计划只有 31% 是要使用天然气的。能源信息部门也计划到 2025 年将可更新能源生产量翻一番。

(2) 加速新技术发展。白宫经济委员会认为，为了增强美国未来能源安全，他们可以而且必须采取更多措施来减少未来对天然气的需求，并且鼓励发展其他动力生产方式。布什的先进能源动议在三个有希望的领域建立了有重大意义的投资和政策：清洁煤技术、核动力、可再生的太阳能和风能。

3. 清洁煤技术

美国拥有超过世界1/4的煤储量，全国的煤资源的能源含量超过了全世界已知的所有可重获的原油。煤也是美国电力工业的主动力，提供全国一半以上的电力消耗，是美国中央动力系统的基石。为了保护这个控制经济命脉的能源基础，必须在创新上投资，使已有的工厂创造低消耗环境，发展清洁而且更加高效的技术用于未来的新工厂。

在2000年的竞选中，布什总统提出在未来的10年中用20亿美元进行清洁煤技术的基础研究，清洁煤技术是一类使用煤发电同时通过低消耗满足环境规制的技术。这项研究发展计划能够对已有的煤动力工厂进行更有效的污染控制，可能从下一代动力工厂消除空气和水污染。

为了开发美国的巨大煤储量，总统2007的预算包括了2.81亿美元的煤开发创新规划，基本完成了布什四年前的20亿美元的承诺。这个项目包括5400万美元的FutureGen创新规划，通过公私合作发展新技术，使将来的煤动力生产几乎无排放，把煤产生的二氧化碳都俘获并且储存而不是释放到大气层。

4. 核动力

核动力是美国工厂、写字楼、家庭和学校超过1/5的能量来源。31个州的65个地方的超过100个核动力工厂构成了全国第二大的电力生产。这些核反应堆平均有24年的历史，它们被允许运行40年，并且在翻修以后可以再使用20年。

核动力给美国带来的巨大的好处，包括对空气的零污染和低而稳定的电价。核动力不像煤和天然气一样带来空气污染和温室气体。核动力也完全在国内生产并且提供能源安全——北美铀储备在可见的将来相当充足。而且一旦建成并且付费，核动力装置很便宜——1.8美分每千瓦时的电力。这稍微低于煤动力的价格，远远低于天然气发电的价格。

　　核动力也面临很大的挑战。新的核动力工厂比相似规模的其他动力工厂要求更多的资金支持，而且必须通过一个冗长的调整过程，这是1992年国会采用的，至今没有测试过。能源法案试图通过一系列财政激励（包括联邦的"风险保险"）来减小投资于新的核动力工厂的风险。然而，核废料的管理仍然是一个大问题，不管是考虑到可能被盗或者错用的可能性还是考虑到它的最终安置。

　　为了保证核动力未来在美国和全世界的发展，布什2007年的预算包括了2.5亿美元用于全球核能源合作。通过这项计划，美国将会同法国、英国、日本、俄罗斯等拥有先进核能源计划的国家合作，共同发展和展开创新，发展新型反应堆和循环利用核废料的新方法。这将能提供更多的能源，同时极大地减少浪费和消灭可能被用于制造武器的很多核副产品。

　　在发展这些技术后，美国将同合作伙伴一起向发展中国家提供安全、低耗的小型反应堆来满足他们的能源需求，以及能使他们得到可靠燃料供应的相关核服务。作为交换，他们必须同意仅仅将核动力用于电力——放弃核浓缩和可能用于发展核武器的回收活动。白宫经济委员会认为，通过与全球核能合作（GNEP）框架下的其他国家合作，能提供经济发展需要的安全、廉价、可靠的能源，当然同时要降低核增值的危险。

　　GNEP也将解决核废料处置的问题。基于GNEP可能带来的技术进步，在Yucca山脉进行的核废料最终处理需要的空间和带来的放射性将会极大降低，不再需要额外的仓库。然而必须强调的是，GNEP并没有通过任何方式来减小Yucca山脉的核废料处理计划的需要或者紧要性。Yucca山脉仍然是任何燃料回收计划都必不可少的。

　　5. 可再生太阳能和风能

　　太阳能是清洁、丰富、广泛、可再生的。多种技术能捕获、集中、存储太阳能，把它转化为其他形式的能量。浓缩太阳能动力（CSP）装置聚焦或者集中太阳的热能来驱动发电机或者发动引擎。它们通过在槽形或者塔形的装置中放上若干透镜或者镜子来收集太阳能。太阳能热水系统直接通过吸收层吸收太阳射线来加热空气或者建筑物中的水。太阳能热水器能够应用于大型的商业，也可以用于美国任何一个地方的低层住宅。

光电（PV）装置通过一个电子过程直接在某种特定类型的材料上由太阳光产生电流。特定晶体上的电子能被太阳能释放，以电流的形式运动，给任何形式的电力装置或者负载提供动力。光电装置能用于给小型装置（如路标和计算器）提供动力，也可以用于家庭或者大型商场。世界范围内过去5年中PV增长率平均是35%，这意味着装机功率总量每四年或者在更短时间里就要翻番。然而，这个快速的增长是基于一个较低的底数，世界范围内PV仍然占了不到1%的发电量。已经成型的技术，例如"太阳能鹅卵石"，PV单元被嵌进建筑材料，给"零电线能源屋"提供了发展前景。在这种能源屋中，平均消耗多少能量就能产生多少能量。

为了履行在太阳能方面的承诺，总统2007年的预算提供了1.48亿美元的美国太阳能创新规划，比2006年增加了6500万美元。美国太阳能创新规划将会加速能直接转换太阳能为电能的先进光电材料的发展，目标是到2015年的时候太阳能PV同其他可再生电力生产相比具有成本上的竞争优势。如果先进的PV技术降低每单位的成本，销售量自然会上升，也会推动新的创新，进而推动成本进一步降低。从全球来看，将电力带到发展中世界，将会经常用到太阳能PV作为低成本的选择。

风能是世界上增长最快速的能源之一。2005年，美国风能工业在22个州增加了超过2300MW的新风能产量——或者说超过30亿美元价值的新发电设备。有良好风力资源的地区有望能提供美国20%的电力消耗。

作为对总统2001年的国家能源政策的回应，美国土地管理局准备了一个项目环境影响综述（EIS）来评估在西部公开的土地上发展风能的一些问题。EIS在2005年定案，在多个部门中执行了一个风能发展计划，包括风能发展授权和52个土地管理局土地使用赔偿计划，分布于科罗拉多、新墨西哥等州。

为了扩展洁净的风能生产，总统的2007年预算提出了4400

万美元用于风力研究,比 2006 年增加了 500 万美元。这将有助于提高效率和降低传统的风涡轮技术的成本,还将有助于发展小型风能技术用于低速风环境。综上所述,新的基金将极大提高风能在美国的使用。

(四)在已取得的成绩上继续前进

布什总统已经在能源的可用、可靠、清洁上为美国设置了一个很高的标准。在 2003 年,他提出的能源政策里面就以下方面提出了 100 多项建议:增加国内能源供应、鼓励效率和守恒、投资能源的基础结构、发展可替代可更新的能源。在过去十年中,布什政府一直致力于实现这些建议和改善国家的能源状况。此外,2005 年夏天国会通过了十多年来的第一部全面的能源立法——"2005 能源政策法"。这个历史性的能源法案在许多方面是根据布什总统提出的原则制定的,以加强国家的电力结构、降低对外国能源的依赖、增加保护、扩张清洁的可更新能源的使用。

不过,总统的国家能源政策中依然还有几个重要的方面需要注意。

(1)国家野生动植物保护(ANWR):总统继续支持国会的行动,批准在北部的阿拉斯加州的北极圈内国家野生动植物保护(ANWR)中小范围内的石油和天然气勘探。通过使用现代技术和依据世界上最严厉的环境保护,ANWR 能够生产出每天 100 万桶的石油来满足美国未来的能源需要。启动 ANWR 也可以为美国人创造成千上万个工作机会。

(2)提炼厂:由于提炼行业与对汽油柴油需求增加的密切结合,美国提炼厂近些年来的运营能力达到了 90% 以上。这为现有的提炼系统带来了压力(尤其是在那些无法预料的中断期),也带来了很高的不稳定的燃料价格。布什总统呼吁对提炼能力的新一轮投资,要么是扩展已有的场所,要么是在军用场所上建设新的设备厂。总统也表达了他的期望——希望能和国会一起通过立法完成这件事,同时他认为,应该发展一个为期一年的由美国环保署领导的许可程序,这个许可程序在提出检测高环境标准时能作出畅通的决定。

(3) 新来源检测：新来源检测（NSR）许可项目，造成了调整的不确定性，因为它是官僚的，它的适应性要求是混乱的，它能够在延迟许可进程上强加很高的成本。这些障碍导致了生产能力的损失，导致了提高能源效率和降低空气污染的机会的损失。正如总统在国家能源政策中所要求的，美国环保署一直在实行一个 NSR 改善项目，这个项目主要是要移开那些在能源部没必要的规则障碍，从而有助于履行在能源供应结构上的一些特殊的要求。然而，诉讼延缓了这些规则的执行。这些规则应该在立法上得到采用，这样，私有企业才能够更快地投资在那些更有效更有生产力的升级产业上。

(4) 海面上的石油和天然气：外部大陆架（OCS）是国家能源供应中石油和天然气非常重要的供应源，国家 25% 以上的天然气和国内石油产量中 30% 以上来自外部大陆架。据估计，外部大陆架上未发现领域的资源总量达到 760 亿桶石油和 406 万亿立方英尺天然气。总统继续支持大陆架上的开发，在这些地方，州并不希望在远离他们的海岸线处采取行动。不过，总统也与那些支持这些开发的州合作，扶持越来越多的 OCS 产品。

(5) 阿拉斯加的输气管道：阿拉斯加的北部斜坡上估计有 35 万亿立方英尺的天然气，由于普遍缺乏输气管道，人们束手无策。目前，几乎所有在普拉德霍湾石油生产行动期间生产的天然气已经被再次注入石油。每天大约有 30 亿立方英尺的天然气通过阿拉斯加的一条输气管道运进市场。尽管 2004 年总统签署的《阿拉斯加天然气管道法案》包含了对行业和阿拉斯加在建立输气管道上达成协议的众多激励，但是还是没有达成任何协议。总统鼓励所有的当事人尽快解决残留问题，这样，阿拉斯加被困住的天然气能够很快流向其他缺乏天然气的 48 个州。

(6) 洁净天空法：为了确保在满足电力增长需求的同时保护环境，总统要求国会颁布洁净天空立法，以切断动力工厂里二氧化硫、氮氧化物，以及超过 70% 的汞的污染。洁净天空法将显著地扩大洁净空气法最具有创新性和最成功的项目，进一步降低从全国 1300 家动力工厂造成的每年高达 900 万吨的发散物。通过将 500 亿美元花在切断边缘污染消除技术上，能够达成降低这些污染的效用。洁净天空法也将促进对清洁煤技术的新一轮投资。

四 深化医疗改革，提供高质量的公共卫生服务

美国国家经济委员会在2006年2月作出了一份题为《21世纪医疗改革》的报告，该报告是在美国总统布什积极倡导进行医疗改革的背景下出台的，可以说是一份布什政府医疗改革的指南。2006年1月31日和2月15日，布什总统先后两次就医疗改革发表演讲，在演讲中他提出，为了解决目前面临的医疗支出日益增长问题，缓解医生和病人之间的紧张关系等医疗行业问题，增强美国国家竞争力和保持其在世界上的领先地位，必须对医疗体系进一步进行改革，以使美国公民享有品质更高的医疗服务，保证包括穷人和老年人在内的所有国民都能享受到医疗改革的实惠，并使所有美国公民——无论是小企业雇员还是大公司雇员——在购买保险的时候获得公平待遇。此报告对布什总统医疗改革思想进行了详细阐述，从九个方面描绘了医疗改革的未来愿景，并对每个方面的实现路径做了实然或应然的分析。

（一）美国的医疗服务现状

美国的医疗服务虽然在世界上处于领先地位，国家医疗服务基础设施和药物技术为世界所羡慕，但是通过对医疗服务与国家经济两个方面的考察分析可以看到，美国目前的医疗体系仍然存有缺陷，需要进一步改革：①美国公民花在医疗服务上的支出占其收入的比例越来越高。国家医疗服务支出占GDP的比例从1960年的5%上升到2004年的16%，预计到2014年将上涨到18.7%。②日益增长的医疗支出负担制约了美国的财政经济。政府实施的老年医疗保障和贫困者医疗补助这样的公共计划增加了州和联邦政府的财政压力，较高的保险费用对雇主来说也是一种挑战，对雇员来讲也会因为要负担更高的健康成本而使收入更少。

现存医疗体系的根本问题在于医疗体系本身的制度缺陷，该体系下人们的医疗支出结构失衡，对小企业雇员和大公司雇员实行不同的医疗税收歧视政策，第三方支出模式使个人对医疗成本不知情，从而无法遏制日益增长的医疗成本。鉴于此，政府提倡

给予消费者更多的信息和赋予其更多的权能，以使有限的医疗资源得到充分合理地运用。

布什政府已经采取了一系列措施改进医疗服务体系，如还权于民，即将更多的控制权和选择权交还给病人、他们的家庭和医生；设立医疗储蓄账户（HSA），为美国公民提供在医疗支出方面的更多自主支配权，有助于更多美国人获得医疗保险，也能使公司降低健康支出成本；实施了市场急需的改革以加快推进一些特种药品进入市场；设立社区医疗服务中心，总统为弱势群体获得前期预防性医疗卫生服务提供了便捷的途径；提出旨在使多数美国人在未来十年内获得电子医疗记录的提案，使众多医院、医药系统可以追踪病人记录、实验室测验、药品管理和跟踪服务，以此节约成本，减少医疗失误和改进医疗服务品质。

（二）美国深化医疗改革的目标

在理想状况下，美国公民可以基于自己的个人需求和偏好选择医疗服务。人们将轻易获得医疗卫生服务的范围、价格和品质方面的信息，并能运用自如。购买决定将由消费者而不是雇主或者政府作出，医疗保险将便于携带（意味着人们在搬家或者变换工作时可以随身携带）和可负担。竞争和市场力量将促进医疗卫生服务品质的改善和控制成本的增长。

医疗卫生系统将更有效率，同时在前沿医药学科保持世界领先地位。总统关于限制医疗服务支出增长的提案将使更多消费者重返医疗服务体系。

授权给消费者将改善医疗服务的品质和使更多人能负担。消费者基于个人需求和偏好决定选择某种医疗服务，他们能轻易获得相关信息，而医药公司和保险公司有责任事前提供这方面的信息。

医疗储蓄账户（HSA）的引入将带来美国医疗保健的巨大转变。由于医疗储蓄账户使健康保险的成本极大降低，更多雇员可以购买，并决定自己的支出。此外，基于医疗储蓄账户的保险使更多雇员在出现重大医药事件时有保障，这也将极大降低不同政府和非营利实体的财务负担。扩大的医疗储蓄账户将增强医生和病人之间的关系，此举将使医疗服务的价值更好地实现。

将有更多人能买得起保险。此举将为雇员家庭提供更多的稳定性和心灵的平和。总统提出设立协会卫生计划（AHP），将使雇主们特别是那些小企业主州际相互联合购买医疗保险。众多不同的小企业同时为成千上万的雇员购买保险将获得同一些大公司一样甚至更低的保险费率。

美国公民将不再担心改换医生、学习新的信贷保险政策、因家庭成员生病而被提高保险费用支出以及离职会失掉保险税的优惠或者是受制于昂贵的权益委托等。他们将能够跨州购买医疗保险并随身携带到任何地方。

医疗责任改革将同时保护医生和病人。改革将降低医疗事故责任诉讼的可能性，事故发生后使病人有可诉的途径，同时对潜在收益进行了合理的控制。

将促进穷人和慢性疾病患者等弱势群体对医药保健的负担能力。政府将扩大对低收入者家庭的财政赞助；鼓励州政府和雇主帮助慢性疾病患者；允许个人通过社区和宗教组织购买保险。推动这些提案的实施，并持续赞助社区医疗中心，保证医疗服务用于最需要的地方。

最后，积极的预防对获得更好更长寿命至关重要，对控制医疗服务支出也能起到重要作用。总统提倡人们选择健康的生活方式，并鼓励美国人民为了健康负责作出明智的选择。布什政府也为美国人民的健康和幸福提供工具、技能和动机，孜孜不倦地工作。

（三）美国深化医疗改革的措施

1. 规定平等的游戏规则，使个体和雇主们享有相同的税收减免优惠

联邦税收法典的医疗服务条款形塑了私人第三方医疗服务融资系统的发展。该法典对自执业者、失业者和不提供健康保险的公司（其中许多是小企业）采取歧视政策，基于雇主的保险享有税收补贴而个体购买者却没有。

建议措施：给予那些在工作场所之外自己购买的医疗储蓄账户保险与雇主赞助保险一样的税收优惠。对医疗储蓄账户兼容保险费用减免收入税收。此外，收入税收信用将抵消对这些费用的

工资总支出的税费，以此使那些没有机会获得雇主赞助保险的人受益。对那些没有工作，特别是提前退休的人，针对非团体医疗储蓄账户购买计划的医疗储蓄账户附加费现在已经可以获得免税优惠。

2. 取消对所有医疗储蓄账户中自费支出的征税

拥有医疗储蓄账户的任何人都能享受免税医疗支出。目前的税收法典对保险医疗提供补助，而自费医疗一般是没有的。此举鼓励了对第三方保险过分依赖，这反过来降低了消费者对医疗成本的敏感性。

建议措施

（1）允许医疗储蓄账户的使用涵盖所有自费医疗支出。允许有医疗储蓄账户的人和他们的雇主对医疗储蓄账户的年度缴款达到保险单要自费支出的最大额，而不只是扣除部分。对病人来说，这个保险单可以不只是针对扣除额，而是全部自费支出。

（2）取消对医疗储蓄账户支出自费项目的一切征税行为。对所有医疗储蓄账户缴款提供收入税信用，而不只是针对雇主。

3. 使医疗保险便携

当员工换工作、搬家、自雇或者退休的时候，他们应该拥有选择带走他们的医疗保险的机会，而且应该让他们在其他州能够购买更好的保险。他们不应该被迫改换医生，了解新保险公司的规则，失去保险税优惠，因家庭成员生病而交更高的保险费，或面对高昂的委托契约。美国公民应该能够在任何州找到对他们而言最好的保险，而且不管居住在哪里都能持有这样的保险。

4. 医疗保险"跟人走"

当前许多医疗保险都是跟单位不跟人的。当员工改换或停止工作的时候，以雇主为基础的团体保险通常不能真正提供可携带式医疗保险。人们改变工作就必须得改变他们的保险契约以从新雇主处得到医疗补助。州规章和受益托管规定限制了医疗保险的跨州携带并增加了成本。医疗保险缺乏可携带性就会造成"工作枷锁"，如果有家庭成员处于非健康状态，那么员工们在决定辞职去为一家不提供医疗保险的业主工作、自雇或退休时，就会变得犹豫不决。缺乏弹性的劳动市场往往会拉经济增长的后腿。

改革的措施

（1）实施新的全国可携带式医疗储蓄账户保险计划。雇主应该给员工提供医疗储蓄账户保险单。雇员应该拥有和管理其保险单，就向他们拥有和管理既存的医疗储蓄账户一样。这些保险单应该免受繁复的州托管规定的限制。

（2）使雇员享有终身保障并可更新的免税保险费。登记有可携带式医疗储蓄账户保险单的员工可以随身携带他们的保险单，就像当前他们可以随身携带他们的医疗储蓄账户一样。无论他们是更换雇主还是自己支付，其保险费应该免税。而且不能根据他们换工作、离退休或搬家时的健康状况而增收他们的保险费。

（3）使雇主有充分的选择弹性。雇主应该可以选择为其新员工支付可携带式医疗储蓄账户保险单，不管他的原始保险单是在哪里购买的。雇主有权自由选择是否资助这项计划和资助多少，但是他们所资助的一切都应该免税。

5. 允许医疗保险跨州购买

给美国公民提供更多高质量的、能支付的、可携带式的医疗保险的最佳方式，就是废除那些阻碍获取和选择医疗保险的人为规定限制。当前，人们只可以购买本州提供的保险，而不能在其他州做更划算的交易。在许多州，个人和企业在购买医疗保险时，只有有限的选择，因为各个州的医疗保险市场是独立的。

州定价规则和收益托管规定都很复杂且成本很高。实际上，有20个州，每州有不下30多种不同的托管规定；有6个州每州的托管规定多于50种。尽管受益托管规定扩大了医疗保险的覆盖范围，但它使医保更昂贵，因为它要求之前自费购买或没有购买的顾客为之付费。受益托管规定增加了基本医疗保险的成本，这样的保险定价使得很多美国公民望尘莫及。托管规定也增加了保险公司跨州服务的成本。

改革的措施：允许跨州购买医疗保险。此举可以使美国公民根据自己的处境为自己买到最好的医疗保险，而不是被局限在本州购买没有选择余地的保险单。这将给不同州的医疗保险计划带来竞争，并最终使顾客受惠。

6. 为小雇主提供平等竞争的空间

小企业是经济增长的引擎，但是他们在为自己员工提供医疗保险时确实处于不利地位。部分原因是他们一次给员工购买相对较少的保险；同样的医保受益，小企业要比大企业或工会支付更高的成本。只要有一个生病的员工就会让小雇主支付大笔保险费。

小企业能提供的医保不到大企业的一半。拥有50名员工以上的企业中有95%的雇主为其员工提供医保，而拥有员工不到50人的企业只有43%的雇主为其员工提供医保。同样的医保受益，小企业要比大企业多支付30%的成本。政府会计局统计显示：保险公司为小企业办理保险时要比给大企业办理花费更高的营销、签约和管理费，而这些交易成本保险公司转嫁给了小企业。大企业和工会能够跨州将其员工或会员聚集在一起，就能实现规模经济效应，拥有购买主动权和规范效能。相反，小雇主只能够一次挨州地为其小规模的员工购买医保。由于全国50个州不同的受益托管规定和保险审批程序，小企业通常不能跨州联合起来。要想开发一种能够适用于各州需要的保险是比较困难而且高昂的。这样高昂的成本也使得保险人支付不起这种保险。

改革的措施：实施协会卫生计划（AHP）。总统提议允许小企业联合形成医保计划协会，将有利于小企业更容易给其员工提供医疗服务。协会卫生计划使小企业通过他们之间诚信的交易和专业协作联合起来共同购买医疗保险，这样它们就会与更大企业或工会一样享有规模经济优势、管理效能和谈判主动权。一次为数千人购买保险，协会成员就能为更好的服务支付更低的保险费。

7. 进行医药责任改革

限制那些耗费成本而又纷繁冗长的法律诉讼，因为法律诉讼将浪费宝贵的资源，增加成本，同时还可能使医生失业。

布什总统继续呼吁试点改革以便使医疗责任体系更公平、可预测和更及时。快速攀升的医疗责任保险率迫使外科医生限制他们的服务或紧缩他们的治疗。为了避免无意义的诉讼，医务人员常常感觉被迫进行"防御性医疗"——要求做不必要的测试和进行一些只为了避免一些潜在的医疗失误索赔的程序。恶性法律体系的成本通过让病人支付医疗费或保险费而转嫁到了病人身上。医疗责任制改革能够保证受伤的病人尽快获得经济损失补偿，避免无意义的法律诉讼和诉讼费，并且能保证病人及时得到治疗。

改革的措施：号召国会通过试点医疗责任改革案，使医疗体系更公平、可预测并且降低不必要的成本。处理医疗责任危机的战略包括一些基本的改革，比如：①保留对被证实的恶劣案件的严苛惩罚，而将非经济损失赔偿金限制在一定数额范围；②确保旧的索赔案件数年后就不能起诉；③规定原告根据其过错比例缴纳诉讼费。尽管众议院已经三次通过改革提案，但一些参议员试图游说以阻止参议院批准此案。

8. 改进医疗信息技术

2004年，总统提议要在十年内建立电子医疗记录，并让大多数美国公民能够查阅。实现医疗IT承诺，以助于医疗系统在更有效的免于争论的环境中以较低的成本、较少的医疗失误和高质量的医疗服务实现顺利转型。高度依靠电子医疗记录就意味着用来有效治疗病人的信息通过电脑鼠标一点就好了，而不管病人在哪里接受治疗。退伍军人事务部因为实行私人医疗服务系统，已经凸显了医疗IT系统在降低成本、减少医疗事故和提高服务质量方面的威力。

过去两年里，布什政府已经采取了诸多措施实施他的医疗IT愿景，包括：①在美国人权卫生部建立了全国医疗卫生信息技术协调机构。②为几项医疗IT项目提供支持，以便评估和解决实施过程中的难题，比如，协调标准以便不同的医疗系统能够用相同的语言和在必要的时候顺利分享信息；制定认证条件以便确保医疗IT投资能够符合恰当的标准；为国际因特网系统建立模型，以便电子医疗信息跟随病人而不管他在哪里接受治疗。

已采取措施：布什政府已经建立了美国医疗信息社（AHIC），一个由公共部门和私人股东组成的委员会，其股东受邀提供方法以实现总统的目标。美国医疗信息社允许主要的政府医疗服务提供者如医疗服务和补助中心、退伍军人事务部和国防部，以及医生、护士、技术商、顾客组织、保险公司和州、地方政府集团参与，整合共同框架以便实施全国电子医疗记录系统。

9. 给消费者提供信息和授权

美国公民对预期成本和医疗服务质量通常只有有限的信息，对医疗提供者或治疗方面的有用信息就更少了。保险公司和医生常常没有提供每个服务的价格或使病人能获得这类信息。服务提供者，特别是医院的服务质量信息只有在少数的几个州是可获取的。如果医院能报告十项质量测量数据，老年医疗保障服务将支付给医院更多的费用。越来越多的医疗专业已经开始开发基于实例的医疗指南，这些指南概括了更有效的被实验诊断证明的治疗方法。

改革的措施

（1）敦促保险公司和医疗提供者确保顾客可获得最基本的医疗服务价格和程序方面的信息。随后，顾客就能够获取程序更复杂的所有项目价格表以及每一个医疗服务提供者的意涵丰富的质量信息。

（2）指导老年医疗保障服务中心、联邦员工医疗卫生项目要在定价和质量信息获取方面起领导作用。

（3）要求雇主、保险公司将其信息印刷成册以便员工和成员能够方便地获取相关信息。

10. 为弱势群体提供买得起的服务

（1）针对低收入公民购买医疗储蓄账户的退税信贷政策。美国中低等收入公民需要额外的帮助来获取能支付的医疗保险。其中一种支助方式就是信用退税信贷政策，这些信贷可以用于补偿医疗保险。如果中低收入者不能通过雇主买保险的话，这种信贷将会帮助他们自费购买医疗保险。

改革的措施：给予低收入家庭退税信贷以降低其购买医疗储蓄账户兼容保险单的成本或直接支助医疗储蓄账户。一个年收入等于或低于25000美元的四口之家可以从联邦政府获取3000美元来帮助其购买医疗储蓄账户保险单，这些保险将包含主要的医疗费用和预防治疗。这样的家庭有权选择将其中的1000美元直接用于投资医疗储蓄账户以支付看医生、买药和其他的常规医疗支出。没有花完的钱可以存入账户并记入下一年度，可以获得免税利息收入。

（2）对支助慢性病居民的州予以补助。医疗保险的目的是用来在一大群人中分散高额医疗费用的风险。然而，那些已经得慢性病且不是雇主员工或公司一员的人就得承担所有医疗费用、支付较高的保险费（或者在某些情况下，完全自付费而没有保险）。那些有慢性病的居民在购买医疗保险时，常常附有额外条款，将那些已知的疾病排除在保险的范围之内。某研究表明，有12%的人因身体状况不好而在申请个人医疗保险时遭到拒绝。那些健康的人申请个人医疗保险也会有很多负面的后果，因为承保人评估个人健康状况和拒绝高风险人群花费的成本会增加管理成本，所以保险费就会更高。而拓展慢性病患者获取医疗保险的渠道，将使那些有病和健康的人群购买医疗保险同时受益。

一些州已经对那些没有买到医疗保险的慢性病患者的有关问题作出了回应，它们通过了法律要求保险公司对健康人和生病的人都收一样的保险费，该实践被称之为"社区评估"项目。这引起了一些意料之外的后果，增加了低风险者的保险费，导致这些州很多人不愿意购买保险。其他一些州建立了高风险池，以便将那些被拒绝的患有慢性病的人也包含在个人保险市场之中。当前有32个风险池，但是只涵盖了不到20万人。尽管最好的风险池有潜力涵盖更多的慢性病群体，但是应该创造其他更好的方式以更低的成本提供更好的保险服务。

改革的措施：每年提供5亿美元以鼓励10个州进行试点创新，以更好地为慢性病患者提供医保服务。人权卫生部长将通过竞争程序授予相关各州这些补助。各州可以凭借既存的高风险池或试验其他创新方式，比如，风险调整补贴或设计用于帮助治疗慢性病如糖尿病的计划。

（3）允许雇主为患有慢性病的职员的医疗储蓄账户缴纳较高的补助金。在目前法律下，雇主必须为每个员工的医疗储蓄账户支付相同的补助金，这就不利于雇主为有慢性病的员工给予额外的帮助，因为这些慢性病患者更可能运用医疗储蓄账户来支付自费医疗。

改革的措施：允许雇主为其患有慢性病的员工的医疗储蓄账

户给予更多的支助。如果员工的家庭成员患有慢性病，雇主应该给予更多的帮助。这将有利于雇主们处理员工从传统保险转向医疗储蓄账户面临的问题。

（4）允许个人通过他们所熟悉并信任的组织购买保险。大多数拥有医疗保险的美国人都是通过他们的雇主而不是自己个人购买的。原因很简单：节约成本。个人购买保险成本很高，因为人们不能联合起来共同谈判获得更好的价格以节约管理费以及其他的费用。雇主购买保险时将很多人聚集起来，使风险集中，增加了管理效率，这样就降低了成本。大企业和工会做得更好，他们能够跨州将人们聚集起来，进一步节省费用。按很多州的法规，没有雇佣关系的团体在为个人提供保险时就不能如此有效。而且，每个州的法规不一样，要设计一种保险使得每个个人都能获得跨州的团体价是很困难的。

改革的措施：扩大协会卫生计划（AHP）。扩大的协会卫生计划能够解决美国弱势群体的需要，因为它允许诚信的公民、社区和宗教团体给其成员统一购买保险，使得个人及其家人有机会在工作场合之外集中力量购买医疗保险。给人们更多的选择机会以团体价购买保险，他们熟悉和信任的组织帮助很多美国公民买到高质量、可支付的、可携带的医疗保险。

（5）为社区医疗服务中心增加基金。可获得性、预防性的医疗服务至关重要，尤其对于贫困的、医疗较少的社区而言。自就职以来，布什总统经过努力，扩大了社区医疗服务的数量和范围。社区医疗中心在满足这方面的需要和使低收入者获得医疗服务中扮演核心的角色。医疗服务中心向个人提供基础和预防性的医疗服务，而不考虑其支付能力。这些服务中心位于医疗服务较少的城市和农村区域，这些区域经常不容易得到基础的治疗服务，那些医疗中心基本上是给低收入个人、农民工、无家可归者和儿童提供服务。

总统已经采取措施扩大社区健康中心的规模。目前的医疗需求还远远没有得到满足，因此布什政府已经投资兴建和扩建了800多所社区健康医疗中心，并且在接下来的两年内将继续投资兴建大约400个社区健康中心。这已经使社区健康中心达到能够为350万美国人提供相关服务的能力,其中将近200万人将在接下来的两年内享受到中心提供的服务。

(6)确保最贫困的社区能够有更好的途径来接受医疗健康服务。提高贫困社区里面的医疗水平至关重要。在贫困社区中,基本的医疗通常是最难得到保障的,然而,在这些贫困社区中,最基本的、初级的和预防性的医疗服务就可以极大提高社区居民的生存和健康水平。

已采取措施:在贫困县区建立社区医疗中心。为了确保最需要健康医疗的地区获得相应的服务,布什总统已经着手在美国每一个能够支持一个医疗中心的高度贫困县区建立社区健康中心或者乡村诊所。布什政府的2007年度财政预算计划中提出要在目前没有获得相应的医疗服务的贫困县区建立80个这样的医疗中心或者诊所。

11. 促进疾病预防、生活幸福和生命健康

积极的预防对于人类改善和延长寿命来说十分关键,布什总统本人高度重视健康的生活方式,他鼓励美国人民为提高自身的健康和生活水平而作出正确明智的选择。布什政府致力于为全美国人民提供通向更健康生活之路的工具、技能以及动力。

五种慢性疾病——心脏病、癌症、中风、慢性的肺部疾病(如支气管炎、肺气肿、哮喘等),以及糖尿病——在死亡的美国人中,有2/3的人死于这类慢性疾病。除了每年夺去1700多万美国人的生命以外,大概每十个美国人中就有一个人受到这些疾病的困扰。尽管这些慢性疾病是美国人目前面临的最普遍和最致命的健康问题,但是其中有些疾病是可以预防的。今天,可以采取一些有效的措施预防或者减轻这些慢性疾病的痛苦,并且减少这些疾病的破坏性。家庭成员们可以采取简单的、易于采用的步骤来将身体的锻炼、良好的营养、行为习惯的改变融合到他们的日常生活中去。布什总统致力于确保联邦政府担负起它应有的责任,帮助和鼓励这种健康的预防措施。

(1)设立挑战项目有力地促进体育活动。总统身体健康和体育运动顾问委员会的宗旨在于推动体育活动、身体健康和运动项目的发展。2006年是其成立50周年。通过设立挑战项目重振此

委员会，并推动美国人开始并且保持一个有规律的体育运动的方式。该项目设立总统积极生活方式奖，用来奖励那些持续六周，每周至少进行五天体育运动的青少年和成年人。项目设立了一个互动性的网站：www.presidentschallenge.org，它为参加者们提供了方便，他们通过参与各种各样的体育运动锻炼的方式来增加积分，积分多者将获得总统奖。这个项目还奖励那些在校学龄儿童体育运动的成就，为每个州那些具有最高水平的体育教育的学校提供奖励。

（2）提出更健康的美国提案，积极推动公民选择健康的生活方式和预防疾病。2002年，布什总统提出更健康的美国提案，首次提出为了推动更健康的美国的四个关键目标：增加体育运动，健康的饮食习惯，增加预防性措施的实施，作出健康的选择。

第一，实现更健康美国的步骤。通过更健康美国项目的一系列措施步骤，地方社区可以获得慢性疾病预防实施的资助，这些预防措施主要集中于减轻糖尿病的负担，肥胖以及哮喘，处理三个相关的危险性因素——体育锻炼的缺乏、不良的营养习惯以及烟草的使用。现在美国全国40个城市和种族团体实施社区行动计划来支持这个项目。

第二，进行更多的体育锻炼。总统通过传播健康的讯息来积极推进体育和健康运动的发展，并鼓励联邦政府机构也如此做。

第三，为饮食负责。布什总统已经在致力于宣传健康的饮食习惯对于健康的关键作用。布什政府发表了2005年美国人的饮食指南，一份科学的促进良好营养和健康的计划，该计划特别关注培养儿童健康的饮食习惯。宣传这个计划的网站www.MyPyramid.gov，自建立以来点击率已经超过了10亿多。另外，全国学校午餐计划为国内近10万所学校的近3000万儿童提供了每天在校的午餐。更健康的美国学校挑战计划鼓励这些学校在推进健康的饮食和积极的生活习惯的选择方面扮演领导者的角色。

第四，通过检疫和检测预防疾病。仅仅检测几项关键的健康指标就可以帮助人们预防严重的慢性疾病，并且能够指出在饮食和生活行为习惯方面需要改进的地方。布什政府已经许诺支持检疫检测活动,包括由疾病控制中心进行的心脏病、中风、糖尿病、关节炎以及癌症的检疫检测项目。总统的2007年度财政预算报告中为这些工作提供大约10亿美金的资助。医疗项目现在也在促进检疫和预防的进行,包括一次"欢迎来进行医疗健康检查"活动。

第五,作出健康的选择。布什总统相信,健康生活的关键是作出健康的生活决定,例如拒绝烟草、毒品以及酗酒。布什政府已经在努力帮助各州制定限制年轻人使用烟草的政策,积极采取措施来减少和禁止非法药物、毒品的使用,帮助家庭和社区鼓励孩子们作出简单但是关键的日常健康选择,例如,带安全自行车头盔,洗手,正确发泄,以及面对日常的压力为自己的行为负责等。

已采取措施:向公众广泛宣传传播健康和预防的信息。布什总统支持具有创新性地向美国人民宣传预防、身心幸福和健康信息,尤其是那些遭受慢性疾病最严重折磨的人们:非裔美国人、西班牙裔美国人、美国印第安人以及阿拉斯加人。通过针对性的健康促进和疾病预防措施,例如,由疾病控制中心实施的美国卫生福利部的糖尿病预防和印第安人健康服务等计划,社区可以创造地方互助关系来克服困难,帮助更多的人获得更长的寿命。

(课题组名单:组长:唐钧、金英勋〔韩〕;成员:张传力、任刚、付蓉、冯彦、张融、谢一帆、古雯、柳朴方、杨天峰)

韩国的政府改革与公共服务创新研究

韩国已经成为世界上第 11 大经济体，为了建立与其取得的经济地位相称的受到世界上其他国家尊重的政府，自 20 世纪末开始，韩国政府开始了一系列改革，目标是建立效率政府、服务政府、国民中心政府、透明政府、分权政府。2003 年 4 月，卢武铉总统组建政府创新与地方分权委员会（PCGID），进一步推进了韩国政府管理改革进程。中央政府各部门都推出了自己的改革计划，其中不乏首创之作，且每项改革项目几乎都渗透着效率、服务、公开、分权、公众的价值，取得了重大成就，如其电子政府建设在联合国排名中位列第五，受到世界的瞩目。

一 效率政府

为了推动行政改革，达到行政改革的最终目标，韩国完善和强化了政府绩效评估和管理机制，主要措施包括以下几个方面。

1. 成立政府业务评价委员会，直接对总统负责

作为韩国政府绩效改革的领导机构，负责开发政府绩效评估指标体系，对各部门绩效进行评估，并根据评估反馈结果就政府各部的职能设置、机构组成以及行政流程的改进提出建议。

政府业务评价委员会对推动政府绩效评估和行政改革发挥了积极作用：①业务评价人员皆为政府以外的专家，所以它是一种独立的更具合法性的第三方绩效评估活动，这明显区别于政府自我评估的传统做法。一方面，有利于提高政府绩效评估结果的客观公正性和"合法性"；另一方面，有利于促进顾客导向的服务型政府的价值理念的牢固树立。②将政府的实践经验与专家学者的理论知识紧密结合起来，有利于政府的公共管理水平和服务能

力的科学性指导与提高。

2. 实施政策评估

对政策的制定、政策的实施、政策的结果进行评估，以期进行维持、改进或废止，增加公民满意度。

韩国政府在 20 世纪 60 年代早期就已经开始实行政策、项目评估，但主要集中在投入和产出的效率测量上而非综合的成果测量。20 世纪 90 年代中期在政策和项目的效率和效益上做过努力，但也没有取得预期的效果。进入 21 世纪，韩国政府进行了大刀阔斧的行政改革，重组政府机构，界定政府职能，并由此改革了传统的绩效评估制度，发展了一种新的评估体制——政策评估。韩国国家事务和协调规则将政策评估定义为："监督、分析、评估主要政策的实施及其效果、政府机构和代理机构执行政策的能力、公民对政府提供的公共服务的满意度。"韩国政府希望通过引进政策评估来提高政府的绩效和责任，不仅对政策和项目的成果，同时对政府管理与支持政策和项目的能力进行评估，既在公共管理领域内引入竞争机制，又敦促政府绩效的不断提高。

3. 引入结果导向的公务员绩效评估制度

在政府各部门的公务员中实行绩效管理，从依据资历的晋升转变为基于绩效评估的无差别待遇晋升，实施绩效工资制，激励公务员的工作积极性，改善公务员提供公共服务的能力与水平。

韩国公务员管理的结果导向的绩效评估机制的原则是：①公务由以官僚导向为主向顾客导向转变；②从投入导向向绩效导向转变；③从单方面、自上而下的僵化考核向相互的或立体的全方位考核转变。1999 年起，韩国在政府各部门的公务员中实施绩效管理，引入绩效工资制，以目标管理为基础的新的绩效评估制度建立起来。所有的部门都要求提交工作目标计划表，而且要为每个目标制定完成具体方案和时间表等。绩效评估每年进行 1 次，一般安排在次年元月份。个人首先提交自己的绩效评估报告，报告主要内容如下：由一线的管理人员评定等级（分 A、B、C、D 四级）和打分以及由高级管理人员评分两部分构成绩效分，再由绩效分加上奖励分减掉处罚分最终构成每位公务员的年度业绩总分。

公务员绩效评估的结果将被用于两个方面：①奖励的依据。与公务员的年薪和奖金挂钩，政府每一年度均对那些在年度表现特别优秀的公务员进行特别奖励；②晋升的依据。与个人品质、经历、能力等一起构成任命和提升官员的重要指标。公务员绩效评估体制的建立使得公务员绩效直接与其经济待遇、职位晋升和高级进修紧密相连。一方面，提高了公务员管理的科学性，显著提高公平公正性；另一方面，有利于公务员的管理。与自身切身利益息息相关的绩效评估的建立，使得评估可以对公务员的具体工作进行有效的激励与引导。

4. 高位公务员系统的引入

韩国于2006年7月1日对公务员系统进行了分级，其中中央人事委员会委派到各部以及各局的局级及以上官员1500余名被重新任命为高位公务员，统一归中央人事委员会管理。

纳入高位公务员团系统的官员没有等级之分，只有职位与责任的重要程度之分，基于高位公务员的能力评价对其实施绩效管理。高级文官制度的实施将带来多项变化，关键变化在以下几个方面：①中央政府统一进行人事管理而非各部各自为政，以强化竞争性和公开性（包括面向社会公开竞争和政府内部竞争性委任）；②强调高位公务员的岗位专业化与责任感，制定各个职位的最低服务期限并通过职业发展规划强化专业化；③从基于等级和资历的工资制度转变为由职位类型和绩效决定的工资制度；④从基于资历的晋升转变为以绩效评估为基础的竞争性晋升；⑤从不充分的绩效管理转变为清晰全面的绩效评价系统，强化绩效管理。

引入高位公务员系统的目的在于提高高级文官的行政能力。其选任将向行政机关的内部和外部人员开放。通过增进选拔的竞争性和开放性提高高级文官的整体素质和水平，并通过创建一个更为清晰全面的业绩评价系统和政府人力资源开发系统来培育具有政府全局视野和符合国际规范的核心政府管理人才，以期提高政府政策开发和执行水平。为了确保这一目标的实现，职位分类和绩效评估将成为系统需要，而高位公务员的年薪工资制更是作为一种激励确保制度的顺利实施。

5. 建立运行结果导向的绩效财政体系

以结果为中心（results-centred）的财政体系的建立，即建立基于支出绩效评估反馈而非量财政收入为出的财政体系，以实现高效的财政管理。结果导向的绩效财政体系改变了以往的以重投入轻产出、重过程轻结果为基本特征的财政管理体制。在对财政支出项目进行绩效评估的基础上，调整预算拨款与财政支出结构，将财政支出结构向绩效高、符合政策环境的大型项目倾斜，以实现国家财政收支的良性循环。

6. 政府绩效管理的法制化

基于政府绩效评估的实践经验，以法律形式对政府绩效评估的目的、原则、方法、程序以及评估反馈的运用作出明确规定，以实现政府绩效管理的法制化。

韩国政府政策协调办公室于 2000 年颁布实施了《政府绩效评估框架法案》，对政府绩效评估的定义、目的、原则、程序、评估机构以及评估结果的运用等作了明确的规定。

该法案将政府绩效定义为：中央行政机关及其下属机构以及地方政府履行的职责和从事的事务。政府绩效评估就是对政府绩效的内容和结果进行的审查、分析和评价，也是对政府履行职责的结果的反映；该法案将政府绩效评估对象分为中央行政机关、地方政府、特别事务以及中央行政机关的下属机构；法案确立了政府绩效评估应坚持独立自主、客观专业以及非有特殊原因不得重复评估三个原则。

法案规定，为了保证绩效评估的有效实施，应当设立受总理领导的政策评估委员会（Policy Evaluation Committee）。中央行政机关和地方政府也应设立自我绩效评估委员会（Self-evaluation Committee），对本部门或政府的绩效评估计划、结果和主要项目进行审查。总理办公室应当设立政府绩效评估咨询会议（Government Performance Evaluation Consultative Meeting），负责评估事项的总体商议和协调。

法案规定，中央行政机关的负责人应当向总理报告其对地方政府及特别事务进行绩效评估的结果，以作为奖励、惩处、整改以及预算调整的依据。政府应当定期召开政府绩效评估通气会，通报政府绩效评估的结果及对结果的处理情况。政府还应向国民大会提交政府绩效评估结果的年度报告。

这一努力包括下列改革项目：国家警察厅的警务工作过程创新工程、国家海关署的走私预警系统革新、企划预算处的自上而下的预算编纂系统、公平贸易委员会的综合知识管理系统、中央人事委员会的公务员培训的行为学习改革、政府管理与内务部（行政自治部）的综合管理创新系统以及团队工作系统、科学技术部的科学技术创新本部、国税厅的绩效管理改革、情报通信部的以信息与系统为中心的管理等。

二 服务型政府

韩国政府改革的根本目标是建立一个服务性政府，以满足公众的需求。为此，韩国政府开展了从制度、机构、技术到资金支持的一系列改革，以建立一个服务型政府。

1. 多样服务的发展与供给

韩国政府构建服务型政府的努力首先表现在服务种类的增加上，还表现在服务标准的改进以及服务能力的提高等方面。

（1）竭力追求与强化服务标准。即变原来的单向的、强制的、方便政府的、管理的、落伍的服务标准为双向的、征询的、方便顾客的、服务的、与时俱进的服务标准。

（2）改善对弱势群体的服务。改善对退伍老兵、市场竞争失败人员、老年人、残疾人以及农村居民的服务，实现社会的整体进步，如实现乡村的信息化工程。

（3）一线机构服务能力的提高。这通过改善服务设施、增加服务人员培训、创新服务手段、提高服务标准实现，如推行大厅办公制和窗口服务。韩国实行大厅办公制基础上的窗口服务制，公务员一律在大厅里办公，在具有对外服务业务的办公室开设窗口，没有对外服务业务的部门不开设窗口但也要实行大厅办公制。

（4）因地制宜地建立公共服务改革系统，考虑到各地不同的地理位置、硬件设施、公众心理习惯等因素，向地方居民有针对性地、高效地提供高满意度的服务。

（5）从方便顾客出发重新设计行政流程，逐步地减少直至彻底地消除服务对象的不便性，尽量减少办事环节，改革和简化办事流程，实行行政事项的重组。如韩国地方政府的"民愿奉侍（仕）课"制度。韩国政府将老百姓希望政府部门给予办理的事情称为"民愿"，并将民愿分为即决民愿和非即决民愿，即决民愿是指行政机关可以即时办完的事务，申请人可以在窗口等候；非即决民愿是指要2日以上才可办完的行政事务，服务对象无须也无法在窗口等候。为方便公众，提高政府公共服务效率与水平，韩国政府重新设计行政服务机构和行政流程：韩国地方政府将所有的即决民愿事务从各部门中分离出来，设立专门的机构集中办理，即所谓的"民愿奉侍（仕）课"。民愿奉侍课是一个综合性、独立性的行政机构，即决民愿事项从其他部门中转移过来，相关行政人员也要随之从原来的部门中分离出来，非即决民愿则在民愿奉侍室集中受理，然后由相关部门取走分别处理。这一行政业务流程再造成功地提高了政府服务效率与水平。

2. 通过志愿服务系统的强化来激活市民社会

建立完善志愿服务系统，鼓励扶持志愿服务组织的建立与活动的开展，以促进市民社会的养成。大批非营利组织纷纷成立，政府对非营利组织的成立给予政策和财政支持，且一些非营利组织已经发挥了重要的作用。

政府对非政府组织的建立给予充分的法律、税收、财政支持，使得非政府组织承担起越来越多的公共管理与服务的职能。其中重要的法律，有2000年1月12日通过的《非营利民间团体支援法》，2005年8月4日通过的《自愿奉仕活动基本法》。

韩国政府建立福利共同体的目标将会通过社会保障政策实行大幅度分权，在由地方自治政府行使实施权力和承担实施责任的同时，与当地的非政府机构或非营利机构建立伙伴关系，联合提供福利服务，甚至深度授权由非营利组织独立承担相关职能，而由政府进行监管。既不是由市场部门也不是政府部门，而是由第三部门提供当地社会所需的各种福利服务，如儿童教育、护理患者、养老等。

3. 政府服务数字支持系统的建立

保险、健康和社会福利等综合公共福利体系的电子信息系化改革与电子政府的建立为政府服务的改进提供现实途径。

韩国政府的"唯一窗口电子政府"的建立为韩国政府提供方便、标准、高效的服务提供了载体。

（1）韩国政府的"唯一窗口电子政府"服务平台能够提供的政府服务项目包括居民注册、房地产交易、交通工具注册管理、个人税收及相关商务事宜，囊括了70%的韩国公民最常用的政府服务功能。其具体变化体现在：通过电子政务系统，公民通过网络足不出户即可方便快捷地获取所需的绝大部分政府服务，如个人信息与交通工具注册、个人和组织税务申报、教育背景和教育成绩查验、由于工作转换及其他原因所引起的公民个人保险系统的相关数据变更等。由于政府保存的公民记录将在政府各部门之间合理共享，因此通过"唯一窗口电子政府"服务平台，公民申请行政服务所需提交文档和造访政府部门次数大大减少，每年处理约300万件，处理对象500余种。

（2）"唯一窗口电子政府"构造面向市场和企业的透明高效系统。韩国政府将政府采购系统和绝大部分的针对企业的服务功能集成到"唯一窗口电子政府"服务平台。一方面通过此举积极推动政府服务的公开化、透明化，为企业提供高质量的行政服务；另一方面也全面推进政府公共行政部门的电子政务系统与企业电子商务应用环境的融合，在为企业提供公平的市场竞争环境的同时构建国家数字技术优势，促进全社会的和谐互动与共同进步。

（3）为公民和企业提供更优质的政府服务，主要包括：五大主要政府服务系统（居民登记、房地产服务、交通车辆管理等）之间实现信息共享；建立社会保险信息共享系统，为医疗保险、养老金保险、失业保险、工伤事故赔偿保险提供广泛的信息支持和信息共享；建立家庭税务服务系统，实现在线税务填报、电子票据、电子支付税收咨询、相关税务信息及税务电子证书的发放；建立电子政府采购系统，以实现政府采购的透明化。

服务型政府的努力包括：劳动部的综合征询型服务、国家报勋处的爱国者与退伍兵事务部的顾客导向服务、政府管理与内务部（行政自治部）制定公共服务宪章运动以及信息乡村工程、国税厅的网上税收服务、特许厅的全面产权保护管理系统、韩国铁路公司的"6S"运动、教育与人力资源发展部的改革等。

三 国民中心的政府

韩国政府改革的核心价值是建立国民中心的政府。为此，政府各部局主动拓宽公民参与决策的渠道，提高公民参与决策的层次；同时加大公共职位公开招考的比例以及少数群体的雇佣比例；通过建设电子政府，促进便利、高效公民参与系统的建立。

1. 拓宽公民参与渠道

政府各部均以积极的姿态拓宽公民参与行政管理过程的途径与层次。在公共政策制定与实施过程中，企业、非政府组织、公众广泛地参与进来，贯穿事先广泛的民意调研、草案的专家意见与民意整合，改革实施过程的透明与公众参与，事后的民意评价与持续调整的全过程。

2. 促进公众服务与公众参与

（1）公共服务职位公开招聘扩展。中央政府统一行使对政府各部的人事管理权。除低级公务员的面向社会公开招考外，1999年开始，高级文官中的20%将面向社会实行完全公开竞聘。

同时，为了加强政府与企业之间的人事交流，政府部门还通过吸收来自私营企业的具有丰富知识和经验的商业人才，激发自身活力。一直以来，新进入公务员体系的应聘者最高只能申请5级公务员职位（韩国公务员由高到低分为1~9级）。只有那些在职公务员方有可能被提升至1~3级的高级职位。改革后私营部门的优秀人才也可以直接申请1~3级高级公务员职位。

韩国政府的一些特殊项目或任务也面向公众提供一些兼职或短期职位（如充当政府特别顾问等）。这一做法一方面节省了政府费用，可以吸纳社会优秀专业人士为公共政策与管理服务，另一方面促进了公民参与，提高了政府行政的民主性。

韩国政府正在公务员体制中设立实习制度。这将给公共机构和应聘者带来许多有利因素。通过实习制，政府机构能够在正式聘任应聘者之前评估其实际工作能力，应聘者则可以不必经过录用考试就有机会进入公共机构工作。该制度对于那些期望进入公共部门的高等院校学生而言颇具吸引力。

（2）对少数群体成员雇佣的扩展。政府应保护弱势群体，其中包括政府职位招聘针对少数群体（残疾人、地方大学毕业生等）的相应倾斜以及鼓励社会的吸纳。

3. 公众便利、高效参与行政管理过程机制建立

即行政信息化的引入与扩展、电子投票以及网上参与系统。

首先，公开政务信息是公民参与的前提和基础。电子政务信息公开指通过政府网络、门户网站，提供政府的业务工作流程与工作方式信息、相关政策法规及其应用、政府事务最新进展公告、行业发展与经济发展信息、人民生活相关信息等，也包括政府自身占有的大量信息。

1998年1月1日实行《公共机关的情报公开法》，2004年度末公开实绩269707件。韩国政务信息公开的电子化极大地促进了韩国公民参与的便利性与高效性。

其次，韩国政府在通过电子政务提供公共服务的同时，还努力为公众提供反馈、参与决策提供平台和载体。通过电子政府的建设，韩国政府便捷高效地实现民众与政府之间的互动和民众对决策的参与，为构建国民中心的政府作出了很大贡献。

这一努力包括：调达厅的公共采购的电子系统，贸易、工业与能源部的公开竞争改革，国务调整室的公共工程冲突管理系统，国家警察厅的高科技电脑犯罪反应系统。

四 透明政府

公共信息服务是现代公共服务的基本内容之一，是现代民主的内在要求。因而韩国政府将建设透明政府，实现行政信息公开、政府运作公开、人事管理公开作为重要的目标追求，典型标志就是"数字青瓦台"的建立。

1. 行政信息公开与政府运作的电子化

（1）设立政府书刊阅览和发售系统。韩国的各级地方政府机构均设有专门的政府资料阅览室，供市民免费阅览，其中一些资料可以以成本价购买。同时，还设有政府网络资料的查询系统。除了政府资料阅览系统以外，韩国还有出售政府资料的专门书店，内有政府历年的统计资料、年终总结报告、白皮书、年鉴等政府部门编辑的书刊。公共信息服务是现代公共服务的基本内容之一，公民对此具有旺盛的需求。

（2）总统府的"e-知园"（e-jiwon）电子政务系统。为了建设更加高效、透明、民主的政府，总统府建立了"e-知园"电子政务系统，其主要内容包含政府事务处理的计算机化，包含将政府信息管理、档案管理、任务管理、记录管理合而为一形成统一的系统信息管理；系统安排协调公务员、各部门、各组织的工作时间表；通过"备案管理卡"和网上发布工具公开政策制定过程，促进行政事务处理过程的标准化、透明化；通过政府事务功能，区分系统和目标导向任务管理系统，提高中央政府效率。

2. 人事管理的透明

（1）透明与公平选任系统的建立。这一点不仅表现在普通公务员的任用上，还体现在高级文官的选任上。

一方面，人事委员会制定了建立"开放式职位体系"的规定，宣布有129个（2005年9月以后增加到152个）高级公务员职位为开放式的，以吸引来自政府外部更多的优秀人才。另一方面，政府有义务公开这些职位的信息，以便个人申请。据估计，中央政府部门中20%的3级以上的高级公务员职位将公开招聘。开放式职位体系内包含着更公平的选任方式、合理的工资制度和绩效评估方式，从而促进政府人力资源管理的良性发展。

（2）无差别待遇的均衡晋升系统建立，杜绝资历、性别等歧视，建立均衡的基于绩效的无差别待遇晋升系统。

韩国政府已经建立以目标管理为基础的新的绩效评估制度。在此体制下，政府每一年度均对那些在年度表现中特别优秀的公务员给予特别奖励。绩效评估制度的另一项功能是建立无差别待遇的均衡晋升体制。过去，公务员的晋升大都依据其资历的深浅。目前韩国政府正努力施行以绩效原则为基础的公务员晋升体制。"全方位评估体系"则提供了现实操作性。这种评估体系涉及多角度、多指标的信息反馈，是一种非常精细的评价体系。评估者从受评者的上级主管、其他高级管理者、同事、顾客、下属等各方面收集信息，然后综合出正确的评价等级，并以此作为晋升依据。这一努力包括："e-知园"电子政务系统、法制处的政府立法状态检验系统、文化观光部的政策制定的网上公开系统等。

五　分权政府

效率、民主要求分权。要实现高效、民主的政府改革目标，只有实现分权：横向的政府向社会分权、纵向的中央政府向地方政府分权以及水平的政府内部分权。

1. 组织结构的水平化

水平的政府内部分权要求改变政府组织结构，实施机构合并调整，减少行政层级。改变金字塔形的官僚组织结构为高效的水平化分权组织结构；通过组织结构的水平化赋予各组织管理者与组织者自主权来鼓励革新与创造积极性。引入多种形态的放权措施，使决策权尽量放在靠近服务供给的机构上，增加其自主性的同时，赋予更大的责任。

2. 中央政府向地方政府转移权力，即纵向结构分权

韩国是一个中央高度集权的国家。在只占国土面积11.8%的首都地区，集中了全国人口的47.2%、中央机关的100%、其他公共机关的84%、前一百家大企业总部的91%、IT企业的72.1%、税收的70.9%、金融交易的70.4%，使韩国成为"首尔共和国及其殖民地"。过分集中且富得流油的首都地区的市民，与即将崩溃的地方、离异的地方、趋向老龄化的地方、趋向荒废地方的市民形成鲜明对比。为此，韩国政府提出了均衡发展的国家战略，因此在这样的社会中，地方分权是树立地区发展新模式的不可或缺的前提条件。

纵向结构分权在这里不仅指中央政府向地方自治团体的让权，还包括资源从首尔、首都地区向地方和非首都地区的分散（按地方分权特别法到2008年中央与地方的事务比例60：40来调整）。狭义上是指分权，广义上则为包括让权与资源分散。但是需要注意的是，韩国政府意识到推进地区改革是地方承接中央放权的基础。如果说中央向地方分权意味着对阻碍地区发展的中央集权体制这一结构进行的改革，地区改革则意味着废除阻碍地区发展的旧体制、旧风俗，是承接这种分权的基础。因为如果不通过地区改革来提高当地主体的行政能力，就不可能真正获得和维持地方分权，促进地方的真正发展。地方改革可以经由地方政府与当地的大学、技术研究所、企业、自治团体等结成紧密的互动和战略伙伴关系而建立起来。在均衡发展的国家战略指导下，2003年12月29日，韩国国会全体会议以压倒多数赞成票通过《新行政首都特别法》，使酝酿已久的行政首都迁移问题法律化。同时韩国政府持续推荐地方政府改革创新以配合中央政府的简政放权，确保权力的顺利承接与行使。这包括：地方教育自主权拓展、济州自治道政府的特别授权、大都市免税权的强化、地方政府自主立法权的拓展以及地方政府财政自主权拓展等。

3. 向市民社会分权亦即横向结构的分权

分权应该与市民自治结合起来。市民自治是促进公民参与，实现参与民主的有效之路。不与民主自治结合的分权，只能强化政府官僚和特殊利益群体的权力，因而理应提高市民的自治能力。韩国市民社会在争取民主自由的斗争中萌发，随着韩国经济的腾飞和中产阶级的壮大而不断发展。过去韩国政府将市民社会中的各种组织看做政策执行的对象。随着社会的发展，政府越来越重视市民社会组织在提供公共产品、调解社会矛盾、保护社会弱势阶层的利益方面所起的作用。因此，市民社会组织成为政府的合作对象。在政策制定过程中，市民社会组织的参与会提高政策的可接受程度。在政策执行过程中，市民社会组织的参与会使政策顺利进行。为了提高政策效率，韩国政府积极努力将市民团体纳入参与政策过程，并将市民社会组织对政策的参与制度化。

4. 通过全国性的电子政府建设，消除中央政府内部、中央与地方之间信息的不对称性，确保政令畅通

目前，韩国政府的电子政务建设水平在联合国的综合评价中位列第五。在"唯一窗口电子政府"服务平台上，政府和各公共服务机构通过网络系统共享各类相关重要信息，大大减少了冗余的行政流程，并减少了信息的不对称。

（课题组名单：组长：唐钧、金英勋〔韩〕；成员：张传力、任刚、付蓉、冯彦、张融、谢一帆、古雯、柳朴方、杨天峰）

日本行政改革研究的热点问题

一 推行公共服务改革

20世纪90年代以后,日本更加重视公共服务领域的改革,将一部分公共服务职能转移给社会,以提高公共服务的效率和质量。2006年5月通过了《公共服务改革法》,由内阁规制改革委员会进行具体管理,并于7月7日起正式实施。该法明确规定,包括统计调查、登记业务、社会保险、职业介绍、政府大楼管理、设施管理等在内的政府服务项目,采用服务外包的形式,进行竞争性招标,旨在通过竞争机制,提高服务质量,降低行政成本,扩大民间企业的商机。政府对这些公共服务项目进行"市场测试",以检验到底是公共部门还是私人部门能更高效地提供这些服务。据统计,2007年,适用该法的71项公共服务,未外包之前政府需支出82亿日元,实行外包后,中标价格为38亿日元,即政府支出为38亿日元,政府减少开支达53.7%。其中不包括地方政府的类似改革。

对于上述改革,日本与会专家学者着重探讨了改革引发的新问题。主要观点包括以下几个方面。

1. 公共服务外包增加了民众负担

提供公共服务是政府的职责,现在服务外包,相当于将政府应承担的部分职能转移给了社会,意味着政府放弃了该部分责任。而且,对于公共服务提供,哪项公共服务应转移出去,为什么转移出去,都由政府自己定。政府可能将不想做的转移出去,把想做的留下。另外,民间提供服务是要收费的,这些服务本来应由政府承担,公民已经纳税,如果再交费无疑加重了民众负担。

2. 公共服务外包缺乏质量保证

比如，公用事业、托儿所、敬老院等公共服务外包后，建设成本较大，建成后可长期使用，一旦某民间组织通过招投标承接后，此项公共服务有可能会长期委托该民间组织提供，无形中排斥了竞争，造成新的垄断。一旦垄断形成，服务质量就无法保证。

3. 引起了法律纠纷

公共服务外包后，由一些民间公司提供服务，如果发生纠纷，就会涉及适用私法还是公法的问题。例如，由于服务外包引起的纠纷，是政府行为还是民间行为，适用于行政法还是民法，造成的损失公民应向谁首先追偿等问题，都难以确定。再如，服务未外包之前，政府可根据行政法规，对政府部门和公务员提供公共服务的全过程进行监督，但是，将服务外包给民间组织后，政府无法全过程监督民间提供服务的行为，监督难度加大。

二 重视对老龄人口的服务

日本先后制定了《老人福利法》《老人保健法》《国民年金法》，从社会福利、医疗保健、经济收入三个方面对老年人的基本权益给予保障。在老年人保健福利方面，日本把居宅福利放在优先地位予以考虑，建立了老年人福利信息收集和反馈的网络服务，以方便居民利用。日本还十分重视住房供应制度对家庭养老环境的影响，在住宅建设和供应方面采取导向性政策，如建设供多代同居的"两代居"住宅系列，以鼓励和满足两代人同居互助。重视社会养老设施和社区服务网络的建设，专门为老年人规划、设计、建造适合老年人身心特征的老年公寓。

随着日本人口老龄化问题的日益严重，用于老年人口社会保障的费用相应增加，给日本经济发展带来一些不可忽视的制约因素。例如，社会保障费用增加提高了国民负担水平，影响到日本社会养老保险机构的运营；领取养老保险金的人不断增加，而缴纳养老金的人却开始减少，一些年轻人对自己成为老年人后能否领到养老金十分担忧，表示不愿意加入养老保险；针对这些问题，日本专家提出，应从财政税收中划拨专项养老保险金，并为老年人提供最低收入保障。

三　强调公务员的道德素质

目前，日本公务员总数有400多万。其中，中央公务员大约100多万，地方公务员300多万。日本的公务员制度在日本经济飞速发展过程中起了关键性作用，其制度的高效率被广为认可。对于公务员管理，日本不仅在技术和程序上建立了严格的管理制度，还十分注重公务员的道德建设，制定有《国家公务员法》《公务员伦理法》等。日本学者认为，公务员除应具备从事本职工作的专业技能外，忠诚、使命感、勇于为错误承担责任、奉公精神及勤奋态度，也是应具备的基本道德素质。

四　日本行政改革对我国公共服务改革的启示

一是依法推进行政改革。日本在行政改革中比较注重立法先行。在推进一项改革过程中，通常会制定有关的法律法规，不论是正在进行的公共服务改革，还是社会保障、地方自治、公务员管理等，均有法律作为改革支撑。这一点，对我国具有一定的参考借鉴意义。在推进改革过程中，应注重制定和完善相关法律法规，用法律来巩固改革成果，加快法治政府建设进程。

二是加强社会组织提供公共服务的管理监督。日本公共服务外包后，出现了质量难以保证等问题。从我国情况看，一些地方将公共服务项目转移给社会组织后，也出现了类似问题，因此对于社会组织参与公共服务，不仅要考虑提高效率、降低成本，也要重视加强监督和管理，保证服务质量。

三是重视公务员道德素质的培养。从日本经验看，合格的公务员不仅需要有精湛的专业知识和技能，还应具备较高的道德品质。我国历来十分重视从"德、能、勤、绩、廉"对公务员进行综合考核，而且把品行的考核放在首位。在新形势下，应当继续坚持这一好的做法，从招录、培训等各方面加强对公务员道德素质的考核和培养。

四是理论研究要密切结合改革实践。日本行政学会是一个由专家学者和政府部门实际工作者组成的学术团体。该学会年会上，日本学者都是针对政府管理和改革中的热点、难点问题进行理论探讨，并提出政策建议供政府参考。我国行政管理研究历来重视理论联系实际，研究政府改革和管理中的重大问题。这说明行政管理学研究是一门应用性很强的学科，理论研究只有与行政实践相结合，才能取得丰硕成果，服务于改革发展。

（代表团成员：沈荣华、顾杰、周忠文、赫郑飞；执笔人：赫郑飞）

国外水资源管理制度改革和发展的趋势

2011年7月3~8日，在瑞士洛桑召开的国际行政科学学会年会上，水资源的利用与管理是大会的主题之一。来自中国、加拿大、德国、匈牙利、英国、日本、印度、印度尼西亚等国的学者就此问题进行了广泛讨论。

国外学者介绍了本国在水资源管理方面的改革情况和经验。德国学者以"走向竞争的水利建设：我们需要哪种形式的管制"为题发言提出，世界上很多国家政府部门已经不能提供合理有效的水利设施，私企不仅能够提供水利建设所需的资金，而且还具备优越的管理知识和技术专家，因此目前很多国家在水利建设中引入私企竞争，公共部门则进行监督管理，形成公共部门与私企的合作模式。但是这种模式存在一定的市场风险，可能会出现垄断水资源情况，会降低水资源供应的质量和数量，这就需要适当限制私企的参与深度。匈牙利学者介绍了该国在转型过程中尤其是成为欧盟成员后有关水资源管理方面的改革进程。欧盟的《饮用水指令》和《水框架指令》不仅要求政府提高对水利设施的投资，而且强调公众参与政策的制定。匈牙利在实施这两个指令过程中，政府部门与非政府组织强化了合作，并取得了较好的效果。印度学者介绍了流经德里的雅穆纳河流治理中社会多方面参与管理的情况。为了改善雅穆纳河水质和周边环境，印度政府于1990年制定了《雅穆纳河行动计划》，并通过日本贷款进行治理。该计划由印度环境与森林部的全国河流保护司负责推进，目标是控制沿岸地区向河中排放未经处理的污水和其他污物，使水质达到可以洗澡用的等级。2000~2002年第二期行动计划进一步巩固了第一期的成果。该计划规定了企业、非政府组织、地方社区、公众等利益相关者在政策制定和执行中参与的各个环节。巴西学者介绍了卡皮瓦里和容迪亚伊流域内的40个城市与企业组建城市间的流域委员会的做法，该委员会通过建立有效协调机制和共同信托基金资助的方法，较好地解决了垃圾废物处理、保证用水、调节水流、改善水质、控制侵蚀与沉降、保护水源地等难题，改善了水质。印度尼西亚学者介绍了该国通过对供水企业的经营状况和服务开展绩效评估，促进相关的社会和环境司法问题的解决。

国外水资源管理有以下一些特点。

(1) 强化多部门的协同管理

水资源管理是一项系统工程，不仅要从地域还应从流域着眼，需要各有关部门的协同和配合。

在法国，环境部是主管水资源的综合性职能部门，依据《水法》建立流域协调管理体制，而具体参与流域管理的主要是流域委员会和流域管理局。流域委员会是由流域内的用水户、地方政府、中央政府中涉及水资源开发利用的部门的代表组成，类似"水议会"。其职责是审议流域管理局提出的流域规划以及年度计划，批准年度财务计划，审批征收费标准和方案。流域管理局是流域委员会的执行机构，其主要职责是制定流域规划、征费和对治理单位给予财力支持、技术指导和咨询、水资源信息的采集与发布。流域管理局属于法定机构，不归环境部管理。

在英国，流域管理一般由地方水公司和国家河流管理局共同合作进行，主要包括两个方面，即水量管理和水质管理（污染控制）。如，泰晤士水务局早在20世纪60~70年代就实行了流域管理，管理着总值达80亿英镑的固定资产，虽然后来改组为水公司，负责供水和污水处理，但仍然和国家河流管理局共同合作，以流域为单元进行规划、管理、监测、信息交流和水污染防治。

(2) 水资源管理政策日益注重综合性和连续性

欧洲的水资源管理政策经历了三个阶段：从20世纪70年代规定水质，到80年代规定排污限制，再到90年代综合运用环境标准手段、经济刺激手段，并将水领域政策与其他领域政策相结合,逐渐走向可持续发展的水保护道路。另外,欧盟水资源管理政策也日益注重程序性规定,大量的环境保护行动在各成员国政府层面上展开,将实体上的自由处置权移交给了各成员国政府,由其建立复杂的行政监督体系。这一点在2000年出台的欧盟《水框架指令》中表现得更为明显。

近些年来,各国从生态保护和环境治理的全局考虑,把工程措施与水环境、社会环境结合起来,普遍采取"退田还河"和还河道以原态的措施。这是当今欧洲各国在水管理观念上的重大转变,也是经济发达国家治水的基本要求和主要特征之一。此外,欧盟的水资源规划具有综合性、长期性、连续性和可操作性的特点。规划一经批准,即具法律效力,有关部门必须严格遵照规划进行水事活动。例如,1987年制定的《莱茵河2000年行动计划》,就是具有多目标的综合水资源规划,以2000年大马哈鱼回到莱茵河作为检验环境治理效果的标志,并详细规定了行动计划的三个实施阶段和具体措施。

(3) 建立跨流域的预警预报系统

欧洲国际河流在整个流域都建立了跨国事故预警预报系统,针对污水、洪水和冰川采用遥感系统进行实时监控,对各类事故进行预报和发出警报。如多瑙河国际保会委员会在整个流域上实施了事故预警预报系统,整个系统由三部分组成:通讯部负责24小时接收和发送警报和其他信息;专家部负责组织国家间影响评估;决策部负责发布国际警报的决策。这个系统能预测污染源最大浓度、传播速度和方向。该系统不但覆盖了18个国家,而且在流域各国的支流和主干流上都有三级监测站,时时传送数据到委员会的事故预警预报系统中。系统数据库不仅包括各支流的水力特性值,而且包括各支流的污水(工业污水和城市污水)排放量、污水水质和水质监测的动态数据、可能影响的范围、传播的速度、采取的预防措施等。已达标和未达标的监测站及预期整改的进度都清晰地反映在整个系统中。在莱茵河的干流和重要支流上建有9个国际监测站(包括跨国界面上的监测断面),每年都向管理部门提交监测公报,并进行公开的信息披露,以接受公众的监督,满足公众对环保的要求。

(4) 设立统一的数据库

科学的水资源管理离不开气象、水文、水质、生态,以及社会经济(人口、产业、需水量、排水量、污染负荷等)等各类数据。涉及面如此之广的数据,只有通过统一的数据库或不同部门的信息共享,而不可能都靠某一个部门一个个地去采集。在加拿大,联邦一级和省一级都有环境部和自然资源部,两部共同负责水资源管理,前者主管水质,后者主管水量。两部在相关的流域内按统一规划设立一系列气象、水文、水质观察/监测站,各自或分别委托对方管理和运行,相互配合。采集得来的数据输入统一的数据库进行处理,不仅两部间可自由调用,而且全民共享,任何人都可以免费索要。

(5) 重视社会参与

目前无论是发达国家还是发展中国家都普遍采取了许多措施,以加强全民参与意识。《欧盟水框架指令》的总体目标是在流域内为所有的水体建立综合的监测和管理系统,发展动态管理措施程序,制定一个不断更新的流域管理计划。它的中心内容是要求所有成员国在项目执行过程中鼓励所有感兴趣的团体参与到各类活动中。指令的第14款明文规定:"应向公众、非政府机构和政府组织解释深奥的专业知识。"非政府组织将在专业机构和公众之间架起一座桥梁,他们能同时向政策制定者和公众解释指令的重要性,使指令最终能在各个区域实现其目标。各国的流域规划都要求有环境评价,同时还要征求当地居民意见。在温哥华,与弗雷泽河有关的有许多部门,其中的五个部门出资组织了"弗雷泽河口管理计划",并将其委托给一家独立的咨询公司来运作。咨询公司负责组织开发和审查与河口有关的项目,并在政府各部门之间起中间作用进行联系和协调。在意大利波河流域,用水户选举用水户董事会成员,决定灌区内水利工程的建设与否,并且按照用水户的实际需要开展工作,让农民参与灌区的管理,把灌区管理单位转换成一个由用水户参与的管理机构。

(代表团成员:辛铁樑、郑俊田、张学栋、张定安、谢亚红;执笔人:谢亚红、郑俊田)

后 记

中国行政管理学会是研究行政管理的理论和实践的全国性学术团体。多年来，学会积极组织专家学者对行政管理和改革的重点、难点问题开展研究，为政府提供参谋咨询，形成了一批有价值、有影响的研究成果。本丛书汇集了学会的重要研究成果，从不同方面展示了中国政府管理与改革的最近进展。

《服务型政府建设》一书着重论述政府社会管理与公共服务的职能、现状与存在的主要问题，总结了地方政府和其他国家社会管理与公共服务的主要经验，提出全面提升我国社会管理与公共服务水平的对策建议；详细论述了事业单位改革中面临的政事分开、转企改制问题，提出政府所属事业单位体制改革的总体思路与对策建议，特别对政府服务类事业单位的财政供养和财务管理制度、人事制度以及治理机制做了系统分析；并对行政服务中心、行政首长公开电话等服务型政府建设的有益探索与创新进行了研究。

本书的出版得到了社会科学文献出版社的大力支持，在此表示感谢。

本书如有疏漏不当之处，欢迎广大读者批评指正。

靳江好
2012 年 7 月

图书在版编目(CIP)数据

服务型政府建设 / 靳江好主编. —北京：社会科学文献出版社，2012.11
（政府管理与改革研究系列丛书）
ISBN 978-7-5097-3841-2

Ⅰ.①服… Ⅱ.①靳… Ⅲ.①国家行政机关-行政管理-研究-中国 Ⅳ.①D630.1

中国版本图书馆 CIP 数据核字（2012）第 234452 号

·政府管理与改革研究系列丛书·

服务型政府建设

主　　编 / 靳江好
副 主 编 / 赫郑飞

出 版 人 / 谢寿光
出 版 者 / 社会科学文献出版社
地　　址 / 北京市西城区北三环中路甲 29 号院 3 号楼华龙大厦
邮政编码 / 100029

责任部门 / 社会政法分社　(010) 59367156　　责任编辑 / 曾雪梅　谢蕊芬
电子信箱 / shekebu@ ssap. cn　　　　　　　　责任校对 / 师晶晶
项目统筹 / 童根兴　谢蕊芬　　　　　　　　　责任印制 / 岳　阳
经　　销 / 社会科学文献出版社市场营销中心　(010) 59367081　59367089
读者服务 / 读者服务中心　(010) 59367028

印　　装 / 北京季蜂印刷有限公司
开　　本 / 787mm×1092mm　1/20　　　　　印　　张 / 20.2
版　　次 / 2012 年 11 月第 1 版　　　　　　　字　　数 / 374 千字
印　　次 / 2012 年 11 月第 1 次印刷
书　　号 / ISBN 978-7-5097-3841-2
定　　价 / 65.00 元

本书如有破损、缺页、装订错误，请与本社读者服务中心联系更换
▲ 版权所有　翻印必究